Bildungscontrolling im E-Learning

Ulf-Daniel Ehlers · Peter Schenkel
(Hrsg.)

Bildungscontrolling im E-Learning

Erfolgreiche Strategien und Erfahrungen
jenseits des ROI

Mit 71 Abbildungen

 Springer

Dr. Ulf-Daniel Ehlers
Universität Duisburg-Essen
Wirtschaftsinformatik der Produktionsunternehmen
Universitätsstraße 9
45141 Essen
E-Mail: ulf.ehlers@icb.uni-essen.de

Dr. Peter Schenkel
E-Mail: Peter.Schenkel@t-online.de

Bibliografische Information der Deutschen Bibliothek
Die Deutsche Bibliothek verzeichnet diese Publikation in der Deutschen
Nationalbibliografie; detaillierte bibliografische Daten sind im Internet über
http://dnb.ddb.de abrufbar.

ISBN 978-3-540-22367-2 Springer Berlin Heidelberg New York

Springer ist ein Unternehmen von Springer Science+Business Media
springer.de

© Springer-Verlag Berlin Heidelberg 2005

Satz: Daten der Autoren und DA-TeX, Leipzig
Herstellung: LE-TeX Jelonek, Schmidt & Vöckler GbR, Leipzig
Umschlaggestaltung: Erich Kirchner, Heidelberg
Gedruckt auf säurefreiem Papier SPIN 11019015 - 33/3142/YL - 5 4 3 2 1 0

Vorwort

Wer den Inhalt des Begriffs „Berufsbildung" über einen längeren Zeitraum verfolgt, kann fasziniert beobachten, wie sich die Anforderungen der Wirtschaft immer stärker durchsetzen. Bildung erscheint als ein Relikt der 50er Jahre, einer Zeit, in der man es sich noch leisten konnte, auf „Philosophien" des vergangenen Jahrhunderts zurückzugreifen. Einmal beschritten, scheint der Weg von Bildung über Qualifikationen, Qualifikationsanforderungen, zur Performance unumkehrbar. Denn nur mit einer eindeutigen Fixierung der Berufsbildung auf Umsatz und Ertrag können Unternehmen und Beschäftigte in Zeiten weltweiter Konkurrenz bestehen.

E-Learning hat diese Entwicklung weiter gefördert. Die Unterstützung von Bildungsprozessen durch Technologien wurde vorangetrieben durch die Hoffnung, Kosten zu sparen, Lernzeiten zu reduzieren und Bildungsinhalte jederzeit und ganz genau an die Anforderungen der Unternehmen anzupassen. Bei den dafür erforderlichen hohen Investitionen in Hard- und Software liegt es nahe, die Wirtschaftlichkeit dieser Investitionen mit den gleichen Rechnungen nachzuweisen, die auch für den Nachweis der Wirtschaftlichkeit anderer Investitionen eingesetzt werden. Und damit sind wir beim Thema dieses Buches.

In den vorherigen Veröffentlichungen „Was macht Lernen erfolgreich?" (Tergan Schenkel 2004) und „Qualität im E-Lerning aus Lernersicht" (Ehlers 2004) wurden Beiträge zur Evaluation und Qualität von Lernprogrammen entwickelt und zusammengestellt. Von der Frage ausgehend, was erfolgreiche Lernprozesse und Lernprogramme auszeichnet und wie die Qualität beurteilt werden kann, wurden theoretische Ansätze und praktisch einsetzbare Instrumente vorgestellt. Die Bücher stieß auf größtes Interesse. Doch wurde immer wieder die Frage gestellt, wie sich erfolgreiches Lernen im unternehmerischen Erfolg niederschlägt. Letztlich seien ja die Auswahl eines Lernprogramms, die positive Reaktion der Lernenden, der Lernerfolg, ja selbst die erfolgreiche Anwendung des Wissens bei der Arbeit nur Mittel zum Zweck. Es mag schon interessant sein, den Bedingungen erfolgreichen Lernens nachzugehen, um diese Bedingungen zu optimieren, entscheidend sei aber ein positiver Return on Investment (ROI).

Auch in dieser Argumentation zeigt sich die Bedeutung von Kosten-Nutzen-Überlegungen für Lernprozesse, die ja immer von Menschen geplant werden, sich in Menschen vollziehen und das Schicksal von Menschen betreffen. Das Buch zeigt, wie der ROI für E-Learning-Investitionen berechnet wird. Es zeigt weiter, wie dieser Prozess geplant, durchgeführt und kontrolliert werden kann. ROI und Controlling für E-Learning setzt betriebswirtschaftliche Konzeptionen und Instrumente ein.

Letzlich aber, und dass kann man in allen Beiträgen erkennen, geht es um Menschen, ihr erfolgreiches Lernen, die Erfüllung ihrer Ziele und ihren Beitrag zum Unternehmenserfolg.

Essen, Berlin Dezember 2004   *Ulf-Daniel Ehlers*
                                               Peter Schenkel

Inhaltsverzeichnis

24. Lernprozessoptimierung durch den sinnvollen Einsatz von EDV-gesteuerten Testing-Instrumenten: Innovative Fallbeispiele leuchten den Weg ...

Sue Martin und Lars Satow

25. Internetquellen zum Bildungscontrolling ...

Marc Olejnik und Ulf-Daniel Ehlers

1. Bildungscontrolling im E-Learning – Eine Einführung

Ulf-Daniel Ehlers und Peter Schenkel

1.1 Alter Wein in neuen Schläuchen?

In allen Unternehmen wird über die Zukunft des E-Learnings der Beitrag zum betrieblichen Erfolg entscheiden. Aber auch im Bereich der öffentlich finanzierten Bildung und in der Verwaltung werden E-Learning-Angebote zunehmend daran bewertet, ob sie die jeweilige Zielstellung vor dem Hintergrund knapper werdender Budgets effizient unterstützen. Immer wenn über Kürzungen der Bildungsbudgets diskutiert wird, kommt die Frage nach dem Bildungscontrolling auf den Plan. Insgesamt entscheidet sich der Einsatz von E-Learning damit immer mehr an der Frage der Effizienz (werden die Dinge richtig getan?) und Effektivität (werden die richtigen Dinge getan? (vgl. Hertig 1996, S. 107).

Die Debatte ist nicht neu und wurde bereits zu Beginn der 90er Jahre einmal intensiv geführt. Aus der Zeit rühren auch vielzählige Konzeptionen und Diskussionsbeiträge. Kailer (1996, S. 233) spricht gar von einem „Theorieboom" im Bereich des Bildungscontrollings. Trotz der vielen Arbeiten kann allerdings auch heute noch nicht konstatiert werden, dass sich eine Hauptrichtung ausgebildet hätte, die in der Praxis relevanten Niederschlag gefunden hat. Neu ist lediglich, dass sich die Debatte um Bildungscontrolling immer mehr mit E-Learning verbindet. Dies hat drei Gründe:

1. Es wurde immer wieder versprochen, dass E-Learning bessere Qualität für mehr Lerner bei geringeren Kosten ermöglichen würde – ein Versprechen, welches nach und nach zurückgenommen werden muss.[1]

---

[1] Im Sprachstil des Textes sollen sich Männer und Frauen ausdrücklich gleichermaßen repräsentiert fühlen, obwohl ausschließlich die maskuline Form verwendet wurde. Wir möchten damit nicht diskriminieren oder Sachverhalte fälschlich verkürzen. Der Text sollte jedoch aus Gründen der besseren Lesbarkeit nicht mit

2. Zum zweiten findet E-Learning natürlichen Eingang in immer mehr Aus- und Weiterbildungsprozesse und ist in irgendeiner Weise – ob in Hybriden- oder Selbstlernkonzepten – zunehmend auf dem Vormarsch.

3. Drittens führt die zunehmende Bedeutung von Aus- und insbesondere begleitender Weiterbildung in Unternehmenskontexten, in denen Wissen in vielen Branchen mittlerweile über einen Stellenwert verfügt, der dem klassischer Produktionsfaktoren gleich kommt, dazu, dass Weiterbildung und auch Informationsmanagement keine „nice-to-haves" mehr sind, sondern zentrale, über den Unternehmenserfolg (branchenunterschiedlich) entscheidende, Faktoren. In diese muss verstärkt investiert werden und diese werden daher auch verstärkt in unternehmerische Controllingaktivitäten eingebunden.

1.2 Bildungscontrolling als vielschichtiges Konzept

Ein Versuch, eine Definition für den Begriff Bildungscontrolling zu finden macht deutlich, dass es einerseits zwar vielfältige Meinungen und Ansätze gibt, in der Debatte jedoch auch Bündelungen und Trends zu erkennen sind. Bötel und Krekel (1999, S. 5) weisen darauf hin, dass Bildungscontrolling „[...] die Aufgabe der Planung und Steuerung der betrieblichen Weiterbildungsprozesse sowie die Optimierung der Effektivität und Effizienz" übernimmt, dessen Maßnahmen nach Thom und Zaugg (2000, S. 33) darauf ausgerichtet sind „die Zweckmäßigkeit von Investitionen in die [...] Weiterbildung aufzeigen [und, d. Autoren] die Bildungsinvestitionen zu optimieren."

Dabei strebt Bildungscontrolling nach Gnahs und Krekel (1999, S. 33) als ein „[...] ganzheitliches Konzept [..] eine integrierte und systematische Rückkoppelung zwischen Planung, Analyse und Kontrolle an." Auch Weiss (1996, S. 144) betont die umfassende Ausrichtung des Bildungscontrollings und weist darauf hin, dass es als „Planungs-, Steuerungs- und Kontrollsystem [...] im Prinzip alle relevanten Entscheidungsfelder der Weiterbildung [erfasst, d. Autoren], angefangen von der Bedarfermittlung über die Organisation von Maßnahmen bis zur Erfolgskontrolle und Transfersicherung [...]".

Darüber hinaus wird deutlich, dass zwei Hauptaufgaben des Bildungscontrollings unterschieden werden: Planungs- und Steuerungs- sowie Kon-

---

zu vielen Komposita und Doppelungen belastet werden. Die Autoren bitten um das Verständnis der Leserschaft und hoffen, dass durch diese Entscheidung nicht die Auseinandersetzung mit dem Inhalt des Textes behindert wird.

trollaufgaben (vgl. Decker 1995, S. 216f). Zwei Trends zeichnen sich in der derzeitigen Debatte um Bildungscontrollingkonzeptionen ab: Prozess- und Strategieorientierung. Bildungscontrolling stellt sich damit als ein integrierendes Konzept dar und ist an den einzelnen Phasen der Erstellung und Durchführung einer Bildungsmaßnahmen ausgerichtet, wie bspw. der Ermittlung des Bildungsbedarfes, der Zielbestimmung der Bildungsmaß-nahme, der Konzeption, Planung und Durchführung von Bildungsmaß-nahmen bis hin zur Kontrolle des Ergebnisses und der Transfersicherung. Wollte man aus der Fülle der Definitionen einmal versuchen eine Synopse zu erstellen, so könnte ein Ansatz etwa wie folgt aussehen:

> *Definition von Bildungscontrolling*
> Bildungscontrolling ist ein Instrument zur Optimierung der Planung, Steuerung und Durchführung von Bildungsmaßnahmen. Es stellt sich als integratives, ganzheitliches und systematisches Planungs-, Bewertungs- und Informationssystem zur Koordination und Steue-rung der bildungsbezogenen Prozesse und Aktivitäten in Abstim-mung mit den Unternehmens-/Organisationszielen zur Erfassung und Darstellung der Effizienz, der Effektivität sowie der Kosten von Bildungsmaßnahmen dar.

Zu unterscheiden ist zwischen dem operativen und dem strategischen Bil-dungscontrolling (vgl. Decker 1995, S. 216ff.).

Planungs- und Steuerungsaufgaben	**Kontrollaufgaben**
• Zukunftsorientiert • Zukünftige Entwicklungen werden im Sinne formulierter Ziele beeinflusst	• Vergangenheitsorientiert • Abweichung von angestrebten Zielen erkennen • Konsequenzen daraus ableiten
→ *ex-ante Betrachtungen*	→ *ex-post Betrachtungen*

Abb. 1-1: Aufgaben des Bildungscontrollings (vgl. Decker 1995, S 216)

Das operative Bildungscontrolling zielt darauf ab, die betrieblich erforder-liche Bildungsarbeit möglichst effizient zu erreichen. Ergänzt wird es durch das strategische Bildungscontrolling, mit dem geprüft wird, ob die Ziele und Schwerpunkte der Bildungsarbeit richtig gesetzt und an den strategischen Unternehmenszielen ausgerichtet sind.

In der Diskussion wird immer wieder die Bimentalität des Bildungscontrollings hervorgehoben (vgl. Gnahs/Krekel 1999, S. 22f.; Kailer 1996, S. 238; von Landsberg 1992, S. 17; Gerlich 1999b), die die Zielstellungen pädagogischer und ökonomischer Ansätze in kohärenten Konzeptionen zu vereinen sucht – E-Learning erweitert dieses Feld noch um die technologische Komponente (vgl. Ehlers u.a. 2003). Bildungscontrolling gibt Antworten auf die Frage, ob die erreichten Bildungsergebnisse die Bildungsinvestitionen rechtfertigen, zusätzlich werden die Bildungsmaßnahmen optimiert und Bildungserfolge langfristig zu sichern versucht. Es begnügt sich somit nicht mit der Betrachtung von bereits Vergangenem, sondern ist ziel- und gestaltungsorientiert ausgerichtet. Als strategisches Steuerungsinstrument führt Bildungscontrolling von der ex-post zur ex-ante Orientierung (s. Abb. 1-1). Es ermöglicht eine Verzahnung von Unternehmens- und ökonomischer Bildungsplanung und zielt darüber hinaus auf die Planung des jeweils notwendigen Humankapitals ab.

Abb. 1-2: Bildungscontrolling im Spannungsfeld unterschiedlicher Konzeptionen

Diese Ausführungen sollen jedoch nicht davon ablenken, dass Bildungscontrolling – weder in Literatur noch in praxi – kein einheitliches Konzept ist. Zwar hat es sich mittlerweile zu einer Leitkategorie durchgesetzt. Jedoch fungiert der Begriff als eine Dachstruktur für heterogene Diskussionen auch in angrenzenden Bereichen, etwa dem Qualitätsmanagement, der Evaluation und Return on Investment Berechnungsmodellen. Die Vielfalt an Konzepten, die Bildungscontrolling umfasst, sind in Abb. 1-2 dargestellt.

Die Vielfalt an Konzeptionen steht der bisherigen Praxis entgegen. Obwohl in den Weiterbildungsabteilungen von Grossunternehmen die Bedeutung des Bildungscontrollings allgemein erkannt wurde, klafft nach wie vor eine erhebliche Lücke zwischen Konzepten in der Theorie und deren Einsatz in der Praxis. Die praktische Anwendung der theoretischen Ansätze erweist sich oftmals als zu wenig ausgereift und praxisfern. Gleichzeitig haben viele Unternehmen die Chancen von Bildungscontrolling bislang nicht erkannt. Allerdings sind auch die zentralen Probleme des Bildungscontrollings als Planungs-, Kontroll- und Steuerungsinstrument nach wie vor die selben wie zu Beginn der 90er Jahre. Gerlich (1999) fasst sie wie folgt zusammen:

- Ein unmittelbarer Kausalzusammenhang zwischen Bildung und Unternehmenserfolg ist nicht herzustellen. Bildung hat immer unmittelbare, langfristige, beabsichtigte und unbeabsichtigte Folgen. Auch der Unternehmenserfolg hängt von verschiedensten bildungsunabhängigen externen und internen Faktoren ab. Zudem sind Ziele und Erfolgskriterien von Bildung oft nur unzureichend monetär quantifizierbar.
- Die Einbettung von Bildung in eine Unternehmensstrategie ist ebenfalls kein Garant für Unternehmenserfolg, geschweige denn für Bildungserfolg. In Bezug auf Bildungserfolg kann Bildungscontrolling nur fördernd oder hemmend wirken, nicht jedoch zielgenau steuern.
- Der Transfer des Gelernten in den Arbeitskontext unterliegt nur schwer zu steuernden Bedingungen.

1.3 Bildungscontrolling: Von der Praxis zur Theorie

Bildungscontrolling erweist sich als vielschichtiges Konstrukt mit vielfältigen Zielsetzungen. Dies rührt teilweise daher, dass im Bildungscontrolling Teilkonzeptionen aus unterschiedlichen Disziplinen zusammenkommen, die alle unter dem Label des Bildungscontrollings diskutiert werden: Evaluation von einzelnen Bildungsveranstaltungen, Qualitätsmanagementkonzeptionen für Bildungseinrichtungen, ROI-Berechnungen einzelner Bildungsmaßnahmen und unternehmensstrategische Entwürfe, die Bildung und dessen Controlling fest in ihr Leitbild integriert haben (s. Abb. 1-2).

Wie bereits in der Qualitätsdebatte liegt auch hier der Vorwurf nahe, dass das Konzept des Bildungscontrolling ein Theoriedefizit aufweist (zur Qualitätsdebatte im E-Learning vgl. Ehlers 2004c). Vielmehr, so scheint es, entwickelt sich Bildungscontrolling aus der Praxis heraus in unterschiedlichsten Formen, indem es – oftmals auch ohne kohärentes theoretisches Konzept – einfach ausprobiert und eingesetzt wird. Denn: *Eine* kohärente Bildungscontrollingtheorie ist bislang nicht in Sicht und aufgrund ihrer interdisziplinären Bezogenheit auch systematisch nur schwer zu skizzieren. Ähnlich ist es auch im Bereich der Qualitätsentwicklung im E-Learning, wo ebenfalls noch keine kohärente Theorieentwicklung stattgefunden hat, welche die Methoden und Gegenstände gegeneinander abgrenzt und Aussagen über Akteure, Relationen und Wirkungsweisen trifft (vgl. Ehlers 2003).

Eine durchgängige Theorielosigkeit kann dem Bildungscontrolling – und auch der Qualitätsforschung – jedoch nicht konstatiert werden. Zu vielfältig sind die theoretischen Bezüge, die in Konzepten des Bildungscontrollings herangezogen werden und etwa aus dem klassisch ökonomischen Controllingbereich auf den Bildungsbereich übertragen werden: kostentheoretische, investitionstheoretische, organisationstheoretische Bezüge. Ebenso werden theoretische Anleihen aus dem Bildungsbereich gemacht, wie etwa lerntheoretische oder didaktische Bezüge. Eine Theorielosigkeit ist demnach nicht zu erkennen.

Dennoch ist die Entwicklung von Konzeptionen des Bildungscontrollings eher von einer pragmatischen als von einer theoretisch fundierten Herangehensweise geprägt. Das Bildungscontrolling steht derzeit an einem Punkt dem es viele Notwendigkeiten erfüllen muss, ohne auf eine theoretische Basis oder gar empirische Erkenntnisse zurückgreifen zu können.

Theoretische Unschärfen sind dabei vorprogrammiert. Allein die Begrifflichkeiten der Debatte sind vielfach irreführend und lenken von den eigentlichen Arbeitsfeldern eher ab, als dass sie zielführend zuspitzen würden. Erkennbar wird dies bspw. am Begriff des Bildungscontrolling selbst: Der Begriff des *Bildungscontrolling* an sich weist einen interdisziplinären Zusammenhang auf, der komplexe Bezüge beinhaltet. Verdeutlicht man sich einmal von der Wortbedeutung her, worum es dabei gehen kann, so wird klar, dass ein eigentlich *individueller* Prozess, nämlich der der Bildung, *objektiviert* werden soll, indem er kontrolliert bzw. bewertet wird. Der Widerspruch, der sich in diesem Wort ausdrückt, wird vor allem dann deutlich, wenn man sich die ursprünglich subjektbezogene Konnotation des Bildungsbegriffes vor Augen führt, die ausdrückt, dass Bildung ein Prozess subjektiver Erschließung der Welt ist (vgl. Ehlers 2004c, S 139 ff), der nur schwer (und unzureichend) extern beobachtet und schon gar nicht kontrolliert oder gar in ein objektives Nutzen- oder Ursache-Wirkung-Verhältnis gebracht werden kann.

Legt man daher vielmehr den *Lernbegriff* – als einen weitgehend institutionalisierten Bildungsbegriff – zugrunde, so ist es hierbei schon wesentlich besser möglich, Bezüge zwischen dem äußeren Lernkontext und einer „inneren" Wirkungsweise zu knüpfen: „Externe" Ressourcen, die hierbei zum Lehren eingesetzt werden, können beziffert und in ein Verhältnis zu einem angestrebten Lernziel gesetzt werden. Ebenso können auch die Werte von Zertifikaten im Hinblick auf den Arbeitsmarkt beziffert werden. Das Konzept, welches vielleicht am besten zutrifft, um den Zusammenhang zu beschreiben, der mit dem Begriff *Bildungscontrolling* bezeichnet werden soll, ist das Konzepte der *Qualifikation*. Qualifikation drückt einen Lernvorgang im Hinblick auf eine arbeitsplatzrelevante Anforderung aus. (Dieser unterschiedet sich wiederum deutlich vom Konzept der Kompetenz, wie Erpenbeck in Beitrag 17 darlegt.)

Das Konzept des *Controllings* auf der anderen Seite ist ebenfalls eine Anleihe, die nicht exakt ausdrückt, was mit dem Begriff *Bildungscontrolling* angezielt wird. Je nach Definition (siehe oben) geht es dabei nicht ausschließlich darum, etwas – ex-post – zu kontrollieren oder zu überwachen, sondern vielmehr darum, etwas – ex-ante – zu optimieren und zu steuern. Versucht man nun diese Unschärfen zu präzisieren, so müsste Bildungscontrolling viel eher *Qualifikationsoptimierung* oder *-steuerung* heißen.

1.4 Vom ROI zu Bildungscontrolling: Vorschau auf die Buchbeiträge

Der vorliegende Band schlägt einen Bogen von der Theorie zur Praxis des Bildungscontrollings im E-Learning. Er ist in drei Teile gegliedert und enthält Beiträge zu Grundlagen des Bildungscontrollings, Anwendungen, Konzeptionen und Tools sowie Erfahrungen:

Teil A Bildungscontrolling im E-Learning: Grundlagen – Modelle – Strategien
Teil A1 „Bildungscontrolling und ROI im E-Learning – Grundlagen und Überblick" gibt zunächst einen Überblick über die Grundlagen des Themas. So weist *Joachim Hasebrook* in Kap. 2 „Bildungs- und Prozesscontrolling im Unternehmen" darauf hin, dass Bildungscontrolling sich sowohl von seiner faktenbasierten Rückschau wie auch von seiner alleinigen Fokussierung auf die Qualitätskontrolle in der Bildung lösen muss. Vielmehr geht es darum, dass Bildungscontrolling, wie auch das Finanzcontrolling,

einen Beitrag zur Unternehmenssteuerung liefern muss. Er fordert daher Entscheidungsgrundlagen und nicht Qualitätsnachweise.

Das Kap. 3 „Controlling von Kosten und Nutzen betrieblicher Bildungsmaßnahmen" von *Dietrich Seibt* führt in Kosten und Nutzen von E-Learning in der betrieblichen Weiterbildung ein und betont die Bedeutung eines globalen unternehmensübergreifenden und integrativen Bildungscontrollings.

Christoph Meier stellt in Kap. 4 „Ansätze für das Controlling betrieblicher Weiterbildung" eine Sammlung verschiedener Bildungscontrollinginstrumente und Konzeptionen vor und betrachtet dabei sowohl ROI-orientierte Ansätze wie auch Strategie-orientierte Ansätze, die in späteren Beiträgen anderer Autoren größtenteils weiter vertieft werden.

Teil A2 „Bildungscontrolling und ROI im E-Learning – Modelle und Werkzeuge" stellt Konzeptionen und Modelle für Bildungscontrolling im E-Learning und für ROI Berechnungen vor. *Volker Pohl* beschreibt im Kap. 5 „Bildungscontrolling im Rahmen des Bildungszyklus per E-Testing und E-Befragung" die Einsatzmöglichkeiten von E-Testing-Tools zur Ermittlung eines „qualitativen Return on Training Investment" auf Grundlage des Evaluationsansatzes von Donald L. Kirkpatrick.

Dagmar Woyde-Köhler stellt in Kap. 6 „Bildung investiv denken damit Lernen sich lohnt – Gedanken über effektives und effizientes Lernen" den Lernprozess in den Mittelpunkt und betont, dass die Effektivität und Effizienz von Lernprozessen entscheidend davon abhängt, ob Lernmanagement in einem Unternehmen professionell organisiert wird. Nur dort, wo Aus- und Weiterbildung als Investitionsfaktor verstanden werden und nicht als Kostenfaktor, wird sich ein professionelles Management der erforderlichen Lernprozesse durchsetzen.

Martin Gutbrod, Helmut W. Jung und *Stefan Fischer* stellen in Kap. 7 „Marktfähige Bildungsservices – Verbesserte ROI-Bestimmung von Bildungsmaßnahmen durch den neuen COM (Calculation Object Model)-Kostenansatz" einen innovativen Ansatz zur Kostenrechnung vor: das *Calculation Object Model* (COM). Es zielt insbesondere darauf ab, die Transparenz klassischer Kostenfaktoren mit Hilfe von aus der Prozesskostenrechnung weiterentwickelten Methoden zu verbessern.

Jack und *Patti P. Phillips* konzentrieren sich in Kap. 8 „Controlling für E-Learning" darauf, eine ROI Methode zu entwickeln, die nachweislich dazu beiträgt, den Erfolg von E-Learning Programmen zu ermitteln. Der Beitrag stellt die grundlegenden Themen und Trends der Ermittlung des ROI für E-Learning vor und beschreibt einen bewährten Prozess, mit dem die Wirkung von Lerntechnologien ermittelt werden kann.

In Kap. 9 „Lerneffektivitätsmessung (LEM): Ein neuer Ansatz zur Messung und zum Management von Bildungsmaßnahmen um Geschäftsziele zu erreichen" stellt *Dean R. Spitzer* eine neu entwickelte Methode zur Messung der Lerneffektivität vor. Die Methode der Lerneffektivitätsmessung (LEM) zielt darauf ab, Evaluation nicht nur im Nachhinein rekonstruktiv einzusetzen um die Qualität einer Bildungsmaßnahme einzuschätzen, sondern sie in allen Phasen eines Bildungsprozesses zu nutzen.

Im Teil A3 „Bildungscontrolling im E-Learning jenseits des ROI" werden Konzeptionen und Modelle thematisiert, denen ein eher ganzheitlicher oder strategischer Zuschnitt zu Grunde liegt. Hier finden sich auch Beiträge aus angrenzenden Gebieten, die zum Beispiel den Zusammenhang zwischen Bildungscontrolling und Qualitätsmanagement thematisieren. In Kap. 10: „Balanced Learning Scorecard: Den Wert von (E-)Learning-Innovationen für Geschäftsziele kommunizieren", stellt *Andrea Back* Überlegungen zur Fundierung von (E-)Learning-Investitionen mit dem Instrument der Balanced Scorecard (BSC) an. Das in ihrem Beitrag skizzierte Vorgehen basiert auf der Klärung sowie Auswahl von überschaubar wenigen (strategischen) Zielen und dem Denken in Ursache-Wirkungs-Ketten, wobei sich die Bewertung nicht allein auf monetäre Größen stützt.

Christoph Meier thematisiert in seinem zweiten Beitrag, Kap. 11 „Weiterbildungscontrolling mit Scorecards, rollen-spezifischen Kenngrößen und Management Cockpit" drei Szenarien für betriebliches Weiterbildungscontrolling und dazu passende Instrumente. Bei massnahmeorientiertem Weiterbildungscontrolling stehen einzelne Bildungsprojekte und Bildungsangebote im Vordergrund und zentrale Instrumente sind die Balanced-Scorecard und Kurs-Scorecards. Ein zweites Szenario, das die zunehmend individualisierten Bildungsaktivitäten stärker berücksichtigt, ist die Fokussierung auf die einzelnen Lerner unter Verwendung von Lerner-Scorecards. Das dritte grundlegende Szenario berücksichtigt verschiedenste Bildungsmaßnahmen und alle am Bildungsprozess beteiligten Akteure.

Ulf-Daniel Ehlers betont in Kap. 12 „Bildungscontrolling, individuelles Bildungsmanagement und E-Portfolios" den Lernprozess im Rahmen des Bildungscontrollings als ganzheitliche Unternehmensstrategie und zeigt die Notwendigkeit individueller Beteiligung der Lernenden für ein gelingendes Bildungscontrolling auf. Er stellt vier Konsequenzen seiner Ausführungen dar, die im Rahmen eines Bildungscontrollingzyklusses ein individuelles Bildungsmanagement unterstützen können. E-Portfolios können dabei gewinnbringend eingesetzt werden.

Joachim von Kiedrowski zeigt in Kap. 13 „Qualitätsmanagement von E-Learning mit dem House of Quality", Alternativen zur ROI Methodologie, die geeignet sind, der Multiperspektivität des Evaluationsproblems im E-Learning sowie der Pluralität der zu berücksichtigenden Kriterien aller Stakeholder gerecht zu werden. In diesem Beitrag wird mit dem House of Quality ein Instrument vorgestellt, das alle relevanten Stakeholder in die Evaluation einbezieht und eine durchgängige Orientierung an den Stakeholderanforderungen und somit auch den Unternehmensanforderungen ermöglicht.

Jan M. Pawlowski und *Sinje J. Teschler* stellen in Kap. 14 „Qualitätsmanagement und Bildungscontrolling" ein neues Konzept zur Auswahl geeigneter Bildungscontrolling- und Qualitätsmanagementkonzepte für die eigene Unternehmensstrategie vor. Es unterstützt den Auswahlprozess aus der Vielzahl an Qualitätsmanagementansätzen, die teilweise mit speziellen Konzepten und Instrumenten des Bildungscontrollings verknüpft sind um eine bestmögliche Qualität, unter Kontrolle der Kosten zu ermöglichen. Mit praktischen Leitfragen bekommt der Leser einen Einblick in relevante Entscheidungsprozesse.

Sabine Seufert und *Dieter Euler* richten in Kap. 15 „Edu-Action statt Education? – Vom Bildungscontrolling zur Entwicklung von Bildungsqualität" ihr Augenmerk ebenfalls auf die Verbindungslinien zwischen dem Bildungscontrolling und der Entwicklung von Bildungsqualität. Dabei wird herausgearbeitet, dass Ansätze des Bildungscontrollings für Bildungsgestalter in Unternehmen zwar interessante Anknüpfungspunkte bieten, jedoch konzeptionell und praktisch häufig zu kurz ansetzen. Insbesondere bleiben die normativen Grundlagen oft unhinterfragt und begrenzen sich die praktischen Aktivitäten auf solche Bereiche, die einer schnellen Messbarkeit zugänglich sind. In Ansätzen zur Entwicklung von Bildungsqualität, die am Beispiel der „Certification of E-Learning (CEL)" illustriert werden, bestehen potenzialreiche Erweiterungen, die für die (Weiter-)Entwicklung des Bildungsmanagements in Wissenschaft und Praxis nutzbar gemacht werden können.

Christoph Warnecke geht in Kap. 16 „Transfersicherung und Bildungscontrolling in ganzheitlichen Blended-Learning-Prozessen" der Frage nach, wie durch den Einsatz von E-Learning-Instrumenten und Bildungscontrolling Lernprozesse kostengünstig gestaltet, Lerntransfer und Handlungskompetenz sichergestellt, die Rahmenbedingungen einbezogen bzw. geändert und Entscheidungsträger, Vorgesetzte und Mitarbeiter in die Verantwortung eingebunden werden können. Das vorgestellte Konzept wurde im Gerling Konzern erfolgreich eingesetzt und ein Praxisbericht zum Thema wird von Volker Lengemann in Kap. 22 in Teil 3 des Buch gegeben.

Teil B Neue Werkzeuge für Weiterbildungscontrolling im E-Learning: A-nalytics und Skill Assessment Module
Im zweiten Teil des Buches geht es um die Frage, wie Kompetenzen und Fähigkeiten überprüft, getestet und zertifiziert werden können. Damit wird ein zunehmend wichtiger Bereich des Bildungscontrollings angesprochen. Der Markt für *Skill-Management* und *-Assessment-Tools* entwickelt sich gerade erst und sog. *Analytics Module* werden verstärkt in Learning Management Systeme integriert. Die Beiträge decken das gesamte Spektrum von kritischen konzeptionellen Artikeln bis hin zur Beschreibung von innovativen Produkten und Tools sowie Erfahrungen mit deren Einsatz ab.

John Erpenbeck geht in Kap. 17 „Kompetenzmessung als Bildungscontrolling im E-Learning?" davon aus, dass ein gut begründetes theoretisches Verständnis notwendig ist, wenn Kompetenzvermittlung erfolgreich sein soll. Auf dieser Basis beantwortet er die Frage, wie man interessierende Kompetenzen messen und vergleichen kann. In Bezug auf E-Learning setzt das allerdings voraus, dass man mit seiner Hilfe überhaupt Kompetenzen entwickeln kann und weiß, wo dies besser und wo dies schlechter gelingt. Das hängt primär davon ab, ob die entsprechenden E-Learning-Verfahren konfliktinduzierend und emotional labilisierend sind und damit die Interiorisation von Regeln, Werten und Normen erlauben. Das zu ermitteln erweist sich als eine wichtige Aufgabe modernen Bildungs- und Weiterbildungscontrollings.

Günther Hilger beschreibt in Kap. 18 „Bildungscontrolling und Skill-Management mit BE-Certified" die Software BE-Certified, eine Skill-Assessment Lösung. BE-Certified erweitert Bildungscontrolling um die Komponente *Softskillcontrolling* und berücksichtigt darüber hinaus auch die kognitiven Eigenschaften der Probanden. Dabei ist ein wichtiges Feature die empirische Motivation der Probanden, die bei BE-Certified mit anschaulichen empirischen Auswertungen gefördert wird. Es wird aufgezeigt, wie aus den Vorgaben der Benchmarks und den Ergebnissen der Assessments konkrete Lernpfad-Empfehlungen generiert und die entsprechenden Lerninhalte oder Personalentwicklungsmaßnahmen zugeordnet werden.

Michael Hack, Kap. 19 „Die nächste Generation des E-Learning und der Weg zum Human Capital Development und Management" beschreibt Möglichkeiten des Human Capital Management bzw. Performancemanagement. Er betont, dass die heutige Herausforderung nicht mehr darin besteht, „E-Learning" möglichst barrierefrei im Unternehmen und über das Unternehmen hinaus bereitzustellen, sondern sicherzustellen, dass die „richtigen" Fähigkeiten und Kompetenzen an den entscheidenden Stellen in den unterschiedlichen Unternehmensprozessen zur Verfügung stehen.

Beate Bruns und *Susann Smith* stellen in Kap. 20 „Skill Assessment-Tools/Analytics Tools: Die time2know® Performance Solution der IBT® SERVER-Produktfamilie" die time2know® Performance Solution vor. Diese bildet alle Teilaspekte des softwaregestützten Bildungscontrollings ab. Mit den Software-Applikationen IBT® Assessment, IBT® Skill Management und IBT® Skill Gap Analysis sind von der Kompetenzmessung über die Kompetenzsteigerung bis hin zum Kompetenzcontrolling alle benötigten Komponenten online und standortübergreifend verfügbar.

Teil C Good Practices, Fallbeispiele und Erfahrungen
Im dritten Teil des Buches werden praktische Erfahrungen und Good Practices vorgestellt. Diese bieten zielgenaue Informationen über Erfolgsfaktoren für Bildungscontrolling im E-Learning und gute Beispiele für den Einsatz von Skill- und Assessment-Tools. *Sabine Erkens* beschreibt in Kap. 21 „Der lange Weg zum Bildungscontrolling", wie Lernerbefragungen sinnvoll in ein Bildungscontrolling integriert werden können. Dadurch wird es möglich, schnell und realistisch Zufriedenheitserfolg, Lernerfolg und Transfererfolg zu ermitteln. Viele Bildungsmaßnahmen der Victoria Versicherung enden mit einer Zertifizierung, welche belegt, dass der Ausbildungsstandard eingehalten wurde und der Teilnehmer über das erforderliche Wissen verfügt. Online-Testtools können dabei zur Erhebung von Daten zur Ermittlung des Zufriedenheitserfolgs, zur Lernerfolgsmessung sowie zur Transfererfolgsmessung dienen.

Volker Lengemann berichtet in Kap. 22 „Bildungscontrolling am Praxisbeispiel des prozessorientierten Qualifizierungskonzepts für Vertriebsexperten ‚Lebensversicherung' des Gerling-Konzerns" über die Erfahrungen des Gerling Konzerns. Die dargestellten Erfahrungen beschreiben den Ansatz für Bildungscontrolling im Gerling-Konzern auf Basis des Performance-Improvement-Konzeptes. Dieses führt dazu, dass die betriebswirtschaftlichen Effekte des Lernprozesses früher eintreten, da die Qualifizierung mit der Tagesarbeit optimal synchronisiert werden kann. Zudem gelingt es, die gewünschte Vernetzung von Personal- und Organisationsentwicklung zu initiieren.

Thomas Jenewein, Stefan Schüssler und *Torsten Leidig* stellen in Kap. 23 „Rentabilität von E-Learning Projekten" Bildungscontrolling als einen wesentlicher Bestandteil von E-Learning-Programmen in der Praxis der betrieblichen Weiterbildung der SAP AG dar. Der Fokus liegt dabei auf der Ermittlung der Kosten-Nutzen-Effizienz von Trainingsmaßnahmen und auf der kontinuierlichen Optimierung des zyklischen Weiterbildungsprozesses. Die SAP Learning Solution unterstützt die Aufgabe des Bildungscontrollings, indem sie wichtige Kennzahlen für die Kosten-Nutzen-Relation im Web-Cockpit zusammengefasst darstellt.

Sue Martin und *Lars Satow* beschreiben in Kap. 24 „Lernprozessoptimierung durch den sinnvollen Einsatz von EDV-gesteuerten Testinginstrumenten: Innovative Fallbeispiele leuchten den Weg" das Möglichkeitsspektrum von Online-Testing-Möglichkeiten, die sie als oftmals falsch eingesetzt ansehen. Die Migration von papierbasierten zu elektronischen Prüfungsmethoden in diesem Bereich ist in ihren Augen in vielen Fällen sinnvoll, aber die Vorteile der Umstellung auf elektronische Methoden können häufig noch mehr in anderen Phasen des Lernprozesses einen erheblichen Beitrag leisten. Der Beitrag beschreibt Fallbeispiele der SAP AG und der FÁS.

Marc Olejnik und *Ulf Daniel Ehlers* präsentieren schließlich in Kap. 25 „Internetquellen zum Bildungscontrolling" eine Linksammlung zu Internetquellen im Bereich Bildungscontrolling. Die Internetlinks bieten relevante und aktuelle Informationen zu den vorher im Buch behandelten Themen. Links, zum Beispiel, auf Artikel, Newsletter, Informationen über aktuelle Themen sowie Trends und Entwicklungen lassen, sich unter der Rubrik Informationsportale finden. Die angegebenen Links zu Assessment-Tools beinhalten u.a. einen ROI-Kalkulator und ein Programm zur automatischen Erstellung von Online-Tests. Abschließend sind Links zu Informationen zur Balanced Scorecard, Kongresse und Messen sowie ausgewählte Artikel zu finden.

Teil A1
Überblick zu Ansätzen des Bildungscontrollings im E-Learning: Grundlagen und Überblick

Die Beiträge dieses Abschnitts geben eine grundlegende Einführung in die Entwicklung des Bildungscontrollings und einen Überblick über aktuelle Konzepte und Modelle des Bildungscontrollings für E-Learning. Ausgehend von allgemeinen Controllingkonzepten wird der Bogen bis hin zu den Controllingkonzepten speziell im E-Learning gespannt. Dabei werden alle relevanten Konzeptionen in diesem Bereich kurz vorgestellt und in einen Zusammenhang gebracht. Darüber hinaus wird auf Problemlagen und Herausforderungen eingegangen.

2. Bildungs- und Prozesscontrolling im Unternehmen

Joachim Hasebrook

Bildungscontrolling ist aus Unternehmenssicht ein Teil der Unternehmenssteuerung zur Verminderung von Anpassungsrisiken und zur Verbesserung der Anpassungsfähigkeit mit Mitteln der Personalentwicklung. Bildungscontrolling fragt nicht nach dem Erreichen eines möglichst großen Nutzens bei möglichst geringem Aufwand. Vielmehr gehorcht es wirtschaftlichen Gesetzen, indem es beispielsweise nach dem „Minimumprinzip" versucht, ein zuvor als effizient festgelegtes Ziel mit möglichst geringem Ressourcenverbrauch zu erreichen. Das Problem dabei ist nicht, den Bildungserfolg überhaupt zu messen, sondern eine dem jeweiligen Zweck angemessene Methode auszuwählen. Der Bildungserfolg kann auch als finanzieller Mehrwert bestimmt werden, wenn dies zur Optimierung von Bildungsinvestitionen sinnvoll erscheint. Der Einsatz solcher Methoden ist jedoch nicht möglich, wenn Qualifikationsmaßnahmen bei Veränderungs- und Anpassungsprozessen angewendet werden, da nicht zuverlässig gemessen werden kann, was gerade geändert wird.

2.1 Bildungscontrolling: Eine neue Definition

Böse Zungen behaupten, dass Bildungscontrolling eine aufwändige Methode sei, um nachträglich festzustellen, wo im Bildungsbereich Fehlinvestitionen stattgefunden haben. Diese Behauptung ist immer dann nicht unbegründet, wenn althergebrachte Methoden der finanziellen Bewertung gedankenlos auf Bildungsprozesse in Unternehmen übertragen werden. Fehlgeleitete Investitionen und nutzlose Bildungsmaßnahmen sind vorprogrammiert, wenn Seminare aus einem Bildungskatalog, der auf veralteten Bedarfsmeldungen beruht, einer großen Anzahl von Mitarbeiterinnen und Mitarbeitern angeboten wird. Oftmals wird die Teilnahme an einer Bildungsmaßnahme als Belohnung (neudeutsch: Incentive) und die Erstellung von Bildungskatalogen und -prozessen als Geschäftsprozess in einem „Cost Center" verstanden. Es kann unter diesen Voraussetzungen nicht verwundern, wenn in großen Betrieben regelmäßig Seminare zum Thema „Selbstmanagement" und „Schnelles Lesen" (vermutlich vor allem von Rundschreiben) die Bestseller sind; fast genauso beliebt ist das Erlernen von Fremdsprachen, die nach Beobachtung von betrieblichen Bildungsplanern jedoch stets vor den Sommerferien belegt werden.

Wirtschaftliche Erfolge sind in einer zunehmend wissensbasierten Wirtschaft mit Sprachkursen vor den Ferien nicht zu erringen: In der Wissensgesellschaft (vgl. Drucker 1988, 1993) verlieren die traditionellen Produktionsfaktoren Arbeit, Boden und Kapital an Bedeutung, Wissen hingegen gewinnt als wertvolle Ressource und bedeutender Wettbewerbsvorteil an Bedeutung. Dabei ist die Idee von der „Wissensgesellschaft" keineswegs neu, da er in den 60er Jahren von Lane (1966) geprägt und rund zehn Jahre später in den bekannten Arbeiten von Bell (1975) wieder aufgegriffen wurde. Heute geht man allgemein von der Hypothese der „quartären Wirtschaft" aus, um die „Wissensgesellschaft" zu charakterisieren (vgl. Tab. 2-1).

Tabelle 2-1. Hypothese der „quartären Wirtschaft" anhand von Beispielen.

Ära	Wirtschaftsgüter	Aktiva
Primäre Wirtschaft	Rohstoffe	Gebäude
Sekundäre Wirtschaft	Produkte	Maschinen
Tertiäre Wirtschaft	Dienstleistungen	Infrastruktur
Quartäre Wirtschaft	Wissen	Netzwerke

Für zukünftige Formen des Controlling werden also „Wissen" und „Netzwerke" eine ebenso wichtige Rolle spielen müssen wie die bisherigen finanzwirtschaftlichen Kennzahlen. Es gibt bereits heute zahlreiche Empfehlungen, wie die Wissens- und Kompetenzmessung in der Aufstellung und Bewertung von Unternehmensbilanzen nach internationalen Standards, speziell dem International Accounting Standard (IAS), aufgenommen werden soll (Hasebrook et al. 2003).

Der Wert eines Unternehmens kann nicht mehr ohne Bewertung immaterieller Güter bemessen werden, da vielfach die immateriellen Unternehmensbestandteile (Intangible Assets) weitaus grösseren Einfluss auf den Unternehmenserfolg und damit auf die Rendite haben werden als die materiellen (Tangible Assets).

Als typisches Beispiel kann die Pharmaindustrie dienen, die in hohem Masse von Produktinnovationen und deren patentrechtlichem Schutz abhängig ist. So lag beispielsweise der Wert der Firma Glaxo in Form von

Marktkapitalisierung zur Jahrtausendwende bei rund 61 Mill. Britischen Pfund (ca. 87 Mill. Euro), davon entfielen eine Million auf den Buchwert (Tangible Assets) und zehn Mill. auf den „Goodwill"[1], der Rest von 50 Mill. entfiel auf „Intangible Assets" in Form von Marken- und Patentrechten und den Hoffnungen der Anleger, die auf Forschungs- und Entwicklungskapazitäten (F&E) sowie Marktaussichten der Firma beruhten. Verschiedene Untersuchungen zeigen, dass das Verhältnis von Markt- zu Buchwert in verschiedenen Industrien zwischen 1:1 (z.B. Automobilhersteller) und 20:1 (z.B. Softwarehersteller und Life Style Marken) schwankt (Tuomi 1999).

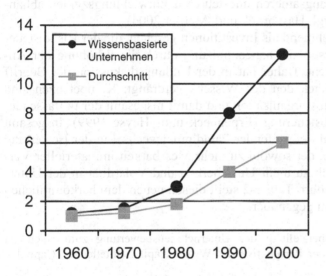

Abb. 2-1. Verhältnis von Markt- zu Buchwert bei einem durchschnittlichen und einem wissensbasierten Unternehmensportfolio nach Skyrme (1999)

Fasst man alle wissensbasierte Branchen, die im wesentlichen von der Informationsverarbeitung leben (z.B. Dienstleistung einschließlich Finanzdienstleistung und stark von F&E abhängige Branchen) gegenüber klassischen Sparten aus Handel und Industrie zusammen, so zeigt sich, dass sich in den letzten Jahrzehnten die wissensintensiven (oder wissensbasierten)

---

[1] Der Begriff „Goodwill" bezeichnet den gebuchten Unternehmenswert bzw. den Firmenwert. Der Goodwill wird errechnet als der Unterschiedsbetrag zwischen Substanzwert (Wiederbeschaffungswert) eines Unternehmens und dessen Ertragswert.

im Vergleich zu traditionellen Wirtschaftszweigen erheblich stärker an Wert gewonnen haben (vgl. Abb. 2-1). Nach Angaben der Firma Novartis, die auf Angaben des Strategic Management Review IMS Health beruhen, wurden in den 80er Jahren aus rund 5500 vorklinischen Produkten rund 70 registeriete Medikamente gewonnen; heute sind es etwa 50 registeriete Produkte, die aus 7500 Vorprodukten erzielt werden können. Im gleichen Zeitraum haben sich die Forschungsausgaben von 360 Mio. US-Dollar auf über 800 Mio. US-Dollar pro Medikament mehr als verdoppelt. Wissensabhängige Investitionen steigen, weil nur damit der Unternehmenswert gesichert werden kann, aber dies bedingt auch ein erheblich höheres Risiko, da das Unternehmen stark vom Wissen und der Innovationskraft der Mitarbeiter sowie von langsameren und teureren Entwicklungszyklen abhängig ist als je zuvor (vgl. Hasebrook und Maurer 2004).

Bildung wird zunehmend als Investitionen gesehen, die der Risikosteuerung und der verbesserten Chancennutzung durch die Erhöhung der Anpassungsfähigkeit dient. Daher hat in der Bildungsdiskussion der Begriff der Kompetenz vielfach den des Wissens verdrängt: Kompetenzen sind Dispostionen zur Selbstorganisation und damit insgesamt der umfassendere Ansatz zur Risikosteuerung (Erpenbeck und Heyse 1999). Insgesamt zeichnet sich also ein tiefgreifender Paradigmenwechsel in der Bewertung von Unternehmen ab, der sowohl zu mehr Messbarkeit immaterieller Vermögenswerte als auch zu mehr Unsicherheit und Volatilität in der Unternehmensbewertung führt. Tab. 2-2 stellt diesen neuen dem herkömmlichen Ansatz in Stichworten gegenüber.

Tabelle 2-2. Gegenüberstellung der Unternehmensbewertung zum Buchwert (Niederwert) und aus der Perspektive des Wissenskapital (Intellectual Capital = IC).

Nr	Unternehmensbewertung nach Buchwert	Unternehmensbewertung nach Wissenskapital
1	Materielle Werte (tangible)	Immaterielle Werte (intangible)
2	Bewertung zu Stichtagen	Bewertung von Prozessen
3	Vergangenheitsbetrachtung	Vergangenheit und Zukunft
4	Kostenrechung	Ertrags- und Wertfeststellung
5	Reine Finanzbewertung	Gemischte Bewertungsverfahren
6	Periodische Kontrollen	Fortlaufende Steuerung
7	Regeln und Routinen	Anpassungsmanagement

Vor diesem Hintergrund kann Bildungscontrolling nun beschrieben werden als der Teil der strategischen Unternehmenssteuerung, der sich mit dem Risikomanagement und dem Aufbau von Veränderungspotenzial im

Unternehmen durch Bildungsmaßnahmen befasst (vgl. Hasebrook 1999; Hasebrook und Maurer 2004).

2.2 Bewertung von Prozessen

Bildungscontrolling beinhaltet oft nur Kostencontrolling und berücksichtigt nicht den ausreichenden Praxistransfer sowie eine hinreichende Integration von Lern- und Arbeitsprozessen. Es ist daher entscheidend, den Bildungserfolg umfassend zu definieren und zu erheben. Abb. 2-2 gibt einen Überblick über Aspekte des Bildungserfolges. Üblicherweise orientieren sich Bildungsplaner an Stufen- oder Phasenmodellen, wie das folgende:

* Bildungsbedarfsanalyse: Strategischen und operativen Bildungsbedarf erheben und analysieren.
* Planung und Konzeption: Bildungsziele festlegen, Entscheidung „Make or Buy" fällen, Methodik und Didaktik festlegen, Organisation einleiten.
* Durchführung: Lernprozesses steuern, fortlaufende Datenerhebung und ggf. Anpassung durchführen.
* Transfer und Evaluation: Maßnahmen zur Verbesserung des Praxistransfers einleiten, Performanz und Akzeptanz messen, Kriterien zur Bewertung des Praxistransfers festlegen und (meist mehrfach) erheben.

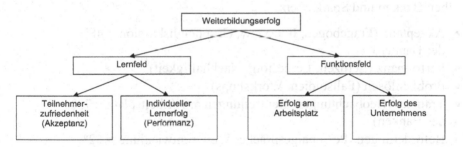

Abb. 2-2. Elemente des Bildungserfolgs (nach Kredelbach 1988).

Modernes Controlling orientiert sich jedoch nicht an einfachen Phasenmodellen, die einen Geschäftsprozess als isolierten Vorgang mit einzelnen, klar abgrenzbaren Schritten auffassen. Auch das Bildungscontrolling muss sich an modernen Konzepten orientieren, die einen permanenten Verbesserungsprozess erlauben (vgl. Paul und Siewert 1996, Hasebrook 1999). Abb. 2-3 zeigt einen solchen permanenten Controllingprozess, der nicht nur zusätzliche, umfassende Prognose und Bewertungsschritte enthält, sondern auch eine permanente Informationsgewinnung und -speicherung vorsieht. Dies ist ein Schritt hin zu einem integrierten Wissens- und Kompetenzmanagement, dass Bildungsplanung und -durchführung als integralen Bestandteil der Unternehmenssteuerung auffasst.

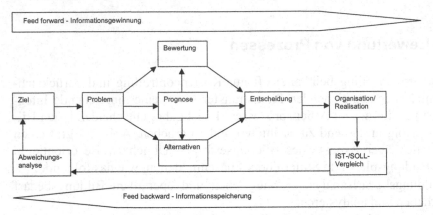

Abb. 2-3. Ziel-orientiertes Prozessmodell für einen permanenten Controllingprozess (vgl. Hasebrook 1999)

Ein umfassendes, zielorientiertes Controlling umfasst das Erfolgs- und Transfercontrolling. Erfolgscontrolling befasst sich dabei mit der unmittelbaren Erfolgsmessung im Rahmen der Bildungsmaßnahme. Meier (1995) gibt einen Überblick über die Umsetzung dieser Erfolgsmessung bei deutschen Banken und Sparkassen:

- Akzeptanz (Fragebogen, Interview, Gruppendiskussion = 48% der Banken)
- Performanz (Lernzeit, Lernerfolg, Nachhaltigkeit)
- Problemlösen (Fallstudien, Workshops)
- Transfer (Beobachtungen, Beurteilungen am Arbeitsplatz = 73% der Banken)
- Beförderungen (Personalgespräche, Weiterentwicklung = 52% der Banken)
- Unternehmenserfolg (Unternehmensziele, Bereichsziele, Nachhaltigkeit)

Es ist wichtig zu beachten, dass fast alle Messgrößen unabhängig voneinander sind; dies bedeutet, das fehlende Daten nicht aus anderen geschätzt werden können (vgl. Glowalla und Hasebrook 1995). Transfercontrolling sollte direkt nach der Trainingsmaßnahme sowie am Arbeitsplatz stattfinden. Transfercontrolling im Funktionsfeld (vgl. Abb. 2-2) ist die Voraussetzung, den Nutzen einer Bildungsmaßnahme konkret zu errechnen, wie ein preisgekröntes Beispiel der BfG Bank (jetzt: SEB) aus dem Jahr 1996 zeigt. Pichler (1996) errechnete bei einem Verkaufstraining für Privaten-kunden-Betreuer einen Aufwand von 1338,00 DM pro Teilnehmer und Tag. Dieser stand einem Bruttonutzen von 5778,00 DM (netto 4440,00 DM) gegenüber, was einer Rendite von 331 % im Erhebungszeitraum von einem Jahr entspricht. Elemente eines erfolgsorientierten Transfercontrollings sind:

- Nach der Bildungsmaßnahme
  - ⁻ Wissenstests (Vergleichstests, Selbsttests, Prüfungen)
  - – Gespräch zwischen Mitarbeiter/in und Vorgestetzte/r
  - – Transferpartnerschaft/Lernpartnerschaft
  - – Follow-up (Workshop, Regionalteams)
- Am Arbeitsplatz
  - – Subjektive Akzeptanz
  - – Beurteilungen (z.B. Personalgespräch)
  - – Beobachtungen (z.B. Teamgespräche)

Das dänische Handels- und Industrieministerium hat bereits vor einigen Jahren Richtlinien herausgegeben, wie in der fortlaufenden Berichterstattung eines (börsennotierten) Unternehmens Intellektuelles und Humankapital berücksichtigt werden kann. Dies ist für das prozessbezogene Bildungscontrolling von besonderem Interesse, weil es so selbstverständlicher Bestandteil des Prozesscontrolling und Berichtswesen im Unternehmen wird (vgl. „A guideline for intellectual capital statements – A key to knowledge management", Danish Ministry of Trade and Industry, 2000; nach Hasebrook et al. 2003; S. 76ff, wiedergegeben sind der Mitarbeiter- und der Prozessfokus).

Tabelle 2-3. „Mitarbeiterfokus" nach den Richtlinien für Berichte über Intellektuelles Kapital des Dänischen Handels- und Industrieministeriums

Indikator	Kalkulation/Berechnung	Interpretation
Anzahl der Mitarbeiter	Anzahl der Mitarbeiter in Stellenäquivalenten	Hintergrundinformation zur Größe und zum Wachstum der Firma
Altersverteilung	Anzahl der Mitarbeiter nach Altersgruppen	Hintergrundinformation; zeigt häufigstes Altersintervall und das Verhältnis von jungen, (dynamischen) Mitarbeitern, die mit älteren, erfahrenen Mitarbeitern kooperieren.
Durchschnittsalter	Durchschnittsalter in Jahren	Hintergrundinformation
Durchschnittliche Verweildauer im Unternehmen	Verweildauer in Monaten/Jahren	Fähigkeit der Firma kompetente und erfahrene Mitarbeiter zu binden (Arbeitsumgebung, Zufriedenheit, Loyalität)
Durchschnittliche Berufserfahrung	Berufserfahrung in Monaten/Jahren	Im Vergleich zur durchschnittlichen Verweildauer zeigt die Berufserfahrung in einer Branche insgesamt, ob eine Firma erfolgreich neues Wissen einwerben kann.

Indikator	Kalkulation/Berechnung	Interpretation
Geschlechterverteilung		Hintergrundinformation
Bildungsgrad	Anzahl der Mitarbeiter nach Bildungsgrad	Bildungsressourcen und Kompetenzen der Mitarbeiter (Fachgebiete); Fähigkeit der Mitarbeiter, neue Wissen zu erwerben (Lernfähigkeit)
IT Mitarbeiter und IT Support	Anzahl der IT Mitarbeiter	Umfang der Nutzung neuer Informations- und Kommunikationstechnologien; zeitliche Entwicklung zeigt IT Strategie
IT Kompetenz der Mitarbeiter	IT Schulungen, Erfahrungshorizont, Anzahl der beherrschen Tools	Medien- und Mediennutzungskompetenz in wissensintensiven Kontexten
Mitarbeiter mit Projektleiterqualifikation	Anzahl der Mitarbeiter	Fähigkeit und Ressourcen zur Bewältigung zukünftiger Projekte
Anzahl der Projektleiter	Anzahl der Mitarbeiter	Projektmanagement
Mitarbeiter nach Abteilung	Anzahl der Mitarbeiter	Hintergrundinformation; wichtige Unternehmensbereiche
Verteilung nach Ausbildungsart	Anzahl der Mitarbeiter	Hintergrundinformation; s. Mitarbeiter nach Abteilung
Mitarbeitergespräche	Anzahl der Gespräche	Personalentwicklung, Mitarbeiterbindung
Kompetenz- und Laufbahnberatung	Kompetenzentwicklungspläne	Haltung zu individueller Entwicklungsförderung und Kompetenzentwicklung
Weiterbildungs- und Trainingskosten	Gesamtausgaben	Bereitschaft für Investment in Weiterbildung und Kompetenzentwicklung (Mitarbeiterbindung)
Weiterbildungstage	Anzahl der Schulungstage	s. Trainingskosten
Knowledge-building resources	Anzahl Stunden; Teilnahme an Kursen, Forschungs- und Entwicklungsvorhaben; Zeit für Literaturarbeit, Datenbankabfragen, Internetrecherche	Freiräume für kreative Forschungs- und Entwicklungsprozesse
Jobrotation, Versetzungen	Anzahl der versetzten Mitarbeiter (Teamwechsel, Abteilungswechsel, Auslandsaufenthalt)	Indikator für Flexiblität der Mitarbeiter; Personalentwicklung durch neue Herausforderungen
Soziale Events	Anzahl der sozialen Events oder Kosten für soziale Events	Investition in das soziale Netzwerk (Förderung des informellen Kontaktes und Austauschs)
Meetings zum Erfahrungsaustausch	Anzahl der Meetings, Gruppen	Geteiltes Wissen und Erfahrung
Mitarbeiterzufriedenheit	Anzahl der Mitarbeiter, die zufrieden oder sehr zufrieden sind (5-stufige Lickert-Skala).	Erwartungen der Mitarbeiter; Mitarbeiter- und Kundenzufriedenheit sind eng verbunden
Mitarbeiterfluktuation	Anzahl der Mitarbeiter, die das Unternehmen verlassen haben	Mitarbeiterbindung (= Kompetenzbindung)

Indikator	Kalkulation/Berechnung	Interpretation
Neueinstellungen und Entlassungen, Integration neuer Mitarbeiter	Verhältnis Neueinstellungen zu Entlassungen	Kompetenzbindung und -erneuerung.
Zufriedenheit der Kunden mit den Mitarbeitern	Anzahl der Kunden, die mit den Mitarbeitern zufrieden oder sehr zufrieden sind (5-stufige Lickert-Skala)	Qualitätssicherung
Abwesenheitszeiten	Anzahl der Tage	Indikator für Arbeitsumgebung, Mitarbeiterzufriedenheit, Routinearbeiten, etc.
Image unter Auszubildenden und Studierenden	Anzahl der Studierenden, die die Firma al s idealen zukünftigen Arbeitgeber ansehen	Attraktivität für neue, hochqualifizierte Mitarbeiter
Initiativbewerbungen	Anzahl der Bewerbungen	Attraktivität für neue, hochqualifizierte Mitarbeiter

Tabelle 2-4. „Prozessfokus" nach den Richtlinien für Berichte über Intellektuelles Kapital des Dänischen Handels- und Industrieministeriums:

Indikator	Kalkulation/Berechnung	Interpretation
Operationsprozesse	Anzahl der beschriebenen Prozeduren und Prozesse	Reflektion der Informations- und Wissensverarbeitungsprozesse; Workflow
Internes Wissen und Information Sharing	Anzahl gepflegter Wissensdatenbanken	Unterstützung von Wissensmanagement;
Interdisziplinäre Projekte	Anzahl der Projekte	Fähigkeit Ressourcen und Kompetenzen zu kombinieren und zu bündeln
Durchschnittliche Bearbeitungszeit von Aufträgen/Bestellungen	Bearbeitungsdauer	Serviceeffizienz und -verlässlichkeit
Portfolio der Patentrechte	Anzahl der Patentrechte	Innovationskraft; zukünftige Positionierung und Entwicklungschancen
Forschungs- und Entwicklungskosten	Forschungs- und Entwicklungskosten im Verhältnis zum Umsatz	Innovationskraft
Patentanmeldungen	Anzahl der Patentanmeldungen	Innovationskraft
Abfragen CV Datenbank	Anzahl der Abfrage von Mitarbeiterprofilen	„Skillmining"
Kundenbeschwerderate, Qualitätssicherung	Anzahl der Kundenbeschwerden; 5-stufige Lickert-Skala	Qualitätsstandard, Prozessoptimierung, Verlässlichkeit
Anteil neuer Produkte am Umsatz	Umsatz neuer Produkte im Verhältnis zum Gesamtumsatz	Innovationskraft; Akzeptanz neuer Produkte
Produktinnovationsrate	Anteil neuer Produkte der letzten 12 Monate im Verhältnis zur Gesamtzahl der Produkte	Innovationskraft

2.3 Qualifikation und Performanz

Im betrieblichen Umfeld ergibt sich ein Qualifikationsbedarf besonders häufig dann, wenn sich ein Wandel vollziehen muss, etwa durch die Einführung eines neuen IT-Systems, durch organisatorische Anpassungen oder durch einen Wechsel der Marktstrategie. Die Anpassung der Qualifikationsentwicklung auf veränderte Bedingungen zielt darauf auf einen doppelten Vorteil ab: Durch einen Zeitvorsprung bei der Nutzung der Neuerungen noch vor der Konkurrenz und durch einen Innovationsvorsprung, da die Innovationen zu einem späteren Zeitpunkt bereits genutzt werden können als durch den Wettbewerb. Fortlaufende Erhebungen zu Produktinnovationen durch das Fraunhofer Institut Systemtechnik und Innovationsforschung (ISI) belegen den doppelten Vorteil (Kinkel et al. 2004): Einfache Produktinnovationen führen nicht mehr zum Erfolg sondern Kombinationen aus Service und Produkt bei kleineren und mittleren Betrieben sowie Kombinationen aus Produkt- und Prozessinnovationen bei Großbetrieben; innerbetriebliches Training spielt eine wesentliche Rolle dabei, diese Vorteile auch tatsächlich nutzen zu können.

Allerdings ist die Effizienzsteigerung durch Training im Vergleich zu anderen Formen nur begrenzt, da eher Kompetenzentwicklung im Fokus steht, die ja zunächst nur das Potenzial für eine nützliche wirtschaftliche Verwendung zur Verfügung stellt. Vergleichsstudien des Corporate Leadership Council (CLC) in den USA, die leider nur einem geschlossenen (und zahlenden) Nutzerkreis zur Verfügung stehen, zeigen regelmäßig, dass Training nur mittlere Effektgrößen aufweist, während Umstellungen der Bewertungs- und Arbeitsprozesse und des Entlohnungssystems einen stärkeren und unmittelbareren Einfluss ausüben. Daher wird im Rahmen des „Performance Improvement" vielfach auf Bildungsinvestitionen zugunsten von Investitionen in andere Formen der Effizienzsteigerung verzichtet (vgl. Wittkuhn und Bartscher 2001).

Bildung ist jedoch unerlässlich als Basis für das Gelingen von Veränderungs- und Anpassungsprozessen, wie eine Studie der französischen Managementschule INSEAD belegt: Nur die Firmen, die rund 90% ihre Managements und annähernd 50% ihrer Mitarbeiterschaft in den Methoden des ertragsorientierten Managements (engl. value based management) geschult hatten, konnten diese Methoden erfolgreich in die Praxis umsetzen (Hapeslagh et al. 2001).

2.4 Erfolgs- und Wertorientierung in der Bildung

Fragt man betriebliche Bildungsplaner und -macher nach ihren Zielen, so erhält man oft zur Antwort, dass versucht werden müsse mit oft nur allzu beschränkten Mitteln eine möglichst große Wirkung zu erzielen. Bildungsplanung erfolgt hier nach dem ironisch als „Minimaxprinzip" benanntem Motto: „Möglichst großer Erfolg mit möglichst kleinen Mitteln". Aus betriebswirtschaftlicher Sicht ist dies jedoch unmöglich, da entweder nach dem Maximumprinzip oder dem Minimumprinzip gehandelt wird: Das Maximumprinzip bedeutet, dass ein Ziel mit vorgegebenen Ressourcen so gut wie möglich erreicht werden soll, das Minimumprinzip besagt, dass ein vorgegebenes Ziel mit möglichst sparsamen Ressourcenverbrauch erreicht werden soll. Auch im Rahmen der Diskussion um die Finanzierung öffentlicher Bildungsangebote sind diese Prinzipien tragend. Das Minimumprinzip bedeutet hier, das ein vorgegebenes und als effizient angesehenes Nutzenniveau in der Bildung mit minimalen öffentlichen Ressourcen erreicht werden soll; das Maximumprinzip hingegen bedeutet, dass die gegenwärtigen Etatgrößen bestimmend sind und nur noch danach gefragt wird, die diese Mittel möglichst effizient verteilt werden (vgl. Nagel 2004).

Nagel (2004) führt weiter aus, dass in der Bildungsdiskussion weder eine reine Nutzen-, noch eine reine Wertediskussion hilfreich ist: Sein rechtsökonmischer Ansatz geht davon aus, dass Bildung kein „meritorisches Gut", also kein Selbstzweck, ist. Umgekehrt dürfe aber Bildung auch nicht von diesem Selbstzweck, der intrinsischen Motivation der Lernenden etwa, getrennt werden, wie das Beispiel der Blutspenden belege, die zurückgingen, nachdem für das Spenden Geld bezahlt wurde. Nagel (2004) fragt auch nach den Leitbildern in der Bildung: In den skandinavischen Ländern sind Studierende „junge Staatsbürger" und ist die Bildungsfinanzierung eine Staatsaufgabe, in angelsächsischen Ländern sind Studierende Kunden und Investoren und somit verpflichtet an der Finanzierung mitzuarbeiten, in südeuropäischen Ländern schließlich sind Studierende Familienmitglieder und Studienförderung somit gleichzeitig eine Art der Familienförderung.

In der betrieblichen Bildung hat sich in deutschen Betrieben nicht nur ein Wandel der Nutzenbetrachtung sondern auch der Bewertung von Bildung vollzogen. Das Berufsbildungsgesetz und das Betriebsverfassungsgesetz sehen Bildung zum Zwecke der wirtschaftlichen Verwertung in einem Betrieb als „Bringschuld" des Arbeitgebers, der nach dem Minimumprinzip alle Ressourcen, wie Geld und Zeit, zur Verfügung stellen muss, damit seine Mitarbeiterinnen und Mitarbeiter befähigt werden ihre Arbeit auszuüben. Unternehmen sehen jedoch ihre Rolle als die eines Impulsgebers und

Karrierebegleiters, während die Arbeitnehmerinnen und Arbeitnehmer für die Erhaltung und Entwicklung ihrer „Beschäftigungsfähigkeit" (engl. Employability) selbst zu sorgen haben. Verschiedene neuere Forschungsarbeiten haben jedoch Wege aufgezeigt, wie pädagogische und wirtschaftliche Nutzen- und Wertbetrachtung sinnvoll zusammengeführt werden können (vgl. Harteis 2000; Woll 2002): Die sich abzeichnende Konvergenz ökonomischer und pädagogischer Prinzipen erlaubt eine Nutzenoptimierung durch gezielte Kompetenzerschließung, die auf einer sinnvollen Kompetenzentwicklung beruht; Pädagogik ohne wirtschaftliche Prinzipien läuft ins Leere und Ökonomie ohne pädagogische Prinzipien unterhöhlt die Bildung.

2.5 Modelle zur Erfolgsmessung

Den Erfolg eines Unternehmens zu bestimmen, bedeutet zunächst, dessen Wert zu bestimmen. Eingangs wurde bereits gesagt, dass dabei zunehmend immaterielle Vermögenswerte eine Rolle spielen. Zur Messung immaterieller Werte gibt es zwei grundlegende Ansätze, die North, Probst und Romhardt (1998) wie folgt erläutern:
„Deduktiv summarische Ansätze gehen von einer Bezifferung des Unterschiedes zwischen Marktwert und Buchwert eines Unternehmens aus. [...] Solche deduktiv abgeleiteten Indikatoren bewerten das immaterielle Vermögen in monetärer Form..." (ebenda S. 159) sowie „Induktiv analytische Ansätze hingegen beschreiben und bewerten einzelne Elemente der Wissensbasis mit dem Ziel, Ansatzpunkte zu ihrer Entwicklung zu liefern." (ebenda S. 160).
Deduktiv summarische Ansätze sind beispielsweise:

- Marktwert-Buchwert-Relation
- Tobin's Q
- Calculated Intangible Value

Induktiv analytische Ansätze sind zum Beispiel:

- Intangible Assets Monitor
- Skandia Navigator
- Balanced Scorecard
- EFQM-Modell
- „Wissensbilanzen"

Es gilt also je nach dem Zweck des Messung die richtige Methode oder den richtigen Methodenmix zu finden, ein Mangel an Methoden hingegen besteht nicht. Aus Sicht des Bildungscontrollings ist jedoch festzustellen, dass es immer noch sehr wenige Methoden gibt, die Ergebnisse einer

Kompetenzentwicklung erfassen und in Bezug setzen zu wirtschaftlichen Kennziffern und Steuerungsgrößen (Erpenbeck und v. Rosenstiel 2003). Die Entwickler der „Balanced Scorecard", Kaplan und Norton (2004), haben nun als Weiterentwicklung ihrer Methode Strategiekarten entwickelt, die auf der Basis strategischer Zielsetzungen des Unternehmens prüfen sollen, ob eine ausreichende Kompetenzbasis und Veränderungsbereitschaft gegeben ist (zur Diskussion dieser Ansätze vgl. Hasebrook et al. 2004).

2.5.1 Berechenbarkeit von Bildungserfolg

Entgegen der landläufigen Meinung, dass Bildungserfolg nicht gemessen werden könne, ist festzustellen, dass es eine Vielzahl von Messmodellen und -methoden gibt. Wichtig ist zunächst das Verständnis, dass Erfolg ausschließlich in Bezug auf ein Ziel bzw. ein oder mehrere Erfolgskriterien hin bestimmt werden kann. Danach erfolgen dann die Auswahl der für den jeweiligen Zweck nützlichen Messung und deren Methode. Dies gilt jedoch nicht nur für Controlling von Bildungsmaßnahmen, sondern für das Controlling allgemein. Modelle zur Bestimmung des Unternehmenserfolgs, wie die „Balanced Score Cards" von Kaplan und Norton (1996; 1997), zeigen: Es müssen verschiedene Aspekte, wie Kundenzufriedenheit, Produktinnovationsrate und finanzielle Kennzahlen (engl. Cards) durch geeignete Bewertungsziffern - etwa im Rahmen eines Benchmarking - bewertet werden (engl. Score) und dann in ein den Unternehmenszielen entsprechendes Verhältnis gesetzt werden (engl. Balance). In jüngster Zeit zeigt sich jedoch ein wachsendes Verständnis, dass wir nicht nur das messen dürfen, was wir gut messen können, sondern das messen müssen, was wir zur Steuerung eines Unternehmens benötigen. Stand bisher die (scheinbare) Exaktheit und Wiederholbarkeit einer Messung im Vordergrund, so wird nun eher nach dem Nutzen einer Messgröße für die Unternehmenssteuerung gefragt. Die Weiterentwicklung der aufwändig zu erhebenden Balanced Scorecard zu einer eher qualitativ und leicht zu bearbeitenden Strategiekarte (engl. strategic map) ist ein prominentes Beispiel dafür (Kaplan und Norton 2004).

Stellt man sich also die Frage nach der Nützlichkeit von Bildungsaufwendungen im Verhältnis zum Bildungserfolg, so kann dieser Erfolg nur in Bezug auf ein Erfolgsziel bestimmt werden. Abb. 1-4 zeigt das Grundmodell des Zusammenhangs von Aufwand und Erfolg: Mit steigendem Aufwand steigt auch der Erfolg; je höher der Aufwand, desto weniger steigt der Erfolg - oder andersherum: Für etwas mehr Erfolg wird viel mehr Aufwand benötigt, wenn das Ausgangsniveau hinreichend hoch ist. Unterschiedliche Ausgangsniveaus (Hohes bzw. niedriges Kompetenzni-

veau) führen also zu unterschiedlichen Aufwandverhältnissen. Betrachtet
man nun das zuvor gesetzte Erfolgsziel, so lässt sich ablesen, wie viel
Aufwand zur Erreichung dieses Zieles eingesetzt werden müsste (horizontale, gestrichelte Linie = Minimumprinzip). Setzt man den tatsächlichen
Aufwand an, wird deutlich, welcher Erfolg in Abhängigkeit vom Ausgangsniveau erzielt werden kann (vertikale, gestrichelte Linien = Maximumprinzip).

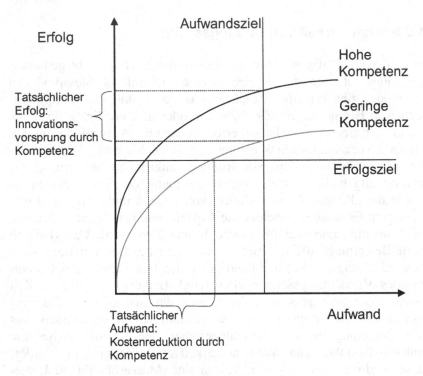

Abb. 2-4. Grundmodell zur Abhängigkeit von Aufwand, Erfolg und Kompetenz-
niveau.

Um ein solches Entscheidungsmodell erstellen zu können, muss bekannt
sein, wie viel Prozent der Zielgruppe das Lernziel erreichen können
(Grundquote); dies kann geschätzt werden, indem der Durchschnitt erfolgreicher Tests und Prüfungen ermittelt wird. Es muss zudem bekannt sein,
wie viel Prozent der Teilnehmer im konkreten Fall erfolgreich waren (Se-
lektionsquote); dies kann geschätzt werden, indem das Ergebnis ähnlicher
Tests herangezogen wird. Und schließlich muss bekannt sein, wie gut die
eingesetzten Lernzielkontrollen das Erreichen des gesetzten Ziels erfassen
können (Validität); die Validität wird geschätzt, indem die Korrelation von

Testergebnissen und Zielkontrollen, etwa im Rahmen eines Transfercontrollings, bestimmt wird. All diese Daten können nur im Rahmen eines fortwährenden Controllings erhoben und zuverlässig geschätzt werden. Sie dienen dann jedoch nicht nur der nachträglichen Erfolgsmessung, sondern helfen bei der zukunftsorientierten Planung.

Die US-Regierung führt seit vielen Jahrzehnten Einstellungstests und Arbeitsproben bei Regierungsbeamten durch und hat auf diese Weise eine große Datenbasis über den Zusammenhang von Testergebnissen und Arbeitsleistung gesammelt. Neben diesen Daten beruhen Schätzungen zur Nützlichkeit von Einstellungs- und Auswahltests auf den Ergebnissen zahlreicher Firmen. Trägt man diese Daten zusammen (vgl. Hasebrook 1999) so kann man feststellen, dass eine Steigerung der Arbeitsleistung um eine Standardabweichung im Mittel dem Gegenwert von 40% der Lohnsumme der betreffenden Person(en) entspricht. Nun kann man Arbeitsleistung nicht nur durch geeignete Auswahl sondern auch durch geeignetes Training steigern. Passt man die Schätzungen aus Einstellungs- und Auswahltests an die Bewertung von Bildungserfolgen an, so ergibt sich die folgende Formel (für standardisierte z-Werte):

$$Ertragsfaktor = \frac{n}{N} \cdot r_{Test,Kriterium} \cdot d_{Jahr} \cdot c_{Jahr}$$

mit
N = Anzahl der Teilnehmer am Training in einem Jahr
n = Anzahl der Teilnehmer, die dieses Training bestanden haben
r = Validität der eingesetzten (Wissens- oder Performanz-)Tests
d = Anzahl der Jahre, die die Teilnehmer im Unternehmen bleiben (oder das Erlernte anwendbar)
c = Anzahl der Teilnehmer, die in einem Jahr getestet werden

Eine Beispielrechnung zeigt, wie diese Formel in der Praxis eingesetzt werden kann: Ein Betrieb bildet jährlich 2000 Mitarbeiterinnen und Mitarbeiter aus (N), 1000 nehmen an Tests teil (c) und 800 bestehen diese Tests (n). Die eingesetzten Tests haben im Mittel eine Validität von r=0,25 und die Mitarbeiter bleiben im Schnitt 8 Jahre (d) im Unternehmen. Für dieses Unternehmen ergibt sich ein Wert der Bildungsmaßnahmen von 800 „Standardeinheiten". Wenn das mittlere Jahreseinkommen in diesem Betrieb bei 35000 Euro liegt, so ergibt sich eine potenzielle Leistungssteigerung im Gegenwert von 800 * (40% von 35000) = 1,12 Mio. Euro bei einer Gesamtlohnsumme aller Trainierten von 70 Mio. Euro.

2.5.2 Anwendung von Rechenmodellen

Für Bildungsplaner ist es verlockend Rechenmodelle auszuwählen, die einen besonders hohen Nutzen in Geldwerten errechnen. Meistens wird dann mit Kosteneinsparungen und mit Ertragspotenzialen argumentiert. Ein typisches Beispiel ist die vergleichende Berechnung von verschiedenen Bildungsmaßnahmen hinsichtlich der Opportunitäts- und Herstellungskosten. Als Beispiel sollen Berechnungen dienen, die in einer deutschen Großbank als ein Entscheidungskriterium neben weiteren Expertenurteilen dienen: Die Experten bewerten, ob ein angebotenes Training fachlich, methodisch und didaktisch geeignet ist, und ob es ein gutes Preis-Leistungsverhältnis aufweist. Im Controlling wird dann zusätzlich eine Art „bildunginterner Return-On-Investment" (ROI) errechnet nach der Formel: Produktionskosten von Selbstlernmedium dividiert durch die Nutzungsdauer bzw. die Einzelkosten einer Seminarteilnahme multipliziert mit der Anzahl der Teilnehmer pro Jahr. Daraus ergeben sich die Gesamtkosten der Maßnahme pro Jahr: Beispielsweise die Produktion eines CBT für 200.000 Euro zzgl. 50.000 Euro Umorganisation abgelöster Seminare und angewendet für 3 Jahre ergibt Jahreskosten in Höhe von 90.000 Euro. Ein Seminar mit Einzelkosten in Höhe von 1000 Euro und 100 Teilnehmern kostet pro Jahr 100.000 Euro.

Diese Modelle vergleichen zwar zwei Trainingsmethoden (wenn auch unvollständig, da Aktualisierung, Bereitstellung und weitere Folgekosten nicht beachtet werden) liefern aber keine Entscheidungsgrundlage, ob das Training überhaupt durchgeführt werden sollte. Ähnliches ist zur Berechnung von Opportunitätskosten zu sagen, die beispielsweise als Abwesenheit vom Arbeitsplatz und verringerte Vertriebszahlen bestimmt werden: Auch hier geht es um die Selektion wirtschaftlicher optimierter Trainingsmethoden und nicht um den wirtschaftlichen sinnvollen Einsatz von Trainingsinvestitionen. Im Sinne der Konvergenz ökonomischer und pädagogischer Prinzipien sollte sich Bildungscontrolling jedoch eher darum kümmern, ob eine Bildungsinvestition für das Unternehmen überhaupt lohnenswert ist.

Das Bildungscontrolling muss sich sowohl von seiner faktenbasierten Rückschau wie auch von seiner alleinigen Fokussierung auf die Qualitätskontrolle in der Bildung lösen. Bildungscontrolling ist wie das Finanzcontrolling ein Beitrag zur Unternehmenssteuerung und muss daher Entscheidungsgrundlagen und nicht Qualitätsnachweise liefern. Entscheidungsgrundlagen sind Planungsdaten und -vorhersagen, die quantitative und qualitative Aussagen hinsichtlich einer Zielsetzung zusammenstellen und optimieren. Dies bedeutet einen Wandel von der „Angebotsorientierung" (Input) der Bildung hin zu einer „Ergebnisorientierung" (Output): Es wird nicht mehr im nachhinein beim Controlling erfragt, was die Bildung dem Unternehmen wert gewesen ist, sondern es wird zuvor mit dem Controlling festgelegt, was die Bildung wert sein muss. Da Bildung vor allem dann eingesetzt und gebraucht wird, wenn ein Wandel eingeleitet oder begleitet werden soll, wird im Bildungscontrolling bei der Bildungsplanung festgelegt werden müssen, welche Steuerungsgrößen von Interesse sind und ob bei vorgegebenen Zielen das Minimum- oder das Maximumprinzip zur Anwendung kommt. In Phasen der Änderung ist jedoch keine Optimierung mit Hilfe exakter Messungen möglich, da man ja gerade das ändert, was man messen will. Soll hingegen Bestehendes optimiert werden, dann stehen zahlreiche Methoden zur quantitativen Bestimmung des Bildungserfolgs zur Verfügung.

3. Controlling von Kosten und Nutzen betrieblicher Bildungsmaßnahmen

Dietrich Seibt

Der moderne betriebswirtschaftlich geprägte Ansatz des Controlling umfasst nicht nur das Controlling der Effizienz (Wirtschaftlichkeit) sondern auch das Controlling der Effektivität (Wirksamkeit) betrieblicher Bildungsmaßnahmen. Damit sind nicht nur die „Controller" des Unternehmens angesprochen. Alle Rollenträger, die sich von Bildungsmaßnahmen Nutzen für ihre Arbeit versprechen, müssen sich am „Controlling im weiteren Sinne" beteiligen, wenn sie ihren Nutzen erreichen wollen. Im Mittelpunkt dieses Beitrags steht das Kosten- und Nutzen-Controlling während der Lebensdauer einer einzelnen betrieblichen Bildungsmaßnahme. Darüber hinaus werden die Zwecke und Voraussetzungen sowie die Arbeitsbereiche eines globalen unternehmensübergreifenden Bildungscontrolling skizziert.

3.1 Controlling

Unter *Controlling* versteht man - betriebswirtschaftlich betrachtet - den dynamischen Regelkreis von Planung und Kontrolle (Controlling-Zyklus), der einer der wichtigsten Bestandteile des Management aller Arten von menschlichen Organisationen ist, die erfolgreich sein müssen bzw. sein sollen, um ihren Erfolg, ihren Fortbestand bzw. ihre Anpassungsfähigkeit an eine sich permanent verändernde Umwelt zu sichern (vgl. Weber 1988; Schierenbeck 1995; Horvath 2002). Insofern ist Controlling nicht nur aus Sicht von Unternehmen und aus Sicht des betriebswirtschaftlich agierenden Management von Organisationen relevant, sondern muss auch in gemeinnützigen Bildungsinstitutionen systematisch eingeführt, kontinuierlich betrieben und weiterentwickelt werden.

Damit der Erfolg einer einzelnen Aus- und/oder Weiterbildungsmaßnahme oder eines über viele/alle betrieblichen Bereiche hinweg reichenden

Konglomerats von Bildungsmaßnahmen gemessen und bewertet werden kann, müssen die Ziele festgelegt werden, die mit Hilfe der einzelnen Maßnahme bzw. des Maßnahmen-Konglomerats für eine bestimmte Organisation – in diesem Beitrag geht es um Unternehmen – erreicht werden sollen. Dabei handelt es sich um Ziele, die sich auf betriebliche Prozesse und Organisationsstrukturen (Aufbau-Oganisation) sowie technologische Infrastrukturen, auf Personen/Mitarbeiter, genauer auf ihre Wissensbestände und Karrieren, und auf Arten und Qualitäten der praktizierten pädagogisch-didaktischen Konzepte und Methoden beziehen können. Ziele für Bildungsmaßnahmen sind komplex. Bei der Ziel-Formulierung werden üblicherweise jeweils mehrere dieser Bezugsgrößen zu integrieren sein.

Aus den Zielen sind Pläne abzuleiten, wie die Maßnahmen durchgeführt werden sollen. Nach Durchführung der Pläne müssen die Ist-Ergebnisse der Durchführung kontrolliert werden. Sind die vor dem Start der Maßnahme(n) festgelegten Ziele durch die Ist-Ergebnisse erreicht worden? Wenn nein, warum nicht? Lag es an den Maßnahmen? Sind die falschen Maßnahmen ergriffen worden? Oder sind Fehler bei der Durchführung der an sich richtigen Maßnahmen gemacht worden? Waren möglicherweise die Ziele zu hoch gesteckt, konnten sie unter den gegebenen Randbedingungen gar nicht erreicht werden? Welche Randbedingungen sind vor Start der Maßnahme hinsichtlich ihrer (negativen) Wirkungen auf die Durchführungsprozesse falsch eingeschätzt worden?

Für die Beantwortung dieser Fragen sind *Controlling-Aktivitäten* zuständig. Manche für Aus-/Weiterbildung Zuständige haben ein enges Bild vom „Controlling". Sie assoziieren mit „Controlling" nur *die Tätigkeiten des Controllers* bzw. der Controlling-Abteilung, die – wie man weiß – primär für die monetären Ziele und die entsprechenden monetär bewerteten Ist-Ergebnisse aus der Sicht des Top-Management einer Organisation, z.B. für die Verfolgung der *Gewinnziele* des Unternehmens und für die *Wirtschaftlichkeit (Effizienz)* zuständig sind (vgl. Horvath 2002). Neben dem an monetär bewertbaren Ziel- und Istgrößen des „Controlling im engeren Sinne" muss auch ein „Controlling im weiteren Sinne" durchgeführt werden. Für Letzteres, d.h. für die Planung und Kontrolle der *Wirksamkeit (Effektivität)* von Bildungsmaßnahmen, sind zum einen die Auftraggeber (meist auch die Geldgeber) der Bildungsmaßnahme, zum anderen die Abteilungen und Bereiche, für die die Maßnahmen durchgeführt werden (betriebliche Fachabteilungen als Bedarfsträger), und die Fachleute der Aus- und Weiterbildung (Bildungsmanagement, Autoren, Dozenten) zuständig (vgl. Seibt et al. 1989; Coenen/Seibt 2001; Seibt 2001).

Die Gesamtheit der in einer Organisation durchzuführenden Bildungsmaßnahmen wird nicht nur von einem (hoffentlich vorhandenen) organisatorischen *Bereich Aus-/Weiterbildung* geplant, durchgeführt und auf Zielerreichung kontrolliert. Häufig ist das Management der Fachabteilungen, für deren Mitarbeiter Bildungsmaßnahmen durchgeführt werden, selbst für die Zielbildung, Entwicklung und Durchführung sowie für die Kontrolle der Zielerreichung von Bildungsmaßnahmen zuständig. Immer häufiger schaltet man in Unternehmen auch *externe Auftragnehmer (Outsourcer)* in die Planung und Durchführung von Bildungsmaßnahmen ein. Entsprechend groß ist der Kreis der für „Controlling im weiteren Sinne", d.h. Controlling der *Wirtschaftlichkeit und Wirksamkeit* von Bildungsmaßnahme Zuständigen.

Da monetäre Ergebnisse gegenwärtig für alle Arten von Organisationen große Bedeutung haben (knappe Budgets), wird den monetär bewerteten Ergebnissen – am besten Einsparungen oder Gewinnen aus gesteigerten Umsätzen – überall große Beachtung geschenkt. Bevor Einsparungen und/oder Gewinne (z.B. auf der Basis von erhöhten Umsatzerlösen) auftreten können, müssen aber bestimmte mit Mengen- und Zeitmaßstäben messbare Ziel-/Ist-Ausprägungen beobachtet und gemessen werden. Die Festlegung und systematische Verfolgung dieser Kriterien gehört zu den „Controlling-Aktivitäten im weiteren Sinne". Sie kann durch die Fachleute der unterstützenden Fachbereiche und durch die Fachleute der Aus- und Weiterbildung, meist aber nicht durch die *Controller im engeren monetären Sinne* erfolgen.

Die Zusammenhänge im Controlling-Zyklus klingen in den Ohren der meisten Fachleute für Aus-/Weiterbildung banal und selbstverständlich. Die Hauptschwierigkeit in der Praxis besteht darin, dass man in der betrieblichen Praxis zwar bereit ist, Ziele für Maßnahmen zu formulieren, diese Ziele aber nicht streng auf Erreichung kontrolliert werden (vgl. Seibt et al. 1989; Kirkpatrick 1998; Coenen/Seibt 2001; Seibt 2001). Dies passiert leider umso häufiger, je häufiger die für die Durchführung von Bildungsmaßnahmen Zuständigen Fehler machen. Wer gibt schon gern zu, dass er einen Fehler gemacht hat? Dazu passt, dass die Vorteile von „Trial and Error-Verfahren" zwar aus Lehrbüchern bekannt sind. Die Verfahren, werden aber in der Praxis der Durchführung von Bildungsmaßnahmen nur selten angewendet. Unsere Gesellschaft ist *nicht fehler-tolerant*. Die meisten Zeitgenossen sind der Ansicht, es sei ein Beweis für Unfähigkeit oder zumindest für mangelnde Kompetenz, Fehler zu machen. Wir lassen dabei außer Acht, dass alle Arten von Lernen um so erfolgreicher sein können, je offener man mit den beim „Doing", beim Lehren und beim Lernen gemachten Fehlern, Versäumnissen und Unzulänglichkeiten umgeht. Nur erkannte und kommunizierte Fehler können in Zukunft vermieden werden. Insofern sind alle Arten von Controlling-Prozessen *im Kern eigentlich Lern-Prozesse*.

3.2 Betriebliche Bildungsmaßnahmen

Unter einer *Bildungsmaßnahme* wird ein Bündel von inhaltlich-zeitlich zusammenhängenden Aktivitäten verstanden, die erforderlich sind, um zu einem bestimmten Zeitpunkt in einem oder mehreren bestimmten Ausbildungs-/Weiterbildungsprozessen für bzw. mit bestimmten Lernern bestimmte Bildungsziele zu erreichen (vgl. Seibt et al. 1989; Kirkpatrick 1998, S. 20f.; Hülsmann 2000; Seibt 2001). Eine Bildungsmaßnahme ist eine inhaltlich-organisatorisch-technisch-zeitlich spezifizierte Einheit, durch die alle nicht nur für die Lerninhalte, sondern auch für die Maßnahmen-Durchführung wichtigen Besonderheiten festgelegt werden, bspw.

- Lerninhalte und Lernziele
- Lernmethoden
- Anzahl und Besonderheiten (z.B. Vorkenntnisse) der zu beteiligenden Lerner
- Raum-/zeitliche Dimensionen der Lehr- und Lernprozesse
- Zuständigkeiten für die Lehrprozesse (Dozenten, Ausbilder, Trainer etc.)
- Erforderliche Kosten-/Ausgaben-Budgets,
- Umfang der verfügbaren/nutzbaren Ressourcen, z.B. der Kapazitäten bestimmter Infrastrukturen (Bibliothek, Lernplattform etc.), die mit oder ohne Belastung des Budgets genutzt werden können.
- etc.

Im Folgenden werden einige Beispiele für betriebliche Bildungsmaßnahmen aufgelistet:

- Innerbetriebliches Training von Mitarbeitern für einen Produktionsprozeß, in dem ein neues Produkt hergestellt wird.
- Innerbetriebliche Erstausbildung von Volontären, „Quereinsteigern" usw.
- Betriebliche Ausbildungsmaßnahme für Lehrlinge im Dualen System (Lehre im Unternehmen plus Ausbildung in/an einer Berufsschule)
- Betriebliche Weiterbildungs- bzw. Fortbildungs-Maßnahmen, z.B. deutschlandweit durchzuführendes Training für Verkäufer, die neue Produkte auf dem Markt bringen und verkaufen sollen.

In Tab. 3-1 wird der Versuch unternommen, die in der Praxis mit den Begriffen „Ausbildung" bzw. „Erstausbildung" sowie „Weiterbildung" inkl. „Fortbildung/Qualifizierung" bezeichneten Maßnahmentypen zu differenzieren.

Das Spektrum der betrieblichen Aus- und Weiterbildung wird meist durch das Unternehmen *veranlasst* und *finanziert*, das den entsprechenden Bildungs-Bedarf hat. Die Bildungsmaßnahmen können vom Unternehmen selbst oder von Dritten im Auftrag des Unternehmens oder von beiden gemeinsam *durchgeführt* werden.

Tabelle 3-1. Klassifizierung von Bildungsmaßnahmen

Erst-Ausbildung			Weiterbildung/Qualifizierung		
Training	Wissens-Transfer	Persönlichkeits-Entwicklung	Training	Wissens-Transfer	Persönlichkeits-Entwicklung
(Geschäfts-) Prozess- bzw. Produktorientiert	Wissens-orientiert	Personen- (Mitarbeiter-/ Manager) orientiert	(Geschäfts-) Prozess- bzw. Produktorientiert	Wissens-orientiert	Personen- (Mitarbeiter-/ Manager) orientiert
Verbesserung der Wirksamkeit von Prozessen und Produkten	Vermehrung von vielseitig verwendbarem Wissen	Erhöhung der Karriere- Chancen am Anfang des Berufslebens	Verbesserung der Wirksamkeit von Prozessen und Produkten	Vermehrung von vielseitig verwendbarem Wissen	Erhöhung der Karriere- Chancen während des gesamten Berufslebens
Kurze Dauer der Maßnahme	Mittlere bis lange Dauer der Maßnahme	Kurze bis mittlere Dauer der Maßnahme	Kurze Dauer der berufsbegl. Maßnahme	Kurze bis mittlere Dauer der berufsbegl. Maßnahme	Kurze bis mittlere Dauer der berufsbegl. Maßnahme
Sofortige Umsetzung des Trainierten	Mittel- bis Langfristige Umsetzung	Umsetzung direkt nach dem Berufsstart	Sofortige Umsetzung des Trainierten	Mittel- bis Langfristige Umsetzung	Umsetzung in aufeinander folgenden Phasen des Berufslebens

Die in betrieblichen Bildungsmaßnahmen zu vermittelnden Kenntnisse, Fähigkeiten, Qualifikationen etc. werden nach fachlichen Gesichtspunkten spezifiziert, die meist vom Auftraggeber der Maßnahme vorgegeben werden, der direkt oder indirekt auch für die Arbeitsprozesse verantwortlich ist. Auf diese Weise können Wirksamkeit und Wirtschaftlichkeit der Arbeitsprozesse positiv beeinflusst werden. Zu einer Bildungsmaßnahme gehören in Unternehmen mit mehreren Standorten meist mehrere raum-/zeitlich festgelegte Aus-/Weiterbildungsaktivitäten, die parallel oder sequentiell an verschiedenen Lernorten stattfinden können oder sogar müssen (vgl. Seibt et al. 1989; Hülsmann 2000; Rumble 2001). Die meisten Bildungsmaßnahmen setzen sich aus mehreren bis vielen Teil-Maßnahmen zusammen.

Neben Einzelmaßnahmen werden in vielen Unternehmen zum Zeitpunkt Y komplexe *Bildungsmaßnahmen-Programme*, d.h. *Bündel von Einzelmaßnahmen* durchgeführt, um alle zur Erreichung der aus den Unternehmenszielen abgeleiteten Aus-/Weiterbildungsaufgaben zu erfüllen. Zur erfolgreichen Abwicklung der zu einem derartigen Bildungsmaßnahmen-Programm gehörenden und meist zu integrierenden Einzelmaßnahmen sind spezielle Lenkungsaktivitäten (Koordination, Kontrolle etc.) sowie Qualitätssicherungsaktivitäten erforderlich, die sinnvoller weise auf einer Ebene oberhalb der Aktivitäten zur Abwicklung der einzelnen Bildungsmaßnahme anzusiedeln sind.

Beispiel für eine Einzelmaßnahme
Im Unternehmen X beginnt Mitte des Jahres Y für Z Schulabgänger aus dem Sekundarbereich die „Lehre" als zwei oder drei Jahre dauernde Erstausbildung in der Praxis, verbunden mit einer gleich langen externen Ausbildung an einer Berufsschule, die durch eine Prüfung vor der Industrie- und Handelskammer abgeschlossen wird. Diese Einzelmaßnahme besteht einerseits aus einer Menge von Aktivitäten, zwischen denen es inhaltliche und organisatorische Abhängigkeiten gibt (In welcher Reihenfolge sind welche Aktivitäten abzuwickeln? Wer leitet und wer führt welche Aktivitäten mit wem zusammen durch? etc.) Andererseits hat das Unternehmen X zum Zeitpunkt Y wahrscheinlich parallel mehrere bis viele weitere Einzelmaßnahmen für andere Ziel- bzw. Lernergruppen abzuwickeln, zwischen denen möglicherweise erheblich komplexere inhaltliche und organisatorische Abhängigkeiten bestehen.

In größeren Unternehmen wird man häufig nicht nur die Einzelmaßnahmen aus einem Bildungsmaßnahmen-Programm, sondern mehrere parallele Bildungsmaßnahmen-Programme abzuwickeln haben. Dies bedeutet für das Bildungs-Management – insbesondere aber für das Bildungs-Controlling in Unternehmen – einen überproportionalen Zuwachs an Komplexität.

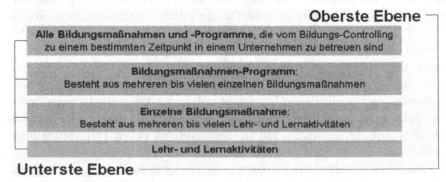

Abb. 3-1. Begriffshierarchie für Bildungsaktivitäten

Hierfür sind gegenwärtig keine ausgereiften Gestaltungs-Ansätze verfügbar. Abb. 3-1 zeigt eine „Hierarchie" von Begriffen, die zur Benennung/ Darstellung der Zusammenhänge verwendet werden kann. Alle bei Entwicklung, Betrieb, Pflege, Weiterentwicklung von Einzelmaßnahmen und Maßnahmen-Bündeln durchzuführenden Aktivitäten bzw. Prozesse sind mit Kosten verbunden. Im folgenden Abschnitt kann aufgrund der umfangmäßigen Beschränkungen, denen die Beiträge zu diesem Buch unterliegen, lediglich ein Überblick über die Kosten einer Bildungsmaßnahme als Einzelmaßnahme gegeben werden.

3.3 Kosten von betrieblichen Bildungsmaßnahmen

Im betriebswirtschaftlich fundierten Controlling wird üblicherweise zwischen

- ausgabewirksamen Kosten einer bestimmten Bildungsmaßnahme, die möglicherweise vor ihrer verbindlichen Einführung zunächst erprobt werden soll, und
- kalkulatorischen Gesamtkosten einer auf mehrmalig durchzuführenden, mittel- bis langfristigen Dauereinsatz angelegten Bildungsmaßnahme

unterschieden (vgl. Weber 1993; Seibt 2001; Bode et al. 2003; Gutbrod et al. 2003; Lehner/Schäfer 2003). Beide Arten von Kosten umfassen sowohl die Entwicklungskosten als auch die während der Lebensdauer der Bildungsmaßnahme auftretenden Betriebskosten. Wartungs-/Pflege- und Weiterentwicklungskosten entstehen dann, wenn eine verbindlich eingeführte Bildungsmaßnahme über mehrere bis viele Perioden hinweg zum Einsatz kommt. Zur kontinuierlichen Anpassung an die im Unternehmen auftretenden oder an die von „außen" kommenden Veränderungen (z.B. durch Gesetze und Verordnungen ausgelöst) muss auch mit Weiterentwicklungskosten gerechnet werden, die nicht selten eine beträchtliche Höhe erreichen können. Das Unternehmen muss entscheiden, ob es dann aus Sicht des monetären Controlling nicht günstiger ist, eine neue Bildungsmaßnahme zu entwickeln.

Ausgabewirksame Kosten (vgl. Hülsmann 2000; Seibt 2001; Rumble 2001; Seibt 2004) treten in Projekten auf. Damit Projekte durchgeführt werden können, muss das Top Management ein Budget – hier Ausgaben-Budget – für einen bestimmten Zeitraum, z.B. für ein oder mehrere Jahre (= Abrechnungsperioden) bewilligen. Zur Erprobung von E-Learning-Systemen werden bspw. in der Unternehmenspraxis häufig *Pilotprojekte* durchgeführt, bei denen es zunächst um die technische, organisatorische und finanzielle Durchführbarkeit (feasibility) des Aufbaus und Betriebs derartiger Systeme und um deren erste Erprobung geht. Weil dabei erhebliche Ausgaben (grob vereinfacht = Kosten) anfallen können, besteht in der Praxis vielfach die Neigung, Pilotsysteme, die sich bewährt haben, nachträglich zu verbindlichen Systemen zu erklären und in den Dauereinsatz zu überführen. Hierbei ist eine Warnung angebracht:

- Es besteht die Gefahr, dass die Probleme der technischen und organisatorischen Implementierung (=Einbettung) des Pilotsystems in existierende betriebliche Strukturen und Technik-Konfigurationen unterschätzt werden. Wenn das Pilotsystem in der abgeschirmten, quasi „künstlichen" Umgebung des Pilotprojektes erfolgreich „gelaufen" ist, folgt daraus noch nicht, dass es sich auch in der meist viel komplexeren, durch viele individuelle Randbedingungen und Restriktionen gekennzeichneten betrieblichen Realität bewährt. In einem Pilotprojekt hat man es meist mit ausgesuchten, dem Neuen aufgeschlossen gegenüberstehenden Personen und Bereichen zu tun. Das kann in der Realität verschiedener Bereiche, auf die die im Projekt erprobte Bildungsmaßnahme ausgedehnt wird, sehr unterschiedlich sein. Möglicherweise erfüllt die neue Bildungsmaßnahme nicht die Nutzenvorstellungen der Mehrheit aller späteren Bildungsmaßnahme-Benutzer.
- Die zu Beginn des Pilotprojekts zunächst geschätzten und später im Ist kontrollierten ausgabewirksamen Kosten für das Pilotsystem können zum Projektende im günstigen Falle übereinstimmen und damit Zufriedenheit bei den Teilnehmern am Projekt und beim Top Management auslösen, das das Budget bereitgestellt hat. Dennoch umfassen sie nur einen Teil der späteren Gesamtkosten einer auf Dauereinsatz ausgelegten betrieblichen Bildungsmaßnahme. Im Projekt verzichtet man üblicherweise darauf, alle kalkulatorischen Kosten zu erfassen, die im Zusammenhang mit der Einführung, dem Betrieb und Wartung/Pflege/Weiterentwicklung einer Bildungsmaßnahme erfasst werden müssen. Beispielsweise wird man die möglicherweise schon vor Jahren entstandenen Kosten für die mit Möbeln ausgestatteten Schulungsräume beim Pilotprojekt meist nicht erfassen, weil sie während des Projektzeitraums nicht ausgabewirksam waren.

In Tab. 3-2 wird ein Überblick (ohne Anspruch auf Vollständigkeit) über die in der Praxis auftretenden ausgabewirksamen Kosten in bzw. von Pilotprojekten gegeben (vgl. Seibt 2001; Seibt 2004). Als *Beispiel* wird eine *Blended Learning-Maßnahme* zugrunde gelegt, bei der sowohl herkömmliche Komponenten, z.B. klassische Präsenzveranstaltungen (Vorlesungen, Übungen etc.) als auch raum- und zeitunabhängige, über Internet und Telekommunikationsnetze realisierte Lernprozesse mit Audio-/Video-Unterstützung zum Zuge kommen. In Pilotprojekten genügt es im Allgemeinen, die ausgabewirksamen Kosten im Rahmen einer systematischen Projektabrechnung zu bestimmen (vgl. Seibt 2001; Seibt 2004). Dies sollte im Rahmen von Vor- und Nachkalkulationen durchgeführt werden, aber auch an Meilensteinen wiederkehrend überprüft werden. Hieraus kann sich die Notwendigkeit für Projektbudget-Revisionen ergeben. Tiefer kann in diesem Beitrag nicht auf die Problematik der ausgabewirksamen Kosten und auf die Problematik von Pilotprojekten eingegangen werden. Beide Arten von Problematiken hängen sehr eng miteinander zusammen, durchdringen sich wechselseitig.

Tabelle 3-2.

Ausgabewirksame Kosten
Kosten für den Entwurf der Inhalte der Lerneinheiten
Kosten für den Entwurf der zu den Inhalten passenden Multimedia-Komponenten
Kosten für den Entwurf der Techniksysteme, insbes. der Anwendungssoftware
Kosten für gekaufte/gemietete fremd erstellte Anwendungssysteme (CBT-/WBT-Software) sowie deren Anpassung/Einbettung in die unternehmensindividuellen Strukturen
Kosten für gekaufte Hardware incl. Betriebssysteme und Netz-Komponenten incl. Anpassung
Kosten für gekaufte/gemietete Werkzeug-Systeme (z.B. Autoren-Werkzeuge) und Support-Software (z.B. Datenbank-Management-Systeme) incl. Anpassung
Kosten für Eigen-Entwicklung/-Realisierung der technik-gestützten Anwendungssysteme
Kosten für die Entwicklung und Distribution von flankierend eingesetztem papierenen Material, Handbüchern, Skripten etc.
Kosten für Betrieb/Benutzung/Management der Netze (z.B. anteilige Kosten der durch externe Provider betriebenen Netze) und der übrigen Infrastruktur-Systeme
Kosten (Honorare und Reisekosten) für Dozenten/Trainer (interne und externe)
Kosten für Tutoren, Moderatoren, Betreuer, Prüfer etc. (interne und externe Beteiligte)
Kosten für die Lerner I (Teilnehmer-Gebühren)
Kosten für die Lerner II (Reise-Kosten, Fahrt- und Aufenthaltskosten am Lernort)
Kosten für Stellvertreter der Lerner am Arbeitsplatz während deren Abwesenheit, sofern die Arbeit am Arbeitsplatz der Lerner weitergehen muss, damit keine Engpässe und Störungen eintreten, durch die erheblich umfangreichere als die vermiedenen Kosten verursacht werden.
Kosten für die durch Präsenz-Lernprozesse verursachten Raum-Kapazitäten
Kosten für Koordination/Management der Vorbereitung, Durchführung und Nachbereitung der Kurseinheiten
Kosten für Administration, Buchhaltung, Disposition etc. der oben genannten Komponenten
Kosten für Kauf von Material (z.B. von fremdbezogenem Schulungs- und Begleitmaterial)
Kosten für Betrieb und Betreuung der Anwendungssysteme (Kombinationen aus den Technik-Bestandteilen, den Inhalten/Informationen usw.)
Sonstige ausgabewirksame Kosten

3.4 Nutzen von betrieblichen Bildungsmaßnahmen

Ein systematisches Bildungs-Controlling setzt voraus, dass nicht nur die Kosten sondern auch der Nutzen betrieblicher Bildungsmaßnahme kontinuierlich erfasst und analysiert werden. Im Rahmen der Zielbildung für

Bildungsmaßnahme (vgl. hierzu Abschnitt 1) wird über die vom Unternehmen zu verfolgenden bzw. die erwarteten Kosten- und Nutzenkriterien (genauer: die Ausprägungen dieser Kriterien) pro Bildungsmaßnahme entschieden. Die Zielkriterien werden nicht nur nach Abschluss der Bildungsmaßnahme, sondern perioden- oder ereignisbezogen systematisch auf Zielerreichungsgrade überprüft.

Im Mittelpunkt von Nutzen-Analysen stehen in der Praxis häufig ausschließlich diejenigen Nutzenparameter, die für das Unternehmen bzw. für das Unternehmens-Management zum Zeitpunkt der Entscheidung über eine bestimmte Bildungsmaßnahme wichtig sind. Diese Betrachtungsweise ist insofern legitim, als das Unternehmen die Mittel bzw. das Budget für diese bestimmte Bildungsmaßnahme zur Verfügung stellt. „Wer zahlt, bestimmt, was und wie gespielt wird." Dies gilt allgemein für betriebliche Investitionen und selbstverständlich auch für Bildungsinvestitionen. Prinzipiell können bzw. sollten aber alle an der Entwicklung und Nutzung von Bildungsmaßnahme Beteiligten ihre Ziele in den Zielbildungsprozeß einbringen, bewusst und mit Nachdruck verfolgen, keinesfalls nur die Geldgeber bzw. die Bereitsteller der finanziellen Mittel. Nur auf diese Weise kann Akzeptanz der Betroffenen sicher gestellt werden. (vgl. Kirkpatrick 1998; Seibt 2001)

Das Nutzen-Controlling betrieblicher Bildungsmaßnahmen wird mit den Nutzenvorstellungen der folgenden Beteiligten konfrontiert sein, die sich teilweise überlappen, die aber durchaus auch stark divergieren können.

- Nutzen für das Top Management, für den Auftraggeber, Budgetgeber
- Nutzen für die Lerner
- Nutzen für die Dozenten, Betreuer etc., die auf der „Transfer-Seite" tätig sind
- Nutzen für die Inhalte-Produzenten (Autoren), Bildungsmaßnahme-Organisatoren etc.
- Nutzen für das viele bis alle Bildungsmaßnahmen umfassende Bildungsmanagement
- Nutzen für die „hauseigenen" professionellen Systementwickler

Aufgrund der Begrenztheit dieses Beitrags kann in der folgenden Tab. 3-2 lediglich ein Ausschnitt aus der Problematik der Zielbildung, d.h. der Nutzen-Spezifikation und -Analyse gezeigt werden. Es erscheint sinnvoll, wenn das Bildungs-Controlling auf Basis der Erfahrungen, die ein Unternehmen bei bereits abgewickelten Bildungsmaßnahmen gemacht hat, Prüflisten bereitstellt, aus denen die Beteiligten diejenigen Nutzengrößen auswählen, individuell spezifizieren, kommunizieren und während der

Bildungsmaßnahme auf Zielerreichung kontrollieren, die von ihnen subjektiv für wichtig gehalten werden.

Tabelle 3-3.

Nutzen betrieblicher Bildungsmaßnahmen
Reduzierung der Kosten für Bildungsmaßnahme, die bereits in der Vergangenheit im Unternehmen praktiziert worden sind, bezogen auf deren gesamte Lebensdauer
Verkürzte Schulungsdauern/Lernzeiten pro Bildungsmaßnahme
Höhere Wirksamkeit der betrieblichen Aus- und Weiterbildung, gemessen durch Output-Größen, die unternehmensindividuell festzulegen sind
Höhere Wirksamkeit einzelner betrieblicher Arbeitsabläufe und Geschäftsprozesse, gemessen durch Output-Größen, die unternehmens-individuell festzulegen sind (vgl. hierzu auch die Beispiele in Abschnitt 5)
Höherer Unternehmenserfolg, bspw. gemessen durch gesteigerte Umsätze, Deckungsbeiträge, Gewinne, die aus den Wirksamkeitsverbesserungen in bestimmten Geschäftsprozessen und/oder Organisationsbereichen resultieren
Steigerung der Lernmotivation und der damit meist eng zusammenhängenden Arbeitsmotivation der Lerner
Verkürzung der Einweisungszeiten der Lerner in die technischen Infrastrukturen, die im Unternehmen für (alle?) Bildungsmaßnahme zur Verfügung gestellt werden (Beispiele: Einweisung in die Lernplattform, in das Wissensportal etc.)
Verbesserte Integration in die bestehende Organisation der betriebl. Aus- /Weiterbildung
Verbesserte Praxisorientierung der Bildungsmaßnahme
Verbesserte Integration von Arbeits- und Lernprozessen, bspw. Reorganisation der Arbeitsprozesse in einer Weise, dass die Trennung zwischen räumlich/zeitlich getrenntem Lernen in separaten Bildungsmaßnahme und Arbeiten im Büro und im „Werk" aufgegeben werden kann
Verbesserte Relation Anzahl Lerner/Anzahl Lehrer bzw. Betreuer (learner/teacher-ratio)
Erhöhte Erfolgsquoten (gemessen durch unternehmens-individuell festzulegende Maßstäbe) gegenüber früher durchgeführten, vergleichbaren Bildungsmaßnahme
Erhöhte (Änderungs-)Geschwindigkeit und Fähigkeit des Unternehmens bzw. des Bildungsbereichs im Unternehmen, mit denen auf veränderte Aus-/Weiter-bildungs-bedürfnisse reagiert werden kann
Erhöhte Geschwindigkeit, mit der neue Bildungsmaßnahme entwickelt, erprobt und zum Einsatz gebracht werden können
Erhöhte Revisionsfähigkeit der neuen Bildungsmaßnahme und des Bildungsbereichs, sofern dieser für die neue Bildungsmaßnahme verantwortlich ist
Verringerung des Umfangs der Einweisungs-, Umschulungs-, Fortbildungszeiten für die Dozenten, Betreuer usw. (z.B. in Bezug auf allgemein genutzte Infrastruktursysteme wie Lernplattformen, Wissensportale etc.)
Verbesserung der Qualität des Controlling der Wirtschaftlichkeit/Wirksamkeit aller Bildungsmaßnahme während ihrer Lebensdauern.

Gegenwärtig wird der Nutzen von Bildungsmaßnahmen meist aus Sicht der Auftraggeber, d.h. aus Sicht des Unternehmensmanagement bestimmt. Nur selten lässt man auch die betrieblichen Lerner bei der Nutzenplanung intensiv mitbestimmen, obwohl von ihrer Akzeptanz der Erfolg der Bildungsmaßnahmen letztendlich abhängt (vgl. hierzu den Ansatz von Kirkpatrick 1998, der im folgenden Abschnitt detaillierter erläutert wird). Erfahrungen im akademischen Bereich zeigen, dass zumindest beim Betrieb und bei der Durchsetzung von E-Learning- und Blended-Learning-Maßnahmen die über Online-Befragungen realisierbare Messung der Be-

nutzerakzeptanz keinen hohen Aufwand erzeugt und auf jeden Fall die Er-
folgswahrscheinlichkeit der Bildungsmaßnahmen deutlich erhöht (vgl.
Seibt 2004).

3.5 Kosten- und Nutzen-Controlling während der Lebensdauer einer Bildungsmaßnahme

Abb. 3-2 zeigt grob vereinfacht die Aktivitäten bzw. Arbeitsblöcke während der Lebensdauer einer Bildungsmaßnahme. Das Controlling einer Bildungsmaßnahme muss an diesen Aktivitäten/Arbeitsblöcken während der
Bildungsmaßnahmen-Lebensdauer fest gemacht werden. Controlling-
Aktivitäten sind mit den Gestaltungsaktivitäten während des Betriebszeit-
raums der Bildungsmaßnahme bzw. während ihrer Lebensdauer zu integrieren.

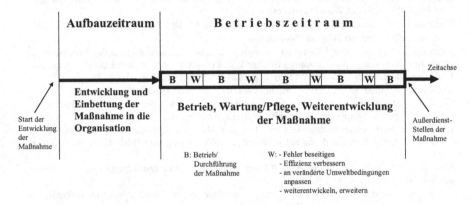

Abb. 3-2. Idealtypische Lebensdauer und Lebenszyklus einer Bildungsmaßnahme

Gestaltungsaktivitäten sind

- Entwicklung und Einbettung der Bildungsmaßnahme in die Organisati-
  on des Unternehmens
- Betrieb der Bildungsmaßnahme
- Wartung, Pflege, Weiterentwicklung der Bildungsmaßnahme.

Der *Lebenszyklus* entsteht aufgrund der zyklischen Abfolge von Betriebs-
aktivitäten (B) und Wartungs-/Pflege-/Weiterentwicklungsaktivitäten (W).
Controlling-Aktivitäten laufen parallel zu den Gestaltungsaktivitäten ab.
Beide Arten von Aktivitäten durchdringen sich wechselseitig. Beide Arten
von Aktivitäten sind mit *Kosten* verbunden. Durch beide Arten von Aktivi-

täten entsteht *Nutzen*. Nutzen sind nicht nur monetär bewertbare Nutzengrößen, wie bspw. höhere Deckungsbeiträge oder Gewinne oder der „legendäre ROI" (Return on Investment), der bei Bildungsmaßnahmen üblicherweise kaum betriebswirtschaftlich-methodisch fundiert angewendet werden kann. Zu den „short falls" des ROI im Kontext von Bildungsmaßnahmen sei auf die Kritik von Kirkpatrick (1998, S. 87-89) hingewiesen. Viel wichtiger sind im allgemeinen die *Wirksamkeitsverbesserungen*, die in den Arbeits- und Geschäftsprozessen eines Unternehmens durch Bildungsmaßnahmen erreicht werden können.

Über die Höhe der Kosten und über Arten und Umfänge des Nutzens können keine generellen Aussagen gemacht werden. Dennoch sind sie im Rahmen des Bildungscontrollings die wichtigsten, permanent und systematisch zu verfolgenden Parameter. Im konkreten Fall des Controllings einer bestimmten Bildungsmaßnahme, die in einem bestimmten Unternehmen während eines bestimmten Zeitraums durchgeführt wird, müssen Kosten- und Nutzenparameter kontinuierlich erfasst, kommuniziert, diskutiert und bewertet werden, weil sie für den Unternehmenserfolg kritisch sein können (Critical Success Factors).

Ein Beispiel für einen derartigen, pragmatischen Controlling-Ansatz findet sich bei Kirkpatrick (vgl. Kirkpatrick 1998, S. 19 ff.). Er unterscheidet *vier „Levels" für die Evaluierung von Bildungsmaßnahmen* (Bildungsmaßnahme = „training programs"), wobei er den Begriff *„evaluation"* wohl bewusst an die Stelle des Begriffs „controlling" setzt, um seine nicht betriebswirtschaftlich geschulten Leser nicht zu überfordern. Kirkpatrick spricht von „Levels", um hervor zu heben, dass diese Levels nicht sequentiell zu durchlaufen sind, sondern sich in der Praxis zeitlich überlappen. Dies bedeutet, dass man während der Lebensdauer einer Bildungsmaßnahme gezwungen sein kann, zwischen den vier Levels mehrfach zu springen.

Level 1: „Reaction"
Auf diesem Level ist zu messen/zu bewerten, wie die zukünftigen Lerner auf die Bildungsmaßnahme reagieren. Kirkpatrick sagt, dass damit das Maß der „Kundenzufriedenheit" zu ermitteln ist (vgl. Kirkpatrick 1998, S. 19). Der Erfolg einer Bildungsmaßnahme hängt von positiven Reaktionen der Teilnehmer, d.h. von deren Akzeptanz ab. Für die Akzeptanzmessung sind konkrete Methoden und erfolgreiche Anwendungs-Beispiele bekannt (vgl. Seibt et al. 1989; Coenen 2001; Seibt/Klenner 2004; Kirkpatrick 1998, S. 26 - 38). Wenn Teilnehmer nicht positiv reagieren, sind sie meist auch nicht motiviert zu lernen. Auf der anderen Seite garantieren positive Reaktionen aber nicht, dass wirksame Lernprozesse stattfinden. Wichtiger ist für Kirkpatrick, dass negative Reaktionen der Teilnehmer fast immer

wirksame Lernprozesse verhindern. Er empfiehlt daher mit Nachdruck, die Teilnehmer an der Festlegung der Bildungsmaßnahmen-Ziele intensiv zu beteiligen.

Level 2: „Learning"
Auf diesem Level finden die Lernprozesse statt. Sie können definiert werden durch das Ausmaß, in dem die Teilnehmer an der Bildungsmaßnahme ihr Wissen bzw. ihre Kenntnisse vergrößern, ihre Fähigkeiten verbessern und ihr Verhalten verändern. Diese „Outputs" von Lernprozessen, die zwar nicht ohne Weiteres gemessen werden können, für deren Messung aber eine Menge veröffentlichter Beispiele bekannt sind (vgl. Seibt et al. 1989; Kirkpatrick 1998, S. 39 – 58; Coenen 2001; Seibt 2004), müssen allerdings – conditio sine qua non! – nicht nur den Auftraggebern der Bildungsmaßnahme, sondern auch den Lehrern und vor allem den Lernern *vor* ihren Lernprozessen bewusst gemacht worden sein. Hier wird deutlich, daß in der Praxis besonders häufig zwischen der ersten und der zweiten Ebene hin und her gesprungen wird, d.h. dass die beiden Levels in vielen Fällen weitgehend parallel stattfinden.

Level 3: Behavior
Verhaltensänderungen sind häufig die wichtigsten, gleichzeitig aber auch die am schwersten zu erreichenden „Outputs" von Lernprozessen. Beispiele für Verhaltensänderungen sind veränderte Einstellung eines Mitarbeiters zu seiner Arbeit, eine gesteigerte Lernmotivation, und eine positivere Einstellung zum Unternehmen und/oder zu den eigenen Vorgesetzten etc. Kirkpatrick ist der Ansicht, dass vier Voraussetzungen erfüllt sein müssen, damit die gewünschten, als Bildungsmaßnahme-Ziele geplanten Verhaltensänderungen eintreten. (vgl. Kirkpatrick 1998, S. 20 – 21 und 48 – 48):

- Die Person, die lernt, muss bereit sein (noch besser: den Wunsch haben), ihr Verhalten zu ändern.
- Die Person muss wissen, was sie tun muss und wie sie es tun muss, damit sie ihr Verhalten ändert.
- Die Person muss „im richtigen Klima" (right climate) arbeiten, d.h. sie muss im Einklang mit den innerbetrieblichen Erwartungen handeln.
- Die Person sollte für ihre Verhaltensänderung belohnt werden.

Level 4: Results
Hier geht es um die Ergebnisse, d.h. um die Gesamtheit der „Outputs", die durch die Bildungsmaßnahme – genauer durch die Teilnahme der Lerner an der Bildungsmaßnahme – auftreten und zu sichern sind (vgl. Kirkpatrick 1998, S. 59 – 66). Messbare, d.h. quantifizierbare und in der Praxis

gemessene Ergebnisse können auf unterschiedlichen organisatorischen Ebenen auftreten (vgl. auch Seibt et al. 1989; Seibt 2001; Seibt 2004):

- auf der Ebene des einzelnen Lerners/Mitarbeiters bzw. seines Arbeitsplatzes, z.B. höhere Anzahl von Stück pro Arbeitseinheit (Stunde, Tag, Woche, Jahr), Steigerung der Zahl der bearbeiteten Aufträge pro Arbeitseinheit, verbesserte Qualität pro Stück, verringerte Anzahl Fehlstunden pro Monat.
- auf der Ebene des Arbeitsprozesses, an dessen Durchführung meist mehrere Arbeitsplätze beteiligt sind, z.B. Beschleunigung des Arbeitsprozesses, höhere Produktivität, verbessertes Input/Output-Verhältnis des gesamten Arbeitsprozesses; Steigerung der Qualität des Outputs.
- auf der Ebene der Abteilung/des Bereichs, der meist für mehrere Arbeitsprozesse zuständig ist, z.B. verringerte Kosten pro Zeiteinheit, reduzierter Absentismus der Mitarbeiter in dem durch die Maßnahme unterstützten Bereich, geringere Fluktuationsrate, geringere Anzahl von Unfällen pro Monat oder Jahr.
- auf der Ebene des Unternehmens, das mehrere bis viele Bereiche umfasst, z.B. höherer Umsatz, höherer Gewinn, gesteigerte Kundentreue etc.

Diese Arten von Ergebnissen (vgl. Abb. 3-4) werden nur dann eintreten, wenn sie als Ziele für die Bildungsmaßnahme definiert, im Betriebszeitraum (vgl. Abb. 3-5) konkretisiert, allen Beteiligten bekannt gemacht und von der Mehrheit der Mitarbeiter akzeptiert worden sind.

Ein erhebliches Problem ist das *Problem der Zurechenbarkeit der Ergebnisse zu einer bestimmten Bildungsmaßnahme*. Im allgemeinen gibt es eine mehr oder weniger große Anzahl von Faktoren und Randbedingungen, die sich zeitgleich oder auch zeitversetzt positiv, meist allerdings negativ auf die geplanten Ergebnisse auswirken. Diese Faktoren/Randbedingungen, die nichts oder wenig oder nur indirekt mit der Bildungsmaßnahme zu tun haben, können häufig entweder gar nicht oder nur schwach im Sinne der Zielerreichung beeinflusst werden. Aus Sicht des Controlling ist es wichtig, die Existenz derartiger nicht beeinflussbarer ungünstiger Faktoren/Randbedingungen (bspw. nicht ausreichende Ressourcen für die Entwicklung der Bildungsmaßnahme, zu knapp bemessene Entwicklungszeit, unzureichende technologische Infrastrukturen, zu geringe Lernmotivation auf seiten der Lerner, zu geringes Vertrauen des Top Management, mit Erfolgssteigerungen durch Bildungsmaßnahmen zu rechnen) nicht als Entschuldigung dafür zu verwenden, dass kein systematisches Bildungs-Controlling durchgeführt wird. Noch schlimmer ist es, wenn derartige ungünstige Randbedingungen bewusst oder unbewusst für den Misserfolg einer Bildungsmaßnahme verantwortlich gemacht werden. Dies sind unprofessionelle Verstöße gegen die Controlling-Logik. Wenn man sich so verhält, kommt negativ hinzu, dass aus den Fehlern, die man bei Gestaltung und Controlling der Bildungsmaßnahme gemacht hat, auch nichts lernen kann. Aller Voraussicht nach wird auch in Zukunft nichts an diesem unbefriedigenden Zustand geändert.

3.6 Globales unternehmensübergreifendes integratives Bildungscontrolling

In größeren Unternehmen erscheint eine Organisationseinheit *„Globales unternehmensübergreifendes integratives Bildungscontrolling"* (nachfolgend abgekürzt GUI-Controlling) notwendig. „Global" bedeutet, dass diese Organisationseinheit hinsichtlich ihrer funktionalen Reichweite prinzipiell für das Controlling aller Arten von Kosten und Nutzen aller Bildungsmaßnahmen eines Unternehmens zuständig ist, die über kurze, mittlere oder lange Sicht geplant und durchgeführt werden.

3.6.1 Begründung

Warum brauchen größere Unternehmen eine derartige, nicht nur das Controlling einzelner Bildungsmaßnahmen unterstützende, sondern zusätzlich auf den integrativen Aufbau und kontinuierlichen Ausbau des unternehmensweiten Bildungscontrolling ausgerichtete Organisationseinheit?

- Den Investitionen in Human Capital wird in allen Arten von Organisationen immer größeres Gewicht beigemessen. Dazu gehören insbesondere alle in Abb. 3-1 klassifizierten Bildungsmaßnahmen. Sie wirken in immer stärkerem Maße auf den Unternehmenserfolg ein.
- Anzahl und Umfang der aus Unternehmenssicht für notwendig gehaltenen Bildungsmaßnahme haben in den vergangenen Jahren kontinuierlich zugenommen. Dies scheint ein Trend zu sein, der sich in der Zukunft noch verstärken wird. Damit nimmt auch der Regelungs-Bedarf für diese Art von Controlling kontinuierlich zu.
- Auf den Software- und Dienstleistungsmärkten werden unternehmensübergreifend verwendbare, d.h. für alle Arten von Bildungsmaßnahmen einsetzbare Infrastruktursysteme, d.h. Lernplattformen, Bildungsmanagement-Systeme, Wissensmanagement-Systeme und -Portale angeboten. Mit ihrer Hilfe können viele – im Grenzfall alle – zur gleichen Zeit oder sequentiell aufeinander aufbauend durchzuführenden Bildungsmaßnah-

men wirksam und wirtschaftlich organisiert, integriert und koordiniert werden.

- Ohne ein unternehmensindividuell zu entwickelndes Gesamtkonzept für die Auswahl, Konfigurierung und Integration von Infrastruktursystemen und ohne die daraus resultierenden Integrationswirkungen erscheint es zweifelhaft, ob ein Unternehmen den vollen Nutzen aus den Infrastruktursystemen ziehen kann. Beispielsweise kann man Kosten und Nutzen einer Lernplattform nur in seltenen Fällen durch Nutzung bei einer oder bei nur wenigen betrieblichen Bildungsmaßnahmen rechtfertigen. Ein Gesamtkonzept der hier geforderten Art kann somit nicht als „Nebenprodukt" eines einzelnen Projektes für eine einzelne Bildungsmaßnahme entwickelt werden.

Die Leistungsfähigkeit – der Nutzen – einer Organisationseinheit GUI-Bildungscontrolling kann wahrscheinlich nicht mit einer fest vorgegebenen, quasi objektiven Anzahl von Maßstäben gemessen werden, sondern muss unternehmensindividuell jeweils pragmatisch zu einem bestimmten Zeitpunkt – besser für einen bestimmten Zeitraum – beurteilt werden. Je nach Ausgangssituation können bzw. sollten daher unterschiedliche, bei Bedarf auch zu verändernde Maßstäbe zum Einsatz kommen.

3.6.2 Zuständigkeiten eines GUI-Bildungscontrollings

Die Zuständigkeit einer Organisationseinheit GUI-Bildungscontrolling sollte alle Bildungsmaßnahmen-Arten umfassen:

- herkömmliche, ausschließlich auf Präsenzveranstaltungen in traditionellen Präsentations- und Lernräumen (Hörsälen, Übungsräumen etc.) ausgerichtete Maßnahmen
- überwiegend auf Technologie-Einsatz angewiesene, d.h. mit Computern am Arbeitsplatz und zu Hause, mit Telekommunikationsnetzen und mit Multi-Media-Technologie operierende Bildungsmaßnahmen und Infrastrukturen
- Mischformen, d.h. sowohl mit Präsenzveranstaltungen in herkömmlichen Räumen als auch mit Technologie-Einsatz operierende Lösungen (Blended-Learning-Maßnahmen und Infrastrukturen).

Pragmatisch sollten immer diejenigen Bildungsmaßnahmen in den Mittelpunkt gestellt werden, durch die die erfolgskritischen Geschäftsprozesse eines Unternehmens unterstützt werden. Das GUI-Bildungscontrolling bündelt und integriert die mittel- und langfristig geplanten, die in Entwicklung befindlichen, die in Betrieb befindlichen und die weiter zu entwickelnden Bildungsmaßnahmen zum Zwecke der Effektivitätssteigerung und Effizienzverbesserung der erfolgskritischen Geschäftsprozesse des Unternehmens. Darüber hinaus unterstützt es die Unternehmen bei der in Tab. 3-1 hervorgehobenen Vermehrung vielseitig verwendbaren Wissens und bei der Erhöhung von Karriere-Chancen der Mitarbeiter durch bewusst geplante und per Controlling im weiteren Sinne betreute Ausbildungs- und Weiterbildungs-/Qualifizierungs-Maßnahmen.

3.6.3 Arbeitsbereiche eines GUI-Bildungscontrollings

Die folgenden Arbeitsbereiche, die selbstverständlich strategischen und langfristigen Zielen dienen und daher mit der strategischen Unternehmensplanung zu integrieren sind, können bzw. sollten bewusst differenziert werden (vgl. Mertens 2004):

- Durchführung von Kosten-/Nutzenanalysen für einzelne Bildungsmaßnahmen, für Bildungsmaßnahmen-Programme und letztendlich für alle Arten von Bildungsmaßnahmen, die zu einem bestimmten Zeitpunkt bzw. in einem bestimmten Zeitraum in einem Unternehmen zu betreuen sind (vgl. Tab. 3-2). Mit Hilfe der Organisationseinheit GUI-Bildungscontrolling kann es gelingen, standardisierte Verfahren für Kosten-/Nutzenanalysen zu entwickeln und durch aktuelle Informationen aus den Lebenszyklen der Bildungsmaßnahmen (vgl. Abb. 3-2) zu adaptieren, zu komplettieren und zu verfeinern.
- Hierzu gehört insbesondere die systematische Erfassung der Kosten der Technik-Infrastrukturen (= Kosten von unternehmensübergreifend genutzten Lernplattformen, Lernmanagementsystemen und Wissensmanagement-Systemen), die von vielen (prinzipiell von allen) Bildungsmaßnahmen anteilig genutzt werden. Nicht zuletzt würden durch eine derartige Kostenerfassung auch die Basisinformationen für eine Verteilung/Verrechnung der kalkulatorischen Infrastrukturkosten auf einzelne Bildungsmaßnahmen und -Programme verfügbar, die gegenwärtig wahrscheinlich in kaum einem Unternehmen zur Verfügung stehen.
- Der dritte Aufgabenbereich ist die bewusste Selektion, Koordination und Integration von Bildungsmaßnahmen und der zu ihrer Unterstützung zu schaffenden, zu selektierenden und zu integrierenden Komponenten und Systeme, bspw. extern zu beschaffende Lehr- und Lerninhalte, Didaktik-Konzepte, Umfang und Eigenschaften der Zielgruppen für Bildungsmaßnahmen, einzusetzendes Personal (Dozenten, Betreuer, Entwickler etc.), einzusetzende Technik-Ressourcen, zeitliche Abläufe (Start-, Ende-, Zwischentermine), Parallelität/Sequenzialität und Bud-

gets für die einzelnen Bildungsmaßnahmen und für den Infrastruktur-Aufbau und -Ausbau.

Der Aufbau einer Organisationseinheit GUI-Bildungscontrolling setzt eine bestimmte Reife der Controlling-Aktivitäten auf der Ebene einzelner Bildungsmaßnahmen voraus. Ohne bewusst und systematisch gewonnene Erfahrungen aus dem Controlling von einzelnen Bildungsmaßnahmen, z.B. Pilotprojekten und – darauf aufbauend – aus dem Controlling von Bildungsprogrammen, die sich aus mehreren, parallel oder sequentiell abzuwickelnden Bildungsmaßnahmen zusammensetzen (vgl. Tab. 3-1) hat ein Unternehmen wahrscheinlich kaum Chancen, ein eigenes GUI-Bildungscontrolling erfolgreich aufzubauen.

4. Ansätze für das Controlling betrieblicher Weiterbildung

Christoph Meier

Ausgangspunkt für diesen Beitrag ist die Unterscheidung von drei Feldern, die für Weiterbildung und deren Controlling zentral sind: gesellschaftliches Umfeld, betriebliches Funktionsfeld und Lernfeld. In diesem Rahmen werden verschiedene Ansätze für betriebliches (Weiter-)Bildungscontrolling verortet. Kurz beschrieben und charakterisiert werden vier unterschiedliche Ansätze: Kennzahlen-Sammlungen für das Lernfeld, Ansätze für ein Phasen-orientiertes Controlling des Bildungsprozesses, Ansätze der Erfolgsanalyse und der Bestimmung des Return on Invest sowie schließlich auch Strategie-orientierte Ansätze auf der Grundlage der Balanced-Scorecard-Methodik.

4.1 Einleitung

Betriebliche Weiterbildung kann mit verschiedenen Zielen verbunden sein. Die Bandbreite reicht von der Vorbereitung des Einsatzes neuer Arbeitsmittel über strategisch motivierte Bemühungen zur Besetzung zukunftsträchtiger Kompetenzfelder bis hin zu umfassenden Programmen der Personalentwicklung, der Bindung von Mitarbeiterinnen und Mitarbeitern oder der Verbesserung des Unternehmensbildes in der Öffentlichkeit.

Insbesondere dann, wenn Weiterbildung im Hinblick auf ihren kurz- und mittelfristigen Beitrag zum Unternehmenserfolg betrieben wird, ist ein betriebliches Weiterbildungscontrolling wichtig. Controlling, so das hier zu Grunde gelegte Verständnis des Begriffs, heißt nicht nur das Herstellen von Transparenz zu Kosten und Ergebnissen. Vielmehr wird Controlling in einem umfassenderen Sinn als Entscheidungsunterstützung und Erfolgssteuerung verstanden. Dazu gehören Tätigkeiten des Planens, Messens, Bewertens und Nachsteuerns (vgl. Landsberg 1995, 13f.). Betriebliches

Weiterbildungscontrolling umfasst daher Instrumente und Vorgehensweisen zur ziel- und ergebnisorientierten Planung, Gestaltung und Steuerung
der betrieblichen Weiterbildung (Gnahs / Krekel 1999).

Obwohl Unternehmen ihren Mitarbeitern und deren Entwicklung große
Bedeutung für den Unternehmenserfolg zuschreiben, fallen Weiterbildungsaktivitäten – vor allem in konjunkturell schwierigen Zeiten – vergleichsweise schnell der Aussicht auf kurzfristige und vergleichsweise einfach zu realisierende Einsparungen zum Opfer. Die für betriebliche
Weiterbildung verantwortlichen Personen sehen sich verstärkt mit Fragen
danach konfrontiert, ob denn nicht auf diese oder jene Maßnahmen verzichtet werden könne.

Gefordert sind also Verfahren, die es erlauben, den Beitrag von Investitionen in Weiterbildung zum Unternehmenserfolg zu bestimmen und die
dafür verfügbaren Ressourcen möglichst effektiv und effizient einzusetzen.
Zielsetzung dieses Beitrags ist es, einen kurzen Überblick über verschiedene grundlegende Ansätze für das Controlling von Weiterbildung zu
vermitteln, auf denen die zahlreichen, in der betrieblichen Praxis vorfind-
baren Vorgehensweisen und Verfahren basieren. Dazu gehören Kennzahlen-Sammlungen, Ansätze, die die Betrachtung des Bildungsprozesses in
den Mittelpunkt stellen und schließlich auch mehr strategisch orientierte
Zugänge auf der Grundlage der Balanced Scorecard Methodik.

4.2 Ansätze im Bildungscontrolling

Zur Orientierung ist es hilfreich, zunächst einmal drei Felder zu unterscheiden, die für Weiterbildung und deren Controlling zentral sind und die
wechselseitig aufeinander verweisen. Hierbei handelt es sich zum einen
um das Umfeld, in dem Unternehmen sich bewegen und aus dem Anforderungen an Unternehmen herangetragen werden. Dabei kann es sich um Anforderungen von Kunden (Innovation, Qualität, Preis, Zeit) oder auch um
Anforderungen auf der Grundlage rechtlicher Bestimmungen und Regelungen (z.B. Ausbildungsquoten oder Vorschriften zur Information von
Mitarbeitern, die mit Gefahrstoffen umgehen) handeln. Zum zweiten handelt es sich dabei um das Funktionsfeld, das durch die zentralen betrieblichen Leistungsprozesse konstituiert wird. Aus diesem Feld ergeben sich
ebenfalls Anforderungen und Bedarfe für die betriebliche Bildungsarbeit,
beispielsweise in Bezug auf die Vermeidung von Fehlern und Ausschuss.
Im dritten Feld, dem Lernfeld, werden schließlich die in den beiden zuvor
benannten Feldern formulierten Anforderungen und Bedarfe mit Bildungsangeboten beantwortet. Die im Lernfeld vermittelten und von den Mitar-

beitern angeeigneten Wissensbestände und Fertigkeiten müssen dann wieder in das Funktionsfeld transferiert werden und dort zur Anwendung kommen. Darüber hinaus müssen Nachweise bezüglich der Erfüllung gesetzlicher Auflagen auch wieder in das Umfeld kommuniziert werden (vgl. Abb. 4-1).

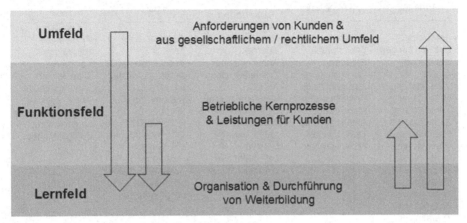

Abb. 4-1. Umfeld, Funktionsfeld und Lernfeld

Die verschiedenen, in den nachfolgenden Abschnitten kurz vorgestellten Ansätze für betriebliches (Weiter-)Bildungscontrolling unterscheiden sich in der Art und Weise, wie der Zusammenhang zwischen Lern- und Funktionsfeld in den Blick genommen wird.

4.3 Kennzahlen-Sammlungen für das Lernfeld

Kennzahlen und Kennzahlen-Sammlungen als Grundlage für Bewertungen und Vergleiche sind ein grundlegender Zugang für Controlling-Aktivitäten in verschiedensten Bereichen. Im Mittelpunkt des von Schulte (1995) vorgeschlagenen Systems von Kenngrößen für Bildungscontrolling steht das Herstellen von Transparenz zu verschiedenen Aspekten des Lernfelds. Schulte entwickelt hierzu eine Sammlung von Kenngrößen, die sich auf die Inhalte, Teilnehmer, Methoden, Kosten und schließlich auch die Erfolge von Weiterbildung beziehen (vgl. Abb. 4-2).

Kennzahlen-orientierte Ansätze im Weiterbildungscontrolling sorgen für Orientierung und ermöglichen eine gezielte Datenerhebung. Allerdings stellt sich immer auch die Frage, auf Grund welcher Überlegungen diese oder jene Kenngröße herangezogen wird. Die Beantwortung relevanter Fragen für das Weiterbildungscontrolling („Werden die wichtigsten Zielgruppen erreicht?"; „Werden die besten Anbieter ausgewählt?"; „Werden die Ziele der Maßnahmen erreicht?" etc.) steht und fällt mit der sachgerechten Auswahl der Kenngrößen. Unter Umständen besteht daher die Gefahr, dass unübersichtliche und letztlich auch willkürliche Sammlungen von Kenngrößen entwickelt werden (vgl. Gerlich 1999, S. 22).

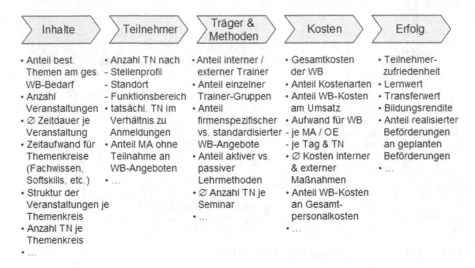

Abb. 4-2. Kennzahlen für das Weiterbildungscontrolling (vgl. Schulte 1995)

4.3.1 Phasen-orientiertes Controlling des Bildungsprozesses

In der oben vorgestellten Kennzahlen-Sammlung wird der Prozess der betrieblichen Weiterbildung nicht genau in den Blick genommen. Dabei ist die Art und Weise, wie Weiterbildungsangebote zustande kommen und umgesetzt werden, ein wichtiger Erfolgsfaktor für betriebliche Bildungsarbeit. Phasen-orientierte Ansätze des Bildungscontrollings nehmen genau diesen Verlauf in den Blick: von der Bedarfsermittlung über die Planung / Konzeption, die Umsetzung / Realisierung, die Durchführung, die Transferunterstützung bis hin zur Erfolgsanalyse (vgl. Hummel 2001, S. 25 – 27; Gerlich 1999, 35 – 40).

Betrachtet man den Bildungsprozess oder Bildungszyklus genau, dann werden nicht nur die im Verlauf dieser Phasen generierten Aufwände und Kosten sichtbar und zuordnungsfähig. Auch die Instrumente und Verfahren zur Bewältigung der verschiedenen Aufgaben werden für die kritische Begutachtung und die Frage nach Möglichkeiten der Optimierung zugänglich: „Wie wird der Soll-Ist-Vergleich von Rollenprofilen und Mitarbeiterkompetenzen bewerkstelligt und wie lange dauert das?" „Können einzelnen Lernern, auf der Grundlage von Skill-Gap-Analysen, automatisch

passende online-Lernangebote, beispielsweise zu Sprachen oder Projektmanagement, vorgeschlagen werden oder muss dies manuell geschehen?"
„Sind die Kriterien, auf deren Grundlage externe Bildungsanbieter ausgewählt werden, noch aktuell?" „Wie aufwändig ist es, eine Lernerfolgskon-
trolle zu einem Kurs zu erstellen, durchzuführen und auszuwerten?"

Das Rahmenkonzept für Bildungscontrolling von Gerlich (1999), um
hier nur ein Beispiel anzuführen, berücksichtigt nicht nur den Phasenver-
lauf betrieblicher Weiterbildung, sondern darüber hinaus auch die Anbindung an das betriebliche Funktionsfeld mit den dort formulierten Zielen
(Abb. 4-3).

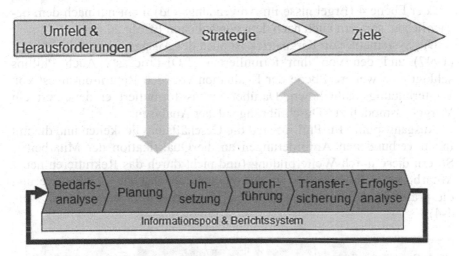

Abb. 4-3. Phasenorientiertes Rahmenkonzept für Bildungscontrolling (vgl. Gerlich 1999)

4.3.2 Erfolgsanalyse und Return on Invest

In der letzten Zeit ist im Zusammenhang mit der Diskussion um Bildungscontrolling immer wieder der Return on Invest von Bildungsmaßnahmen
als die wichtigste Kenngröße bezeichnet worden. Ist die Ermittlung dieser
gelegentlich als der „heilige Gral der Bildungscontroller" bezeichneten
Kenngröße realistisch? Wie kann der mit dem Erfolg von Bildungsmaßnahmen verbundene Mehrwert bestimmt werden?

Für die Evaluation betrieblicher Weiterbildung hat Kirkpartrick (1998,
ursprünglich 1959) eine mittlerweile klassische Systematik geliefert. Er
unterscheidet vier verschiedene Ebenen, auf denen der Erfolg von Weiterbildung bestimmt werden kann:

1. Akzeptanz für das Lernangebot,
2. Lernerfolg,
3. Verhalten im Arbeitsfeld (Transfer) und schließlich
4. Ergebnisse im Anwendungsfeld (Geschäftsergebnis).

Diese Systematik ist vielfach aufgegriffen und auch erweitert worden. So ergänzt beispielsweise Schenkel (2000) eine untere Ebene, auf der ein Bildungsangebot von Experten auf definierte Qualitätsmerkmale hin geprüft wird. Preisner (2003) schlägt vor, Lernerfolg nicht nur auf die Aneignung von Inhalten zu beziehen, sondern auch auf die Entwicklung der Fähigkeit zu weiterem Lernen (Lernkompetenz). Darüber hinaus plädiert er dafür, auf der Ebene 4 (Ergebnisse im Anwendungsfeld) nicht nur nach dem betrieblichen, sondern auch nach dem persönlichen Erfolg zu fragen.

Die Systematik von Kirkpatrick ist auch der Ausgangspunkt für Phillips (1997) und den von ihm formulierten „ROI-Process". Auch Phillips schlägt eine weitere Ebene der Evaluation vor: den Return-on-invest von Weiterbildungsmaßnahmen. Darüber hinaus formuliert er detailliert ein Vorgehensmodell zur Durchführung solcher Analysen.

Ausgangspunkt für Phillips sind die Geschäftsmöglichkeiten und die mit ihnen verbundenen Anforderungen an die Qualifikation der Mitarbeiter. Sofern diese durch Weiterbildung (und nicht durch das Rekrutieren neuer Mitarbeiter) erfüllt werden sollen, müssen zunächst die Lernbedarfe und die präferierten Lernformen der Zielgruppen bestimmt werden (vgl. Abb. 4-4).

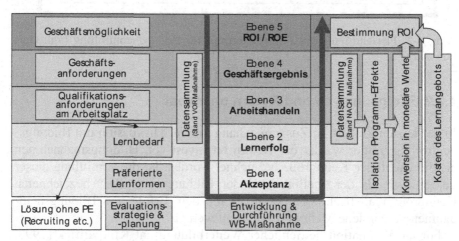

Abb. 4-4. Der ROI-Process nach Phillips

Vor der Durchführung von Weiterbildungsmaßnahmen sollten systematisch Daten auf den Ebenen 3 und 4 (Arbeitshandeln und Geschäftsergebnisse) erhoben werden, da nur auf diese Weise Vergleiche mit dem Stand danach möglich sind. Methodisch anspruchsvoll sind dann die erforderliche Isolation der Effekte der Weiterbildungsmaßnahmen und deren Konversion in monetäre Werte. Für die Isolation der Weiterbildungseffekte können beispielsweise Verfahren der Trendanalyse oder auch Einschätzung von Veränderungen durch die Beteiligten eingesetzt werden. Klassische Kenngrößen sind etwa Produktionsziffern, Zeiten, Kosten oder Qualitätsgrößen. Zur Konversion der Ergebnisse in monetäre Größen können beispielsweise Deckungsbeitragswerte, Erfahrungswerte zu den Kosten von Qualitätsverbesserungen, Kosten für Mitarbeiter oder auch Einschätzungen durch die Beteiligten herangezogen werden (vgl. Phillips 1997, S. 87-131). Erst auf der Grundlage dieser Schritte wird dann eine Berechnung des Return on Invest möglich.

So attraktiv das Bemühen um eine monetäre Bewertung der Auswirkungen von Weiterbildung ist, so klar sind auch die damit verbundenen Anforderungen. Eine ROI-Kalkulation kann nur dort erfolgreich sein, wo auf quantifizierbare und anschließend monetarisierbare Größen rekurriert werden kann. Für sogenannte „harte" Kenngrößen wie etwa

- die Zahl produzierter oder verkaufter Einheiten,
- die erforderliche Zeit für die Bearbeitung einer Anfrage oder für das Reparieren eines Gegenstands,
- die Kosten für das Erbringen einer bestimmten Leistung,

ist dies deutlich einfacher als für sogenannte „weiche" Kenngrößen, beispielsweise

- die Motivation von Mitarbeitern und deren Bindung an das Unternehmen,
- die Kundenorientierung von Mitarbeitern,
- die Kreativität von Mitarbeitern.

Verkaufstrainings sind nicht zuletzt deshalb so beliebte Beispiele für die Berechnung des ROI von Weiterbildung, da hier eine solche Kalkulation vergleichsweise einfach ist. Bei der Berechnung des Return on Invest für ein Training von Projektleitern wird dies aber schon deutlich schwieriger. Dies gilt erst recht für die Berechnung des ROI von längerfristig angelegten Programmen der Personalentwicklung, beispielsweise für den Führungskräfte-Nachwuchs.

4.3.3 Strategie-orientiertes Controlling von Weiterbildung mit der Balanced Scorecard

Die Frage, wie die Auswahl von Kenngrößen für das Weiterbildungscontrolling begründet ist und ob diese der Situation des Unternehmens angemessen sind, wurde bereits aufgeworfen. Wenn es, beispielsweise, erklärtes Ziel eines Unternehmens ist, seine Mitarbeiter für selbst gesteuertes Lernen zu gewinnen und zu qualifizieren, um dadurch langfristig flexibler agieren zu können, dann ist die Zahl der pro Jahr durchgeführten Präsenzschulungen keine sinnvolle Kenngröße für das betriebliche Bildungscontrolling. Und auch die Bestimmung des Return on Invest für Trainings muss dann dieses strategische Ziel berücksichtigen.

Die von Kaplan / Norton (1997) entwickelte Balanced Scorecard-Methodik ist ein Instrument zur Steuerung und Kontrolle der Umsetzung einer Unternehmensstrategie in operatives Handeln. Sie rückt neben den traditionell im Controlling in den Mittelpunkt gestellten finanziellen Kenngrößen verschiedene weitere Felder von Erfolgsfaktoren in den Blick. Dazu gehören die Felder „Lernen & Entwicklung" mit Fokus auf Humanressourcen und deren Entwicklung, „interne Prozesse" wie beispielsweise Betriebsprozesse und schließlich auch kundenbezogene Kenngrößen wie beispielsweise Kundenzufriedenheit, Kundentreue oder Kundenrentabilität.

Die Balanced Scorecard dient dabei zugleich auch als strategisches Managementsystem. Der damit verbundene Prozess beinhaltet vier Phasen (vgl. Kaplan / Norton 1997, S. 10-15):

- die Formulierung einer Vision und eines gemeinsamen Zielsystems;
- die Kommunikation der Ziele innerhalb des Unternehmens und deren Verknüpfung mit Kennzahlen und Anreizsystemen;
- das Operationalisieren der Ziele auf untergeordneten Ebenen; und schließlich
- den Review der Ergebnisse und ein Feedback dazu, ob sich die Strategie bewährt hat.

Die Balanced Scorecard-Methodik beinhaltet nicht nur die Entwicklung einer ausgeklügelten Sammlung von Kenngrößen. Darüber hinaus wird den Wirkungszusammenhängen innerhalb und zwischen den vier Feldern große Aufmerksamkeit gewidmet. Ziel ist es, eine Sammlung von wenigen (in der Regel etwa 20) Erfolgsfaktoren und relevanten Kennzahlen zu entwickeln, die eine möglichst geschlossene Wirkkette darstellen und die damit Ansatzpunkte für die Steuerung und Erfolgskontrolle bei der Umsetzung der Unternehmensstrategie markieren (vgl. Kaplan / Norton 1997 und Abb. 4-5).

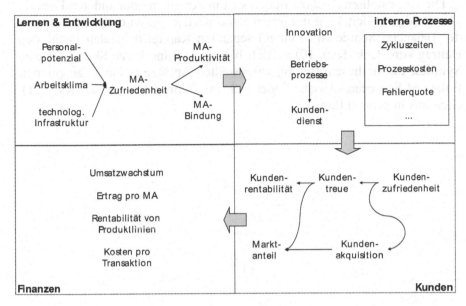

Abb. 4-5. Perspektiven, Erfolgsfaktoren und Wirkungszusammenhänge der BSC

Die Balanced Scorecard-Methodik hat den Bereich Personalentwicklung und Weiterbildung innerhalb von Unternehmen strategisch aufgewertet und das Potenzial dieses Ansatzes für die Evaluation von Weiterbildung und Personalentwicklung wird diskutiert (vgl. Greiling 2001; Diensberg 2001). Dabei wird aber unter anderem auch darauf verwiesen, dass viele der Unternehmen, die mit dieser Methodik arbeiten, das Feld „Lernen & Entwicklung" unberücksichtigt lassen und dass insbesondere das Erstellen von Ursache-Wirkungs-Ketten und die Beschränkung auf wenige entscheidende Kenngrößen für die Anwender eine echte Herausforderung darstellt.

4.4 Fazit und Ausblick

Wie der kurze Überblick im vorangegangenen Kapitel gezeigt hat, sind verschiedene Ansätze für das betriebliches Weiterbildungscontrolling formuliert worden, die jeweils unterschiedliche Aspekte fokussieren: die Sammlung von Kenngrößen, die Betrachtung des Bildungsprozesses, die Bestimmung des Weiterbildungserfolgs und insbesondere des Return-on-invest und schließlich ein stärker Strategie-orientierter Zugang auf der Grundlage der Balanced Scorecard-Methodik.

Die vorgestellten Ansätze finden sich in der einen oder anderen Form in verschiedenen Beiträgen in diesem Band wieder. So wird etwa der Ansatz der Balanced Scorecard in einem separaten Kapitel behandelt (siehe den Beitrag von Back, Kap. 10) vertieft behandelt. Eine kurze Skizze für eine Synthese der in diesem Beitrag vorgestellten Ansätze zu einem adaptierten Balanced-Scorecard-Ansatz findet sich im Beitrag von Meier (Kap. 11), ebenfalls in diesem Band.

Teil A2
Zum Bildungscontrolling und ROI von E-Learning: Modelle & Werkzeuge

Der Abschnitt A2 stellt innovative und bewährte Konzeptionen und konkrete Vorgehensweisen vertiefend dar und beschreibt, wie Controllingmaßnahmen und Kennzahlenmodelle für E-Learning operationalisiert werden können. Dabei stehen die klassischen ROI Instrumente und Prozessmodelle für Bildung im Vordergrund.

5. Bildungscontrolling im Rahmen des Bildungszyklus per E-Testing und E-Befragung

Volker Pohl

Der Beitrag beschreibt die Einsatzmöglichkeiten von E-Testing-Tools zur Ermittlung eines „qualitativen Return on Training Investment" auf Grundlage des Evaluationsansatzes von Donald L. Kirkpatrick. Im ersten Teil erfolgt eine pragmatisch-praxisorientierte Abgrenzung des Bildungscontrollings-Begriffs. Im zweiten Teil wird das Spektrum eines umfassenden Controllings der betrieblichen Bildungsarbeit skizziert. Abschnitt drei fokussiert die Evaluation von Bildungsmaßnahmen und beschreibt den mehrstufigen Evaluationsansatz von Donald L. Kirkpatrick. Im Abschnitt vier werden die Einsatzmöglichkeiten und der Nutzen eines E-Testing-Tools aufgezeigt, um Bildungsmaßnahmen nach den Überlegungen von Kirkpatrick evaluieren zu können.

5.1 Einleitung

Der Wunsch nach dem Nachweis des Erfolgsbeitrags von Bildungsmaßnahmen ist nicht neu. Besonders in Krisenzeiten möchten die Bildungsverantwortlichen belegen, dass sich die Ausgaben für Maßnahmen ebenso rentieren wie die Anschaffung einer neuen Produktionsmaschine. Doch die Ermittlung aussagekräftiger Zahlen im Zusammenhang mit Lernen und Wissen ist im Gegensatz zu den üblichen ROI-Berechnungen anderer Produktionsfaktoren schwer. Das beginnt bereits bei der Diskussion, wie Wissenserwerb und Lernerfolg definiert werden können und endet bei der Frage, wie sich „so etwas" zuverlässig messen und in Zahlen ausdrücken lässt. Der Ausweg kann jedoch nicht der Verzicht auf eine Erfolgsmessung sein. Denn der „Verzicht auf die Berechnung des Bildungserfolgs gefährdet den Stellenwert der Weiterbildung im Unternehmen. No reporting, no investment" (Landsberg 1992). Im Zuge von Sparmaßnahmen fallen Bildungsangebote dann schnell zum Opfer. Kosten werden reduziert und ein Nutzenverlust ist nicht sichtbar. Entsprechend wird der Ruf nach Möglichkeiten zur Erfolgsmessung und dem Controlling von Bildung laut.

Mit diesem Beitrag soll ein Blick auf das vier-Ebenen-Modell der Evaluation von Donald L. Kirkpatrick (vgl. Kirkpatrick 1998) geworfen werden, wie es auch bereits in anderen Kapiteln dieses Buches thematisiert wurde (Kap. 2 und Kap. 3),

- um einen praktikablen Weg für den Nachweis von Bildungserfolgen aufzuzeigen,
- ohne einen wissenschaftlich fundierten Anspruch erheben zu wollen und
- wohl wissend, dass Bildungscontrolling mehr als die Evaluation von Einzelmaßnahmen bedeutet.

5.2 Pragmatisch-praxisorientiertes Verständnis des Bildungscontrolling-Begriffs

Generell wird Bildungscontrolling als ein Instrument der Unternehmensführung betrachtet. Das Bildungscontrolling ist ein strukturierter Prozess zur Planung, Steuerung und Kontrolle der Bildungsarbeit auf Unternehmensebene. Mit einem systematischen Bildungscontrolling geht ein Unternehmen über die reine ex-post Kontrolle von Bildungsergebnissen hinaus und berücksichtigt auch die ex-ante Perspektive. Somit beginnt das Bildungscontrolling bereits mit der Festlegung qualitativer und quantitativer Rahmenbedingungen der Bildungsarbeit in Form von konkreten, messbaren Zielen der Maßnahmen mit Blick auf den Beitrag zum Unternehmenserfolg. Insofern geht es schon bei der Bedarfsanalyse und Planung von Bildungsmaßnahmen um Fragen der „Effektivität" und „Effizienz". Entsprechend besteht Bildungscontrolling aus all jenen Aktivitäten und Maßnahmen, die dazu beitragen, den erreichten (ex-post) oder erwarteten (ex-ante) Bildungsnutzen in Relation zu den vorgegebenen Bildungszielen bzw. den eingesetzten Ressourcen zu evaluieren (vgl. Becker 1999).[1]

---

[1] Effektivität = Zielerreichungsgrad: hier Bildungsnutzen in Relation zu den Bildungszielen. Effektivität beantwortet die Frage nach der Zweckmäßigkeit. Effizienz = Nutzen: in Relation zu eingesetzten Ressourcen (Input-Output-Verhältnis; Wirtschaftlichkeit). Effizienz ist ein Kriterium der Beurteilung des (wirtschaftlichen) Ressourceneinsatzes eines Systems. Diese Beurteilung hat selbstverständlich unter Beachtung der aus der Sicht der Effektivität einzuschlagenden Wege einer Zielerreichung zu erfolgen.

Insbesondere die Beachtung der Zweckmäßigkeit von Bildungsmaßnahmen macht deutlich, dass sich Bildungscontrolling auf den gesamten
(Weiter-)Bildungszyklus beziehen muss (vgl. Becker 1999, S. 111). Nur
wenn die Ziele und der Bedarf bekannt sind, können zweckmäßige Bildungsmaßnahmen ausgewählt werden. Nur dann macht eine Evaluation
der Lernerfolge auch Sinn.

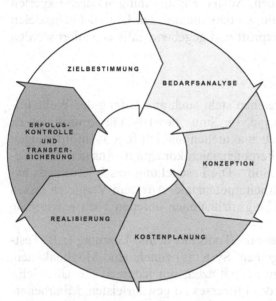

Abb. 5-1. Ansatzpunkte für das Bildungscontrolling: Der (Weiter-)Bildungszyklus

5.3 Spektrum eines umfassenden Controllings der betrieblichen Bildungsarbeit

Zielbestimmung
Die maßgeblichen Faktoren, die auf die Bestimmung von Bildungszielen
einwirken, sind leicht genannt und doch häufig schwer in konkrete Hand-
lungsabläufe umzusetzen. Das Unternehmensleitbild, eine langfristige Unternehmensplanung und der daraus abgeleitete Qualifizierungsbedarf sowie die Planungen der Fachabteilungen und Stellenbeschreibungen
bestimmen den Rahmen. Aufgabe der Bildungsabteilung ist es zumeist,
diese formulierten Unternehmensbildungsziele mit der individuellen Weiterbildung der Mitarbeiter zusammen zu führen. Dies setzt voraus, dass die
Kompetenzprofile und die persönlichen Ziele der Teilnehmer vor einer
Maßnahme erfasst werden. Das hilft zum einen bei der gezielten Auswahl

der Bildungsmaßnahmen und vermeidet das „Gießkannenprinzip". Zum anderen dient es später dazu, die ursprünglichen Ziele dem Erreichten gegenüberstellen zu können.

Maßgeschneiderte Softwarelösungen können Unternehmen bei der Erhebung und Auswertung der Daten unterstützen, indem Ziele und bislang vorliegende bzw. erreichte Kompetenzprofile erfasst, statistisch ausgewertet und gegenüber gestellt werden. Auch die Beurteilungen durch Experten und Vorgesetzte fließen hier ein, so dass die aus den Unternehmenszielen abgeleiteten Bildungsziele überprüft und gegebenenfalls adjustiert werden können.

Bedarfsanalyse
Wie in allen anderen Fachbereichen steht auch am Anfang der Weiterbildungsplanung die Bedarfsanalyse. Im Sinne des Bildungscontrollings ist sie als Soll-Ist-Vergleich zwischen aktuellen und künftigen Anforderungen und den vorhandenen Mitarbeiterpotenzialen konzipiert. Aus den Anforderungsprofilen ergibt sich das „Soll". Die Feststellung des Ist-Zustands basiert auf der Analyse der Mitarbeiterpotenziale. Aus dem Vergleich lassen sich die benötigten Weiterbildungsmaßnahmen ableiten ebenso wie eine entsprechende Zeitplanung.

Auch hier bieten insbesondere die Tools aus dem e-Learning (z.B. Testsysteme oder Learning Management Systeme) zunehmend Möglichkeiten, diesen Prozess elektronisch zu unterstützen, um jederzeit die Übersichtlichkeit und die Steuerbarkeit des Prozesses zu gewährleisten. Mitarbeiterqualifikationen und Potenziale können erfasst und ausgewertet werden. Die Weiterbildungsmaßnahmen sämtlicher Mitarbeiter können vermerkt werden. Während über den Einzelnen auf diese Art eine Bildungshistorie entsteht, gewinnt das Unternehmen Transparenz bezüglich seines Ist-Qualifizierungsniveaus. Daneben decken das „übliche" Mitarbeitergespräch sowie Kompetenz-Checks Qualifizierungslücken auf, die in einer Gap-Analyse dargestellt werden können. Sie liefert Detailinformationen, die den Prozess der Konzeption und Planung wesentlich erleichtert.

Konzeption und Planung
Bei der Konzeption und der Planung stehen die Bildungsverantwortlichen üblicherweise vor der Wahl, ob sie auf interne oder externe Schulungsanbieter zurückgreift. Je nach Konzeption berücksichtigt die interne Veranstaltung eher unternehmens- sowie zielgruppenindividuelle Ziele. Externe Veranstaltungen bieten hingegen den häufig gewünschten Blick über den Tellerrand und den Austausch mit anderen Teilnehmern.

Des Weiteren sind Entscheidungen zu treffen, ob die Maßnahmen freiwillig oder verpflichtend sein sollen, ob es für bestimmte Inhalte eine Sequenzierung (Basiskurse, Fortgeschrittenenkurse o.ä.) geben soll usw. Letztlich geht es um organisatorische und curriculare Entscheidungen bis hin zur didaktischen Abstimmung einzelner Trainings bezüglich Inhalten, Medien, Methoden, Zielen und Zielgruppen.

In jedem Fall zählt es zu den Aufgaben der jeweiligen Fachabteilung oder des Bildungsverantwortlichen, das Konzept und die Qualität einer Maßnahme zu beurteilen. Anhand der konkret formulierten Lernziele oder der über e-Tests analysierten Gaps lassen sich Bildungsmaßnahmen auswählen und konzipieren, die sich passgenau am individuellen Kenntnisstand der Lerner ausrichten.

Kostenplanung
Eine Kostenplanung, zumindest im Sinne einer Kostenerhebung, wird in den meisten Unternehmen durchgeführt. Dabei werden vorrangig die sog. direkten Kosten erhoben, z.B. Trainerhonorar, Hotel- und Reisekosten, Schulungsmaterialien. Indirekte Kosten im Sinne eines Arbeitsausfalls der Teilnehmer während der Lernzeiten, werden eher selten quantifiziert. Sogenannte Alternativkosten, die durch eine unterlassene Weiterbildung entstehen würden, bleiben nur eine theoretische und in der Literatur erwähnte Größe, da sie ähnlich schwer zu ermitteln sind wie der quantifizierte Erfolg der Maßnahme.

Grundsätzlich ist die Kostenplanung und -kontrolle ein wichtiger Bestandteil des Bildungscontrollings, weil dadurch Transparenz bei der Auswahl alternativer Maßnahmen (Intern vs. Extern, Seminar vs. e-Learning) geschaffen wird. Zudem bieten sich Ansatzpunkte zur Kostenoptimierung.

Über moderne Buchungssysteme kann darüber hinaus eine gewisse Kostenverantwortung an den einzelnen Lerner übertragen werden. Denkbar ist es, dass die Lerner über bestimmte Lernbudgets verfügen, die sie bedarfsorientiert für Kurse „online" wie „offline" einsetzen. Dabei wird unterstellt, dass der einzelne Lerner eine optimale Auswahl aus den Lernangeboten treffen kann. Voraussetzung ist dann unter anderem, dass die verfügbaren Lernangebote ausreichend beschrieben und möglichst anhand standardisierter Kriterien vergleichbar sind. So könnte eine Lernmaßnahme ähnlich beschrieben und durch die Lerner beurteilt werden wie die Medien beim Online-Buchversand „Amazon".

Realisierung und Beurteilung
In der Realisierungsphase dient sowohl die Teilnahme eines Mitarbeiters aus dem Weiterbildungsbereich als auch das Ausfüllen so genannter Happiness-Sheets einem prompten Feedback über die didaktische Qualität und die Umfeldbedingungen der Fortbildungsmaßnahme.

Darüber hinaus können auf den Wissenserwerb bezogene Übungstests durchgeführt werden, in denen das erworbene Wissen z.B. in praxisnahen Fällen anzuwenden ist. Dies ergibt Hinweise zum voraussichtlichen Lernerfolg und zeigt Ansatzpunkte für Anpassungen der Maßnahme. Ziel in einem als Prozess verstandenen Bildungscontrolling ist es, möglichst zeitnah in der Realisierungsphase steuern zu können, sei es nur eine veränderte Schwerpunktsetzung im Folgeseminar, wenn die Lernergebnisse nach dem Erstseminar allgemeine Schwächen in einem bestimmten Themengebiet aufdeckten.

Erfolgskontrolle
Wie einleitend beschrieben, ist es nicht verwunderlich, dass ein Unternehmen einen *kalkulierbaren* Nutzen aus seinen betrieblichen Weiterbildungsanstrengungen aufzeigen möchte. Aktuell basiert die Nutzenbewertung vorrangig auf der subjektiven Einschätzung von Vorgesetzten und/oder Teilnehmern. Darüber hinaus findet stellenweise eine Überprüfung in den jährlichen Personalentwicklungsgesprächen statt. Eine Kosten-Nutzen-Rechnung der Weiterbildungsmaßnahmen wird angesichts der Schwierigkeit ihrer genauen Erfassung nur selten aufgestellt.

Was möglich ist, um einen aufschlussreichen Eindruck vom Nutzen einer Maßnahmen zu erhalten, zeigt das folgende Modell.

5.4 Die Evaluation von Bildungsmaßnahmen auf Basis des Evaluationsansatzes von Donald L. Kirkpatrick

Im Vorwort seines Buches beschreibt Donald L. Kirkpatrick die Entstehung seines Modells und damit zugleich das Besondere an diesem Ansatz (vgl. Kirkpatrick 1998). Für seine Dissertation „kämpfte" er mit den verschiedenen Definitionen für den Begriff der Evaluation. Er fand, wie üblich, verschiedene Varianten. So wollte ein Ansatz die Erfolgsmessung an der Veränderung des Verhaltens festmachen, andere versuchten die veränderten Unternehmensergebnisse den Trainings zuzuschreiben und wieder andere hielten die Einschätzungen zur Zufriedenheit der Teilnehmer für maßgebend. Der vierte Ansatz beurteilte den Erfolg einer Maßnahme anhand von Lernerfolgstests, um Veränderungen des Wissens, von Fähigkeiten und Fertigkeiten sowie Einstellungen noch im Seminarraum erkennen zu lassen. Kirkpatricks Erkenntnis war: „And they are all right – and yet wrong, in that they fail to recognize that all four approaches are parts of what we mean by evaluating." (Kirkpatrick 1998, S. XV).

Nicht ein Ansatz alleine weist also den Erfolg einer Maßnahme aus, sondern erst alle gemeinsam ergeben ein aufschlussreiches Bild vom Trainingserfolg für den Bildungsmanager.

Zu beachten ist der Fokus, der mit der Evaluation im Rahmen des Bildungscontrollings gelegt wird. Sie bezieht sich auf die Phasen der *Erfolgskontrolle* und der *Transfersicherung*. Allenfalls durch entsprechende Evaluationsschleifen während längerer Trainingsphasen können die Ergebnisse für „adhoc-Anpassungen" in der *Realisierungsphase* herangezogen werden.

Im Sinne eines systematischen Bildungscontrollings entlang des gesamten Bildungszyklus fungiert die Evaluation als abschließendes Moment (ex-post). Mit ihren Ergebnissen ist sie zugleich aber auch Ausgangspunkt für die nächste Zielbestimmung und Planung (ex-ante).[2]

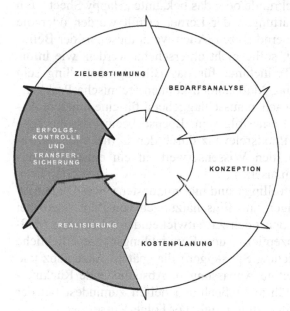

Abb. 5-2. Fokus der Evaluation im Rahmen eines systematischen Bildungscontrollings anhand des Bildungszyklus

---

[2] Ausführlich beschreibt auch Kirkpatrick, dass die Evaluation nicht für sich alleine stehen kann. So sieht er die Evaluation als Teil eines Zehn-Stufen-Prozesses, bei dem im Vorfeld alle Maßnahmen zur Planung, Steuerung und Durchführung ergriffen werden (vgl. Kirkpatrick 1998, S. 3 ff.).

Das Modell der Evaluation von Donald L. Kirkpatrick sieht vier Stufen vor, die aufeinander aufbauen (Kirkpatrick 1998, S. 19 ff.) und die im folgenden näher betrachtet werden.

1. Zufriedenheitserfolg (Reaction) - *Wie war die Maßnahme?*
2. Lernerfolg (Learning)   - *Was haben die Teilnehmer gelernt?*
3. Transfererfolg (Behavior)   - *Was wird konkret umgesetzt?*
4. Geschäftserfolg (Results)   - *Was bringt es dem Geschäft?*

Zufriedenheitserfolg (Reaction)
Mit dieser Messung wird die unmittelbare Reaktion der Lerner nach einem Seminar oder der Bearbeitung eines Lernprogramms gemessen. Es handelt sich um die typische Feedbackrunde oder das bekannte „Happy Sheet", um herauszufinden, ob die Erwartungen der Lerner erfüllt wurden oder die Rahmenbedingungen lernfördernd waren. Auch wenn diese Art der Befragung vielfach belächelt wird, sollte nicht unterschätzt werden, wie informativ Meinungsbilder der Teilnehmer für das Bildungscontrolling sein können. Gerade bei e-Learning-Maßnahmen können technische Probleme oder mediendidaktische Schwächen ausschlaggebend für eine mindere Akzeptanz und einen mäßigen Lernerfolg sein. Ebenso beeinflusst die erste Einschätzung bezüglich der Praxisrelevanz durch den Lerner nicht unwesentlich dessen Bereitschaft, den Wissenserwerb in ein entsprechendes Verhalten am Arbeitsplatz umzusetzen.

Im Sinne des Bildungscontrollings sind hier mindestens zwei Dimensionen relevant. Erste Erfahrungen und Einschätzungen von Pilot-Usern bei der Bearbeitung von Prototypen noch zu entwickelnder e-Learning Maßnahmen können in der Konzeptions- und Entwicklungsphase erhebliche Kosteneinsparungen ermöglichen. Sie steigern die spätere Akzeptanz und den Lernerfolg durch frühzeitige Anpassungen. Abschließende Rückmeldungen auf bereits durchgeführte Maßnahmen helfen zumindest bei der Entscheidung, Planung und Steuerung möglicher Folge-Kurse.

Lernerfolg (Learning)
Zur Messung des Lernerfolgs sieht Kirkpatrick unmittelbar im Anschluss an die Qualifizierungsmaßnahme einen Test vor, um den Wissenszuwachs, die Erweiterung der Fähigkeiten und Fertigkeiten sowie eine Veränderung der Einstellungen zu ermitteln. Im besten Fall wird ein erster Test vor einer Maßnahme (Pre-Test) durchgeführt, um den Status je Kandidat und Lerngruppe zu ermitteln. Mit den Ergebnissen eines Post-Tests sind dann die Veränderungen als entsprechendes „Delta" der Items festzustellen.

Transfererfolg (Verhaltensänderung; Behavior)
Vielfach wird in der Pädagogik erst eine Verhaltensänderung als Lernen akzeptiert. Entsprechend fährt der Ansatz von Kirkpatrick mit der dritten Stufe fort und empfiehlt die Messung des sog. Transfererfolgs, d. h. inwieweit die Qualifizierungsmaßnahme dazu beigetragen hat, dass der Teilnehmer an seinem Arbeitsplatz ein verändertes Verhalten zeigt. Auf dieser Ebene geht es um Beobachtungen, die der Teilnehmer selbst bei seiner Arbeit macht, aber vor allem auch, um Beobachtungen, die Kollegen und Vorgesetzte hinsichtlich eines veränderten Verhaltens des Teilnehmers machen. Da sich eine manifestierte Verhaltensänderung nicht sofort einstellt, empfiehlt sich die Befragung der Teilnehmer, Kollegen und Vorgesetzten mit ausreichendem zeitlichen Abstand, z.B. drei Monate nach dem Training.

Gerade beratungsintensive Unternehmen wie Banken und Versicherungen betreiben häufig so genanntes *Mistery Shopping* oder führen Testkäufe durch, in denen sie ihre Vertriebsmitarbeiter in der Realität beobachten. Anhand dieser Ergebnisse können die Verantwortlichen beurteilen, ob die Trainingsmaßnahmen gefruchtet haben.

Geschäftserfolg (Results)
Die Messung des Geschäftserfolgs ist das, was vor allem das Unternehmensmanagement am stärksten interessiert. Welchen Nutzen bringt die Qualifizierung der Mitarbeiter für das Unternehmen? Wurden auf den ersten drei Stufen Erfolge verzeichnet, liegt es nahe, dass die Maßnahme auch einen Beitrag zur Steigerung der Produktion oder zur Verbesserung der Qualität leistet. Das Vertriebstraining sorgt für mehr aktive Kundenanrufe oder eine verbesserte Kundenfreundlichkeit oder die Mitarbeiter erfreuen sich über eine einvernehmliche und verständliche Zielvereinbarung, nachdem ihre Vorgesetzen im Führungskräfte-Training die Vereinbarung objektiv messbarer Ziele geübt haben. „Harte Zahlen", wie geringere Ausschussquoten oder die Daten aus dem Vertriebscontrolling können mehr oder weniger direkt abgelesen werden. „Weiche Faktoren" wie Kundenzufriedenheit oder Mitarbeiterzufriedenheit erhält man über Befragungen der Kunden bzw. der Mitarbeiter.

Inwieweit diese Ergebnisse ausschließlich auf die Qualifizierung zurückzuführen sind, ist ein komplexes Feld, da immer auch externe Faktoren Einfluss z.B. auf Kundenzufriedenheit und Vertriebszahlen haben können. Gerade hier bietet aber das Gesamtbild aus allen vier Evaluationsstufen eine schlüssige Grundlage für die Beurteilung der Zusammenhänge. Grundsätzlich gilt selbstverständlich auch im Vier-Stufen-Modell: Je konkreter die Kriterien formuliert sind und je stärker sie durch den einzelnen Mitarbeiter zu beeinflussen sind, desto eher lassen sich die Zusammenhänge darstellen und in entsprechende Erfolgsbeiträge in Relation zum Aufwand der Maßnahme umrechnen.[3] Im Vertrieb wird das relativ schnell deutlich: Haben die Mitarbeiter gelernt, dass sie durch strukturierte Beratung, Aktivitätenplanung und Anwendung der Vertriebssteuerungsinstrumente konzentrierter und aktiver mehr Kunden ansprechen, stellen sich mehr Abschlüsse und der entsprechende Umsatzzuwachs sein.[4]

5.5 Einsatzmöglichkeiten und Nutzen eines E-Testing- und E-Befragungs-Tools

Das Kirkpatrick-Modell erwartet auf allen vier Ebenen die Befragung oder den Test der verschiedenen Bildungsbeteiligten. Die Lerner selbst werden nach Ihrer Zufriedenheit befragt und hinsichtlich ihres Wissenszuwachses getestet. Kollegen, Vorgesetzte und Kunden werden nach beobachtbaren Verhaltensänderungen befragt. Entsprechend liegt es nahe, dass für die Evaluation einer Maßnahme eine gemeinsame, über alle Stufen hinweg erhobene Datenbasis angelegt wird. Mit der Verbreitung des e-Learning werden für diese Datenerhebung hilfreiche und effiziente Werkzeuge interessant. Was man braucht sind Tools, wie sie in Abb. 5-3 dargestellt sind.

Wird eine Bildungsmaßnahme geplant und durchgeführt erstellen die Bildungsverantwortlichen zu einer jeden Maßnahme mit Hilfe spezieller Werkzeuge

1. Ein *elektronisches „Happiness-Sheet"*, das den Teilnehmern direkt nach der Maßnahme zur Abgabe der Feedbacks online bereitgestellt wird.
2. Einen *elektronischen Kompetenz-Test*, der vor der Maßnahme (Pre-Test) den aktuellen Wissensstand der Teilnehmer und nach der Maßnahme (Post-Test) den veränderten Wissensstand der Teilnehmer ermittelt.
3. Eine *elektronische Befragung*, die von den Teilnehmern, Kollegen und Vorgesetzten eine Beurteilung des Verhaltens am Arbeitsplatz erwartet.

---

[3] Interessant ist dabei der motivierende Nebeneffekt auf die Teilnehmer. Werden im Vorfeld „harte" betriebswirtschaftliche Ziele mit der Maßnahme in Verbindung gesetzt, wissen die Mitarbeiter wie wichtig die Veranstaltung ist und sie erhalten das Gefühl, dass sie aktiv zum Unternehmenserfolg beitragen können.

[4] Erfahrungsbericht des Autors, der als Consultant der HQ Interaktive Mediensysteme die Commerzbank AG in ihrem Projekt zum „Neuen Vertriebsmanagement" mit umfassenden Vertriebstrainings, Coachings und einem Online-Lernspiel als e-Learning-Maßnahme begleitet hat. Anhand von Happy Sheets, Testkäufen und Kundenbefragungen wurde der Erfolgsbeitrag des gesamten Maßnahmenpaktes beurteilt.

Auch hier bietet sich eine Befragung vor und nach der Maßnahme an, um Veränderungen festzustellen.

4. Eine *elektronische Befragung repräsentativer Kundengruppen* über das Internet, um etwa die Kundenzufriedenheit herauszufinden. Interessant sind dabei ebenso die Beurteilungen vorher und nachher.

5. *Elektronische Analysen* und Gegenüberstellungen der Befragungs- und Testergebnisse.

Der besondere Vorteil dieser e-Learning Werkzeuge ist, dass relativ einfach und schnell Tests und Befragungen erstellt und an die jeweiligen Beteiligten distribuiert werden können. Alles was seitens der Beteiligten benötigt wird, ist ein Internet-Zugang. Zugleich wird mittels der Tests und der Befragungen auf Seiten des Bildungsmanagements eine umfassende elektronische Datenbasis je Maßnahme angelegt. Die Bildungsverantwortlichen können dann mit dem entsprechenden Analyse-Tool auf allen Ebenen des Modells vielfältige Kennzahlen über Usergruppen und Maßnahmen ermitteln. Beispielsweise lässt sich herausfinden, ob und inwieweit sich eine Veränderung der Maßnahme auf die Ergebnisse aller Ebenen ausgewirkt hat. So ist etwa bei einem stärker fall- und praxisorientierten Training spannend, ob diese methodische Ausgestaltung den Wissenstransfer im Arbeitsalltag beeinflusst und sich in Verhaltensänderungen sowie positiven Kundenfeedbacks niederschlägt.

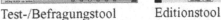
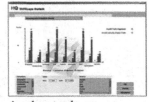

Test-/Befragungstool   Editionstool   Analysetool

Abb. 5-3. Beispiel für ein Testwerkzeug aus dem e-Learning[5]

Auf jeden Fall erhalten die Bildungsverantwortlichen qualitativ hochwertige Daten und Kennzahlen, die eine Legitimation der Bildungsinvestitionen erleichtern. Inwieweit sich die Maßnahme i.S. eines berechenbaren ROI

---

[5] Es handelt sich um das online Test- und Befragungstool „HQ SkillScape" der Firma HQ Interaktive Mediensysteme GmbH in Wiesbaden.

gelohnt hat, sollte der Einschätzung des Managements vorbehalten bleiben.[6] Das Vier-Stufen-Modell liefert dafür eine nützliche Datenbasis.

5.6 Fazit

Das Modell von Kirkpatrick ist ein Ansatz, der sich in der Praxis, insbesondere in amerikanischen Unternehmen, bewährt hat (vgl. die zahlreichen
Fallstudien in Kirkpatrick 1998).

E-Testing- und E-Befragungs-Tools können das Bildungscontrolling unterstützen, indem zu definierten Zeitpunkten Informationen über die Qualität und die Zielerreichung der Bildungsmaßnahme automatisiert erfasst
und ausgewertet werden.

Die Auswertungen der Tests und Befragungen in ihrer Gesamtheit über
alle vier Stufen ermöglichen Aussagen über die Effektivität der Qualifizierungsmaßnahme (Zielerreichungsgrad) und tragen somit zur Feststellung
eines „qualitativen Return on Trainings Investment" bei.

---

[6]   Denkbar wäre, eine fünfte Stufe im Modell einzufügen. Aus Sicht des Autors
      wird diese Stufe der tatsächlichen ROI-Berechnung aber aufgrund der Proble-
      matik einer exakten Kosten- und Leistungszurechnung beim Faktor „Mensch"
      nur modellhaft bleiben.

6. Bildung investiv denken damit Lernen sich lohnt – Gedanken über effektives und effizientes Lernen

Dagmar Woyde-Köhler

Die Effektivität und Effizienz von Lernprozessen hängt entscheidend davon ab, ob Lernmanagement in einem Unternehmen professionell organisiert wird. Nur dort, wo Aus- und Weiterbildung als Investitionsfaktor verstanden werden und nicht als Kostenfaktor, wird sich ein professionelles Management der erforderlichen Lernprozesse durchsetzen. Dies erfordert zunächst häufig einen größeren Investitionsaufwand als bisher, bringt mittel- und längerfristig aber auch einen deutlich höheren und vor allem auch qualitativ messbaren „Return on Investment" – und damit entscheidende Vorteile im Wettbewerb.

6.1 Umdenken ist gefragt

Die Zukunft der nächsten Jahrzehnte wird denjenigen Unternehmen und Gesellschaften gehören, die es rechtzeitig verstanden haben, das Wissen und Können ihrer Mitarbeiter bzw. Mitglieder als relevanten Produktivitätsfaktor und Werttreiber zu erkennen, wertzuschätzen, zu fördern und bestmöglich auszuschöpfen. Wer die kompetentesten, innovativsten, lernfähigsten und lernwilligsten Köpfe hat, der wird sich behaupten und erfolgreich sein. So lautet in verkürzter Form die Annahme über den sechsten Kondratieff'schen Zyklus, an dessen Beginn wir gerade erst stehen, wie sie von Nefiodov in seinem gleichnamigen Buch ausführlich und überzeugend dargelegt wird.

Diese Erkenntnis ist nicht ganz neu. Sie gewinnt in dramatischem Tempo an realer, erfolgsentscheidender Bedeutung im globalen Wettbewerb. Dennoch scheint sie bislang relativ wenig verbreitet in den Management-Etagen deutscher Unternehmen zu sein und auch die öffentlichen Bildungsinstitutionen tun sich noch recht schwer damit, frischen Wind in die Schulen und Hochschulen zu bringen. Die bloße Erkenntnis allein wäre allerdings auch wertlos, wenn sie nicht mit einem spürbaren Umdenken verbunden ist, das sich in konkreten unternehmerischen Entscheidungen ausdrückt.

Dies beginnt zu allererst damit, die Ausgaben eines Unternehmens (wie auch einer Volkswirtschaft) für Aus- und Weiterbildung als Investitionsfaktor und Werttreiber zu verstehen und nicht als Kostentreiber. Der wesentliche Unterschied liegt – etwas überspitzt ausgedrückt – darin, dass Investitionsentscheidungen natürlich zwar auch mit Ausgaben, aber vor allem auch mit einer Gewinnerwartung positiv verknüpft sind. Kosten dagegen werden als gewinnreduzierender Faktor eher negativ verknüpft. Ein guter Manager wird immer versuchen, die Kosten so niedrig wie möglich zu halten. Und er wird interessiert daran sein, gewinnbringende Investitionen zu tätigen, um den Erfolg seines Geschäfts zu steigern oder seine Marktposition zu halten. Auf welcher Seite der Entscheidungsmatrix im Denken der Manager die Bildungsausgaben platziert sind, ist von ausschlaggebender Bedeutung für die Effizienz und Effektivität von Lernen im Unternehmen, wie im Verlaufe dieses Beitrags noch deutlich werden wird.

Vor diesem Hintergrund kann intelligentes Bildungscontrolling einen doppelten Nutzeffekt haben. Sinnvoll eingesetzt, dient es zunächst einmal dazu, den Prozess von der Investition bis zum Return on Invest zu steuern und hierbei das Verhältnis zwischen Investition und Ertrag kritisch zu prüfen und zu dokumentieren. Ist das Ergebnis dieser Prüfung positiv, lässt sich also ein Gewinn aus der getätigten Investition nachweisen, tritt der zweite Nutzeffekt ein: Die Bereitschaft zu weiteren Investitionen wächst, da sie aufgrund des Gewinnerlebnisses mit einer weiteren Ertragserwartung verknüpft ist. So gesehen kann ein qualifiziertes Bildungscontrolling – dadurch dass es die Bildungsausgaben auf ihre Wertschöpfungsrelevanz hin prüft und bemisst – nicht nur für ein Umdenken in den Bildungsabteilungen sorgen, sondern auch zum Treiber für ein Umdenken im Management werden, Bildung und Lernen als Produktivitätsfaktor zu begreifen. Und es kann auf dieser Basis also einen wichtigen Beitrag dazu leisten, die Aufmerksamkeit des Managements gegenüber Bildungsaktivitäten zu steigern und sie als Investitionsfeld im Kontext der Wertschöpfung zu betrachten.

Tatsächlich aber wird Bildungscontrolling derzeit zumeist als Instrument verstanden und eingesetzt, mit dessen Hilfe die Kosten eines Unternehmens für Aus- und Weiterbildung minimiert werden (sollen). Selbstverständlich ist es sinnvoll und notwendig, Kosten zu optimieren und Bildungsprozesse auf Basis betriebswirtschaftlicher Kennzahlen zu betreiben. Häufig aber wird Bildungscontrolling auf die quantifizierbare Messbarkeit reduziert. Da es bislang noch keine wirklich brauchbaren Konzepte gibt, qualitative Bewertungskriterien für Lern- und Bildungserfolg in ein fundiertes System der Messbarkeit zu bringen, findet diese Bewertung – wenn überhaupt – nur punktuell, aber nicht systematisch statt. Mit unternehmerisch-investitionsbegründetem Bildungscontrolling hat das nur sehr wenig zu tun.

Es ist durchaus vorstellbar, dass Rating-Agenturen sich dem Thema der Messbarkeit des Ertrags von Lern- und Bildungsinvestitionen widmen werden, wenn sich der anfangs beschriebene Trend erst einmal stärker durchgesetzt hat. Und spätestens dann, wenn der Börsenwert eines Unternehmens auch nach dem „Return on Qualification Invest" bestimmt wird, wird es einen Durchbruch hin zum qualitativen Bildungscontrolling geben.

6.2 Es geht um den Kernprozess – und das ist der Lernprozess

Rein quantitatives Bildungscontrolling klammert den Kernprozess, um den es bei Bildungsinvestitionen letztlich immer geht, aus seiner Betrachtung vollkommen aus. Dieser Kernprozess ist der Lernprozess. Folgerichtig bleibt bei derart eingeschränkter Betrachtung auch der eigentliche Wertträger der Investition unbeachtet: der lernende Mensch.

> Was ist das Besondere am Lernprozess? Was unterscheidet ihn von üblichen Geschäfts- und Arbeitsprozessen, für die es inzwischen ja sehr gute Controllingverfahren und -instrumente gibt?

Lernen ist ein zunächst ein individueller innerer Prozess, dessen Ergebnis in Form einer überdauernden Verhaltensänderung erkennbar wird. An diesem inneren Prozess sind kognitive Strukturen beteiligt, neuronale Netze und biochemische Reiz-Reaktions-Ketten, Gefühle ebenso wie Techniken und Routine. Die intellektuelle Kapazität eines Menschen, seine kognitiven Fähigkeiten spielen für Ablauf und Ergebnis seiner Lernaktivitäten eine ebenso wichtige Rolle wie sein Willen, seine Gefühlslage, seine Motivation und Lernhaltung. In jedem Fall handelt es sich um einen hochkomplexen Vorgang, der eine Vielzahl unterschiedlicher Erfolgs- und Misserfolgsfaktoren in sich birgt.

Dies gilt bereits für das individuelle Lernen eines einzelnen Menschen. Es gilt umso mehr für das gemeinsame Lernen mehrerer Menschen in einer Lerngruppe – in einer Schulung, einem Seminar oder einem Projekt. Und es gilt in besonderer Weise, wenn die verschiedenen Mitglieder einer

Lerngruppe bereits über viele Jahre hinweg ihre eigenen – guten oder schlechten – Lernerfahrungen gemacht haben, einen eigenen Lernstil entwickelt haben, in eingefahrenen Lernbahnen agieren.

Dies ist die Situation, mit der wir in ca. 80% der betrieblichen Lernsituationen zu tun haben. In Schulen und Hochschulen dürfte der Anteil dieser kollektiven Lernprozesse bei etwa 50% liegen, weil dort die individuellen häuslichen Lerntätigkeiten ein wesentlich höheres Gewicht zukommt. Wie lassen sich solche Lernsituationen effizient gestalten – für den Einzelnen, für die Gruppe und für das Unternehmen? Welche äußeren und inneren Einflussfaktoren sind im Spiel? Wo kann ein systematisches Vorgehen ansetzen, das zu einer größtmöglichen Effizienz dieser Lernprozesse führt und zur gewünschten nachhaltigen Wirkung?

Ziel eines effizient laufenden Lernprozesses muss es sein, dass in möglichst kurzer Zeit mit möglichst wenig äußerem und innerem Aufwand ein Lernergebnis der gewünschten Qualität mit der erforderlichen Nachhaltigkeit erreicht wird.

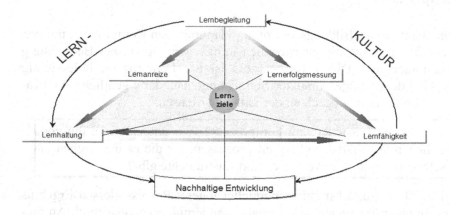

Abb. 6-1. Sechs Einflussfaktoren zur Steigerung der Effizienz und Nachhaltigkeit von Lernprozessen

In diesem Zusammenhang ist es wichtig, die *beeinflussbaren* von den nicht oder nur *schwer beeinflussbaren* Faktoren zu unterscheiden. Nicht oder nur schwer beeinflussbar ist die Lernkapazität eines Menschen im Sinne der kognitiven und intellektuellen Voraussetzungen. Im Kindesalter gibt es hier durchaus eine Beeinflussbarkeit durch entsprechende Forderung und Förderung. Für einen erwachsenen Menschen wird es zunehmend schwierig seine originäre Lernkapazität noch signifikant zu erhöhen. Sehr wohl beeinflussbar sind aber viele andere Faktoren, die mit der Gestaltung des Lernprozesses zu tun haben und die sich auf die Geschwindigkeit des

Lernfortschritts sowie die Qualität des Lernergebnisses in seiner nachhaltigen Wirkung entscheidend auswirken.

Welches Vorgehen in der Gestaltung von Lernprozessen im Einzelfall richtig im Sinne von effizient ist, lässt sich pauschal nicht sagen. In jedem Fall hilft die Beachtung der sechs ausschlaggebenden Einflussfaktoren zur Steigerung von Lerneffizienz dabei, in der jeweiligen Situation die richtige Entscheidung zu treffen (siehe Abb. 6-1).

6.3 Sechs Einflussfaktoren zur Steigerung der Effizienz und Nachhaltigkeit von Lernprozessen

Faktor 1: Klare Zielsetzung und Ergebniserwartung
Erster Faktor und zentraler Ausgangspunkt für das Zustandekommen von Lerneffizienz ist die Frage nach der Ergebniserwartung bzw. der Zielsetzung des Lernens. Nur wenn diese Frage eindeutig geklärt und schriftlich definiert und formuliert wurde, kann der Erfolg und auch die Effizienz des folgenden Lernprozesses beurteilt werden: Was soll durch Lernen erreicht werden? Was soll sich durch Lernen verändern? Welche Verhaltensänderung(en) soll(en) eintreten? Welches Wissen soll verfügbar sein? Welche Problemlösungen sollen beherrscht werden?

Dies sorgfältig zu klären und auch zu dokumentieren verursacht im Vorfeld einer Lernaktivität zwar zusätzlichen Aufwand und scheint von daher gerade nicht zur Effizienzsteigerung beizutragen. Es gewährleistet aber weitestgehend eine stringente, konsequent auf das gewünschte Ergebnis bzw. die gesetzten Ziele fokussierte Ausrichtung der Lernaktivitäten. Frühzeitig sicher zu entscheiden, was im jeweiligen Fall der richtige Weg zum angestrebten Ziel ist, steigert sehr wohl die Effizienz von Lernaktivitäten. Wie oft liegen die Lernangebote mehr oder weniger weit entfernt von dem, was tatsächlich gebraucht wird. Dies wird aber in der Regel erst festgestellt, wenn die Aktivitäten bereits angelaufen, d.h. wenn bereits Geld und Zeit investiert wurden. Mit etwas mehr Zeitinvest im Vorfeld ließe sich solche Verschwendung von Zeit und Geld im originären Lernprozess vermeiden.

Im übrigen trägt die Klärung von Ergebniserwartung und Zielsetzung entscheidend dazu bei, im Sinne eines qualitativen Bildungscontrollings über Kriterien zu verfügen, anhand derer nach Abschluss der entsprechenden Lernaktivität gemessen und beurteilt werden kann, ob das Ergebnis stimmt und die Ziele erreicht wurde – ob sich die Investition also gelohnt hat. Wer eine verkürzte Debatte über Bildungscontrolling führt und sein Investitionsfeld nicht sorgfältig auf die erwarteten Ergebnisse hin überprüft, bewertet und positioniert, der sollte sich am Ende über mangelnden Return on Investment nicht beklagen.

Nicht zuletzt lässt sich mit einer konsequenten Vorabklärung im beschriebenen Sinn auch noch eine nachhaltige Wirkung von herausragender Bedeutung auf ganz anderer Ebene erzielen. Sie sorgt nach und nach für eine Professionalisierung aller Beteiligten im Sinne eines echten Lernmanagements, verändert die Einstellung zum Lernen positiv und führt zu einer merklichen Steigerung der Lernfähigkeit und Lernbereitschaft. Lernen wird aktiv geplant, professionell gestaltet und gesteuert und erbringt nicht nur „gefühlte", sondern nachgewiesene Fortschritte, Erfolge und Erträge. Der Wettbewerbsvorteil für diejenigen Unternehmen, denen es früh gelingt, zu solcher Professionalität zu gelangen, liegt auf der Hand.

Faktor 2: Aufbau bzw. Sicherung einer positiven Lernhaltung
Zweiter Schlüsselfaktor ist die Lernhaltung. Eine positive Lernhaltung trägt in erheblichem Masse zur Effizienz eines Lernprozesses bei – und umgekehrt. Lernen bedeutet immer auch Veränderung. Und Veränderungen gegenüber gibt es bei vielen Menschen gewisse Widerstände. Es gibt aber durchaus auch Neugier und Lernlust, auch bei erwachsenen Menschen und die gilt es zu nutzen, sie gegebenenfalls zu wecken, sie aber auf gar keinen Fall zu ignorieren.

Mit welcher Einstellung ein Mensch an eine Lernaufgabe herangeht, hängt von seinen persönlichen Lernerlebnissen Lernerfahrungen in der Familie, in der Schule, in der Ausbildung und in der Universität ab. Insbesondere kommt hier aber auch die Unternehmenskultur und ganz konkret die Lernkultur eines Unternehmens ins Spiel: Welchen Stellenwert hat Wissen, Lernen und Weiterbildung in einer Organisation? Wird persönliche Lernbereitschaft gefordert, gefördert und honoriert oder wird sie geringgeschätzt oder sogar unterbunden? Wirklich effizientes Lernen im Unternehmen kann nur stattfinden, wenn der Kontext hierfür stimmt, wenn eine positive, wertschätzende Haltung gegenüber dem Lernen existiert. Begreift man Bildung als Investitionsfeld, muss man sich daran machen, einen entsprechenden Kontext zu schaffen, damit die Investitionen auch wirklich Früchte tragen (können).

Faktor 3: Lernkompetenz- die beeinflussbare Seite der Lernfähigkeit
Wie bereits erwähnt, kommt man bei der Lernfähigkeit eines Menschen am ehesten an die Grenzen der Beeinflussbarkeit – vor allem beim erwachsenen Lerner. Dies gilt für die biologisch weitestgehend gesetzten intellektuellen und kognitiven Fähigkeiten eines Menschen, die ich als Lernkapazität bezeichnen möchte. Zur Lernfähigkeit gehören aber auch Konzentrationsfähigkeit, Gedächtnis, Ausdauer und Beharrlichkeit einer-

seits. Neugier, Aufgeschlossenheit und Selbstvertrauen andererseits – Fähigkeiten, Eigenschaften und Einstellungen, die ich unter dem Begriff der Lernkompetenz zusammenfasse. Durch eine gute Begleitung und Gestaltung von Lernprozessen lassen sich diese Fähigkeiten, die sich zum Teil nah am Bereich der Einstellungen und Haltungen bewegen, beachtlich weiterentwickeln – auch bei erwachsenen Lernern.

Dem „Lernen können" geht das „Lernen lernen" voraus. Beides ist für die Effizienz von Lernprozessen ausschlaggebend. Zunächst bedeutet das „Lernen lernen" zwar einen Mehraufwand. Die Professionalisierung des Lernvorgangs durch den lernenden selbst lohnt sich aber auf mittlere und längere Sicht durchaus, ja sie zahlt sich vielfach aus in jedem weiteren Lernprozess.

Faktor 4: Lernbegleitung
Exzellente Didaktik und Methodik, Individualisierung und Anwendungsorientierung sind für eine erfolgreiche Gestaltung von Lernprozessen unverzichtbar. Dies gilt für personengestützte Begleitung ebenso wie für personenunabhängige Begleitung, wie sie z.B. beim E-Learning stattfinden kann.

Insbesondere die Arbeit mit Fallstudien, der Einsatz von Planspielen, die enge Verzahnung des Off-the-job-Lernens mit dem On-the-Job-Lernen sind hier gefordert. Diese Ansätze sind inzwischen zwar weit bekannt, in der betrieblichen Lernpraxis spielen sie zumeist aber doch noch nicht die Rolle, die ihnen unter Effizienzgesichtspunkten eigentlich zukommen müsste.

Lernbegleitung meint in diesem Zusammenhang keineswegs nur die eigentliche Lernaktivität im engeren Sinne. Sie richtet sich vielmehr auf den gesamten Prozess, also auch auf die vor- und nachgelagerten Aktivitäten wie Zielklärung oder Einstufungstests zur Bildung möglichst homogener Lerngruppen einerseits, Transfersicherung und Refreshing-Aktivitäten andererseits. Solche Aktivitäten sind absolut erfolgsentscheidend im Sinne einer Effizienzsteigerung von Lernprozessen.

Faktor 5: Lernanreize
Lernanreize verstärken die Zielorientierung des Lerners. Dabei spielen intrinsische Motivationsfaktoren eine genauso wichtige Rolle wie die extrinsischen. Durch entsprechende Lernanreize wird für den Lerner die Wertschätzung erkennbar, die seiner Lerntätigkeit und der damit verbundenen Anstrengung beigemessen wird. Sie zeigen: Es ist dem Unternehmen nicht gleichgültig, ob er sich mit spürbarem Erfolg weiterbildet, sein Wissen und seine Kompetenzen ausbaut. Lerneinsatz, Lernerfolg und Lerneffizienz müssen auch für den Lernenden – zumindest mittel- und längerfristig – ei-

nen persönlichen Return on Investment bringen. Dies kann die Übernahme von höherwertigen Aufgaben und mehr Verantwortung kann sein; die bessere, schnellere, erfolgreichere Erledigung derzeitiger Aufgaben aufgrund einer wirksamen Qualifizierung oder auch eine verbesserte gehaltliche Perspektive. Fehlen entsprechende Anreize oder findet keine Wertschätzung statt, dann hat auch der Investitions-Gedanke in der Lernkultur des Unternehmens noch keinen Platz gefunden.

Faktor 6: Erfolgskontrolle
Schließlich muss am Ende bestimmter Lernsequenzen immer eine Erfolgskontrolle bzw. Erfolgsmessung stehen. Damit verbunden ist zugleich ein zusätzlicher Lernanreiz. Fremdkontrolle und Selbstkontrolle sind hier gleichermaßen wichtig – wann jeweils die eine oder die andere Variante zum Einsatz kommt, hängt von der spezifischen Situation ab.

Offene Kommunikation und Feedback-Kultur begünstigen die effizienzsteigernde Wirkung von Kontrolle. In einer Unternehmenskultur, die von Angst und Misstrauen geprägt ist, kann die Kontrollfunktion hingegen kontraproduktive Wirkung entfalten, da sie sich in Form von Widerständen und Blockaden negativ auf die inneren Prozesse des Lernens auswirkt.

6.4 Mehr Aufwand führt nicht zwangsläufig zu weniger Effizienz

In jedem Unternehmen gibt es ein berechtigtes, ökonomisch begründetes Bestreben, die Effizienz von Bildungsaktivitäten in erster Linie durch eine Absenkung des Aufwands zu erreichen. Diese Vorgehensweise folgt der bekannten Definition, die besagt, dass sich Effizienz am Verhältnis zwischen Aufwand und Ergebnis bemisst.

Beim Bildungscontrolling hat man unter „Aufwand" bislang zumeist ausschließlich den Kostenaufwand verstanden – die direkten und indirekten Kosten, Geld und Zeit. Beide Kosten abzusenken ohne das Ergebnis zu verschlechtern wurde vielfach als höchster Zielpunkt von Bildungscontrolling verstanden.

Gerade E-Learning ist in diesem Schlaglicht gross geworden. Es wurde lange Zeit von den Herstellern genau mit dieser Versprechung beworben, dass ohne die üblichen Reisekosten und Reisezeiten dezentral, arbeitsplatznah und individuell am Bildschirm gelernt werden kann, was bis dahin mit hohem Geld- und Zeitaufwand in Präsenztrainings gelernt werden musste. Nun ist dieses Versprechen nicht gänzlich falsch. Wie man aber weiss, ist an die Stelle der ersten Euphorie nach und nach doch erhebliche

Ernüchterung eingetreten. Ziel- und situationsgerecht eingesetzt, kann E-Learning in der Tat eine sehr effiziente Form des Lernens sein. Der Anteil dieser Fälle am gesamten Portfolio der erforderlichen Weiterbildungsaktivitäten in einem Unternehmen bleibt aber begrenzt. Präsenztraining hat als Lernform – entgegen vielen Unkenrufen – seinen Stellenwert zurecht behauptet. Es kann durch Konzepte des blended learning ergänzt und angereichert werden, aber niemals durch E-Learning ersetzt werden, ohne dass es zu erheblichen Verlusten auf der Ergebnisseite kommt. Im übrigen war und ist der Einsatz von E-Learning ja keineswegs kostenneutral, sondern mit zum Teil beträchtlichen Anfangsinvestitionskosten verbunden, sowohl was die Software als auch was die Hardware betrifft. Schon ein gut funktionierendes quantitatives Bildungscontrolling mit einer sauberen Kosten-Nutzen-Analyse im Vorfeld der Investitionsentscheidung hätte hier manches Unternehmen vor schmerzlichen Fehlinvestitionen bewahrt – vom Vorteil eines qualitativen Bildungscontrollings an dieser Stelle ganz zu schweigen.

Die weit verbreitete Reduktion der Aufwandsbetrachtung auf den reinen Kostenaufwand geht bei der Beurteilung der Effizienz von Lernprozessen allerdings an einem zentralen Aufwandsfaktor vollkommen vorbei. Dieser Aufwand ist der Lernaufwand. Der Lernaufwand ist kein äußerer Aufwand des investierenden Unternehmens, sondern ein innerer Aufwand der lernenden Person. Für die Beurteilung von Lerneffizienz reicht es nicht aus, die Aufwand-Ergebnis-Relation als Kosten-Nutzen-Relation im Sinne der Betrachtung externen Aufwands zu verstehen. Es führt vielfach sogar geradlinig zu einer vorhersehbaren Ineffizienz, wenn die Konzentration ausschließlich auf den äußeren Aufwandsfaktoren liegt.

Wer eine nachhaltige Wirkung des Lernens erzeugen will, braucht Konzepte, die den Lernertrag auf lange Sicht nachweislich erhöhen. Dass dies mit möglichst geringem Aufwand geschehen soll, versteht sich von selbst. Punktuelle Investitionen in isolierte Lernaktivitäten reduzieren in der Regel den Kostenaufwand auf das angestrebte Minimum. Sie erzielen in der Regel aber auch keine sonderlich nachhaltige Wirkung und könnten so gesehen in vielen Fällen genauso gut auch ganz unterbleiben. Ginge es nur darum, Kosten für Aus- und Weiterbildung zu reduzieren, dann wäre die ganze Sache sehr einfach. Gefordert ist aber viel mehr: die Wirkung zu erhöhen.

Da es beim Lernen um innere Prozesse geht, bedeutet eine Steigerung von Lerneffizienz und nachhaltig wirksamem Lernen, diese inneren Prozesse positiv zu beeinflussen. Die entscheidende Frage in diesem Zusammenhang ist nicht die nach der Reduzierung des äußeren Aufwands (direkte und indirekte Kosten). Die entscheidende Frage lautet vielmehr: Welchen und wie viel äußeren Aufwand muss ich betreiben, um den inneren Aufwand der Lernenden, ohne den Lernen nicht möglich ist, in ein optimales Verhältnis zum Ergebnis zu bringen. So verstanden hat das Herbeiführen von Lerneffizienz entscheidend mit Psychologie – und zwar mit Lernpsychologie – sowie der Gestaltung der Lernprozesse zu tun.

Die Erhöhung (oder Beibehaltung) bestimmter äußerer Aufwendungen führt unter gewissen Voraussetzungen sogar zu einer Erhöhung der Lerneffizienz. Und zwar immer dann, wenn diese äußeren Aufwendungen

- zu einer signifikanten Verringerung des inneren Aufwand bei den Lernenden führen,
- in Folge hieraus zu einer Beschleunigung des Lernprozesses,
- bei gleichzeitiger Verbesserung des Lernergebnisses
- und zwar mit der angestrebten nachhaltigen Wirkung.

6.5 Das Lernmodell der Zukunft: Lernen als permanenter integrierter Prozess

Lernen, das diesen Anforderungen gerecht wird, versteht sich als permanenter integrierter Prozess (siehe Abb. 6-2). Diese Erkenntnis an sich ist gewiss nicht neu. Sie systematisch in die betriebliche Praxis umzusetzen und dort fest zu verankern, ist sehr wohl neu und in den Unternehmen noch relativ selten anzutreffen. Der Grund: Zumeist erhöht sich der Investitionsaufwand in der Implementierungsphase, zum Teil sogar erheblich. Für ein Roh-orientiertes Vorgehen ist diese Umsetzung in der Praxis jedoch unverzichtbar – auch wenn sie zunächst zu einer Erhöhung des Aufwands führt.

Der erste Mehraufwand in einem integrierten Lernprozess entsteht durch die saubere Klärung des tatsächlichen Lernbedarfs. Er entsteht aus Sicht des Unternehmens durch absehbare oder bereits eingetretene betriebliche Veränderungen – seien es große oder kleinere. Sie begründen sich aus der Geschäftsstrategie des Unternehmens und richten sich beispielsweise auf die Sicherung oder Eroberung von Märkten, auf Internationalisierung, auf die Entwicklung innovativer und/oder preiswerterer Produkte, auf die Optimierung von Geschäftsprozessen oder auf die Einführung neuer IT-Systeme.

Aus Sicht des individuellen Lerners kommen zu diesen betrieblich begründeten Interessen die persönlichen Interessen hinzu: Erhöhung des Marktwerts der eigenen Arbeitskraft, bessere Perspektiven im Unternehmen, die Übernahme neuer interessanter Aufgaben, Sicherung der eigenen Employability und Weiterentwicklung der eigenen Person.

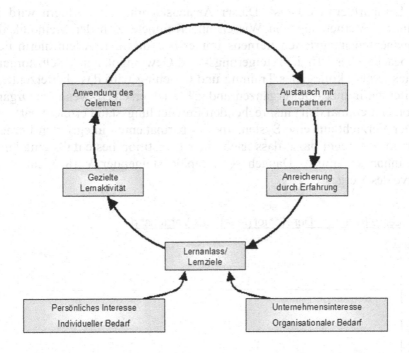

Abb. 6-2. Der integrierte Lernprozess

Beide Interessen führen aufgrund eines Lernbedarfs dazu, dass konkret ü-
ber Ziele und Maßnahmen von Lernaktivitäten gesprochen wird und dass
hierüber eine Zielvereinbarung abgeschlossen wird, die klare Ergebniser-
wartungen einschließlich Messkriterien formuliert. Dieser Mehraufwand
der sorgfältigen Bedarfs- und Zielklärung schafft nicht nur die Grundvoraussetzung für ein qualitatives Bildungscontrolling, sondern gibt dem
Lernvorhaben darüber hinaus eine neue, gesteigerte Bedeutung und Wertigkeit. Worum es hier geht, ist nicht „nice to have", sondern ein klares
„must". Am Ende wird kein „Happiness Sheet" ausgefüllt, sondern eine
Lernbilanz gezogen. Damit ist nicht gemeint, dass Lernen in diesem Modell nicht mit positiver Emotionalität verbunden sein soll – ganz im Gegenteil, das wäre mehr als kontraproduktiv. Aber es kommt eine Ernsthaftigkeit und Wertigkeit ins Thema, die sich allein bereits effizienzsteigernd
auswirkt.

Über die erste Lernaktivität hinaus – in der Regel ein Präsenztraining,
ein Workshop oder eine vergleichbare Veranstaltung gemeinsam mit anderen Lernen – folgen nun in bestimmten Zeitabständen Refreshing-
Maßnahmen, die überprüfen, ob das Gelernte mit Erfolg angewendet wird
bzw. wo noch Unterstützung, Übung oder Erfahrungsaustausch mit ande-

ren Lernpartnern nötig ist. Dieser Austausch mit Lernpartnern wird im Sinne der Vernetzung von Wissen und Kompetenz in der Methodik des permanenten integrierten Lernens immer bedeutsamer. Allein hierin liegt ein beachtliches Effizienzsteigerungs- und Gewinnpotenzial. Selbstorganisiertes lernen, kollegiales Training und Coaching wird das „lehrerzentrierte" Lernen immer öfter ergänzen und z.T. auch ersetzen, wenn die Organisation erst einmal den entsprechenden Entwicklungsstand erreicht hat.

Der Verzicht auf eine Systematik des permanenten integrierten Lernens führt in der Regel dazu, dass nach einer Investition bestenfalls eine kurze Gewinnphase eintritt. Danach setzt rapide steigender Verlust ein – die Kurve des Vergessens.

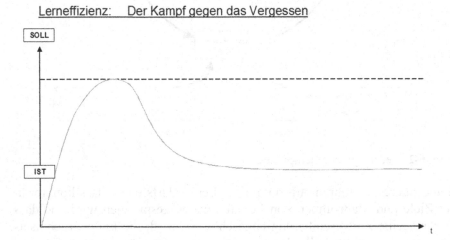

Abb. 6-3. Die Kurve des Vergessens

Beim permanenten integrierten Lernen dagegen bewirken unterschiedliche Aktivitäten ein kontinuierliches Wachstum. Durch fortlaufende Lernbegleitung, durch vor- und nachgelagerte Aktivitäten steigt der Lerngewinn stetig an, wobei die Aufwendungen auf lange Sicht immer geringer werden, wenn die nachhaltige Wirkung erst einmal einsetzt, die Vorgehensweise verinnerlicht ist und die Lernenden eine professionelle Haltung und hohe Lernkompetenz aufgebaut haben. Es liegt auf der Hand, dass es eine Anlauf- und Vorlaufzeit braucht, bis in einem Unternehmen dieses Lernmanagement greift. Genau aufgrund dieser unvermeidlichen Vorlaufzeit werden diejenigen Unternehmen, die heute bereits Intelligenz und Geld in den Aufbau eines permanenten integrierten Lernsystems investieren, schon bald einen uneinholbaren Vorsprung vor solchen Unternehmen haben, die heute noch zögern, weil sie – aus einem überholten Bildungsverständnis heraus – davon ausgehen, solche Investitionen würden keinen wirklichen Gewinn abwerfen und seien deshalb nicht nötig.

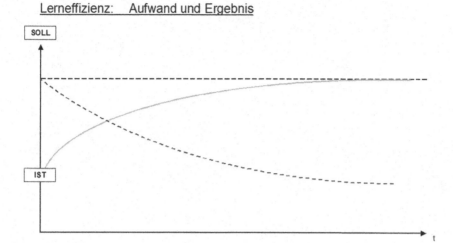

Abb. 6-4. Idealkurve des nachhaltigen Gewinns beim Lernen im permanenten integrierten Prozess

Gemessen wird die Wirkung am Ende immer auf Basis einer zu Beginn des Prozesses schriftlich fixierten Ergebniserwartung – sei es auf individueller Ebene, auf Bereichsebene oder auf Unternehmens- bzw. Konzernebene. Nur der Kunde kann anhand einer Nutzwertanalyse letztlich entscheiden, ob seine Erfolgskriterien erfüllt wurden oder nicht. Kunde ist immer auch der einzelne Lerner. Kunde ist vor allem aber der Auftraggeber, d.h. der kostenverantwortliche Manager, bis hinauf zum Konzernvorstand. Wenn es in einem Unternehmen gelingt, die Einbettung der Investitionen für Bildungsmaßnahmen in die strategische Gesamtplanung sicherzustellen und damit die Grundlage für ein investives Handeln zu legen, dann ist der Weg frei für eine nachhaltige Entwicklung zur Lernenden Organisation – und auch für ein wirkungsvolles qualitatives Bildungscontrolling.

7. Marktfähige Bildungsservices – Verbesserte ROI-Bestimmung von Bildungsmaßnahmen durch den neuen COM (Calculation Object Model)-Kostenansatz

Martin Gutbrod, Helmut W. Jung und Stefan Fischer

Das *Calculation Object Model* (COM) ist ein wichtiger Schritt zu einer verbesserten ROI-Bestimmung auf der Kostenseite. Es verbessert die Transparenz klassischer Kostenblöcke mit Hilfe von aus der Prozesskostenrechnung weiterentwickelten Methoden. Diese sind in der Lage mehrdimensionale Aktivitäten und Verzahnungen grafisch darzustellen und automatisiert über ein speziell für dieses Modell entwickeltes Werkzeug, L-K2, auszuwerten. COM eignet sich grundsätzlich für alle Arten von Kostenberechnungen, was wir exemplarisch an einem einfachen Bildungsszenario aufzeigen. Es erlaubt eine völlig neue Art des Controllings, welches die verursachergerechte Zuordnung von Kosten in komplexesten Systemen signifikant vereinfacht. In unserem Beispiel bedeutet das eine genaue Zuordnung jener Kosten, die von unterschiedlichen Teilnehmern mit unterschiedlichen Nutzungsgewohnheiten getragen werden sollen.

7.1 Einleitung

ROI-Analysen entwickelten sich in den letzten Jahren zu einem der wichtigsten Instrumente zur Unterstützung von geplanten Investitionsentscheidungen auf allen Ebenen unternehmerischen Handelns. Die besondere Komplexität von Bildungsmaßnahmen ließ in der Vergangenheit eine mit anderen Unternehmensbereichen vergleichbare ROI-Betrachtung nur sehr eingeschränkt – und auf die Kostenanalyse fixiert – zu. Ausgelöst durch immens wachsende Kostendrücke entsteht ein starkes Interesse zur Überprüfung des Nutzens der Investitionen in Bildungsmaßnahmen. Dieser Zusammenhang existiert unabhängig davon, ob die Bildungsmaßnahme auf traditionelle Art und Weise (Präsenz), oder technologiegestützt (E-Learning) umgesetzt wird. Die von diesen Fragestellungen betroffenen Betriebe waren bis vor wenigen Jahren in erster Linie die Großunternehmen. Inzwischen wurden auch KMUs (kleinere und mittlere Betriebe, Handwerk, freie Berufe) von den Zwängen einer betriebswirtschaftlichen tiefer gehenderen Überprüfung ihrer Qualifizierungsmaßnahmen erreicht.

Zum heutigen Zeitpunkt bleibt zu konstatieren, dass ein wirklicher Nutzenbeweis immer noch nicht mit vertretbarem Aufwand zu führen ist. Die Gründe hierfür liegen systemisch in den meist erst mittel- bis langfristig auf alle Unternehmensbereiche mehrdimensional wirkenden Konsequenzen einer angewendeten Qualifizierungsmaßnahme. Diese Konstellation erscheint mit einem mathematischen Zusammenhang vergleichbar, der unendlich viele voneinander abhängige Variable besitzt. Eine gewünschte noch differenzierte Nutzenanalyse über den Mehrwert einer mit höheren Kosten durchgeführten technologiegestützten Bildungsmaßnahme – im Vergleich zu einem traditionellen Bildungsszenario – erscheint heute immer noch sehr unrealistisch. Aber auch die Kostenseite konnte bisher noch nicht zufrieden stellend differenziert werden. Sowohl die isolierte Betrachtung der Bildungsmaßnahme, als auch die Einbindung in die gesamtunternehmerische Kostenstruktur zeigen immer noch deutliche Verbesserungspotenziale. Im Kern der Aufgabenstellung geht es um das Finden eines Optimums aus erwarteten Kosten, sowie der Selektion und fiskalischen Wertzumessung der – für den jeweiligen Betrachtungsfall – wichtigsten Nutzenfaktoren.

Der nachfolgend beschriebene COM-Ansatz erlaubt neben einer transparenten Betrachtung von Kosten, wie sie in Bildungsszenarien typischerweise entstehen, die schnelle und problemlose Anpassung an existierende Kostenszenarien durch ein innovatives Normierungskonzept.

7.2 Bildungskostenarchitektur

Ein marktfähiges Kostenrechnungsmodell muss flexibel die unterschiedlichsten Szenarien abbilden können. Die hier zugrunde gelegte Kostenarchitektur orientiert sich an typischen Blended-Learning-Szenarien und erweitert die aus der Standardliteratur bekannten Ansätze nachhaltig (vgl. Webb 1999, Rumble 2004, Choi 2004). Als Ergebnisse interessieren die relevanten Kosten, die ein bestimmter Lerner in einem beliebigen Bildungsszenario verursacht. Formal stellt sich dieser Zusammenhang wie folgt dar (Gutbrod 2003):

$$C_i = I/n + V_i + F_i/n_i + (I/2n) \cdot p \cdot t \text{ (Formel 1)}$$

Wir untergliedern in Investitionskosten (I), variable Kosten pro Lerner (V_i) sowie fixe Kosten (F_i) für eine bestimmte Anzahl (n_i) Lerner-Events. Ein Kurs wird von einer angenommenen Anzahl Teilnehmer (n) innerhalb einer Zeitspanne (t) absolviert, wobei die in dieser Zeit anfallenden Kapitalkosten als Zinsen (p) für die Investitionen den Kosten pro Lerner zugeordnet werden. Abbildung 7-1 zeigt die verschiedenen Kostenblöcke (ohne Kapitalkosten).

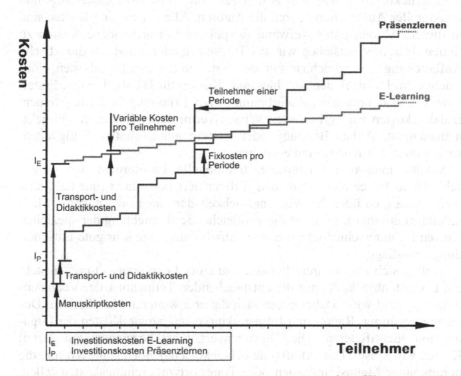

Abb. 7-1. Kostenarchitektur in Blended-Learning-Szenarien. Hier zeigen sich deutlich die Kostenentwicklung und der Übergangsbereich, wo technologiegestützte Lernszenarien die Kosten traditioneller Präsenzszenarien unterbieten. Die signifikanten Sprünge der fixen Kosten in Präsenzszenarien entstehen durch zusätzliche Lehrkräfte, Räume und Infrastruktur und einem erheblichen organisatorischen Mehraufwand – in Abhängigkeit der Teilnehmerzahl. Zusätzlich belasten Reise- und Unterbringungskosten.

Investitionskosten fallen unabhängig von der Anzahl durchgeführter Kurse und Teilnehmer vor Kursbeginn im Rahmen der Kurserstellung an. Sie entstehen durch die Autoren des Kurses und gliedern sich einerseits in präsentationsungebundene Kosten mit ausschließlichem Bezug auf den zu vermittelnden Lehrinhalt (Skriptkosten) und andererseits in präsentationsgebundene Kosten, die durch den gewählten Transportkanal der Inhalte auflaufen:

> Investitionskosten = Skriptkosten + Kosten für Vorbereitung des Transports und didaktische Aufbereitung

Die Kosten der Skripterstellung setzen sich zusammen aus Lizenz- und Recherchekosten sowie der Arbeitszeit zur Wissensbereitstellung und struktureller Aufarbeitung durch die Autoren. Alle E-Learning-Kosten sind in diesem Modell unter Aufwand für präsentationsgebundene Kosten zu finden. Darunter verstehen wir das Transportmedium und die didaktische Aufbereitung - vergleichbar mit den Satz- und Gestaltungskosten eines Buches. Im Detail finden sich hier auch Kosten für HTML-Design, Erstellung von Videomaterial, Aufarbeitung oder Erfassung in Lernsystemen, Didaktikkosten zur verbesserten Wissensvermittlung, Kosten für Projektmanagement, Anlauf-Beratung oder weitere administrative Tätigkeiten, soweit diese vor Kursbeginn entstehen.

Möchte man nun E-Learning, traditionelle Lernformen oder unterschiedliche E-Learning Methoden differenziert betrachten (um beispielsweise Aussagen über die Wirtschaftlichkeit der einen oder anderen Maßnahme zu erhalten), so bietet die vergleichende Betrachtung der speziellen Kosten für unterschiedliche mediale Aufarbeitung eine sehr gute Entscheidungsgrundlage.

Treffen sich nun mehrere Personen zu einer Lehrveranstaltung, entsteht ein Fixkostenblock, der auf die entsprechenden Teilnehmer der Veranstaltung umgelegt wird. Dabei lassen sich die drei weiteren Hauptkosten: Dozentenvergütung, Raum- und Infrastrukturkosten, sowie Kosten der Organisation identifizieren. Die Dozentenvergütung bezeichnet im Detail Kosten wie Reise-, Unterkunfts- und Haltekosten, jedoch keine Kosten, die bereits unter Manuskriptkosten oder Transportvorbereitungskosten fallen. Bei in betreuten Gruppen durchgeführtem E-Learning zählen die Kosten beispielsweise für den Internetanschluss des Kursraumes zu den fixen Infrastrukturkosten. Marketingaktivitäten zur Bekanntmachung der Kursdaten, sowie Termin-, Raum-, Mitarbeiter-, Tutor- und Teilnehmerkoordination sind organisatorische Kosten. Fixkostenblöcke sind quasi periodisch oder aperiodisch anfallende Kosten, die auf eine bestimme Anzahl Lerner verrechnet werden, aber unabhängig von deren Anzahl anfallen.

Anders verhält es sich mit den variablen Kosten pro Teilnehmer, die von dem Lerner durch die Teilnahme an einer Lernmaßnahme verursacht werden. Wir konnten sechs Teilbereiche ausmachen, die sich zusammensetzen

aus: (1) ausgefallener Arbeitszeit, (2) Reisekosten, Unterkunft und Verpflegung, (3) Prüfungskosten und teilnehmergebundenem Organisations-
aufwand, (4) Betriebskosten der Lernstation (inklusive variabler Zugangs-
kosten), (5) Dozentenkosten bei persönlicher Betreuung sowie eventuelle
(6) Lizenzgebühren für den Lernzugang.

Zu den Abschreibungen auf die Investitionen addieren sich in der Regel
kalkulatorische Zinskosten für das bei der Entwicklung, Zukauf oder Aktualisierung gebundene Kapital. Gerade im technologieorientierten Lern-
umfeld mit hohen Entwicklungskosten bei relativ geringen variablen Kosten dürfen kalkulatorische Kosten nicht vernachlässigt werden. Zwar
liefert bei Kursen – die mit der Zeit an Aktualität verlieren – die Restwert-
verzinsung genauere Ergebnisse, was jedoch in der Praxis kaum Anwendung findet. Hier erweist sich eine Durchschnittsverzinsung nach Formel 1
deutlich praktikabler.

7.3 Calculation Object Model (COM)

Dreidimensionale Verknüpfungen zwischen Kursen, Teilnehmern, Lehrmitteln und einzelnen Lernobjekten erfordern eine spezielle mathematische
Modellicrung. Einzelne Kostenobjekte lassen sich unterschiedlichen Bildungsmaßnahmen frei zuordnen, wobei eine Maßnahme aus vielen einzelnen Kostenobjekten oder Teilen von Kostenobjekten bestehen darf. Dadurch bilden wir Bildungsmaßnahmen in einem Geflecht von
Kostenobjekten wesentlich transparenter ab und erreichen durch den Mo-
dellierungsprozess ein erhöhtes Effizienzbewusstsein (vgl. Hasenwinkel
2001). Diese Kostenobjekte bezeichnen wir als Kalkulationsobjekte (CO,
Calculation Object) und das Model als Calculation Object Model, COM.

COM vereinigt die Bestandteile des klassisch sehr verbreiteten *Activity
Based Costing* (ABC = Prozesskostenrechnung) mit den besonderen Anforderungen der Kostenbetrachtung bei Bildungsszenarien wie:

- Services mit geringen Materialkosten,
- Transparenz der Gemeinkosten,
- Gemeinsame Kostenobjekte,
- Aktivitäten über verteilte Ressourcen,
- Softwareeinsatz.

COM verlässt die Denkweise hierarchischer Kostenstrukturen in Richtung
einer in der Ebene vernetzten Struktur. Diese mit dem Internet vergleichbare Struktur bezeichnen wir, in Anlehnung an das WWW, daher auch
Web Of Cost. Die wichtigsten Vorteile von COM liegen in:

1. einer transparenteren Abb. realer Zusammenhänge,
2. der Verwendung vernetzter Objekte anstelle hierarchischer Kostenstrukturen,
3. einer einfachen Erlernung und Benutzbarkeit,
4. höchst flexiblen und variablen Kostenzuweisungen,
5. einem flexiblen Aufbau der Kostenobjekte im Vergleich zu starren Kostenstellen,
6. der einfachen Referenzmodellierung von Standardszenarien.

7.3.1 Ansatz zur vereinfachten Prozesskostenrechnung

Kalkulationsmodelle von Bildungsszenarien verlaufen häufig über viele Stufen. In der Regel existiert ein hoher Gemeinkostenanteil und die Produkte, also Lehrmittel und Lehre, bestehen nahezu ausschließlich aus Prozessen. Der variable Materialanteil ist demnach eher gering.

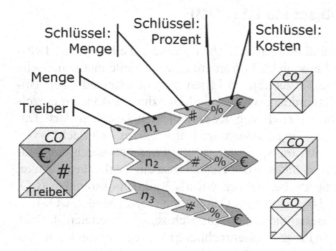

Abb. 7-2. Struktur und Beispiel einer Kosten-/Leistungsverteilung an drei Kalkulationsobjekte

Die direkte Leistungsverrechnung aller Vorgänge stellt sicherlich die exakteste Methode dar – natürlich unter der Einschränkung, dass die Erfassungs- und Protokollierungsfunktionen dies zulassen. Der hierzu notwendige Aufwand steigert sich überproportional mit den Grad einer geforderten Exaktheit. Verursachergerechte Kostenverteilung mit vertretbarem Kostenaufwand ist in heutigen modernen Prozessstrukturen mit Mitteln traditioneller Kostenstellenrechnung kaum noch zu leisten. COM reduziert den Aufwand – bei einer geforderten ausreichenden Exaktheit – deutlich.

7.3.2 Modell der Kalkulationsobjekte

Verbindet man Kalkulationsobjekte (Beispiele: Webserver, Raummiete, Software, Rechte, Prüfung etc.) nach realen Abhängigkeiten, entsteht ein netzförmiges Geflecht aus Kostenobjekten und Kostenströmen. Im Unterschied zur konventionellen Prozesskostenrechnung (Kostenstelle, Kostenträger, Aktivität, Teilprozess, Hauptprozess, etc.) benennen wir nur Kalkulationsobjekte (CO, Calculation Object). Über Treiber (z.B. Teilnehmer) werden COs in Einheiten unterteilt. Anteile davon können an viele andere COs weitergegeben werden (vgl. Abb. 7-2.), wobei der Anteil stückbezogen, prozentual oder direkt als Kosten verteilt wird.

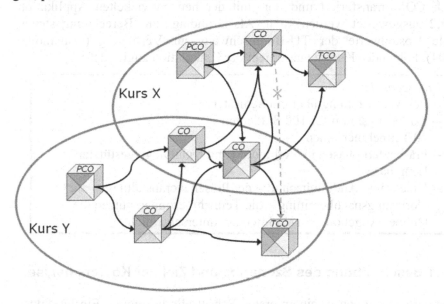

Abb. 7-3. Web Of Cost über gemeinsame Kostenobjekte verschiedener Veranstaltungen, wie z.B.: bestimmte Kursmodule, Computerlernplätze, Server, etc.

Primärobjekte (PCO, Primary Calculation Object) sind spezielle COs, die – angelehnt an den Begriff der Primärkosten – Güter und Dienstleistungen bezeichnen. Sie enthalten keine Leistungen oder Kosten aus vorhergehenden Allokationen. Zielobjekte (TCO, Target Calculation Object) hingegen transferieren weder Kosten noch Leistung weiter. Ein typisches TCO im Bildungsbereich erfasst beispielsweise genau die Kosten, die durch einen

Lerner für eine spezielle Lehrmaßnahme anfallen (vergleichbar Kostenträger oder Empfängerobjekt).

COM zeigt seine Vorzüge nicht nur im klassischen Controlling, sondern erlaubt darüber hinaus einfach durchzuführende Simulationsszenarien, die im Vorfeld geplanter Investitionsentscheidungen, oder in Angebotsphasen sehr hilfreiche Kostenaussagen liefern. COM erlaubt eine einfache, äußerst schnelle und genaue Selektion sensibler Kostenbereiche und deren Wirkung in einem fast beliebig komplexen Kostensystem (siehe Abb. 7-3).

7.4 Umsetzung von COM am Beispiel einer realen Lehrveranstaltung

Anhand dieses Beispiels zeigen wir, wie ein Blended-Learning-Szenario nach COM transferiert und dort mit der neu entwickelten Applikation L-K2 ausgewertet werden kann. Als Grundlage zur Berechnung stehen reale Kostenwerte der TU-Braunschweig zur Verfügung (Osmanovic 2004). Folgendes Kursszenario liegt der Kalkulation zugrunde:

Kursszenario
- Lehrveranstaltung über ein Semester
- Vorlesungsraum für 100 Studenten
- 40 Teilnehmer/innen
- Präsenzlernphasen in Verbindung mit technologiegestützten Lernphasen
- Video- und Audiomitschnitte der Präsenzveranstaltungen zur Vorlesungsnachbereitung – die Teilnehmer/innen nutzen die Online- Angebote je nach Interesse unterschiedlich

7.4.1 Beschreibung des Szenarios und Ziel der Kostenanalyse

Wir berücksichtigen in einem ersten Schritt alle bekannten Einflussfaktoren zur möglichst exakten Bestimmung der Teilkostenblöcke und summieren diese danach zu den Gesamtkosten für die durchgeführte Lehrveranstaltung. In einem nächsten Schritt folgt die verursachergerechte Zuordnung von Kostenanteilen auf jeden Lerner. Hier zeigt sich deutlich eine Schwachstelle tradierter Kostenbetrachtungen. Sie erlauben die gemittelte Verteilung auf jeden Lerner auf einfache Weise zu berechnen – jedoch stößt sie bei komplexeren Zusammenhängen und mehrdimensionalen Abhängigkeiten sehr schnell an ihre Grenzen. Des Weiteren geht sehr schnell der Überblick über das Gesamtsystem verloren.

Hier zeigen sich signifikante Vorteile des COM-Ansatzes darin, dass er komplexe Abhängigkeiten und Konstellationen für eine verursachergerechte Kostenzuordnung auf einfache Weise darstellen und berechnen kann.

7.4.2 Aufgabenstellung, Rahmenbedingungen und Kostenblöcke

Die Gesamtkosten der Bildungsmaßnahme sollen wegen unterschiedlicher Inanspruchnahme von Leistungen durch die 40 Nutzer verursachergerecht zugeordnet werden.

- Alle 40 Nutzer nehmen an allen Präsensveranstaltungen teil
- 20 Teilnehmer/innen nutzen darüber hinaus zu 100% das Online-Angebot
- 10 Teilnehmer/innen nutzen das Online-Angebot zu 60%
- 5 Teilnehmer/innen nutzen das Online-Angebot zu 40%
- 5 Teilnehmer/innen nutzen das Online-Angebot zu 10%

Alle zur Berechnung relevanten Teilkosten wurden von uns in die nachfolgenden Kostenblöcke zusammengefasst:

- *Räume und Ausstattung:* Raummiete + technische Lehrsaalausstattung
- *Computerlernplätze und Infrastruktur* (anteilig aus Nutzungszeiten abgeleitet), 20 Computerlernplätze + Medienserver + Netzwerk
- *Personalkosten:* Professoren + Assistenten (Skriptentwicklung + Medien + Lehr- + Prüfungsveranstaltungen, Sekundäre Personalkosten von wissenschaftlichen Mitarbeitern/innen und Sekretariat
- *Kalkulatorische Zinsen* (aus den Investitionskosten)

7.4.3 Transfer des Szenarios nach COM und L-K2

Die Modellierung der Veranstaltung nach COM erfolgt in vier Stufen:

1. Alle vorhandenen (nur die notwendigen) Ressourcen der Veranstaltung werden festgestellt und mit deren verfügbaren Kapazitäten (pro Semester) jeweils einzeln als PCOs definiert. Vereinfacht beschrieben verstehen wir darunter Räume, Geräte und Mitarbeiter.
2. Eingabe aller COs, die Ressourcen direkt verbrauchen und Modellierung der Verrechnung der PCOs auf diese COs (quasi Kostenarten direkt auf Ressourcen binden)

3. Weitere logische COs anlegen, die im Wesentlichen den einzelnen Summanden der oben besprochenen Bildungskostenarchitektur entsprechen.

4. Empfängerobjekte identifizieren und modellieren, für die letztendlich Kosten festgestellt werden sollen (TCO), also quasi die Veranstaltung sowie die Teilnehmergruppen der Lehrmaßnahmen

Abb. 7-4 zeigt einen Ausschnitt aus der umgesetzten Modellierung. Die Symbole tragen alle relevanten Informationen sichtbar in sich, um eine Nachverfolgung der Verläufe und Kostensplittungen unmittelbar zu ermöglichen. Die einzelnen Linien zeigen Verrechnungen zwischen den Objekten. Hervorgehoben sind im Bild die Ausgangsverrechnungen des Primärobjekts der Ressource „Assistenten".

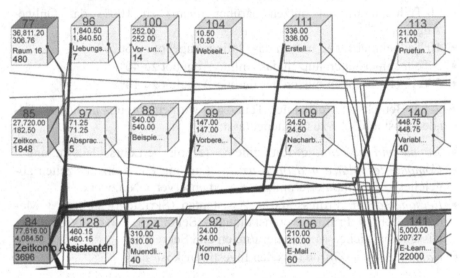

Abb. 7-4. Ausschnitt aus der grafischen Darstellung der CO-Verrechnung

Tabelle 7-1 listet ausschnittweise die berechneten Werte der wesentlichen PCOs, COs und TCOs: Die Kosten der speziellen TCOs werden nicht weiter verteilt, was richtigerweise zu leeren Zellen führt. Die Spalte CO-Betrag stellt den gesamt verfügbaren Wert eines COs dar, während Spalte Ausgang den für diese Veranstaltung genutzten Anteil angibt. In diesem Beispiel ist das CO mit der Nummer 83 der gesamte Kostenfaktor (€ 66.528), den ein Professor in einem Semester darstellt (vergleiche dazu das CO Nummer 84, welches mehrere Assistenten zusammenfasst). Er wendet für diese Veranstaltung ein Zeitvolumen mit einem Kostenwert von € 6.741 auf. Dieses CO ist ein PCO – das heißt, dass es sich nicht aus

anderen COs zusammensetzt. Die TCOs der Nummern 144-147 liefern die
gewünschten Ergebnisse als Gruppe. Diese Werte müssen nur noch durch
die Anzahl der Mitglieder in der Gruppe dividiert werden, und man kennt
für jedes Mitglied seine individuelle Kostenzuweisung. In unserem Beispiel beinhaltet das TCO Nummer 144 20 Mitglieder. Das bedeutet, dass
jedes Mitglied € 355,04 an Kosten verursacht (im Gegensatz zu TCO 147,
wo die 5 Mitglieder je € 348.49 verursachen.

Tabelle 7-1. Auflistung der wesentlichen Kalkulationsobjekte einer Vorlesung

Id	Name	CO Betrag	Ausgang	Typ
83	Zeitkonto Professor	€ 66,528.00	€ 6,741.00	PCO
84	Zeitkonto Assistenten	€ 77,616.00	€ 4,084.50	PCO
85	Zeitkonto Sekretariat	€ 27,720.00	€ 182.50	PCO
133	Raum, Ausstattung	€ 3,654.30	€ 3,654.30	CO
135	Fixkosten über alle Veran-staltungen	€ 7,368.05	€ 7,368.05	CO
140	Variabler Anteile aller Veranstaltungen	€ 448.75	€ 448.75	CO
138	Investitionskosten	€ 6,029.50	€ 6,029.50	CO
IC	Imputed Interest Costs	€ 64.06	€ 64.06	CO
81	Kosten EA Lehrveranstal-tung SS04	€ 13,846.31	€ 13,846.31	CO
144	Lerngruppe 100/100	€ 7,100.64		TCO
145	Lerngruppe 60/100	€ 3,521.23		TCO
146	Lerngruppe 40/100	€ 1,753.34		TCO
147	Lerngruppe 10/100	€ 1,742.43		TCO

7.5 Ausblick

Bis Ende 2005 werden wir COM in verschiedenen realen Bildungsszenarien austesten, und daraus standardisierte Szenarien entwickeln, die dann
als Grundbausteine für den praktischen Einsatz in Unternehmen dienen
können. Parallel dazu entwickeln wir COM in Kooperation mit der SAP
AG dahingehend weiter, um sein Potenzial bezüglich einer mittel- bis
langfristigen Substitution des klassischen Kostencontrollings herauszuar-
beiten.

8. Controlling für E-Learning

Jack Phillips und Patti P. Phillips

Die Ermittlung des Return on Investment (ROI) von E-Learning Projekten ist umstritten. ROI Rechnungen werden von einigen als unangemessen und fehlerhaft, von andere dagegen als einzigen Weg Erfolge und Misserfolge auf Ursachen zurückzuführen angesehen. Die Wahrheit wird irgendwo in der Mitte liegen. Wenn man die treibenden Kräfte von ROI Berechnungen, und die inhärenten Schwächen und Stärken von ROI Berechnungen richtig einschätzt und ein Set von angemessenen Evaluationsverfahren einsetzt, ist es möglich, den Wert von E-Learning in der Entwicklung des Human Resource Managements zu beurteilen. Dieser Beitrag stellt eine ROI Methode vor, die nachweislich dazu beiträgt, den Erfolg von E-Learning Programmen ermittelt. Der Beitrag stellt die grundlegenden Themen und Trends der Ermittlung des ROI für E-Learning vor und beschreibt einen glaubwürdigen und bewährten Prozess, mit dem die Wirkung von Lerntechnologien ermittelt werden kann.

8.1 Ein neuer Ansatz ist erforderlich

Der traditionelle Ansatz für die Evaluation von E-Learning wird in den meisten Unternehmen nicht mehr akzeptiert. Die Probleme sind offensichtlich geworden. Die Verbindung von E-Learning zu den Ergebnissen des Unternehmens war unklar. Der Einfluss anderer Faktoren auf denselben Geschäftsprozess wurde von Evaluationen oft nicht beachtet. Obwohl die E-Learning Initiativen entworfen wurden, um eine bestimmte Maßnahme voranzutreiben, war es oft schwierig, die Verbindung von E-Learning und einem bestimmten Geschäftsprozess in Folgeuntersuchungen herzustellen. Derartige Evaluationen folgten der einfachen Behauptung, dass E-Learning an sich bereits einen ungeheuren Wert habe. In Wirklichkeit haben sich viele Vorteile nicht verwirklicht – zumindest nicht langfristig. Die Einführung von E-Learning zeigt die übliche Überschreitung der Budgets und zeitliche Verzögerungen. Daten, die auf eine Rentabilität der Investition hinwiesen, waren dagegen kaum vorhanden (vgl. Konicki 2001). Manchmal wurde ein Projekt ausschließlich mit den Kostenersparnissen gerechtfertigt (z.B. ein bestehender Prozess, ein Verfahren, eine Aufgabe konnte mit geringeren Kosten automatisiert werden). Es wurde versichert, dass der Output und die Effektivität von E-Learning konstant sei. Eine aussagekräftige Evaluation würde den ROI von E-Learning versus dem ROI eines Präsenztrainings aufzeigen.

8.2 Zentrale Fragen des ROI

Die ROI Methodologie ist ein Prozess, der zu einer Scorecard mit 6 Maßstäben führt. Diese Maßstäbe repräsentieren Input aus verschiedenen Quellen und zu verschiedenen Zeiten. Die Maßstäbe umfassen:

1. Reaktion und Zufriedenheit
2. Lernen und Verstehen
3. Anwendung und Implementation
4. Auswirkung auf Geschäftsprozesse
5. Return on Investment
6. Nicht quantifizierbare Auswirkungen

Die ROI Methode setzt mindestens eine Methode ein, um den Effekt von anderen Einflüssen zu isolieren (Phillips 2003). Dieses umfassende System erfordert Erfolge in verschiedenen Bereichen und muss bei der Entwicklung von Lerntechnologien und der Einführung von Evaluationen stets angewandt werden.

Die Entwicklung eines umfassenden ROI Prozesses kann als Puzzle (Abb. 8-1) abgebildet werden, dessen Teile sich nach und nach entwickelt haben. Abbildung 8-1 stellt diese Puzzle und die Teile, die für einen umfassenden Mess- und Evaluationsprozess erforderlich sind, dar.

Der erste Teil des Puzzles ist die Auswahl eines *Rahmenkonzeptes für die Evaluation,* einer Kategorisierung der Daten. Der Rahmen, der für den hier vorgestellten Prozess ausgewählt wurde, ist eine Kategorisierung in fünf Ebenen mit dem ROI als fünfter Ebene. Er baut auf dem vierstufigen Evaluationsrahmen von Kirkpatrick (1994) auf.

Anschließend muss ein Prozessmodell entwickelt werden, das darstellt wie die Daten beschafft, verarbeitet, analysiert und in Berichten zusammengestellt werden. Dieses Modell stellt sicher, dass angemessene Techniken und Verfahren in nahezu jeder Situation konsistent eingesetzt werden. Konsistenz ist auch erforderlich, wenn der Prozess eingeführt wird.

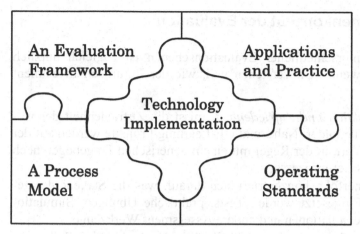

Abb. 8-1. Entwicklung eines ROI Prozesses

Der dritte Teil des Puzzles ist die Entwicklung von *Standards für die Durchführung* der Evaluation. Diese Standards tragen dazu bei, dass die Ergebnisse der Untersuchung stabil sind und nicht vom der dem Evaluator beeinflusst werden. Für die Glaubwürdigkeit des Evaluationsprozesses ist Wiederholbarkeit kritisch. Wenn diesen Standards gefolgt wird, ist es möglich, die Evaluationen so zu wiederholen, dass die Ergebnisse eines konkreten E-Learning Projektes identisch sind.

Anschließend muss der *Implementation* des Evaluationsprozesse Aufmerksamkeit gewidmet werden, denn der ROI Prozess sollte zu einem selbstverständlichen Teil von E-Learning werden. Dies umfasst die Entwicklung von Evaluationskompetenzen, Kommunikation, die Rollen der am Prozess beteiligten, Evaluationspläne und Strategien.

Abschließend muss die erfolgreiche *Anwendungspraxis,* die diesen Prozess in der Organisation verankert, sichergestellt werden. Der Wert eines umfassenden Bewertungs- und Evaluationsprozesses und seine Wirkung auf die Organisation ist überaus stark. Es bleibt zwar nützlich, sich auf Untersuchungen in anderen Organisationen zu beziehen, Untersuchungen in der eigenen Organisation sind jedoch weit nützlicher und überzeugender. Der weitere Verlauf dieses Beitrages konzentriert sich im Detail auf die einzelnen Teile des Puzzles.

8.3 Das Rahmenkonzept der Evaluation

Das Konzept unterschiedlicher Evaluationsebenen ist zugleich nützlich und eingängig, wenn man verstehen will, wie der Return on Investment kalkuliert wird.

- Ebene 1, *Reaktion und Zufriedenheit*, misst die Zufriedenheit der wesentlichen Stakeholder. Nahezu alle E-Learning Projekte werden auf der Ebene 1 evaluiert, in der Regel mit einem generischen Fragebogen nach Abschluss des Lernprozesses.
- Ebene 2, Lernerfolg, konzentriert sich darauf, was die Stakeholder gelernt haben. Eingesetzt werden Tests, praktische Übungen, Simulationen, Gruppenevaluationen und andere Assessment Werkzeuge.
- Auf der Ebene 3, *Anwendung und Einführung*, werden eine Reihe von Folgeuntersuchungen durchgeführt, um zu ermitteln, ob die Stakeholder das erworbene Wissen und die Fertigkeiten angewendet haben. Die Häufigkeit ist ein wesentliches Maß.
- Ebene 4 *Auswirkungen* ist auf die tatsächlichen Ergebnisse der Anwendung von E-Learning ausgerichtet. Typische Masse sind Produktivität, Qualität, Kosten, Zeit, Kundenzufriedenheit.
- Ebene 5, Return on Investment, ist die höchste Ebene der Evaluation und vergleicht die Kosten mit den Erträgen des E-Learning Programms. Auch wenn der ROI in verschiedener Weise ausgedrückt werden kann, ist es üblich, ihn als Prozentwert oder als Relation von Kosten zu Erträgen auszudrücken. Die Evaluationskette ist erst vollständig, wenn eine Evaluation auf der Ebene 5 durchgeführt wurde.

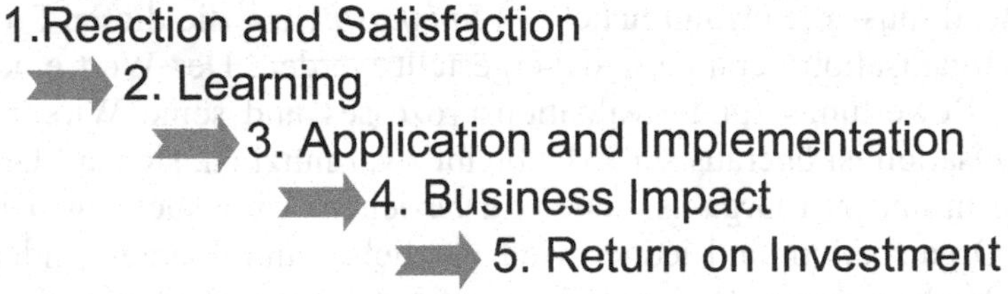

1.Reaction and Satisfaction
➡ 2. Learning
➡ 3. Application and Implementation
➡ 4. Business Impact
➡ 5. Return on Investment

Abb. 8-2. Wirkungskette eines Bildungscontrollings

Während nahezu alle Leiter von E-Learning Projekten Evaluationen durchführen, um die Zufriedenheit der Teilnehmer zu ermitteln, werden nur sehr wenige Evaluationen auf der fünften Ebene durchgeführt. Die Ursache dafür ist wahrscheinlich, dass Evaluationen auf dieser Ebene als kompliziert und kostspielig angesehen werden.

Wenn die Auswirkungen und der ROI festgestellt werden sollen, ist es sehr wichtig, auch auf den anderen Ebenen Evaluationen durchzuführen. Abbildung 8-2 zeigt wie eine Kette der Auswirkungen über die Ebenen erfolgen sollte, wenn die erworbenen Fertigkeiten und Kenntnisse (Ebene 2) in der Arbeit eingesetzt werden (Ebene 3), um Auswirkungen auf den Geschäftsbetrieb (Ebene 4) auszulösen. Wenn die Wirkungen auf das E-Learning Programm zurückgeführt werden sollen, ist es ratsam, auf jeder Ebene Evaluationen durchzuführen. Deshalb wird empfohlen, auf jeder Ebene Evaluationen durchzuführen, wenn ROI Evaluationen geplant werden.

8.3.1 Das ROI Prozessmodell

Die Ermittlung des ROI beim Einsatz von Lerntechnologie beginnt mit dem Modell der Abb. 3, in dem ein grundsätzlich komplizierter Prozess in einzelne Stufen vereinfacht wird. Ein in Stufen gegliederter Ansatz trägt dazu bei, den Prozess leichter zu handhaben, indem man sich auf ein Problem konzentrieren kann. Das Modell betont auch, dass es sich um einen logischen, systematischen Prozess handelt, der von einer Stufe in die nächste übergeht (P. P. Phillips 2002). Wenn man dieses Modell anwendet, bleiben ROI Kalkulationen konsistent. Jede Stufe des Modells wird nachfolgend kurz beschrieben.

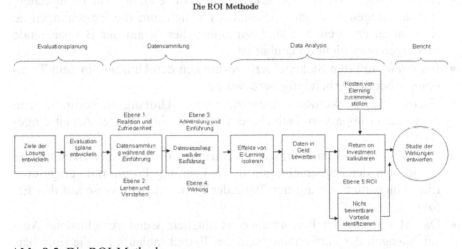

Abb. 8-3. Die ROI-Methode

Eine der wichtigsten und Kosten sparenden Stufen des ROI Prozesses ist die Planung. Wenn man die wichtigsten Probleme vorher beachtet, können

Zeit und Geld und Frustrationen reduziert werden. Während der ersten Planungsüberlegungen werden zwei Planungsdokumente entwickelt: Plan für die Datenbeschaffung und Plan für die ROI Analyse. Der Plan für die Datenbeschaffung beschreibt detailliert die Stufen, die für die Datenbeschaffung einer detaillierten Evaluation erforderlich sind. Er beginnt mit einer Liste der Ziele, von Ebene 1 bis Ebene 5. Der Plan für die ROI Analyse ist eine Fortsetzung des Plans für die Datenbeschaffung. Dieses Planungsdokument bezieht Informationen über zentrale Probleme der ROI Ermittlung ein.

8.3.2 Datenbeschaffung auf verschiedenen Ebenen

Datenbeschaffung ist ein zentrales Thema des ROI Prozesses. Sowohl harte, wie auch weiche Daten werden gewöhnlich zu zwei unterschiedlichen Zeitpunkten erfasst. Daten zu Reaktion und zum Lernerfolg werden während der ersten Implementation beschafft. Daten zur Anwendung und Auswirkung werden nach der Implementationsphase erfasst. Um Daten nach dem Einsatz des Programms zu erfassen, werden verschiedene Methoden eingesetzt.

- *Follow up Fragebögen* werden eingesetzt, um besondere Probleme aufzudecken. Die Stakeholder beantworten verschiedene geschlossene und offene Fragen.
- *Beobachtungen* on the job erfassen die Anwendung von Fertigkeiten. Beobachtungen sind ganz besonders nützlich, um die Beziehungen zu Kunden zu erfassen. Sie sind wirkungsvoller, wenn der Beobachtende verborgen oder nicht erkennbar ist.
- *Interviews* mit den Stakeholdern bestimmen den Umfang, in dem Technologie bei der Arbeit eingesetzt wurde.
- *Focus Gruppen* werden eingesetzt, um den Umfang zu bestimmen, in dem eine Gruppe von Teilnehmern das Training bei der Arbeit eingesetzt hat.
- *Aktionspläne* werden in einigen E-Learning Lösungen entwickelt und on the job bei der Implementation der E-Learning Programme eingesetzt. Eine Folgeuntersuchung der Pläne der Pläne gibt Hinweise auf den Erfolg.
- Das Monitoring der Performance ist nützlich, wenn verschiedene Aufzeichnungen der Performance und des Betriebsablaufs für die Einschätzung von Verbesserungen herangezogen werden.

Die entscheidende Herausforderung besteht darin, die Methode oder Methoden der Datenbeschaffung auszuwählen, die in der gegebenen Situation, in dem gewählten E-Learning Arrangement, dem organisatorischen Rahmen, mit den vorhandenen Mitteln und in der gegeben Zeitrahmen sinnvoll sind.

8.4 Isolierung der Wirkungen von E-Learning auf der Grundlage von Geschäftsdaten

In den meisten Evaluationen wird die Isolierung der Wirkung von E-Learning übersehen. In dieser Stufe des ROI Prozesses werden spezielle Strategien untersucht, um herauszufinden, welche Veränderungen auf den Einsatz von E-Learning zurückzuführen sind. Diese Stufe ist wichtig, weil nach dem Einsatz von E-Learning sehr viele Faktoren Einfluss auf die Performance haben können. Die auf dieser Stufe eingesetzten Techniken sollen die Veränderungen direkt auf den Einsatz von Lerntechnologie zurückführen. Die ROI Kalkulation wird so genauer und glaubwürdiger. Die folgenden Techniken wurden von Unternehmen eingesetzt. Zusammengenommen bilden sie einen umfassenden Werkzeugkasten von Instrumenten mit dem die Wirkungen von Lerntechnologie isoliert werden können.

- *Kontrollgruppen* können ausgewählt werden, um Wirkungen zu isolieren. Eine Gruppe nimmt an *dem* E-Learning Programm teil, eine vergleichbare andere Gruppe nicht. Der Unterschied in der Performance zwischen beiden Gruppen wird dem E-Learning zugeschrieben. Richtig ausgewählt und eingeführt sind Kontrollgruppen der effektivste Weg, um die Wirkungen von E-Learning zu isolieren.
- *Trendlinien* werden eingesetzt, um den Output fortzuschreiben, wenn keine E-Learning Lösung eingesetzt worden wäre. Die Projektion wird mit den tatsächlichen Ergebnissen nach der Einführung von E-Learning verglichen. Der Unterschied zwischen beiden Werten ist die geschätzte Wirkung.
- Wenn die mathematischen Beziehungen zwischen Input und Outputvariablen bekannt sind wird ein *Vorhersagemodell* eingesetzt, um die Wirkungen zu isolieren. Mit diesem Ansatz wird der Output unter der Annahme vorhergesagt, dass die E-Learning Lösung nicht eingeführt wurde. Die tatsächliche Performance der Variable wird mit der vorhergesagten Variable verglichen um die Wirkung von E-Learning abzuschätzen.
- *Stakeholder* schätzen die Wirkung, die auf E-Learning zurückzuführen ist. Die Teilnehmer werden über die Veränderungen vor- und nach dem Einsatz von E-Learning informiert und gebeten, den Anteil zu schätzen,

der auf E-Learning zurückzuführen ist. Die Schätzungen werden um den potentiellen Fehler bei den Schätzungen korrigiert.

- *Manager* schätzen die Wirkung von E-Learning auf die Output Variablen. Den Vorgesetzten werden die Veränderungen nach dem Einsatz von E-Learning mitgeteilt. Sie werden gebeten, den Teil anzugeben, der nach ihrer Auffassung auf den Einsatz von E-Learning zurückzuführen ist.
- *Experten* schätzen die Wirkung von E-Learning. Da diese Schätzungen auf Erfahrungen beruhen, müssen die Experten mit der eingesetzten E-Learning Lösung und mit der konkreten Situation vertraut sein.
- Wenn möglich, werden *andere Einflussfaktoren isoliert und ihre Wirkungen abgeschätzt.* Die verbleibende und nicht erklärbare Veränderung wird dem Einsatz von E-Learning zurück geschrieben. In diesem Fall wird der Einfluss aller anderer Faktoren ermittelt. E-Learning ist die einzige Variable, die in die Rechnung nicht eingeht. Der nicht erklärbare Teil des Outputs wird dem Einsatz von E-Learning zugeschrieben.
- In einigen Situationen stellen die *Kunden Informationen* zur Verfügung, in welchem Umfang die E-Learning Lösung ihre Entscheidung, das Produkt bzw. die Dienstleistung zu erwerben, beeinflusst hat. Auch wenn diese Strategie nur begrenzt eingesetzt werden kann, kann sie im Kundendienst und Verkauf wertvoll sein.

Daten in Geld umrechnen
Um den Return on Investment zu kalkulieren, werden die Geschäftsdaten in Geldwerte umgerechnet und dann mit den Kosten für die E-Learning Maßnahme verglichen. Dies erfordert eine monetäre Bewertung aller Daten, die mit der E-Learning-Maßnahme verbunden sind. Dazu stehen eine Reihe von Ansätzen zur Verfügung. Die spezielle Technik hängt in der Regel von der Situation und von der Art der Daten ab.

- *Output Daten werden in Gewinnbeiträge oder Kostenersparnisse umgerechnet.* Mit diesem Ansatz werden Steigerungen des Outputs in Geldwerte auf der Grundlage der Einheit ihres Beitrags zur Kostenreduzierung bzw. Gewinnsteigerung umgerechnet. Dies sind Standardwerte, die in den meisten Unternehmen zur Verfügung stehen.
- *Die Kosten der Qualität werden* kalkuliert. Verbesserungen der Qualität werden direkt in Kostenersparnisse umgerechnet. Dies sind Standardwerte, die in den meisten Unternehmen zur Verfügung stehen.
- Für E-Learning Lösungen, die dazu führen sollen, dass Arbeitszeit gespart wird, wird die *Arbeitszeit mit den Löhnen und Lohnnebenkosten bewertet.* Weil eine Vielzahl von E-Learning Lösungen dazu führen soll, dass Zeit für die Bearbeitung von Projekten, die Durchführung von

Prozessen oder tägliche Aktivitäten eingespart werden sollen, wird die Bewertung der Arbeitszeit zu einem wichtigen und notwendigen Thema.

- *Vergangenheitsdaten und aktuelle Aufzeichnungen* werden dann einge-setzt, wenn sie für eine bestimmte Variable zur Verfügung stehen. In diesem Falle werden Daten zu Kosten genutzt, um den Wert einer Ver-besserung zu dokumentieren.
- Wenn verfügbar, werden *interne und externe Experten* herangezogen, um den Wert einer Verbesserung abzuschätzen. Die Glaubwürdigkeit der Schätzungen hängt von der Expertise und dem Ruf der Experten ab.
- Manchmal sind *externe Datenbanken* verfügbar, um den Wert oder die Kosten von Daten abzuschätzen. Forschungsergebnisse, die Regierung und Datenbanken der Industrie können wichtige Informationen für diese Bewertung bereitstellen. Die Schwierigkeit besteht darin, eine Daten-bank zu finden, die Daten für die konkrete Situation bereitstellt.
- *Stakeholder* bewerten die Daten. Damit dieser Ansatz trägt, müssen die Teilnehmer in der Lage sein, die Verbesserung zu bewerten.
- *„Weiche" Werte werden mathematisch zu anderen Werten in Beziehung gesetzt*, die leichter zu erfassen und zu bewerten sind. Dieser Ansatz ist ganz besonders dann wertvoll, wenn Daten, die schwer in Geld bewertet werden können, wie z.B. Kundenzufriedenheit, Arbeitszufriedenheit und Beschwerden von Mitarbeitern, in monetäre Größen umgerechnet wer-den sollen.
- Schätzungen der Beschäftigten können eingesetzt werden, um Output Daten zu bestimmen. In diesem Falle ist es erforderlich, die Schätzun-gen auf einer unverfälschten Grundlage vorzunehmen.

Diese Stufe des ROI Modells ist überaus wichtig, um die Geldwerte von E-Learning zu bestimmen. Insbesondere mit weichen Daten ist dieser Pro-zess eine Herausforderung. Methodisch kann sie bewältigt werden, wenn eine oder mehrere der oben aufgeführten Techniken eingesetzt wird.

Die Zusammenstellung der Kosten für E-Learning
Die nächste Stufe des Prozesses ist die Zusammenstellung der Kosten der E-Learning Maßnahme. Alle Kosten des E-Learning Projektes, für das der ROI ermittelt werden soll, müssen einbezogen werden (siehe zu *Kosten* auch Kap. 3 in diesem Band). Dazu gehören:

- Die Kosten für das Design und die Entwicklung des E-Learning Pro-gramms, ggf. unter anteiliger Berücksichtigung der Lebenszeit des Pro-gramms;
- die Kosten des Materials, der Hardware und der Software, die jedem Teilnehmer zur Verfügung gestellt werden;

- die Kosten der Zeit für die Koordination;
- die Kosten der Einrichtung, wenn sie entstehen;
- Reisekosten, Übernachtung und Verpflegung, wenn sie entstehen;
- Gehalt und Lohnnebenkosten des Lernenden für die Zeit des Arbeitsausfalls;
- Verwaltung und overhead Kosten in geeigneter Weise.

Ergänzend sollten die Kosten für das Eingangsassessment der Teilnehmer und die Kosten der Evaluation eingerechnet werden, wo das sinnvoll ist. Der konventionelle Ansatz bezieht alle aufgeführten Kosten ein.

Identifizierung „nicht fassbarer" (intangible) Daten
Identifizierte Daten, die nicht in Geld bewertet werden, werden als nicht fassbare Vorteile bezeichnet. Viele dieser Daten könnten in Geld bewertet werden, aus verschiedenen Gründen wird dies jedoch nicht getan. Manchmal liegt dies daran, dass die Bewertungen zu subjektiv wären und im weiteren Prozess an Glaubwürdigkeit verlieren würden.

Nicht fassbare Daten könnten in einer besseren Führung, erhöhter Arbeitszufriedenheit, stärkerer Identifizierung mit der Organisation, verbessertes Teamwork, verbesserter Kundendienst, ein verbessertes Erscheinungsbild des Unternehmens und verringerte Konflikte sein. Für einige E-Learning Programme sind diese nicht fassbaren und nicht in Geld bewerteten Ergebnisse sehr wertvoll und haben eine Bedeutung, die den monetär bewerteten Ergebnissen gleichkommt.

Die ROI Kalkulation
Beim Return on Investment werden Kosten und Erträge in Beziehung gesetzt. Die Kosten-Nutzen-Relation ergibt sich, wenn der Nutzen des Programms durch die Kosten dividiert wird. In einer Formel ausgedrückt lautet diese Relation:

$$BCR = \frac{E - Learning - Nutzen}{E - Learning - Kosten}$$

Der Return on Investment bezieht sich auf den Nettonutzen dividiert durch die Kosten der E-Learning Initiative. Der Nettonutzen ist der Nutzen minus der Kosten. In einer Formel ausgedrückt lautet diese Relation:

$$ROI(\%) = \frac{NettoE - Learning - Nutzen}{E - Learning - Kosten} \bullet 100$$

Dieselbe Formel wird bei der Evaluation anderer Investitionen benutzt, in denen der ROI traditionell als Quotient des Gewinns und des Investments bezeichnet wird. Der ROI von E-Learning kann ziemlich hoch werden.

Tabelle 8-1. Leitprinzipien bei der ROI Ermittlung

Leitprinzipien
1.   Auch wenn eine Evaluation auf höheren Ebenen durchgeführt wird, müssen Daten auf den unteren Ebenen ermittelt werden.
2.   Wenn eine Evaluation auf einer höheren Ebene geplant wird, müssen die Daten auf den unteren Ebenen nicht vollständig erfasst werden.
3.   Wenn Daten erfasst und analysiert werden, sollte nur die glaubwürdigste Quelle herangezogen werden.
4.   Wenn Daten analysiert werden, sollte die konservativste Alternative gewählt werden.
5.   Um die Wirkungen einer E-Learning Lösung zu isolieren, sollte mindestens eine Methode eingesetzt werden.
6.   Wenn keine Daten über eine Verbesserung für eine Zielgruppe oder aus einer Quelle vorliegen, sollte davon ausgegangen werden, dass keine Verbesserung eingetreten ist.
7.   Schätzungen möglicher Verbesserungen sollten um den potentiellen Fehler der Schätzung korrigiert werden.
8.   Extreme Daten oder unbewiesene Behauptungen sollten in ROI Kalkulationen nicht eingesetzt werden.
9.   In kurzfristige ROI Berechnungen von eLearning sollten nur die Vorteile des ersten Jahres (Jahresdaten) eingehen.
10. Die Kosten der E-Learning Lösung sollten vollständig erfasst werden.
11. Als „Nicht fassbare" Bewertungen werden als diejenigen Bewertungen bezeichnet, die absichtlich nicht in finanzielle Werte umgerechnet wurden.
12. Die Ergebnisse der ROI Methode müssen allen wichtigen Stakeholder übermittelt werden.

Die ROI Kalkulation kann missverstanden und missbraucht werden. Weil der ROI nur einer von 6 verschiedenen Daten, die für die Evaluation eingesetzt werden, ist, sollte die ROI Kalkulation nicht als wertvoller als andere Datentypen wie die Implementation oder die nicht fassbaren Daten angesehen werden. Alle sechs Arten von Daten sollten gemeinsam im Kontext der E-Learning Initiative beachtet werden. Auch sollte beachtet

werden, dass die ROI Methode für die Optimierung von Prozessen eingesetzt wird. Ein negativer ROI bedeutet nicht, dass die E-Learning Initiative
wertlos ist. Er bedeutet lediglich, dass die Initiative unter Berücksichtigung
konservativer Ansätze und Regeln keinen positiven ROI hat. Die nicht
fassbaren Vorteile stellen ebenfalls einen Wert dar.

Standards der Durchführung
Um Konsistenz und Wiederholbarkeit der Evaluationen sicherzustellen,
müssen Standards für die Durchführung des Evaluationsprozesses entwickelt und eingesetzt werden. Für die Ergebnisse einer Evaluationsstudie ist
es außerordentlich wichtig, dass die Ergebnisse nicht von der Person des
Evaluators abhängen. Die Standards der Durchführung beschreiben detailliert für jede Stufe, wie jede Stufe und jedes Problem des Prozesses bearbeitet werden. Tabelle 8-1 zeigt die 12 Leitprinzipien, die die Grundlage
der Durchführungsstandards sind.

Die Leitprinzipien dienen nicht allein dazu jede Stufe konsistent zu bearbeiten, sondern bieten auch den notwendigen konservativen Ansatz für
die Analyse. Ein konservativer Ansatz kann die Höhe der ROI Kalkulation
reduzieren, er wird jedoch die Glaubwürdigkeit der Evaluation bei den
Entscheidern erhöhen.

8.5 ROI Implementation

Auch wenn Fortschritte bei der Implementation des ROI gemacht wurden,
gibt es signifikante Barrieren, die den Erfolg behindern. Einige dieser Barrieren sind realistisch, andere sind Mythen, die auf falscher Wahrnehmung
beruhen. Die zentralen Themen der Implementation, die nachfolgend beschrieben werden, dienen dazu, diese Barrieren zu beseitigen oder zu ver-
ringern.

Staying on Track: Disziplin und Planung
Eine erfolgreiche ROI Implementation erfordert eine umfangreiche Planung und einen disziplinierten Ansatz, um den Prozess durchzuführen. Erforderlich sind Zeitpläne für die Implementation, Evaluationsziele, Pläne
für die Datenbeschaffung, Plan für die ROI Analyse, Maßstäbe und Evalu-
ationspolitik und Pläne für Folgeuntersuchungen. Eine sorgfältig durchgeführte ROI Implementation wird die Erfolgschancen erhöhen.

Verantwortlichkeiten festlegen
Wenn ROI Prozesse eingeführt werden, gibt es zwei Verantwortungsbereiche. Zuerst ist das gesamte Personal der E-Learning Initiative für die Bewertung und die Evaluation verantwortlich. Unabhängig davon, ob sie bei
dem Design, der Entwicklung oder dem Einsatz von E-Learning tätig sind,
haben die Beschäftigten die Verantwortung für die Planung der Bewertung
für die Ergebnisorientierung während der gesamten Initiative und die Unterstützung bei der Evaluation.

Der zweite Verantwortungsbereich betrifft die Einzelheiten für all diejenigen, die entweder hauptberuflich oder als Hauptaufgabe bei der Evaluation tätig sind. Die Verantwortung dieser Gruppe betrifft die Entwicklung
von Evaluationsinstrumenten, die Analyse und Interpretation von Daten,
die Berichterstattung und der technische Support für den gesamten Prozess.

Modifizierung des Ausgangsassessments und der Analyse
Sehr viele Abteilungen eines Unternehmens führen keine angemessenen
Assessments vor dem Beginn eines E-Learning Projektes durch. Wenn
dies geschieht, wird E-Learning oft aus den falschen Gründen eingesetzt
(z.B. einer Mode oder einem Trend zu folgen). Wenn das Projekt nicht erforderlich ist, wird es wahrscheinlich auch keinen befriedigenden ROI geben. Wenn man die Eingangsanalysen verbessert, werden nur Lösungen
eingeführt, die den Notwendigkeiten entsprechen und mit der Geschäftspo-
litik abgestimmt sind und einen positiven Beitrag leisten. Die Einführung
des ROI Prozesses wird viele Organisationen veranlassen, die Ausgangs-
analysen zu verbessern, um sicherzustellen, dass die Initiativen auf die Ge-
schäftpolitik abgestimmt sind.

Fortschritte und Wirkungen kommunizieren
Die Fortschritte mit der Einführung des ROI Prozesses können auf zwei
Strategien kommuniziert werden. Die erste Strategie besteht in dem Routi-
neberichten über die Wirkungen. Berichte über die Wirkungen werden erstellt und unterschiedlichen Zielgruppen zugeleitet. Kurzgefasste und
prägnante Versionen werden erzeugt. Die umfassen Managementzusam-
menfassungen und Präsentationen auf einer Seite mit sechs Power Point
Folien. Dabei ist es wichtig den Zielgruppen maßgeschneiderte Informationen anzubieten. Dies verringert die Zeit für die Informationsaufnahme
und erhöht das Ansehen des ROI Prozesses.

Die zweite Strategie besteht in Fortschrittsberichten der Evaluation.
Hier wird eine Scorecard entwickelt die die verschiedenen Daten für alle
E-Learning Initiativen enthält. Daten unterschiedlicher Initiativen werden
zusammengestellt und in einer Zusammenfassung integriert.

Ein realistischer Anspruch der ROI Entwicklung
Die ROI Methode erfordert Zeit und Kosten, die der E-Learning Initiative
zugerechnet wird. Beides wird sich jedoch im Rahmen halten. Die zusätzliche Investition in ROI Berechnungen wird durch die verbesserten Ergebnisse der Initiativen und durch das Eliminieren bzw. Modifizieren unpro-
duktiver   bzw.   nicht   profitabler   Initiativen   aufgewogen.   Die
Herausforderung besteht darin, Zeit und Kosten zu reduzieren, während
der ROI Prozess eingeführt wird. Einige der wichtigsten Ansätze für Kos-
tenersparnis sind:[1]

- Den Evaluationsplan sehr früh in den Prozess integrieren;
- Evaluationen in die Planung, Entwicklung und Implementation integrie-
  ren;
- Die Verantwortung für Evaluationen teilen;
- Die Stakeholder auffordern, größere Schritte nach vorn zu tun;
- Größere Schritte abkürzen;
- Die für ROI am besten geeigneten Projekte auswählen (Projekte, die be-
  sonders teuer, zeitintensiv, besonders beachtet und strategisch angelegt
  sind);
- Bei der Datenbeschaffung und der Analyse von Daten auch Schätzun-
  gen zulassen;
- Netzgestützte Software einsetzen, um Zeit zu sparen;
- Die Berichterstattung vereinfachen und auf die Ziele ausrichten.

Falsche Wahrnehmung und Angst überwinden
Gelegentlich scheuen auch Vertreter des ROI aus Angst vor dem Scheitern
oder vor dem Unbekannten vor der Durchführung zurück. Diese Angst beruht häufig auf unrealistischen annahmen und fehlenden Informationen
über die ROI Methode. Sie kann so stark werden, dass sie zu einer sehr realistischen Barriere für die Einführung des ROU Prozesses wird.

Fallbeispiel und Praxis
Für die ROI Methode ist es sehr wichtig, dass sie in Organisationen eingesetzt wird und fortlaufend eingesetzt wird. Deshalb werden die mit Lerntechnologie beschäftigten Mitarbeiter aufgefordert ihre eigenen Evaluationen der Wirksamkeit durchzuführen und mit anderen Evaluation zu
vergleichen. Für das Management stellen die Ergebnisse von Evaluationen
der Wirksamkeit die überzeugendsten Informationen über den Beitrag von

---

[1] Zu diesen Ansätzen finden sich zusätzliche Informationen bei Phillips & Bur-
     kett 2001

E-Learning bereit. Die Informationen auf den sechs Ebenen dokumentieren, wie E-Learning die Organisation positiv verändern kann. Fallstudien enthalten auch Informationen, die man benötigt, um die Prozesse auf den verschiedenen Stufen der Entwicklung und Einführung zu verbessern.

8.6 Abschließende Überlegungen

Um die Anforderungen wichtiger Stakeholder zu erfüllen, werden ROI Berechnungen von hunderten von Unternehmen vorgenommen, Das Ergebnis dieses Prozesses, zeigt den positiven Beitrag von E-Learning in eine Weise, die vom Management gefordert wird. Jedoch wird auch deutlich, dass die ROI Methode ein signifikantes und herausforderndes Dilemma für die meisten Organisationen bedeutet. Es gibt viele Gründe für das ungeheure Interesse und der Notwendigkeit der ROI Methode. Gefragt wird aber auch, ob sie angemessen, genau und notwendig ist. Um diesen Argumenten zu begegnen, muss die Methode auf einem gesicherten Rahmen basieren und ein Prozessmodelle einsetzen, dass klare Arbeitsschritte und eine glaubwürdige Methodologie enthält. Mit sorgfältiger Planung, methodischen Prozeduren und logischen sowie praxisbezogenen Analysen können glaubwürdige und genaue ROI Kalkulationen für jede Art von E-Learning entwickelt werden.

9. Lerneffektivitätsmessung (LEM): Ein neuer Ansatz zur Messung und zum Management von Bildungsmaßnahmen um Geschäftsziele zu erreichen

Dean R. Spitzer

Die Methode der Lerneffektivitätsmessung (LEM) zielt darauf ab, Evaluation nicht nur im Nachhinein rekonstruktiv einzusetzen, um die Qualität einer Bildungsmaßnahme einzuschätzen, sondern sie in allen Phasen eines Bildungsprozesses zu nutzen. Sie wird so zu einem Steuerungsinstrument. Dabei gilt es, die relevanten Einflussfaktoren zu identifizieren und die Wirkungen einer Bildungsmaßnahme auf den Geschäftserfolg zum zentralen Maßstab der Beurteilung zu machen. LEM tut dies über Kausalkettenanalysen.

9.1 Über die Herausforderung Lernen zu messen

Lange Zeit galten Trainings- und Entwicklungsmaßnahmen als etwa inhärent Gutes und die Messung des Erfolges beschränkte sich auf die Anzahl der Bildungsprogramme, der Teilnehmer, der Kurstage, Kosten, Zufriedenheitsmessung am Kursende und manchmal auch der Lernergebnisse (Spitzer 1999). Nun ändert sich diese Situation langsam. Heute werden neue Forderungen nach Berechenbarkeit im „Geschäft mit dem Lernen" deutlich (van Adelsberg und Trolley 1999). Zunehmend wird von Beteiligten in Organisationen ein Nachweis – oder zumindest deutliche Hinweise – für Effektivität, anstelle von bloßen Vermutungen eingefordert. Effektivitätsmessungen, Geschäftswert und Return-of-Investment (ROI) werden zu wichtigen Themen, insbesondere da Bildungsbudgets immer häufiger vom oberen Management gekürzt werden (Spitzer und Conway 2002).

Letztlich liegt die wirkliche Herausforderung bei der Messung von Lerneffektivität jedoch nicht darin etwaige Wirkungen nachzuweisen, sondern darin Wirkungen zu erzeugen. Wenn es stimmt, dass das was man misst auch das ist, was herauskommt, dann ist es wichtig, das Richtige zu messen!

9.2 Die Methodik der Lerneffektivitätsmessung (LEM)

Die Methode der Lerneffektivitätsmessung (LEM) wurde eingeführt, um die Schwächen existierender Ansätze im Bereich von Lernevaluation bei IBM zu verbessern und sie bei IBM Kunden einzusetzen. Im Gegensatz zu traditionellen Lernevaluationskonzepten wurde LEM entwickelt um die Planung von effektiveren (und stärkeren) Bildungsmaßnahmen zu steuern und zu begleiten und zugleich ihre Effektivität zu untersuchen. Das bereits erwähnte Prinzip „Was man misst bestimmt das Ergebnis!" liegt der Methode zu Grunde. Was auch immer evaluiert wird, bestimmt auch unausweichlich welche Maßnahme geplant wird. Kurz gesagt wurde LEM entwickelt um Bildungsmaßnahmen von *vornherein* mit Geschäftsergebnissen überein zu bringen, nicht, um Lerneffektivität im *nachhinein* zu bestimmen.

Es gibt fünf Phasen der Lerneffektivitätsmessung, auf die im Folgenden näher eingegangen wird: Prognosemessung, Formative Messungen, Nullmessung, Prozessmessung, Retrospektivmessung

1. Prognosemessung
Lerneffektivitätsmessungen basieren auf der Annahme, dass Evaluationen aktiv (ja sogar *proaktiv!*) verwendet werden sollten um zu der gewünschten Art von Ergebnissen zu gelangen. Wie eine Straßenkarte sollten sie zur Auswahl genutzt werden um zum richtigen Ziel zu „navigieren", nicht nur um zu bestätigen, ob es erreicht wurde oder nicht! Dies erfordert einen Wechsel der traditionellen Sichtweise in der Lernevaluation, weg von einer vorwiegend retrospektiven hin zu einer vorwiegend prognostiven Sichtweise. Prognosemessungen fragen danach, was passieren soll während retrospektive Evaluationen sich eher damit befassen, was (bereits) passiert ist.

Prognosemessungen treten bereits in frühen Phasen der Konzeption von Bildungsmaßnahmen auf den Plan und helfen Entscheidern die besten Lernarrangements umzusetzen und Investitionsentscheidungen zu treffen. Denn erst nach der Auswahl und Planungsphase einer Bildungsmaßnahme zu evaluieren führt dazu, dass das größte Nutzenpotential von Evaluationen verloren geht!

Um zu Ergebnissen zu führen, muss Lernen auch mit Zielen verbunden werden. Jedoch werden die angestrebten Ziele oftmals nur unzureichend definiert. Viel zu oft sind die erwünschten organisationsbezogenen Ergebnisse – wenn überhaupt definiert – von den Lernzielen abgekoppelt. Eine der größten Herausforderungen im betrieblichen Bildungsbereich ist es daher die Kluft zwischen Bildungsmaßnahmen einerseits und organisationsbezogenen Effekten andererseits zu überbrücken. Dafür ist ein systematischer Prozess notwendig, der es erlaubt, die Kette kausaler Zusammenhänge zwischen bildungsbezogenen und geschäftsbezogenen Kennzahlen nachzuvollziehen. Um Geschäftsziele durch Bildungsmaßnahmen zu erreichen und zu messen ist es zentral diesen unmittelbaren Zusammenhang zu verstehen. In LEM wird dies durch die Verwendung von „Kausalketten" erreicht.

Kausalketten sind typischerweise Zusammenhangsdiagramme, die benutzt werden um die Auswirkungen von Bildungsprozessen in einer Kette aus Ursache und Wirkung nach zu vollziehen – angefangen von Fähigkeiten, Wissen und Einstellungen über Verhalten, bis hin zu individueller/ teambezogener und organisationsbezogener Leistung, kulminierend in finanziellen Geschäftsergebnissen. Sie stellen gewissermaßen eine Karte aus hierarchischen Zusammenhängen dar, in der Kennzahlen Lernen mit Geschäftsergebnissen verbinden. Dieses kausale Verständnis repräsentiert das bislang fehlende Verbindungsstück zwischen Bildungsmaßnahmen und Geschäftsentwicklung.

Die kausale Logik hilft nicht nur dabei, Kennzahlen zu finden um Auswirkungen (des Bildungsprozesses) auf Unternehmensergebnisse nach zu vollziehen, viel wichtiger noch stellt es Zusammenhänge bereit um diese Auswirkungen herbei zu führen. Abb. 9-1 zeigt ein Beispiel für eine solche Kausalkette. Kausalketten beginnen mit den gewünschten Geschäftsergebnissen (abgeleitet von den Prioritäten führender Unternehmen). Aus diesen Geschäftsergebnissen können relevante organisationsbezogene Indikatoren oder potentielle Kennzahlen (unter Verwendung existierender Berechnungsmethoden) abgeleitet werden. Priorisierte organisationsbezogene Leistungsindikatoren (in Verbindung mit erwünschten Geschäftsergebnissen) ermöglichen einen genauen Überblick darüber, was aus individueller sowie teambezogener Leistungsperspektive von Bedeutung ist. Sind individuelle/ teambezogene Erfolgsfaktoren definiert, können die wesentlichen Verhaltens-/Fähigkeitsdefizite ermittelt werden. Sodann kann auch das notwendige Wissen und die notwendigen Fähigkeiten für einen Verhaltenswandel bzw. notwendigen Fähigkeitszuwachs bestimmt werden.

In anderen Worten geht es darum, welches Wissen und welche Fähigkeiten notwendig sind um die individuelle/ teambezogene Leistung in die
Richtung zu lenken, durch die auch die organisationsbezogenen Leistung
(in Verbindung mit den Geschäftsergebnissen) gesteigert wird. Aus Evalu-
ationsperspektive ist hierbei von Bedeutung, dass durch dieses Vorgehen
Wissens- / Fähigkeitsprioritäten, Verhaltenskennzahlen und individuelle
und teambezogene Kennzahlen definiert werden, die als Basis eines Eva-
luationsplanes genutzt werden, mit dem die Wirkungen nicht nur erfasst
werden können, sondern der auch in der Lage ist diese zu unterstützen.

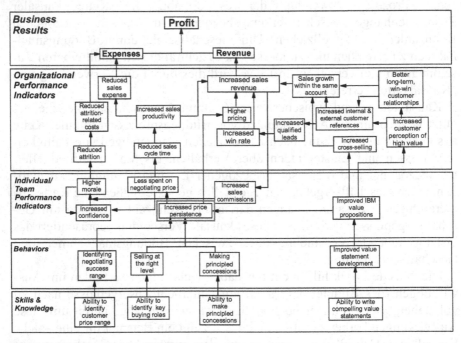

Abb. 9-1. Beispiel einer Kausalkettenanalyse

Der Prozess der Entwicklung von Kausalketten ist von ebensolcher bedeutung wie das Produkt – die Kausalkette – an sich. Der Dialog, der durch
die Entwicklung einer Kausalkette zwischen den Beteiligten angestoßen
wird, ist in vielfacher Hinsicht hilfreich, unter anderem um eine gemeinsame Sprache und gemeinsame Verständnisse auszubilden, die Bildungs-
consultants, Sponsoren und Entscheidern dann beim Umsetzen von verbesserten Bildungsmaßnahmen mit hohem Wirkungsgrad hilft.

Während der Entwicklung von Kausalketten werden darüber hinaus
auch wesentliche Einflussfaktoren (Indikatoren mit dem größten Einfluss-
potential) und kritische Faktoren für die Verbesserung der Maßnahmen

herausgearbeitet. Diese Einfluss- und Erfolgsfaktoren stellen die wichtigste Schnittstelle zischen LEM und dem Design einer Bildungsmaßnahme dar.

Basierend auf dem Prinzip der Kausalketten ist der nächste Schritt bei der Prognosemessung nun das Identifizieren von Kennzahlen, die nachgewiesen und untersucht werden sollen. Dabei müssen nicht alle Elemente und Indikatoren der Kausalkette gemessen werden, sondern vor allem diejenigen, die die wichtigsten Auswirkungen auf das Unternehmen haben. Sie werden zur Basis des Evaluationsplans. Obwohl der Fokus in LEM auf der Messung der Organisationsleistung / der Auswirkung von Bildungsmaßnahmen auf Unternehmen liegt, können durchaus Kennzahlen aller anderen Ebenen mit in den LEM Plan einbezogen werden. Bei der Auswahl der besten Kennzahlen liegt der Schwerpunkt darauf, diejenigen Größen zu finden, die Aussagen über die Übereinstimmung zwischen einer Bildungsmaßnahme und den erwünschten Unternehmens- / Organisationsergebnissen ermöglichen, die darüber hinaus Einfachheit der Messungen ermöglichen und zudem eine gute Zugänglichkeit zu den Daten bieten.

2. Nullmesung
Einer der größten Fehler in der Lernevaluation ist das Fehlen von Nullmessungen. Ohne Nullmessungen können keine Vorher-Nachher-Vergleiche gezogen werden und es ist zudem nicht möglich zu erfassen, ob Verbesserungen stattgefunden haben. Darüber hinaus können ohne Nullmessung keine glaubwürdigen Kennzahlen für die Lernevaluation ermittelt werden.

3. Formative Messungen
 Bei der formativen Messung geht es darum, die Planung einer Bildungsmaßnahme zu überprüfen und sicher zu stellen, dass die Bildungsmaßnahme und der dazugehörige Umsetzungsplan geeignet sind die, in der Phase der Prognosemessung, identifizierten erwünschten Ergebnisse zu erzielen, insbesondere unter Berücksichtigung der zentralen Einfluss- und kritischen Erfolgsfaktoren.

4. Prozessmessung
Nur weil eine Bildungsmaßnahme sorgfältig auf die Lern- und Leistungsbedürfnisse zugeschnitten wurde, erfüllt sie nicht auch automatisch diese Ziele, wenn sie erst einmal umgesetzt wurde. Daher ist es von hoher Bedeutung nicht erst am Ende, sondern bereits zu Anfang kontinuierlich Daten zu erheben. Die Häufigkeit der Datenerhebung hängt in der Regel von der Bedeutung der Maßnahme ab. Die Daten sollen dabei ein zeitnahes Feedback über den Verlauf der Maßnahme ermöglichen, Probleme aufde-

cken, die ein eventuelles korrigierendes Eingreifen notwendig machen, Verbesserungspotentiale aufzeigen oder – in selten Fällen – auch den Abbruch einer Maßnahme nahe legen.

5. Retrospektivmessungen
Retrospektivmessungen sind Evaluationen, die am Ende einer durchgeführten Maßnahme eingesetzt werden, oder zumindest erst zum Zeitpunkt substantieller Reife einer Maßnahme. Das vorrangige Ziel solcher Evaluationen ist es dabei, endgültige Entscheidungen bezüglich der Bildungsmaßnahme zu treffen, einschließlich der Berechnung des ROI, falls gewünscht.

9.3 Ein LEM Beispiel

Die in Abb. 9-1 dargestellte Kausalkette ist ein Beispiel von IBM. Die IBM Software Gruppe beschäftigte sich mit dem Trend der starken Kostensenkungen („cutthroat cost-cutting" Bank 2004, S. B1) bereits lange, bevor dies zu einem Software-industrie-weiten Problem wurde. Die Crux dieses Problems ist, dass Kunden (die daran gewöhnt sind, Softwarepakete kostenlos auf ihren PCs ausgeliefert zu bekommen) oftmals nicht verstehen, warum kommerzielle Software so kostspielig ist und dass sich die F&E Kosten für Software auch amortisieren müssen (wie Medikamente in der pharmazeutischen Industrie).

Als proaktiver Versuch, diese Herausforderung anzugehen wurde LEM eingesetzt um eine Lernlösung zu entwickeln und zu managen. Wesentliche Stakeholder arbeiteten zusammen mit dem Autor dieses Beitrages an der Entwicklung einer Kausalkette. Ausgehend von den angestrebten Geschäftsergebnissen (Steigerung von Revenue und Profits) analysierte das Team der Beteiligten die wesentlichen organisationsbezogenen (z.B. höhere Preisstruktur) individuellen und teambezogenen Leistungsaspekte (z.B. Erhöhung der Preiskontinuität während Verhandlungen), die sich zudem als die wesentlichen Einflussfaktoren herausstellten.

Im weiteren Verlauf war es den Beteiligten zudem möglich, die kritischen Verhaltensmomente zu identifizieren, die die angestrebte Leistungsverbesserung steuerten (z.B. beidseitige Kompromisse – sowohl bei IBM als auch beim Kunden). Sobald zentrale Verhaltensmuster identifiziert waren, war es ein Leichtes, die notwendigen Fähigkeiten und das benötigte Wissen zu benennen, welches für die Befähigung der Beteiligten notwendig war. Mehr noch, die Kausalkette hat zu einer erstaunlichen Übereinstimmung zwischen den Beteiligten und starker Identifikation mit der Bildungsmaßnahme geführt. Über die Kausalkette wurden auch die zentralen Messpunkte für Erfolg auf allen Ebenen identifiziert.

Interessanterweise führen Kausalketten zu einem Reichtum an relevanten Kennzahlen, aus denen dann ausgewählt werden kann – im Gegensatz zu der „normalen" Abwesenheit relevanter Geschäfts- und Organisationskennzahlen. Im Rahmen der wichtigen LEM Phasen (außer der formativen Messung, die nur für die interne Kontrolle wichtig ist) wurden nun Daten über die ausgewählten Kennzahlen erhoben. In Tab. 9-1 sind diese im Überblick dargestellt.

Tabelle 9-1. Messdaten für das LEM Beispiel

Measures	Prognose-messung	Null-messung	Prozess-messung	Retrospektiv-messung
Profit (% profit change)	+ 11%	0%	+ 6%, + 8%	+ 9%
Pricing (% pricing change)	+ 15%	0%	+ 8%, + 9%	+ 10%
Price persistence (% average reduction in beginning vs. end price concessions)	- 18%	0%	- 8%, -12%	- 14%
Making Principled Concessions (# of principled concessions / # total concessions)	.50	.10	.20, .35	.40
Ability to Make Principled Concessions (Average Course Assessment Score)	80%	0	70%, 75%	85%
Reaction to Course (Average Follow-up Survey Score)	90%	Not applicable	85%, 90%	90%
Course Participation (% of target audience participating)	95%	0%	30%, 60%	90%

Die verwendeten Kennzahlen werden in den linken Spalte dargestellt. Die anderen Spalten geben einen Überblick über vier der fünf Phasen der LEM. Aufgrund interner IBM Datenschutzregulatorien weist die Darstellung Prozentzahlen aus und nicht absolute Zahlen. Dabei gilt es zu beachten, dass die Nullmessung für die Kategorien „Profit", „Pricing" und „Price Persistence" mit 0% angegeben werden, da in der Nullmessung keine

Veränderung auftreten wird. Profitzuwächse können, wenn gewünscht, sehr einfach monetär ausgedrückt werden, der ROI kann ebenfalls einfach berechnet werden. Jedoch hat sich herausgestellt, dass aufgrund des partnerschaftlichen Zusammenwirkens der Beteiligten, dass einzelne Zuschreibungen von Wirkungen einer Maßnahme nur selten erwünscht oder angemessen ist. Einige andere Aspekte verdienen Beachtung: Die Daten zeigen eine klare Verbesserung in der angestrebten Richtung, jedoch nicht immer in der Stärke des in der Prognosephase ausgestellten Zieles – eines der wesentlichen Aspekte in LEM ist es, sich hehre Ziele zu setzen.

Was letztlich wichtig ist, ist, dass es für alle Leistungsindikatoren signifikante Verbesserungen gab, die die Kosten der Maßnahme bei weitem Übersteigen. Es fällt ebenfalls auf, dass es zwei prozessbezogene Messpunkte gibt – LEM unterstützt vielfache Prozessmessungen – die es erlauben die Maßnahme während ihrer Umsetzung zu verfolgen. Wenn die Daten dabei unter den Erwartungen bleiben können sofort Korrekturmaßnahmen ergriffen werden. In diesem Fall können die meisten der unzulänglichen Werte der Prozessmessungen durch die Teilnahme in einem Training erklärt werden.

9.4 Schlussfolgerung

Wir hoffen, dass Sie mit uns übereinstimmen, dass das Konzept der LEM einen großen Fortschritt im Bereich der Lernevaluation zulässt. LEM ermöglicht es, glaubwürdige Daten auf allen Ebenen zu verwenden, und bietet darüber hinaus noch wesentlich mehr. Unter anderem zielt LEM vor allem darauf ab, Bildungsmaßnahmen zu steuern – und nicht erst im nachhinein zu rechtfertigen (oftmals noch mit fragwürdigen Annahmen). LEM führt darüber hinaus zu einem besseren Verständnis von Geschäftsprozessen indem es die wichtigsten Erfolgsfaktoren identifiziert und die Beteiligten für das gemeinsame Ziel gewinnt.

Teil A3
Bildungscontrolling im E-Learning
jenseits des ROI

Diese Kapitel arbeitet Bildungscontrolling aus einer umfassenden und ganzheitlichen Sichtweise auf. Es geht vor allem darum, E-Learning als strategische Aufgabe zu begreifen und Konzeptionen vorzustellen, die E-Learning als Teil der Unternehmensstrategie integrieren. Die Beiträge stellen darüber hinaus die Verbindung zwischen Bildungs- und Qualitätsmanagement und Bildungscontrolling für E-Learning her.

Teil A3
Bildungscontrolling im E-Learning
jenseits des ROI

10. Balanced Learning Scorecard: Den Wert von (E-)Learning-Innovationen für Geschäftsziele kommunizieren

Andrea Back

Dieser Artikel stellt Überlegungen zur Fundierung von (E-)Learning-Investitionen mit dem Instrument der Balanced Scorecard (BSC) an. Das skizzierte Vorgehen basiert auf der Klärung sowie Auswahl von überschaubar wenigen (strategischen) Zielen und dem Denken in Ursache-Wirkungs-Ketten, wobei sich die Bewertung nicht allein auf monetäre Größen stützt. Die Bildungsziele sind an die Ziele der Geschäftsstrategie anzubinden, d.h. es geht darum, die Wirkungen von Bildungsinvestitionen auf Geschäftsresultate zu bewerten. Ein BSC-Ansatz hilft, eine Brücke zwischen Bildungsmanagement und Entscheidern auf Geschäftsbereichs- oder Top-Management-Ebene zu schlagen.

10.1 Wozu sich eine (E-)Learning-Scorecard lohnt

Der in diesem Beitrag angeregte Einsatz des Balanced-Scorecard(BSC)-Konzepts soll nicht verwechselt werden mit einer BSC, die im Unternehmen als Managementinstrument zur laufenden Steuerung und Kontrolle eingesetzt wird. Dafür ist E-Learning in den meisten Unternehmen noch zu wenig weit entwickelt und zu wenig verbreitet. Es liegen kaum Erfahrungswerte vor, und die Ausgestaltung der Prozesse im Bereich Lernen und Wissensentwicklung befindet sich im Fluss. Folgende Argumente stehen hinter der Überlegung, dass sich ein BSC-Ansatz im Bereich der betrieblichen Bildung nach dem Verständnis dieses Artikels lohnt:

- Mit dem BSC-Ansatz können (E-)Learning-Befürworter eine Grundlage für Entscheider erarbeiten.

- Mit dem BSC-Ansatz kann man die E-Learning-Strategieintegration anpacken, partizipativ arbeiten und integrierend wirken.
- Eine BSC für (E-)Learning ist geeignet, die (E-)Learning-Strategie und ihre Ziele explizit zu machen und zu kommunizieren.

Vor den näheren Ausführungen hierzu in Abschnitt 10.3.3, wird auf die aktuelle Ausgangslage in Unternehmen eingegangen und das BSC-Konzept beschrieben.

10.2 Ausgangslage in der Unternehmenspraxis

Hoher Rechtfertigungsdruck von (E-)Learning-Investitionen
Die Befürworter von Investitionen in Lernen und Wissensentwicklung im Unternehmen stehen unter hohem Rechtfertigungsdruck. Viele, insbesondere noch junge Initiativen, wurden von Einsparungen und Streichungen getroffen. Laufende Ausgaben im Bildungsbereich und besonders Vorschläge für neue Vorhaben werden stärker hinterfragt. Stehen solche geplanten Investitionen zudem mit E-Learning in Verbindung, gilt es eine doppelte Hürde des Misstrauens zu nehmen. Nicht nur für Bildungsausgaben, sondern auch speziell für IT-Projekte sind die Verantwortlichen aufgefordert zu zeigen, welchen Wertbeitrag diese zu leisten vermögen und wie dieser gemessen werden kann. Denn in beiden Bereichen brachten vielerorts solche Projekte nicht die gewünschten Ergebnisse. Obwohl die wachsende Bedeutung von Lernen, Wissen und von Informations- und Kommunikationstechnik (IKT) für den Geschäftserfolg kaum zu bestreiten ist, werden Budgets selbst für kleinere Projekte nicht mehr ohne weiteres gewährt. Das zunehmende Interesse an „Bildungscontrolling" auf Fachtagungen ist ein deutliches Indiz für den hohen Handlungsdruck in der Praxis, dieses komplexe Problem zu lösen.

Reengineering-Bedarf bei Lernen und Wissensentwicklung
Aus verschiedenen Gründen handelt es sich um ein komplexes Problem. Um das Ansehen der Bereiche Corporate Training ist es in vielen Organisationen nicht gut bestellt. Im Magazin von McKinsey, das von Hintergrundgesprächen über betriebliche Weiterbildung mit Vorständen und Topmanagern aus den 50 größten Unternehmen Deutschlands berichtet, heißt es: „Corporate Training ist traditionell geprägt von Wildwuchs, Intransparenz und Verschwendung" (Gillies 2004, S. 93). Dieses Fazit lässt auf erheblichen Verbesserungsbedarf schließen. Bildungsmanagement, nicht Bildungsverwaltung ist gefragt. Das heißt, die Strukturen und Prozesse in der betrieblichen Bildung sind grundsätzlich zu überdenken,

damit die Bildungsverantwortlichen als Wertschöpfungspartner bei der Lösung von geschäftlichen Problemen wirken können und schließlich auch so wahrgenommen werden. Der Prozess „Lernen- und Wissensentwicklung" in Unternehmen wird zum Gegenstand des Business (Re)Engineering (vgl. das E-Learning-Verständnis nach dem managementorientierten St. Galler E-Learning-Referenzmodell (Back u.a. 2001), damit E-Learning sein Potenzial über marginale Kostensenkungen hinaus ausschöpfen kann. Größere E-Learning-Vorhaben, die über einzelne Kursprojekte hinausgehen, sind deshalb als komplexe Innovationsprojekte zu verstehen. Das „E" in E-Learning steht für das Innovationspotenzial, durch das einerseits Prozessverbesserungen erst angestoßen und andererseits auch umgesetzt und getragen werden. Insofern gehen im Verständnis dieses Artikels E-Learning-Investitionen gleichzeitig mit Lernprozess-Innovationen einher und bedeuten nicht lediglich Ausgaben für IT-Unterstützung bestehender Abläufe. Um dies zu betonen, ist das „E" in E-Learning in Klammer gesetzt.

Mangelnde Kopplung mit Geschäftszielen
Bei der Formulierung einer (E-)Learning-Strategie denken Vertreter des Bildungsbereichs meist selbstbezüglich in den Zielen für ihren Trainingsbereich, d.h. wie die Bildungsprozesse selbst effizienter und effektiver ablaufen können (vgl. Training Goals in Abb. 10-1).

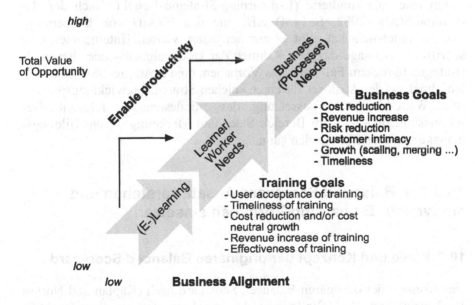

Abb. 10-1. Ziele in Trainings- und in Unternehmensstrategien

Die Herausforderung besteht jedoch darin, die Kopplung mit den Geschäftsstrategien herzustellen. In einer geschäftsorientierten (E-)Learning-Strategie muss deutlich werden, wie Verbesserungen in den Bildungsprozessen auf den Erfüllungsgrad von Geschäftszielen (vgl. generelle unternehmensstrategische Ziele in Abb. 10-1) durchschlagen.

Hinzu kommt, dass es Mitarbeitern in Trainingsbereichen und der Personalentwicklung oft schwer fällt, die Brücke zum Management bzw. Geschäft zu schlagen, weil sie sich nicht in den Konzepten, in denen das Management denkt, ausdrücken. Sie sprechen nicht deren Sprache. Die Balanced Scorecard kann Grundlage für diesen Brückenschlag in der Verständigung sein. Sie hat sich in den letzten Jahren auch in den deutschsprachigen Ländern als Managementsystem durchgesetzt und ist Führungskräften geläufig.

(E-)Learning-Strategien meist nicht vorhanden
Nach dem originären BSC-Ansatz (Kaplan und Norton 1992) dient die Balanced Scorecard zur Umsetzung einer vorhandenen Strategie und nicht zu deren Formulierung. Sie baut darauf auf, dass ein Unternehmen bereits eine Vision und Strategien hat, denn anhand von ausgewogenen Zielen, Messgrößen und Vorgaben soll die Strategie im Unternehmen transparent gemacht werden. Die Situation ist jedoch heute so, dass in Unternehmen selten eine ausformulierte (E-)Learning-Strategie besteht. Nach der (Unicmind-Studie 2002, S. 14 f) z.B., die den Einsatz von E-Learning-Content untersucht hat, gibt es nur bei jedem vierten Unternehmen eine schriftliche Aussage dazu im Rahmen der Unternehmens- oder Personalstrategie. In diesem Fall kann das Vorhaben, eine Learning-BSC zu erstellen, durchaus der Auslöser für einen solchen Strategieentwicklungsprozess sein. Weiterhin ist Voraussetzung, dass mindestens die relevante Geschäftsstrategie – z.B. im Bereich Sales und Marketing – vom Bildungsmanager aufgegriffen werden kann.

10.3 Den Balanced Scorecard Ansatz verstehen und sinnvoll für E-Learning-Vorhaben einsetzen

10.3.1 Idee und Konzept der originären Balanced Scorecard

Das Konzept der originären Balanced Scorecard nach (Kaplan und Norton 1992) zeigt Abb. 10-2. Die Idee ist, dass die Auswirkungen einer Investition nicht nur auf der Basis von monetären Größen bewertet werden. Die Konzentration nur auf finanzielle Kennzahlen birgt die Gefahr in sich, dass

Sach- und strategische Ziele aus dem Blickfeld geraten und zukunftsträchtige Vorhaben vernachlässigt werden, weil man immaterielle Nutzenpotenziale nicht bewertet. Deshalb kommen Kennzahlen zu den in Abb. 10-2 beschriebenen weiteren Perspektiven hinzu, z.B. Mitarbeitermotivation, Qualität der internen Prozesse und Kundenzufriedenheit.

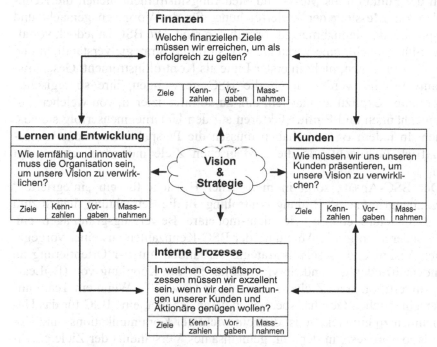

Abb. 10-2. Aufbau der originären Balanced Scorecard nach (Kaplan und Norton 1992)

Um die Adressaten der BSC nicht mit Informationsüberflutung zu überfordern, soll sich die Anzahl der Ziele und Werttreiber, und damit der Kennzahlen, auf eine „Handvoll" pro Perspektive beschränken. Zwischen den jeweiligen Kennzahlen bestehen gegenseitige Abhängigkeiten; diese werden in Form von Ursache-Wirkungs-Ketten ausgedrückt. Eine grundsätzliche Argumentation, wie die vier Bereiche aufeinander aufbauen, ist: Lernen und Personalentwicklung sind das Fundament für Innovation und Kreativität; qualifizierte, gelernte und kreative Mitarbeiter hinterfragen den Status Quo und arbeiten an Verbesserungsmöglichkeiten; verbesserte Prozesse führen zu besseren Produkten und Dienstleistungen für den Kunden; zufriedene und wiederkehrende Kunden führen zu höheren Gewinnen. Die Wirkungsbeziehungen zwischen und innerhalb der Perspektiven können quantifiziert werden; dies sollte nicht zu komplex ausfallen. Die originäre

BSC betrachtet die Perspektiven nebeneinander und verzichtet auf eine Quantifizierung der Zusammenhänge. Letztlich fasst die Finanzperspektive als Spitzenperspektive die über diese Ursache-Wirkungs-Beziehungen berücksichtigten Effekte aus den anderen Bereichen auf die finanziellen Oberziele zusammen.

In der Funktion als Mess- und Steuerungsinstrument dienen die Kennzahlen zur Messung der Zielerreichung, für die Vorgaben gemacht und entsprechende Maßnahmen zu formulieren sind. Die BSC ist jedoch vor allem dafür gedacht, eine vorhandene Vision und Strategie verständlich und konkret zu machen, nicht in erster Linie als Kontrollinstrument. Geschäftsverantwortliche werden durch die BSC gezwungen, ihre strategischen Hypothesen explizit zu machen, d.h. zu kommunizieren, von welchen Zusammenhängen und Einflussfaktoren auf den Unternehmenserfolg sie ausgehen. In jedem BSC-Vorhaben müssen die Perspektiven unternehmensspezifisch überdacht und die strategischen Ziele individuell ausgeprägt sein.

Der BSC-Ansatz sorgt in mehrfacher Hinsicht für ein „integriertes" bzw. „integrierendes" Bildungscontrolling: In die Betrachtung fließen zum einen monetäre ebenso wie nicht-monetäre Bewertungsgrundlagen ein. Zum anderen sorgt die Ableitung der BSC-Kennzahlen aus einer vorgegebenen Vision und Geschäftsstrategie verbunden mit der Orientierung an Kundenzufriedenheit und Servicequalität für die Kopplung von (E-)Learning-Investitionen an Ziele des operativen Geschäfts. Wenn ein Team aus unterschiedlichen Geschäftsbereichen daran arbeitet, eine BSC für das Unternehmen zu entwickeln, ist dies ein wichtiger Kommunikations- und Koordinationsprozess, in dem ein gemeinsames Verständnis der Ziele entwickelt und ausgehandelt werden kann, um dann darauf gemeinsam koordiniert hinzuarbeiten. Dieser Prozess mag im (E-)Learning-Bereich wichtiger sein als nur das Ergebnis-Bild.

10.3.2 Beispielhafte Skizze für eine Balanced (E-)Learning Scorecard

Zur Veranschaulichung des Konzepts und als Anregung, eine eigene Balanced (E-)Learning Scorecard zu entwickeln, dient Abb. 10-3. Hierfür genügt ein skizzenhaftes und fiktives Beispiel; ein ausführlicheres Beispiel zu Vorgehen und Gestaltung einer E-Learning-BSC im Umfeld eines Call Centers enthält (Leithner und Back 2004, S. 21 ff). Es soll dabei um eine E-Learning-Initiative gehen, die durch die Bereitstellung von kurzen Webbased-Trainings den Mitarbeitern im Vertriebsaußendienst ermöglicht, jederzeit, just-in-time und bedarfsgerecht in ihrem Arbeitsprozess Lern-

module zu Produkten und Dienstleistungen sowie zu Kommunikations-
und Verkaufsmethodik zu absolvieren. Für das betreffende Unternehmen
wird angenommen, dass – wie etwa in der IKT-Industrie – die Änderungs-
raten durch die kurzen Innovationszyklen sehr hoch sind und ein möglichst
kurzer Zeitabstand zwischen Entwicklung und Vertrieb im Markt wettbe-
werbskritisch ist.

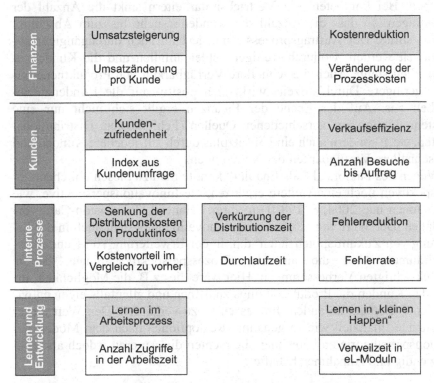

Abb. 10-3. Strategische Ziele und Kennzahlen für ein fiktives E-Learning-
Vorhaben

Die Abbildung beschränkt sich auf mögliche Ziele und Messgrößen; auf
die Ursache-Wirkungs-Beziehungen geht der Text ein.

Von den Neuerungen, dass man sich noch kurz vor dem Kundenbesuch
das Produkt- und Methodenwissens aneignen kann bzw. es auffrischt und
dass die Lernintervalle in den Web-based Trainings im Vergleich zu Seminaren kurz ausfallen, werden Nutzeffekte erwartet. Diese sollen in der
Prozessperspektive in messbare Größen gefasst werden, um die Verbesserungspotenziale realistischer einschätzen zu können. Die E-Trainings erübri-
gen einen Teil der bisherigen Seminarveranstaltungen und der CD-ROM-
Logistik, so dass es sowohl zu einer Senkung der Distributionskosten als

auch einer Verkürzung der „Durchlaufzeit" der Produkttrainings von der Entwicklung bis in den Vertrieb bzw. bis zum Kunden kommt. Die Just-in-time-Komponente beim Lernen führt auch zu einer Fehlerreduktion im Auftragsprozess, da die Vertriebsleute aktueller informiert sind und die Vergessensquote von Neuerungen geringer ist. Im Hinblick auf die Kundenperspektive sollen sich Verbesserungen z.B. für die Verkaufseffizienz ergeben: Bei kompetenteren Vertriebsmitarbeitern sinkt die Anzahl der Rückfragen, so dass die Anzahl der Kundenbesuche bis zum Abschluss sinken sollte. Der Auftragsprozess kann deshalb auch durchgängiger abgewickelt werden, wodurch weniger Fehler anfallen und die Kundenzufriedenheit steigt. Auch die schnellere Verfügbarkeit von Produktneuerungen (geringere Durchlaufzeit) wirkt sich positiv auf die Kundenzufriedenheit aus. Auf der Ebene der Finanzen ergibt sich nicht nur eine Kostenreduktion aus verschiedenen Quellen (Fehlerkosten, Distributionskosten, etc.), sondern auch ein Umsatzplus durch zufriedenere Kunden und die schnellere Verfügbarkeit der Neuerungen.

Wegen des Faktors „IT als Enabler" könnte man zu diesen üblichen vier Perspektiven noch eine weitere ergänzen, die Innovationsperspektive, wie z.B. (Jonen u.a. 2004, S. 198 ff) in ihrer Balanced IT-Decision-Card vorschlagen. Der Wert von (E-)Learning-Innovationen besteht auch in der Erhöhung von Zukunftspotenzialen, d.h. in der Erweiterung von Handlungsspielräumen über die auf der Prozessperspektive hinaus bereits berücksichtigten Verbesserungen. Hier wäre dies z.B. die Möglichkeit, direkt den Kunden die Produkttrainings zu öffnen und allenfalls eigen entwickelten E-Content an andere Interessenten zu verkaufen. Den Wert dieser Potenziale finanziell wie so genannte Realoptionen nach dem Modell der Optionspreistheorie zu berechnen, betrachten die Autoren jedoch als recht aufwendig und Annahmen behaftet.

10.3.3 Nutzen und sinnvoller Einsatz des Instruments

Wie zu Anfang vorausgeschickt, sind die Methoden des BSC-Ansatzes nach dem hier dargestellten Verständnis dafür gedacht, zu überzeugen, zu koordinieren und zu kommunizieren.

Das BSC-Konzept unterstützt E-Learning-Befürworter, strukturiert über die Ziele und Nutzenketten nachzudenken und diese zu formulieren. Selbst wenn ein quantifizierbarer Zusammenhang zwischen einzelnen Zielen nicht möglich ist, eignet sich dieses Vorgehen, um konkurrierende Projekte zu beurteilen. Es verspricht besseren Zugang zu den Geschäftsverantwortlichen und kann helfen, davon zu *überzeugen*, dass sich (E-)Learning-Innovationen fürs Geschäft auszahlen und welche proaktive Unterstützung vom Management dafür nötig ist. Das von (Eppler und Mickeler 2003) vorgestellte E-Learning Measurement Framework gibt mit den darin beschriebenen Reflexionsfragen Anregungen zur Beantwortung von Fragen wie u.a. zur strategischen Ausrichtung dieses Instruments: Warum messen? (Welche strategischen Motive erfüllt die individuelle Ausgestaltung der Bewertungsstrategie?) Für welche Zielgruppe wird gemessen? (Werden strategische Anspruchsgruppen adressiert und welche?) Was soll gemessen werden? (Liegt der Schwerpunkt auf Output- statt Input-Größen, und werden diese Wirkungen bis auf die Ebene der Geschäftsresultate und Rentabilität gemessen?) Mit dem BSC-Ansatz können schließlich erfolgreiche Pilotprojekte ihren Erfolg auch klar kommunizieren. Es wird transparent, auf welchen Ursachen-Wirkungsketten Erfolge basieren, was die Nachahmung und das Lernen aus den gesammelten Erfahrungen fördert. Mit den Ursache-Wirkungs-Beziehungen, die bis zum Spitzenziel Rentabilität reichen, bleiben Sekundärziele wie größtmögliche Prozessbeschleunigung oder maximale Befriedigung von Kundenorientierung nicht ohne die Frage stehen, mit welchem Aufwand diese Ziele erreicht werden. (Mertens 2004, S. 5 ff) warnt vor einer isolierten „Verehrung" derartiger Sekundärziele, die er zuweilen im Rahmen moderner, IT-getriebener Managementkonzepte propagiert sieht.

Die *Koordinationsfunktion* beruht auf den mit dem BSC-Entwicklungsprozess einhergehenden Diskussionen, in denen Ziele geklärt und ausgewählt werden müssen. Diese Kommunikationsprozesse vermögen engere Beziehungen und Verständnis zwischen den betreffenden Geschäftsbereichen und dem Bildungsbereich sowie den Mitarbeitern zu stiften, mit denen gemeinsam die Kennzahlen und Maßnahmen an Hand der Learning-Strategie erarbeitet werden. Häufig gibt die Einführung der BSC erst den Anstoß für die Erarbeitung einer Learning-Strategie.

Mittels der BSC wird sozusagen die Logik der (E-)Learning-Strategie *kommuniziert*. Kaplan und Norton sehen in einer „Karte", auf der die strategischen Ziele eingezeichnet und Ursache-Wirkungs-Beziehungen zwischen diesen gebildet werden, ein wesentliches Mittel zur Beschreibung der Strategie. Die Methoden der BSC erlauben es, die Komplexität von größeren (E-)Learning-Vorhaben strukturiert zu beschreiben und in Teilaspekte zu zerlegen.

10.4 Trotz der Grenzen und Probleme nicht Nichts tun

Die Anwendung des beschriebenen Vorgehens ist zeit- und personalintensiv, jedoch sind bei Investitionen in betriebliche Bildung bei der heutigen

Ausgangslage eine gute Bewertungsgrundlage und hohe Nachvollziehbarkeit von großer Bedeutung. Wenn (E-)Learning-Initiativen über einzelne Kursprojekte hinausreichen, handelt es sich um Innovationen, die auf eine unternehmensweit veränderte Lern-, Wissens- und Arbeitskultur zielen. Der dadurch angeregte Wandel bei Strukturen und Abläufen gelingt nicht ohne einen längeren und breit abgestützten Change-Prozess und hohen Aufwand für die Kommunikation.

Gegen den BSC-Ansatz vielfach auch ins Feld geführt, dass die Unsicherheiten und komplexen Zusammenhänge grundsätzlich bestehen bleiben. Was ist jedoch die Alternative? Der Learning-Bereich braucht einen Ansatz, der weg führt von Misstrauen sowie Intransparenz und zur Erwartungsklärung beiträgt. Die BSC ist ein Instrument, welches einen Beitrag zum nachhaltigen Einsatz von E-Learning im Unternehmen liefern kann. Inwieweit die BSC dies alles tatsächlich leistet, wird erst klar sein, wenn sich genügend viele Unternehmen auf dieses Instrument eingelassen haben und Erfahrung gesammelt haben werden.

11. Weiterbildungscontrolling mit Scorecards, rollen-spezifischen Kenngrößen und Management Cockpit

Christoph Meier und Wolfgang Kraemer

In diesem Beitrag werden drei Szenarien für betriebliches Weiterbildungscontrolling und dazu passende Instrumente vorgestellt. Bei Maßnahme-orientiertem Weiterbildungscontrolling stehen einzelne Bildungsprojekte und Bildungsangebote im Vordergrund und zentrale Instrumente sind Balanced-Scorecard Prozesse und Kurs-Scorecards. Ein Szenario, das die zunehmend individualisierten Bildungsaktivitäten stärker berücksichtigt, ist die Fokussierung auf die einzelnen Lerner unter Verwendung von Lerner-Scorecards. Das dritte grundlegende Szenario berücksichtigt verschiedenste Bildungsmaßnahmen und alle am Bildungsprozess beteiligten Akteure. Rollenspezifische Kennzahlensysteme und ein Management-Cockpit ermöglichen eine Übersicht über alle Aktivitäten und Angebote sowie eine Darstellung der Leistungsfähigkeit des Bildungsbereichs insgesamt.

11.1 Einleitung

Die Anforderungen an betriebliche Weiterbildung werden in der Regel klar formuliert – zumindest in sehr allgemeiner Form. Weiterbildungsangebote sollen am Bedarf orientiert sein, zeitnah umgesetzt und verlässlich durchgeführt werden und die dabei verursachten Kosten sollen transparent gemacht werden. Darüber hinaus sollen Lern- und Transfererfolge ebenso offen gelegt werden wie die (hoffentlich positiven) Auswirkungen auf betriebliche Leistungsprozesse und auf das Unternehmen generell.

Aus diesen Anforderungen ergeben sich die Aufgaben und Fragestellungen für das betriebliche Weiterbildungscontrolling: Werden die Zielgruppen und ihre Qualifizierungsbedarfe aktuell und genau erfasst? Wie lange dauert es von der Erfassung eines Weiterbildungsbedarfs bis zur Verfügbarkeit eines entsprechenden Weiterbildungsangebots? In welchem Verhältnis stehen angekündigte zu tatsächlich durchgeführten Weiterbildungsaktivitäten und wie hoch ist die Quote der erfolgreichen Abschlüsse von begonnenen Kursen und Maßnahmen? Welche Weiterbildungsangebote verursachen welche direkten und indirekten Kosten und in welchem Umfang sind die verschiedenen Ressourcen (z.B. Trainer, Räume, Geräte) ausgelastet? Welche Angebote benötigen welchen Bearbeitungsaufwand und welchen Lern- sowie Transfererfolg zeigen sie? Was sind relevante Kenngrößen für die Bestimmung des Erfolgs von Weiterbildungsaktivitäten auf der Ebene betrieblicher Leistungsprozesse und welche Ergebnisse zeigen sich in Bezug auf diese? Welches Kosten-Nutzen Verhältnis bzw. welcher Return on Invest kann für welche Weiterbildungsangebote ermittelt werden?

Dieser Beitrag stellt drei Szenarien für betriebliches Weiterbildungscontrolling und dazu passende Instrumente vor, mit denen die genannten Anforderungen bearbeitet werden können. Zum einen ist dies ein Projekt- bzw. Maßnahme-orientiertes Weiterbildungscontrolling. Hier stehen einzelne Bildungsprojekte und Bildungsangebote im Vordergrund, also etwa einzelne Kurse oder Lernmodule. Das Gegenstück zu diesem Szenario ist ein Lerner-zentriertes Vorgehen, bei dem Transparenz und Übersicht zu individuellen und nicht unbedingt kursgebundenen Lernaktivitäten im Vordergrund stehen. Das dritte Szenario für Weiterbildungscontrolling ist Maßnahme-übergreifend. Im Vordergrund steht hierbei die Übersicht über alle Aktivitäten und Angebote im Bereich der betrieblichen Weiterbildung und die Leistungsfähigkeit der internen und / oder externen Anbieter von Weiterbildungsdienstleistungen insgesamt. Alle drei Szenarien können wirkungsvoll durch Learning Management Systeme (LMS) unterstützt werden.

11.2 Maßnahmeorientiertes Controlling von Weiterbildung

Ein vergleichsweise einfach zu realisierender Ansatzpunkt für die Einführung und Umsetzung von betrieblichem Weiterbildungscontrolling besteht darin, dieses auf einzelne Weiterbildungsangebote auszurichten. Bei projekt- bzw. maßnahme-orientiertem Weiterbildungscontrolling stehen einzelne Bildungsprojekte und Bildungsangebote im Vordergrund, also beispielsweise ein Kurs für Projektleiter oder ein WBT zu einer neuen Version von Office-Software. Es geht darum zu bestimmen, inwiefern neue Angebote die Ziele des Bildungsbereichs und des Gesamtunternehmens unterstützen und inwiefern diese Ziele mit bestehenden Angeboten erreicht werden:

> *Zentrale Fragen*
> In welchem Umfang deckt das verfügbare WBT zum Thema „Projektmanagement" die Bildungsbedarfe der Zielgruppe ab? Wie hoch ist der Anteil der Zielgruppe, der mit diesem Angebot tatsächlich erreicht wurde? Welche direkten und indirekten Kosten entstehen durch diesen Kurs? Entspricht der durchschnittliche Lernerfolg den Erwartungen? Lassen sich Leistungssteigerungen auf diesen Kurs zurückführen? usw.

Die zentralen Instrumente für dieses Szenario sind zum einen ein Balanced Scorecard-Prozess und zum anderen eine Kurs-Scorecard. Mit ihnen ist es möglich, Bildungsangebote umfassend zu bewerten und die Ergebnisse übersichtlich zusammen zu führen.

11.2.1 Balanced Scorecard für umfangreiche Bildungsprojekte

Wenn umfangreiche Bildungsangebote neu entwickelt oder grundlegend überarbeitet werden, dann kann über einen Balanced Scorecard-Prozess die Ausrichtung auf zentrale Ziele des Unternehmens sicher gestellt werden (vgl. dazu auch Back, Kap. 10 in diesem Band). Beispiele für ein solches Szenario sind grundlegende Reformen bestehender Bildungsprogramme (etwa für den Führungskräfte-Nachwuchs oder die Außendienst-Ausbildung) oder auch die Einführung von neuen Formen der Weiterbildung in einem Unternehmen (beispielsweise E-Learning bzw. Blended Learning).

Allerdings ist es nicht sinnvoll, diese Methodik zu starr einzusetzen. Kaplan und Norton selbst betonen, dass die BSC-Methodik einen offenen Rahmen darstellt, der situationsspezifisch angepasst werden muss. Das gilt für die fokussierten Felder und Erfolgsfaktoren ebenso wie für die Analyse der Wirkungszusammenhänge.

Insbesondere das Feld „Lernen & Entwicklung" muss angepasst werden, damit die verschiedenen Phasen des Bildungsprozesses (vgl. Beitrag von Meier, Kap. 4 in diesem Band) und die mit diesen verbundene Erfolgsfaktoren angemessen berücksichtigt werden können. Hier ist die ursprüngliche Formulierung der Balanced Scorecard zu wenig detailliert. Darüber hinaus muss auch das Feld „Kunden" angepasst werden. Unternehmen müssen nicht nur Anforderungen ihrer Kunden erfüllen, sondern auch Anforderungen, die aus dem gesellschaftlichen Umfeld resultieren. Ein Beispiel hierfür ist etwa die gegenwärtig in Deutschland geführte Dis-

kussion um verpflichtende Ausbildungsquoten für Unternehmen. Dazu gehören aber auch Verpflichtungen zu regelmäßigen Nachschulungen für
Mitarbeiter, die mit Gefahrstoffen umgehen. Das Feld „Kunden" ist entsprechend zum Feld „Kunden & gesellschaftliche Anforderungen" zu erweitern und durch entsprechende Erfolgsfaktoren – etwa die Quote zeitge-
recht erfüllter gesetzlicher Anforderungen – zu ergänzen (vgl. Abb. 11-1).

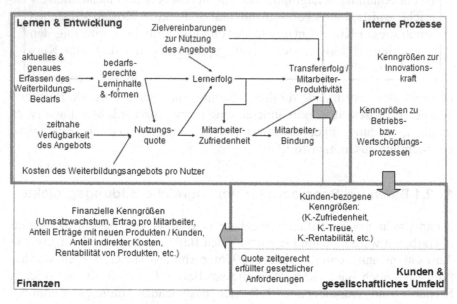

Abb. 11-1. Adaptiertes BSC-Modell für Bildungsprojekte

11.2.2 Kurs-Scorecards

Sofern die betriebliche Bildungsarbeit primär auf Kursen und Lerneinheiten basiert, die für längere Zeit weitgehend stabil sind und von einer größeren Zahl von Nutzern vollständig durchlaufen werden, stellen Kurs-
Scorecards ein hilfreiches Instrument für das Bildungscontrolling dar. Das
hier vorgeschlagene Format für solche Kennzahlen-Sammlungen berücksichtigt die verschiedenen Phasen des Bildungsprozesses (Bedarfsanalyse,
Durchführung, Erfolgsbestimmung, vgl. Abb. 3-3 des Beitrags 3 in diesem
Band) ebenso wie verschiedene Ebenen der Erfolgsbestimmung und Evaluation (ebenda, Abb. 3-4). Zentrale Kenngrößen sind dem zufolge unter
anderem die erforderliche Zeit für die Entwicklung des Kursangebots, die
Quote der erfolgreichen Beendigung durch die angemeldeten Lerner, die
Entwicklungs- und Durchführungskosten pro Teilnehmer, der durchschnittliche Lernerfolg oder auch die über diesen Kurs erreichte Perfor-

manzsteigerung in betrieblichen Leistungsprozessen. Ein Beispiel für eine solche Kurs-Scorecard zeigt Abb. 11-2.

Kenngrösse	Soll	Ist	Status
Abdeckung des inhaltlichen Bedarfs (%)	80	70	
Zeit Bedarfsidentifikation - Schulungsangebot (Wochen)	10	10	
Quote Ankündigung / Durchführung (%)	75	65	
Quote Anmeldung / erfolgreiche Beendigung (%)	80	68	
Anteil der Zielgruppe, der erreicht wurde (%)	50	42	
Direkte Kosten pro Kurs (T€)	12	13,5	
Indirekte Kosten pro Kurs (T€)	17	17,5	
Kosten pro Teilnehmer (€)	440	450	
Auslastung Trainer (%)	90	90	
Auslastung Räume (%)	60	52	
Zufriedenheit der Lerner (1-10)	8	7	
Lernerfolg (1-10)	8	7	
Transfererfolg (1-10)	8	6	
Performanzsteigerung in Prozessen (1-10)	8	6	
Erfüllung gesetzlicher Anforderungen (1-10)	10	9	
Mitarbeiter-Motivation & -Bindung (1-10)	6	5	
Kosten-Nutzen-Relation	2,2/1	2,2/1	
Return on Invest (%)	120	118	

Abb. 11-2. Beispiel für eine Kurs-Scorecard

Kurs-Scorecards können Erfolgsfaktoren berücksichtigen, die im Rahmen eines Balanced Scorecard-Prozesses entwickelt wurden. Gleichwohl handelt es sich dabei nicht um eine Balanced Scorecard im eigentlichen Sinn. Kurs-Scorecards erlauben es, verschiedene Erfolgsfaktoren und den Grad ihrer Erfüllung auf der Ebene einzelner Kursangebote übersichtlich darzustellen. Indem die Scorecards ausgewählter Kurse einander gegenüber gestellt werden, wird es damit zugleich möglich, Veränderungen über verschiedene Instanzen eines über einen längeren Zeitraum angebotenen Kurses nachzuvollziehen. So können etwa die Ergebnisse für einen Kurs gegenüber gestellt werden, der für verschiedene Regionen (z.B. in der Außendienst-Ausbildung) durchgeführt wurde oder es können auch die Ergebnisse verschiedener Jahrgänge gegenüber gestellt werden (vgl. Abb. 11-3).

Das Instrument der Kurs-Scorecard ist insbesondere für diejenigen hilfreich, die, beispielsweise als Kurs- oder Ausbildungsleiter, für bestimmte Kursangebote verantwortlich zeichnen. Learning Management Systeme können die Arbeit mit solchen Scorecards insofern gut unterstützen, als zahlreiche der dafür erforderlichen Daten ohnehin unter Verwendung eines LMS generiert werden: Freigabe-Daten von Kursen, Kurs-Ankündigungen, das Verhältnis von Anmeldungen zu erfolgreichen Beendigungen, die, Ergebnisse zu Tests und Lernerfolgen etc.

"Grundlagen Projektmanagement" Bereich Nord, 2002

"Grundlagen Projektmanagement" Bereich Nord, 2002

Kenngrösse	Soll	Ist		Soll	Ist	Status	
Abdeckung des inhaltlichen Bedarfs (%)	80	66		80	70		
Zeit Bedarfsanmeldung - Schulungsangebot (Tage)	10	9		10	10		
Quote Ankündigung / Durchführung (%)	75	67		75	65		
Quote Anmeldung / erfolgreiche Beendigung (%)	80	53		80	68		
Anteil der Zielgruppe, der erreicht wurde (%)	50	35		50	42		
Direkte Kosten pro Kurs (T)	12	13,5		12	13,5		
Indirekte Kosten pro Kurs (T)	18	18		17	17,5		
Kosten pro Teilnehmer ()	440	460		440	450		
Auslastung Trainer (%)	80	90		90	90		
Auslastung Räume (%)	60	42		60	52		
Zufriedenheit der Lerner (1-10)	8	7		8	7		
Lernerfolg (1-10)	8	6		8	7		
Transfererfolg (1-10)	8	5		8	6		
Performanzsteigerung in Prozessen (1-10)	8	5		8	6		
Erfüllung gesetzlicher Anforderungen (1-10)	10	9		10	9		
Mitarbeiter-Motivation & -Bindung (1-10)	6	5		6	5		
Kosten-Nutzen-Relation	2/1	2,2/1		2,2/1	2,2/1		
Return on Invest (%)	100	118		120	118		

Abb. 11-3. Vergleichende Gegenüberstellung von Kurs-Scorecards

11.3 Lernerorientiertes Controlling von Weiterbildung

Ein komplementäres Szenario zum maßnahmeorientierten Controlling von Weiterbildung ist die Fokussierung auf die einzelnen Beschäftigten und Lerner. Angesichts zunehmend heterogener Berufs- und Bildungskarrieren nimmt die Bedeutung standardisierter Weiterbildungsangebote ab. Gleichzeitig nimmt das kurzfristige Bedienen individueller Weiterbildungsbedarfe und das Unterstützen individueller Lernprozesse einen größeren Stellenwert ein.

Eine zunehmend wichtige Anforderung an die betriebliche Weiterbildung ist, demzufolge, mehr Flexibilität zu ermöglichen und Zielgruppenspezifische Angebote zur Verfügung zu stellen. Entsprechend muss auch das Weiterbildungscontrolling auf kürzere Fristen und Zyklen ausgerichtet werden und eine stärker individualisierte Evaluation und Bewertung von Weiterbildung ermöglichen.

Dies ist insbesondere für die Lerner von Bedeutung, die ja zunehmend gefordert sind, ihre Lernaktivitäten auf der Grundlage von jederzeit verfügbaren E-Learning Angeboten (angefangen von Web-based Trainings (WBT) und Simulationen über den Austausch in online-Wissens- und Lerngemeinschaften bis hin zur Nutzung umfangreicher Bibliotheken mit Präsentationsfolien oder anderen Dokumenten zu verschiedensten Themen) selbst zu organisieren und selbst zu steuern. Eine solche Selbststeuerung erfordert unter anderem, den eigenen Lernprozess reflektieren zu können (vgl. Euler und Wilbers 2002, S. 9): Welche Kompetenzen muss ich mir noch aneignen? Sind meine Ziele und meine Zeitplanung realistisch? Komme ich mit den Aufgaben und Problemstellungen zurecht? Mache ich Fortschritte oder muss ich meine Lernstrategie ändern?

Diese Anforderung kann mit dem Instrument einer Lerner-Scorecard aufgegriffen werden, die analog zur oben vorgestellten Kurs-Scorecard Kennzahlen zu individuellen Lernaktivitäten und Lernerfolgen zusammen führt (vgl. Abb. 11-4).

Kenngrösse	Soll	Ist	Status
Erfüllung rollenspezifischer Anforderungen (%)	80	75	
Skill-level im Vergleich mit allen Rolleninhabern (1-10)	8	7	
Quote Anmeldung / erfolgreiche Beendigung (%)	75	70	
Aufgewendete Lernzeit (1-10)	10	10	
Verursachte Kosten (TI)	2,75	3,25	
Lernerfolg (1-10)	8	7	
Transfererfolg (1-10)	8	6	
Performanz in Prozessen (1-10)	10	9	
Umsetzung der Zielvereinbarungen (1-10)	10	10	

Abb. 11-4. Beispiel für eine Lerner-Scorecard

Die für die Selbststeuerung wichtigen Kenn- und Zielgrößen betreffen etwa Fragen nach dem eigenen Skill-Profil, der aufgewendete Lernzeit und den insgesamt verursachten Kosten, den über verschiedene Tests dokumentierten Lernerfolgen, dem Grad der Erfüllung rollen-spezifischer Anforderungen oder der Umsetzung von Zielvereinbarungen in Bezug auf Kompetenzentwicklung.

Ein solches Instrument erzeugt sehr sensibel zu handhabende Daten. Hier gilt, noch viel mehr als bei den anderen in diesem Beitrag diskutierten Instrumenten, dass die erzeugten Daten nur dann aussagekräftig und verwertbar sind, wenn sie in einer Atmosphäre konstruktiver Offenheit zu Stande kommen. Sobald die Beteiligten bei offener Handhabung dieser Instrumente negative Konsequenzen für sich und andere befürchten müssen, wird es eine starke Tendenz dahingehend geben, sozial erwünschte Antworten und Bewertungen zu geben, auch wenn diese nicht zutreffend sind. In diesem Fall wären die Daten, die darauf basierenden Scorecards und alle weiteren, höher verdichteten Kennzahlen für eine effektive Steuerung betrieblicher Bildungsarbeit nicht mehr sinnvoll zu verwenden.

11.5 Maßnahme-übergreifendes Controlling von Weiterbildung

Das dritte grundlegende Szenario für betriebliches Weiterbildungscontrolling ist ein Vorgehen auf breiterer Grundlage, das verschiedenste Bildungsmaßnahmen und alle am Bildungsprozess beteiligten Akteure berücksichtigt. Hier geht es um die Übersicht über alle Aktivitäten und

Angebote sowie die Leistungsfähigkeit des Bildungsbereichs insgesamt. Die zentralen Instrumente für dieses Szenario sind die schon oben beschriebene angepasste Balanced Scorecard-Methodik, ein rollenspezifisches Kennzahlensystem und ein Management-Cockpit, das die schrittweise Verdichtung von Kenngrößen ebenso ermöglicht wie die Darstellung von Trends in Bezug auf die verschiedenen Kenngrößen und Indizes.

11.5.1 Rollenspezifische Kennzahlensammlungen

An den betrieblichen Weiterbildungsprozessen sind in der Regel verschiedene Personen in unterschiedlichen Rollen beteiligt. Wie stark Rollen und Funktionen ausdifferenziert sind, hängt stark von der Größe des betreffenden Unternehmens und der Organisation des Weiterbildungsbereichs ab. Neben den Beschäftigten, die die verschiedenen Weiterbildungsangebote als Lerner nutzen, sind dies üblicherweise Trainer und Tutoren, Kursverantwortliche, zum Teil auch Verantwortliche für Lernplattformen und elektronische Lerninhalte sowie schließlich die Leiter der jeweiligen Bildungsbereiche.

Für diese verschiedenen Rollen- und Funktionsträger im betrieblichen Bildungsprozess stellen sich jeweils unterschiedliche Fragen wenn es um die Evaluation und das Controlling von Weiterbildung geht (vgl. Kraemer 2003 und Abb. 11-5). Diese reichen von Fragen der Trainer („Wie werden wir von den verschiedenen Lerngruppen bewertet?") über Fragen der Content Manager („Welche Lernangebote werden intensiv genutzt, welche kaum?") und der Verantwortlichen für einzelne Kurse („Wie ist das Kosten-Nutzen-Verhältnis für die letzte Projektmanager-Qualifikationsrunde?") bis zu Fragen von Bildungskoordinatoren und -managern („Wie wird die Qualität unserer Trainingsservices insgesamt bewertet?" oder „Welche unserer Angebote erreichen das beste Kosten-Nutzen-Verhältnis?").

Abb. 11-5. Rollen im Bildungsprozess und typische Fragestellungen

Abb. 11-6 zeigt, wie eine rollen- und funktionsorientierte Sammlung von Kennzahlen strukturiert sein kann. Für verschiedene Rollen wie beispielsweise Tutor / Trainer, Content-Manager, LMS-Administrator oder Bildungsprogrammplaner sind unterschiedliche, auf die jeweiligen Aufgaben und Verantwortungsbereiche abgestimmte Sammlungen von Kennzahlen und höher verdichteten Leistungsindikatoren angelegt.

11.5.2 Cockpit für das Bildungsmanagement

Neben diese Form der Verdichtung und Darstellung von Informationen auf der Grundlage definierter Rollen tritt als weitere Anforderung an das betriebliche Weiterbildungscontrolling die Berücksichtigung von Verläufen und Trends. Schließlich ist es nicht nur wichtig, die aktuelle Auslastung der Trainingsressourcen über verschiedene Kursangebote hinweg oder die aktuelle durchschnittliche Bewertung von Lerninhalten als Kennzahl dargestellt zu bekommen.

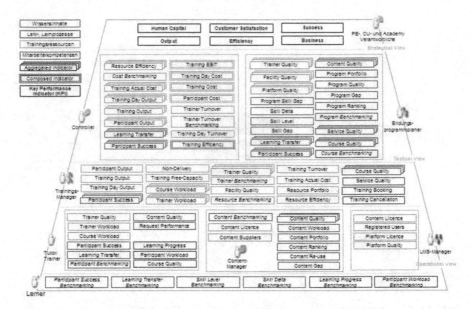

Abb. 11-6. Rollenspezifisches Kennzahlensystem

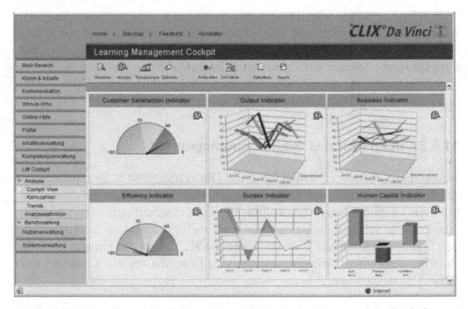

Abb. 11-7. Darstellung von Kennzahlen und Trends im Management-Cockpit

Darüber hinaus ist es wichtig, die Entwicklung dieser und anderer Kenngrößen über definierte Zeitintervalle hinweg betrachten zu können. Insbesondere für die Leiter der Personalentwicklung oder einer Corporate Uni-

versity sind hoch verdichtete Leistungsindikatoren und die Darstellung von
Trends unverzichtbare Hinweise für den Erfolg vergangener und die Notwendigkeit künftiger Steuerungsmaßnahmen (vgl. Kraemer 2003 und Abb.
11-7).

11.6 Zur erfolgreichen Umsetzung von Weiterbildungscontrolling

In diesem Beitrag wurden verschiedene Szenarien für Weiterbildungscontrolling unterschieden. Neben der Abgrenzung von Maßnahme-orientierten,
Lerner-zentrierten und Maßnahme-übergreifenden Szenarien wurden auch
verschiedene Instrumente vorgestellt (Balanced Scorecard, Kurs-
Scorecard, Lerner-Scorecard, rollenspezifisches Kennzahlensystem und
Management-Cockpit). Abschließend soll noch kurz die Frage behandelt
werden, wie denn betriebliches Weiterbildungscontrolling erfolgreich umgesetzt werden kann.

Für die erfolgreiche Umsetzung von Weiterbildungscontrolling sind drei
Aspekte zentral. Zunächst einmal sind die für die Weiterbildung verantwortlichen Personen gefordert, eine klare Zielsetzung zu formulieren. Diese kann darin bestehen, mehr Transparenz zu Kosten und Erfolgen im betrieblichen Bildungswesen herzustellen. Oder auch darin, verbindliche
Erfolgskriterien für Weiterbildungsangebote zu formulieren. Darüber hinaus ist auch die Formulierung des Vorgehens wichtig. Der mit Controlling-
Aktivitäten verbundene Aufwand muss in ein gutes Verhältnis zum er-
reichbaren Nutzen gebracht werden. Eine sofortige flächendeckende Evaluierung der Weiterbildungsaktivitäten auf allen möglichen Ebenen ist
vermutlich nicht der optimale Weg.

Zum zweiten müssen die verschiedenen Stakeholder gewonnen und eingebunden werden. Dies gilt für die Lerner ebenso wie für die Trainer, die
Content-Ersteller und die verschiedenen Beteiligten im betrieblichen Bildungsmanagement. Hier müssen Befürchtungen vor Kontrolle und Ratio-
nalisierung aufgefangen bzw. ausgeräumt werden. Die Ergebnisse von Befragungen und Bewertungen sind ja nur dann aussagekräftig und
verwertbar, wenn sie in einer Atmosphäre konstruktiver Offenheit zu
Stande kommen.

Schließlich müssen die für ein Controlling erforderlichen Teilschritte
und Aktivitäten im Bildungsprozess verankert werden. Das heißt, dass
standardisierte Vorgehensweisen und dazu passende Werkzeuge verfügbar
sein müssen. Die Dokumentation der Kenngrößen für Vergleiche muss e-
benfalls Bestandteil der verschiedenen Arbeitsphasen sein, angefangen von

der Konzeption, über die Durchführung bis hin zur Erfolgsbewertung. Schließlich muss das ganze Verfahren möglichst einfach und wenig aufwändig sein. Dazu gehört nicht nur, dass Daten und Kenngrößen, die bereits in unterschiedlichen IT-Systemen vorliegen, zusammengeführt werden. Dazu gehört auch, dass das Verdichten von Analysen und das Erstellen von Berichten so weit wie möglich automatisiert werden. Learning Management Systeme spielen hierbei eine zentrale Rolle, da sie über unterschiedliche Funktionsmodule zahlreiche Verfahren und Vorgehensweisen im Rahmen des Bildungscontrollings unterstützen (dazu ausführlicher Meier 2004).

12. Bildungscontrolling, individuelles Bildungsmanagement und E-Portfolios

Ulf-Daniel Ehlers

„[...] human capital is the foundation of value creation. The asset that is the most important is the least understood, least prone to measurement, and hence the least susceptible to management [...]. "

(Ulrich u.a. 2001)

In vielen Beiträgen zum Bildungscontrolling zeigt sich immer wieder ein Spannungsverhältnis zwischen Bildung als prinzipiell individuellem und selbstorganisierten Prozess und Controlling mit der Intention diesen Bildungsprozess betrieblich zu organisieren, mit betrieblichen Zielsystemen übereinzubringen und zu gestalten. Die Bedeutung von Motivation, Reflektion, Aushandlungsprozessen und Zielvereinbarungen wird – gerade in den Praxisbeispielen dieses Buches – immer wieder betont. Nicht ökonomische Überfremdung betrieblicher Bildungsarbeit, sondern die Integration notwendiger Qualifizierung und Bildung über messbare und transparente Größen in effiziente Strukturen und Abläufe steht im Vordergrund. Der vorliegende Beitrag setzt hier an und zeigt die Notwendigkeit individueller Beteiligung für ein gelingendes Bildungscontrolling auf und stellt vier Konsequenzen dar, die im Rahmen eines Bildungscontrollingzyklusses ein individuelles Bildungsmanagement unterstützen können.

12.1 Bildungscontrolling: Ein Anforderungsprofil

Über die gesellschaftliche Entwicklung zur Wissensgesellschaft besteht weitgehend Konsens bei Akteuren aus Politik und Wissenschaft. Unterschiedliche Auffassungen bestehen hier lediglich über den bereits erreichten Grad der gesellschaftlichen Entwicklung zur Wissensgesellschaft. Es ist eine gesellschaftlicher Wandlungsprozess zu erkennen, den Bühl mit „neuer Vergesellschaftung" (Bühl 1997: 12) bezeichnet, einen Prozess, der alle Produktions- und Reproduktionsmechanismen der Gesellschaft umfasst. Dabei lösen sich traditionelle Bezüge auf, es bilden sich neue Strukturen heraus, und die Reproduktionsmechanismen der Gesellschaft ändern sich auf kulturellem, politischen und ökonomischem Gebiet (vgl. ebd.).

Die Begrifflichkeiten für diese Entwicklung sind keineswegs einheitlich. Immer neue Bezeichnungen setzen das Ende der Industriegesellschaft fest, indem Begriffe eingeführt werden wie „Weltgesellschaft"[1], „Wissensgesellschaft"[2], „Mediengesellschaft"[3] oder „Informationsgesellschaft"[4]. Die verschiedenen Begriffe fokussieren alle unterschiedliche Schwerpunkte ein und desselben Phänomens, das in dem vorliegenden Beitrag unter dem Begriff „Wissensgesellschaft" gefasst wird, wie er auch in der Theorie der Wissensgesellschaft von Peter Drucker (1969), Daniel Bell (1973) und Nico Stehr (1994) entwickelt wird.

In der Wissensgesellschaft werden Wissen, Bildung und Weiterbildung zunehmend zu Faktoren, die über Partizipation an gesellschaftlichen Ressourcen – insbesondere (Erwerbs-)Arbeit in jeglicher Form – bestimmen (vgl. Kreckel 1997: 74). Aus dieser Entwicklung begründet sich ein neuer, wichtiger werdender Stellenwert für die Weiterbildung insofern, als das den „[...] Prozessen der Distribution und Reproduktion von Wissen [...] ebensoviel Bedeutung beigemessen wird wie der Wissensproduktion [...]" (Stehr 1994: 204). Der Faktor Wissen als „unmittelbare Produktivkraft" (ebenda: 218) wird von Beck mit dem Stellenwert des Faktors Arbeit im Produktionsprozess traditioneller Industriegesellschaften verglichen (Beck 1986: 82).

Der besondere Stellenwert von Kompetenz und Qualifikation, Information und Wissen zeigt sich darin, dass materielle Vermögensgegenstände zur Differenzierung im Wettbewerb und zur Steigerung des Unternehmenswertes zunehmend ihre Bedeutung verlieren. Intellektuelles Kapital als „Wertträger" rückt jedoch immer mehr in den Vordergrund. Dabei sind die Begrifflichkeiten für diese Kapitalsorte heterogen: Sie reichen von Wissenskapital (vgl. Teece 2000) bis zu allen Vermögenswerten, die einen Wert für das Unternehmen besitzen und keine materiellen Güter oder Finanzanlagen darstellen (vgl. Lev 2001).

Vor allem ROI-Berechnungsmodelle, aber auch weiter gefasste Bildungscontrolling-Konzeptionen, versuchen das intellektuelle Kapital über Hilfskonstruktion in die betriebswirtschaftliche Kosten-Nutzenrechnung

---

[1] Zum Begriff der Weltgesellschaft: Rost 1996
[2] Zum Begriff der Wissensgesellschaft: Stehr 1994
[3] Zum Begriff der Mediengesellschaft: Mettler von Meiborn 1994
[4] Zum Begriff der Informationsgesellschaft: Bühl 1995

einfließen zu lassen. Dabei sind jedoch folgende Besonderheiten zu berücksichtigen:

1. *Kostenstruktur / Wertschöpfung:* Der Aufbau intellektuellen Kapitals erfordert hohe Investitionen, dessen Nutzung verursacht jedoch kaum Kosten (bspw. Verwendung des Wissens eines Mitarbeiters). Während materielle Produktionsfaktoren (z.B. (manuelle) Arbeit, Werkstoffe, u.ä.) bei der Herstellung von Gütern und Dienstleistungen verbraucht werden, ist dies bei intellektuellem Kapital nicht der Fall; dessen Wert wird durch Nutzung nicht gemindert sondern teilweise sogar noch erhöht. Im Controlling fehlen weitgehend geeignete Methoden, um Aufbau, Einsatz und Nutzung des intellektuellen Kapitals beurteilen zu können.

2. *Verfügungsrechte:* Unternehmen haben keinen unmittelbaren Zugriff, keine Verfügungsrechte über intellektuelles Kapital. Sie können es nicht erwerben, sondern nur gestalten. Die kann etwa über qualitative hochwertige Bildungsmaßnahmen geschehen.

3. *Immaterielle Investitionen und immaterielle Erlöse:* Der Zusammenhang zwischen Investitionen in intellektuelles Kapital, etwa durch betriebliche Qualifizierungsmaßnahmen und dem Ergebnis (den Erlösen) ist häufig unklar und auch die Wirksamkeit und Wirkungsrichtung einer solchen Investition ist oft nicht eindeutig zu bestimmen. Auch immaterielle Erlöse werden nicht bewertet. Daher wird die Bedeutung immaterieller Kosten und Erlöse nicht erkannt und weder systematisch geplant noch gesteuert.

Insgesamt zeigt sich, dass die ausschließliche Berücksichtigung monetärer Erlöse für eine langfristige und wertorientierte Unternehmensführung nicht ausreichend sein kann, denn monetäre Erlöse sind das Ergebnis der Nutzung von intellektuellem Kapital, das in der Vergangenheit aufgebaut wurde. Verfügt ein Unternehmen nicht über ausreichendes intellektuelles Kapital, so kann trotz hoher finanzieller Erlöse in der Gegenwart der zukünftige Bestand des Unternehmens gefährdet sein.

Beim Bildungscontrolling steht insbesondere für die Unternehmen, die zunehmend von immateriellen Vermögenswerten abhängen, nicht die Frage im Vordergrund, wie hoch der monetäre Wert des intellektuellen Kapitals einer Organisation ist. Eine objektive Ermittlung ist kaum möglich und deren Nutzen unter dem Gesichtspunkt der Unternehmensteuerung ohnehin fraglich. Viel wichtiger ist die zielgerichtete Gestaltung des intellektuellen Kapitals im Hinblick auf eine Steigerung des Unternehmenswertes. Der Schwerpunkt des Bildungscontrollings sollte deshalb auf der Steuerbarkeit und Gestaltung von Qualifizierungsprozessen und weniger auf der monetären Bewertung liegen.

12.2 Bildungscontrolling als gemeinsame Verantwortung

Bildungscontrolling (BC) hat demnach mindestens zwei Aufgaben: Eine (finanz)wirtschaftliche, um Investitionen transparent und kalkuliertbar zu machen und eine Gestaltungskomponente, die das Ziel hat Qualifizierungsmaßnahmen maßgeschneidert zu konzipieren, um die notwendigen Qualifikationen hervorzubringen. Von Landsberg und Weiss (1992) betonen in diesem Zusammenhang, dass Bildungscontrolling zweidimensional ausgerichtet ist: sowohl pädagogisch als auch ökonomisch (vgl. von Landsberg und Weiss 1992: 3). Beide Aufgaben sind eng miteinander verzahnt: Prozesse der Analyse, welche Qualifikationen zukünftig benötigt werden um welche Projekte und Aufgaben zu bewältigen und wie die jeweils geeigneten Maßnahmen vor dem jeweiligen wirtschaftlichen Hintergrund aussehen und die Planung, Gestaltung und Durchführung dieser Maßnahmen sind nicht auseinander zu dividieren. Ein typischer Bildungscontrollingzyklus ist in Abb. 12-1 dargestellt.

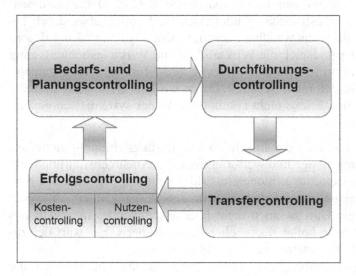

Abb. 12-1. Elemente des Bildungscontrollingprozess[5]

---

[5] Der Bildungscontrollingzyklus wird hier als prozessorientierter Ansatz aufgeführt, der die Weiterbildung in allen Phasen (von der Bedarfsermittlung bis hin zur Erfolgsermittlung) plant, steuert und kontrolliert und zusätzlich zu den Ergebnissen auch die dazugehörigen Prozesse betrachtet (vgl. Gerlich 1999, S.35). Bei den prozessorientierten Ansätzen werden in der gängigen Literatur ver-

Die These dieses Beitrages lautet jedoch, dass im Zusammenspiel mit Mitarbeitern / Lernenden hinsichtlich der Planungs-, Durchführungs-, Transfer- und Erfolgscontrollingprozesses Optimierungspotenziale vorhanden sind – die vielfach nicht genutzt werden. Von Landsberg (1992) weist darauf hin, dass dann die Gefahr bestehe, dass Bildungscontrolling zur ökonomischen Überfremdung von betrieblicher Bildungsarbeit werde (ebenda, S. 30). Die vorhandenen Optimierungspotentiale können letztlich nur gemeinsam mit den jeweils involvierten Mitarbeitern / Lernenden realisiert werden.

Tabelle 12-1. Zielsysteme bei Weiterbildungsmaßnahmen

Betriebliche Weiterbildungsziele	Individuelle Weiterbildungsziele
• Entwicklung und Erhaltung von Lernfähigkeit, Urteilsvermögen und Flexibilität der MA, • Verfügbarmachen von neuem technischen und organisatorischen Know-how, • Vorbereitung der MA auf neue Aufgaben und Beitrag zu ihrer sozialen Sicherung, • Entwicklung von Fach- und Führungskräften, • Sicherstellung von qualifiziertem Nachwuchs auf allen Ebenen, • Förderung von Kreativität, Engagement, Verantwortungsbewusstsein und Initiative, • Steigerung der Arbeitszufriedenheit.	• Vertiefung, Erweiterung und Anpassung der beruflichen Kenntnisse, Fertigkeiten und Verhaltensweisen entsprechend den technischen, wirtschaftlichen und gesellschaftlichen Veränderungen, • Entwicklungs- und Aufstiegschancen durch eine verbesserte berufliche Qualifikation, • Verbesserung der beruflichen Mobilität und Einsatzbreite, • Verbesserung der sozialen Kompetenzen, • Beitrag zur Sicherung des Arbeitsplatzes, • Entwicklung der eigenen Persönlichkeit

schiedene prozessuale und terminologische Differenzierungen vorgenommen. Gnahs und Krekel (1999, S.20) unterteilen den BC-Zyklus z.B. in Input-, Ziel-, Prozess-, Output-, Transfer- und Ressourcencontrolling. Seusing und Bötel (1999, S.59 ff.) hingegen erachten folgende Unterteilung als optimal: Zielbestimmung, Bedarfsanalyse, Konzeption und Planung von Weiterbildungsmaßnahmen, Durchführung von Maßnahmen, Kostenerhebung, Erfolgskontrolle und Sicherung des Transfers ins Funktionsfeld. Die vorliegende Unterteilung lehnt sich an Bachmann (2003) an und repräsentiert jeweils einen Teilprozess vor, während und nach der Bildungsmaßnahme sowie das Erfolgscontrolling.

Erst wenn Lernende im Rahmen eines solchen qualifizierungsorientierten Bildungscontrollings befähigt werden, ihre eigenen Lernprozesse, Fähigkeiten und Zielstellungen über ein *individuelles Bildungsmanagement* mit denen der jeweiligen Unternehmung / Organisation überein zu bringen, können Bildungsplanungs- und Durchführungs- sowie Assessmentprozesse ihr volles Potential entfalten. Leiter u.a. (1982) benennen die Dualität von Zielsystemen (Mitarbeiterunternehmen) als betrieblichen Weiterbildungsziele einerseits und individuelle Weiterbildungsziele andererseits, die wie in Tab. 12-1 dargestellt (vgl. ebenda, S.73 f.). Vor allem die im folgenden Abschnitt beschriebenen zwei Bedingungsfaktoren führen dazu, dass Bildungscontrolling durch ein individuelles Bildungsmanagement begünstigt wird.

12.3 Individuelles Bildungsmanagement

Die Gestaltung von Qualifizierungsprozessen und ihre Einbettung in betriebliche Zielsysteme und Abläufe sind die zentralen Ziele eines Bildungscontrolling für e-learning-gestützte Bildungsmaßnahmen. Die zugrunde liegende Frage lautet dann: Wie können Qualifizierungsprozesse vor dem Hintergrund ihrer organisationalen und wirtschaftlichen Rahmenbedingungen optimal gestaltet und mit betrieblichen Zielen übereingebracht werden? Die Antwort auf diese Frage deutet auf zwei Bedingungsfaktoren hin, die im folgenden weiter ausgeführt werden:

1. Bildungsprozesse sind als Ko-Produktionsprozesse, Bildungscontrolling als Ko-Controlling-Prozess zu konzeptualisieren.
2. Die Prinzipien selbstorganisierten Lernens begünstigen eine Einbindung von Lernenden in einem betrieblichen Bildungscontrollingprozess.

12.3.1 Bildungscontrolling als Ko-Controlling-Prozess

Bildung ist ein Ko-Produktionsprozess. Sie vollzieht sich im Zusammenspiel von Fremd- und Selbstbildung. Diese Erkenntnis zieht sich durch allen bildungstheoretischen Ansätze und schlägt sich in den meisten Bildungsbegriffen nieder (vgl. Meder 1999). Das heißt, dass Bildungsprozesse ihre Wurzel zunächst an der Schnittstelle von (zumindest) Subjekt und Umwelt haben. Obwohl oftmals der Anschein erweckt wird, man müsse nur das geeignete Analysistool, einen guten Skilltest oder ein vernünftiges Planungskonzept einsetzen, um eine Qualifizierungsmaßnahme zum Erfolg zu führen, darf dies nicht darüber hinwegsehen lassen, dass

Qualifizierungsprozesse – und Kompetenzaneignung – höchst subjektive Prozesse sind, die zwar in Relation zur jeweiligen Umwelt bzw. den Rahmenbedingungen stehen, aber nur unzuverlässig objektiv steuerbar sind. Das heißt, Bildung ist ein strukturell auf Ko-Produktion angelegter Prozess. (vgl. Ehlers 2004c) Daher sind effektive und effiziente Bildungsplanungs-, -durchführungs- und controllingprozesse zumindest zu einem Teil im Lernenden verankert.[6] Sie sind darauf angewiesen, dass Lernende die jeweiligen Unternehmens- / Organisationsziele kennen, diese inkorporieren, im Sinne dieser handeln und sich dergestalt in Qualifizierungsmaßnahmen engagieren, dass Projekte und Aufgaben erfolgreich im Sinne des Unternehmens gelöst werden können. Ein Controllingprozess kann in diesem Sinne als *kommunikativer Transaktionsprozess* verstanden werden, der auf die Ko-Produktion der beteiligten Akteure angewiesen ist (Seibt weist in Kap. 3 in diesem Buch ebenfalls darauf hin, dass Controlling auch als Lernprozess verstanden werden kann).

12.3.2 Selbstorganisation als Bedingung für erfolgreiches Bildungscontrolling

Wenn Bildungscontrolling nicht nur als Analyse sondern auch als Planungs- und Steuerungskonzept erfolgreich sein soll, dann müssen Mitarbeiter zum Controlling befähigt werden. Ein Bildungscontrolling „gegen" die bzw. abgekoppelt von den jeweiligen Lernenden ist schlechterdings nicht möglich. Letztlich sind Lern-, Diagnose-, Medien- und auch Methodenkompetenz erforderlich, um individuelle Fähigkeiten mit betrieblichen Anforderungen bzw. Zielsystemen zu synchronisieren.

Die Ähnlichkeit eines Bildungscontrollingprozesses zur Fähigkeit selbstorganisierten Lernens wird deutlich, betrachtet man den Begriff einmal näher. Zwar gibt es eine Vielzahl von Definitionen und Synonymen

---

[6] Effektivität und Effizienz werden fälschlicherweise oftmals synonym verwand, stellen aber unterschiedliche Dimensionen der Wirksamkeit einer Bildungsmaßnahme dar (vgl. Schöni 2001, S.43). Effektivität meint „[...] die generelle Eignung einer Maßnahme, bzw. eines Instrumentariums zur Erfüllung eines bestimmten Zwecks und/oder Ziels." (Küpper/Weber 1995, S.96). Sie beruht auf einem Ziel-Output-Verhältnis (vgl. Bumann 1991, S.91). Umgangssprachlich wird Effektivität auch beschrieben als ‚die richtigen Dinge tun' (vgl. Hertig 1996, S.107). Effizienz meint das Erfolgsniveau bzw. die Leistungswirksamkeit von Bildungsmaßnahmen im Hinblick auf die Formalzielsetzung einer Unternehmung (vgl. Thom 1988, S.325). Sie kann als Relationsgrösse von Output und Input aufgefasst werden (vgl. Scholz 1992, S.533). Umgangssprachliche meint Effizienz ‚die Dinge richtig tun' (vgl. Hertig 1996, S.107).

für selbstorganisierten Lernen,[7] was in der Komplexität des Begriffs begründet liegt, bei all diesen verschiedenen Bezeichnungen lässt sich jedoch feststellen, dass die Betonung auf der Eigeninitiative und -aktivität der Lernenden während des Lernprozesses liegt (vgl. Schmidt/Stark 1996, Friedrich/Mandl 1990; 1997). Beispielhaft hierfür steht die Definition von Konrad und Traub (1999):

„Selbstgesteuertes Lernen ist eine Form des Lernens, bei der die Person in Abhängigkeit von der Art ihrer Lernmotivation selbstbestimmt eine oder mehrere Selbststeuerungsmaßnahmen (kognitiver, volitionaler, oder verhaltensmäßiger Art) ergreift und den Fortgang des Lernprozesses selbst (metakognitiv) überwacht, reguliert und bewertet (Konrad und Traub 1999, S.13)."

Zur Realisierung eines solchen Lernverständnisses sind vielfältige Voraussetzungen seitens der Lernenden erforderlich. Es bedarf einer Reihe von Kompetenzen, um selbstorganisiert zu lernen, die in Tab. 12-2 aufgeführt sind.

Tabelle 12-2. Kompetenzen selbstorganisierten Lernens und Bildungscontrolling-prozesse

Kompetenzen selbstorganisiertes Lernen	Prozesse im Bildungscontrolling
Diagnosefähigkeit: Wissenslücken entdecken, seinen Lernbedarf erfassen und für den eigenen Lernprozess Ziele entwickeln	Bildungsbedarfsanalyse Planungsphase der BM*
Motivationsfähigkeit: Sich für den Lernprozess zu motivieren	Durchführungsphase
Organisationsfähigkeit: Den eigenen Lernprozess zu planen und (im betrieblichen Alltag) vorzubereiten	Planungsphase Durchführungsphase
Recherche- und Methodenkompetenz: Sich selber Lernmaterialien zusammen zu suchen	Planungsphase Durchführungsphase
Lernfähigkeit: Konzentriertes und zielgerichtetes Lernen	Durchführungsphase
Diagnosekompetenz: Den eigenen Lernfortschritt zu überprüfen.	Assessmentphase, Transfercontrolling, Erfolgscontrolling

---

[7] Im deutschen Sprachgebrauch werden Begriffe wie selbstorganisiertes Lernen, autodidaktisches Lernen, selbstverantwortliches Lernen, selbstbestimmtes Lernen und selbstregulierendes Lernen verwendet. Im Angelsächsischen wird von self-directed learning, self-guided learning, self-regulated learning gesprochen. (vgl. Ehlers 2004c)

*BM: Bildungsmaßnahme

Die Voraussetzungen für, und Ziele von selbstorganisiertem Lernen sind auf den Bildungscontrolling-Prozessen abbildbar und teilweise ähnlich. Es wird deutlich, dass Bildungscontrolling-Prozesse durch individuelle Kompetenzen selbstorganisierten Lernens unterstützt und optimiert werden – diese teilweise auch als notwendige Voraussetzung gelten können. Diese Zusammenhänge zeigen sich auch in der betrieblichen Realität. So zeigt sich, dass Mitarbeiter sich ihrer Rolle als Ko-Produzenten betrieblicher Bildungsprozesse bewusst sind, die entsprechenden Personalentwicklungs- und -controllingmaßnahmen oftmals aber nicht auf individuelle Kontexte abgestimmt sind.

Die Studie „Wissen mit Gewinn – der Faktor Mensch Entscheidet", durchgeführt im März 2004 am Institut für angewandtes Wissen e.V. (IAW) in Köln in Zusammenarbeit mit dem Fraunhofer IPK, untersuchte bei 627 Beschäftigten, inwieweit Personalcontrolling und -entwicklungsprozesse Mitarbeiter bei Qualifizierungsprozessen unterstützt (vgl. Döring-Katerkamp und Kuth 2004). Sie zeigt, dass knapp 80% der Befragten eine Zunahme der Anforderungen in ihrem Arbeitskontext feststellen. Rund 69% der Befragten sehen diese als positive Herausforderung und bilden sich ständig weiter. Wiederum knapp 80% der Befragten sind sich dabei auch über den eigenen Kompetenzbedarf im Klaren. Im Bereich der Planungs- und Durchführungsprozesse betrieblicher Bildungsmaßnahmen werden dagegen Defizite deutlich. Nur 38% der Befragten werden über die Bedeutung von Kompetenzen in irgendeiner Form informiert. Nur 3,7% der Befragten werden Qualifizierungsangebote automatisch angeboten. Für 63% ist das Angebot nur mit einigem bis sehr großem Aufwand erkennbar. Die Ergebnisse legen nahe, dass Mitarbeiter zumeist durch direkten Austausch mit Kollegen und Kunden, bzw. Lernen an ihrem Arbeitsplatz mehr Erkenntnisse darüber gewinnen, welche Qualifikationsanforderungen zukünftig notwendig sind, als durch ein betriebliches Bildungsmanagement/Bildungscontrolling.

12.4 Konsequenzen für ein Bildungscontrolling

Die Ausführungen machen deutlich, dass Bildungscontrolling auf die Ko-Produktion der jeweiligen Zielgruppe im Sinne eines individuellen Bildungsmanagements angewiesen ist. Diese muss in der Lage sein, sich im Sinne eines gemeinsamen Zielsystems in die jeweiligen Controllingprozesse einzubringen. Als Konsequenz wird eine Erweiterung des in Abb. 12-1 dargestellten Bildungscontrollingzyklusses vorgeschlagen, die in Abb. 12-2 dargestellt ist.

1. *Bildungscontrolling wird zum Management von Rahmenbedingungen und muss individuelle Profile hervorbringen, die auf die jeweilige Zielgruppe zugeschnittenes Lernen ermöglicht.* Für die Planung und Durchführung von E-Learning heißt dies, ein Angebot auf modularen Services aufzubauen. Entgegen dem Prinzip „One size fits all" müssen hier sowohl inhaltlich als auch lernorganisatorisch flexible Bildungsangebote bereitgestellt werden, die durch Selektion und Aushandlung mit der jeweiligen Zielgruppe zu individuellen Bildungsprofilen führen. Aushandlungsprozesse müssen hier nicht als notwendiges Übel sondern als konstituierender Bestandteil einer Qualifizierungskultur gelten um Übereinstimmung zwischen den unterschiedlichen Zielsystemen zu erreichen. Ein solches Vorgehen findet sich bislang nur in wenigen betriebliche Kontexten vor und verlangt technisch und organisatorisch eine modulare Bildungsinfrastruktur, die auf sozialen und organisationskulturellen Säulen ruht.

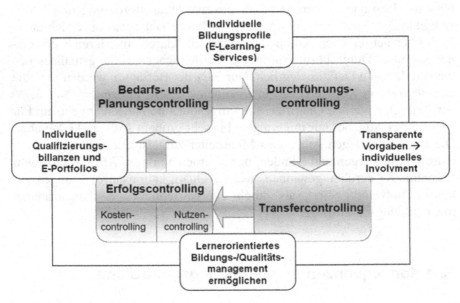

Abb. 12-2. Erweiterter Bildungscontrollingzyklus

2. *Bildungscontrolling muss transparente Vorgaben machen, um individuelles Bildungsmanagement zu ermöglichen.* Döring-Katerkamp und Kuth (2004) zeigen, dass oftmals die Bereitschaft und Kompetenz zum Lernen vorhanden ist, über die betriebliche Entwicklung und den daraus

resultierenden Qualifizierungsbedarf jedoch keine Transparenz herrscht (siehe oben). Die Voraussetzung dafür, Bildung als individuellen Prozess im Rahmen betrieblicher Zielsysteme zu unterstützen ist jedoch eine größtmögliche Transparenz. Diese sollte nicht nur als Zieltransparenz verstanden werden, sondern auch als Prozesstransparenz, nicht nur kurz- sondern auch mittelfristig. Dabei müssen die gewünschten Transferergebnisse im jeweiligen Arbeitskontext von vornherein mit in die Bildungsmaßnahme integriert werden – bspw. im Sinne eines arbeitsprozessnahen Lernangebotes.

3. *Lernerorientiertes Qualitätsmanagement für e-learning-gestützte Bildungsprozesse ist die Voraussetzung für erfolgreiche Bildungsmaßnahmen.* Dabei geht es darum, die Lernenden in die Pflicht zu nehmen. In diesem Verständnis sind sie keine Konsumenten von Bildungsmaßnahmen mehr sondern Produzenten ihres eigenen Bildungserfolges. Döring-Katerkamp und Kuth (2004) führen an, dass Mitarbeiter im Arbeitsprozess oftmals gut über den eigenen Bildungsbedarf und den Nutzen von Bildungsmaßnahmen Bescheid wüssten. Der Transfererfolg und Nutzen von Bildungsmaßnahmen sind letztlich keine von den Lernenden unabhängigen Kategorien sondern werden durch sie mitbestimmt. Im Rahmen eines individuellen Bildungsmanagements geht es also darum, einen individuellen Umsetzungsprozess für das Erreichen betrieblicher Ziele in individueller Verantwortung zu gestalten.

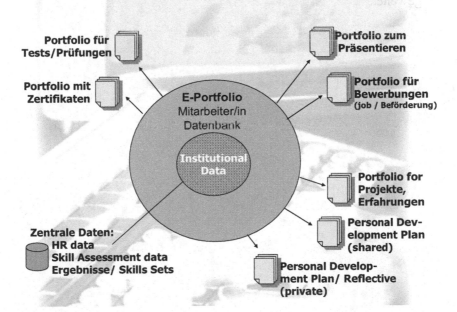

Abb. 12-3. Struktur eines E-Portfolios

4. *Individuelle Kompetenzbilanzen und E-Portfolios ermöglichen optimiertes Bildungscontrolling.* Bildungscontrolling versucht, individuell vorhandene Kompetenzen aufzunehmen und im Rahmen betrieblicher Zielstellungen weiterzuentwickeln. Die hierfür notwendige Transparenz von vorhandenen Kompetenzen, individuellen Lernaktivitäten und Präferenzen sowie Erfahrungen ist meistens nicht vorhanden. Organisationsweit eingeführte E-Portfolios können hier Abhilfe schaffen (Abb.12-3). E-Portfolios sind individuelle Informationsräume für Lernende. Informationen können hier bspw. für Projektzusammenhänge bereitgestellt werden, in denen auf früheren Erfahrungen aufgebaut werden soll, Zertifikate und Bildungsnachweise sind hier hinterlegt. E-Portfolios ermöglichen durch ihre Dokumentationsfunktion eine größere Transparenz über vorhandene Kompetenzen und verbessern damit die Steuerung betrieblicher Bildungsarbeit.

Diese hängt letztlich davon ab, welche vorhandenen Kompetenzen in welcher Weise wohin weiterentwickelt werden sollen. Kompetenzbilanzen sind hier ein viel versprechendes Konzept (Gnahs, Neß, Schrader 2003; CeKom® 2004). Aus der Perspektive Lernender stellen Sie die Voraussetzung für individuell abgestimmte Qualifizierungskonzepte dar und ermöglichen es ihnen, einen eigenen, proaktiven Beitrag zum Bildungscontrolling zu leisten. Die Sichtweise auf Qualifizierung wird durch E-Portfolios auch auf informelle Qualifizierungsaktivitäten ausgeweitet.

13. Qualitätsmanagement von E-Learning mit dem House of Quality

Joachim von Kiedrowski

Die Notwendigkeit der Ausrichtung des Einsatzes von E-Learning an der Unternehmensstrategie ist unbestritten. Als schwierig erweist sich jedoch die Messung von dessen Wirksamkeit auf den Geschäftserfolg. Die bisher zu diesem Zweck eingesetzte Instrumente, wie z.B. der Return on Investment (ROI) sind in die Kritik geraten. Es werden Alternativen gesucht, die geeignet sind, der Multiperspektivität des Evaluationsproblems sowie der Pluralität der zu berücksichtigenden Kriterien gerecht zu werden. Im Folgenden Beitrag wird mit dem House of Quality ein Instrument vorgestellt, das alle relevanten Stakeholder in die Evaluation einbezieht und eine durchgängige Orientierung an den Stakeholderanforderungen und somit auch den Unternehmensanforderungen ermöglicht.

13.1 ROI als Instrument des Bildungscontrollings in der Kritik

Besonders in wirtschaftlich schlechten Zeiten wird die Frage nach der ökonomischen Wirksamkeit betrieblicher Maßnahmen mit besonderem Nachdruck gestellt. Auch die Weiterbildungsabteilungen von Unternehmen kommen um eine Überprüfung der Wirtschaftlichkeit ihrer Aktivitäten nicht herum. Im Rahmen des Bildungscontrollings wird zur Berechnung des Return-on-Investment (ROI) den Kosten von Weiterbildungsmaßnahmen ihr bewerteter Nutzen gegenüber gestellt. Die Verkürzung des Bildungscontrollings auf die Beurteilung eines einzigen Kriteriums wird zunehmend kritisiert. ROI-Diskussionen stehen bei Experten im Verdacht, lediglich Alibi-Argumente zu liefern, um Weiterbildungsabteilungen unter Druck und Budget-Kürzungen durchzusetzen (vgl. Wang 2003).

Das Thema E-Learning hatte die Popularität von ROI-Betrachtungen noch gesteigert. Nicht zuletzt von den Anbietern der neuen E-Learning-Technologien und Dienstleistungen wurde die Hoffung geschürt, dass mit E-Learning herausragende Kosteneinsparungen und damit Verbesserungen des ROI zu erzielen seien. Die Erwartungen in positive ROI-Berechnungen wurden jedoch bei vielen Unternehmen enttäuscht. Teilweise basierten die optimistischen Kalkulationen auf wagen Annahmen oder ungenauen Angaben und vernachlässigten die hohen Anfangsinvestitionen in die notwendige Technologie. Auch die Idee, den nur schwierig zu messenden Nutzen durch den Einsatz von neuen Technologien nun besser beurteilen zu können, lässt sich nur schwer umsetzen. Learning Management Systeme bieten zwar so genannte Tracking-Funktionalitäten, mit denen Daten über die Intensität und den Erfolg der Nutzung von E-Learning-Maßnahmen gesammelt werden können (vgl. Bersin 2004). Bei der Verwertung dieser Informationen sind in Unternehmen aber Datenschutzregelungen und Betriebsvereinbarungen zu berücksichtigen. Gegenüber dem Betriebsrat ist dann dem häufig gehegten Verdacht entgegen zu wirken, dass durch die E-Learning-Hintertür nun zusätzliche Instrumente zur Leistungsbeurteilung der Mitarbeiter eingeführt werden sollen.

Von diesen Schwierigkeiten abgesehen, kann das grundlegende Problem von ROI-Berechnungen für Weiterbildungsmaßnahmen auch durch den Einsatz von Technologie nicht behoben werden. Während Kostenarten und Nutzenpotentiale relativ umfassend aufgelistet werden können (vgl. Seibt 2001) und auch die Zurechnung der Kosten möglich ist, stellt sich die monetäre Bewertung des Nutzens (z.B. als Erhöhung des Unternehmenserfolgs) in der Praxis doch als nur schwer realisierbar dar (vgl. Keller 2002, S. 159). Die tatsächliche Wirkung auf den Unternehmenserfolg lässt sich auch für E-Learning-Maßnahmen nicht unmittelbar nachweisen, da diese Einflüsse i.d.R. multifaktoriell bedingt sind (vgl. Reglin und Speck 2003, S. 12).

13.2 Alternativen zur Perspektive des ROI

Seit der Veröffentlichung seines vier Ebenen Modells im Jahr 1959 gilt Donald Kirkpatrick als Gründervater des Bildungscontrollings (Kirkpatrick 1959; 1998). Auf seinem Modell mit den Ebenen *reaction, learning, behaviour* und *results*, basieren viele Evaluationsansätze für Weiterbildungsmaßnahmen. Es wurde im Laufe der Zeit mehrfach modifiziert und für spezielle Zwecke angepasst. So wurde von Jack Philipps eine fünfte Ebene eingeführt, die neben dem Beitrag des Trainings zum Erfolg (results) explizit die Wirtschaftlichkeit im Sinne des ROI erfasst (Philipps 1998). Auch für die Anwendung im E-Learning-Bereich gibt es Varianten, wie z.B. zur Evaluation von Lernprogrammen, die eine zusätzliche so genannte Input-Ebene enthält, die die Perspektive der Evaluationsexperten berücksichtigt (vgl. Schenkel 2000, S. 113f.).

Die Eignung des Kirkpatrick-Modells ist insbesondere auch im E-Learning-Bereich nicht unumstritten. Als ein wesentliches Merkmal von E-Learning gilt die enge Anbindung an die Wertschöpfungsprozesse, deren Bedeutung sich für erfolgreiches E-Learning zukünftig noch erhöhen wird (vgl. Kröpelin und Specht 2002; Egnolff und Fimmler 2002; Islam 2004). Insbesondere dieser stärkeren Berücksichtigung des Businesswerts von E-Learning wird das vier Ebenen Modell nicht ausreichend gerecht. Es fokussiert besonders die Beurteilung der Weiterbildungsmaßnahme aus der Perspektive der Lernenden und bezieht die Unternehmensbedürfnisse lediglich in vierten Ebene (results) mit ein (vgl. Islam 2004, S. 4f).

Eine stärkere Betonung der Unternehmensbedürfnisse wird aber nicht unbedingt durch eine Konzentration auf die ROI-Berechnung erreicht. So ist Tobin der Auffassung, dass die Evaluation des Nutzens von Lernen stärker an die Ziele der jeweiligen Organisation gebunden werden sollten. Anders als bei der alleinigen Berechnung des ROI sollten Unternehmen sich zunächst auf die Geschäftsbedürfnisse, dann den Qualifizierungsplan und zum Schluss auf die Geschäftsergebnisse fokussieren. Tobin ist überzeugt davon, mit diesem Konzept die Reduktion auf die ROI-Berechung zu überwinden, wie er seiner Aussage pointiert deutlich macht: „If you start and end all of your learning efforts by focusing on your organization's goals, you will never be asked to do an ROI analysis to justify your budget" (Tobin 1998).

Islam kritisiert, dass sich die zurzeit bei der Entwicklung und Evaluation von E-Learning eingesetzten Methoden zu stark an den Anforderungen des Instructional Systems Designs orientieren und die Unternehmensbedürfnisse nicht ausreichend berücksichtigen. Er plädiert deshalb für den Einsatz von Management-Tools, wie z.B. dem „Design for Six Sigma (DFSS)" (vgl. Islam 2004, S. 5; Islam 2004a). Bei DFSS handelt es sich um einen Ansatz, der dem Total Quality Management zugeordnet werden kann. Im Rahmen von DFSS kommt auch das „House of Quality" (HoQ) zu Einsatz, auf das unten noch weiter eingegangen wird.

Auch im deutschsprachigen Raum werden Methoden des Total Quality Managements für den Einsatz im Weiterbildungscontrolling verstärkt diskutiert (vgl. Ehlers und Pawlowski 2003, S. 2ff; Speer 2001, S. 75ff; Kiedrowski 2001, S. 131ff). Pädagogen haben aber teilweise noch Vorbehalte gegenüber der Nutzung von TQM-Methoden im Bildungsbereich. Die Vorbehalte beziehen sich im Wesentlichen auf die Gefahr der einengenden

Formalisierung von Bildungsprozessen, die mit der Adaption der ursprünglich im ingenieurwissenschaftlichen Bereich entwickelten Ansätze einher geht. Aber auch die Potentiale, die neue Methoden wie z.B. die Balanced Scorecard und das HoQ für das Weiterbildungscontrolling beinhalten, werden inzwischen erkannt. Sie sind geeignet, die Reduktion auf den ROI zu überwinden, der Pluralität der zu berücksichtigenden Evaluationskriterien gerecht zu werden und die beteiligten Stakeholder multiperspektivisch bei der Beurteilung miteinbeziehen (vgl. Beywl 2001, S. 7; Brauns und Tesch 2001, S. 85ff).

Im E-Learning-Bereich können sowohl die Balanced-Scorecard (vgl. Leithner und Back 2004, S. 21ff) als auch das HoQ eingesetzt werden. Im Folgenden werden das Konzept des HoQ und seine Anwendungsmöglichkeiten beim Qualitätsmanagement von E-Learning ausführlicher dargestellt.

13.3 House of Quality als Instrument des Qualitätsmanagements

Das House of Quality ist ein Bestandteil des „Quality Function Deployment"-Ansatzes (QFD), der innerhalb des Total Quality Managements den Instrumenten der Qualitätsplanung zuzuordnen ist. Es handelt sich dabei um eine umfassende Systematik zur kundenorientierten Produktentwicklung und -planung, die Ende der 60er Jahre in Japan von Akao für die Fertigungsindustrie entwickelt und erstmalig im Schiffsbau einer Werft in Kobe eingesetzt wurde (vgl. Akao 1990, S. 184ff.; Akao 1992, S. 15ff.; Bossert 1991, S. 5). Mit einer zeitlichen Verzögerung begann die Auseinandersetzung mit QFD Anfang der 80er Jahre in den USA und erst Ende der 80er Jahre in Europa und insbesondere auch in Deutschland (Vgl. Cohen 1995, S. 16ff.; Bergmann 1995, S. 11ff.; Brunner 1992, S. 43).

13.3.1 House of Quality-Matrix als zentrales Instrument des Quality Function-Deployment

Die Hauptaufgabe von QFD ist es, der „Stimme des Kunden" (Voice of the Customer) Gehör zu verleihen und seine Anforderungen systematisch in Produkt- und Qualitätsmerkmale zu übersetzen (Vgl. Cohen 1995, S. 11). Dabei wird eine Reihe von Matrixdarstellungen zur Dokumentation der Kundenanforderungen und der Produktmerkmale eingesetzt.

Das Hauptinstrument des QFD ist eine Matrix, die aufgrund ihrer Form auch „House of Quality (HoQ)" genannt wird. Bei der Entwicklung des

HoQ setzt QFD noch einige weitere Techniken ein, wie z.B. Affinitäts-, Baum- bzw. Hierarchiediagramme sowie Kreativitätstechniken (Vgl. ASI 1990, S. 26; Cohen 1995, S. 11f). In der HoQ-Matrix werden die erhobenen Kundenanforderungen und die Produktmerkmale in Beziehung zueinander gesetzt und der Grad der Erfüllung der Kundenanforderungen festgestellt.

Darüber hinaus gehen noch weitere Informationen in die HoQ-Matrix ein, wie die Gewichtung der Kundenanforderungen, die Wechselwirkungen zwischen den Produktmerkmalen, die Zufriedenheit mit der bisherigen Leistung, der Vergleich mit der Leistung der Konkurrenz, die Zielgröße der Leistung, die derzeitige Leistung und die Bedeutung der Leistung bzw. des Produkt-/Qualitätsmerkmals. Unter Berücksichtigung dieser Informationen ergibt sich der Aufbau des HoQ, wie er in Abb. 1 (in Anlehnung an Bossert 1991, S. 7) vereinfacht dargestellt ist.

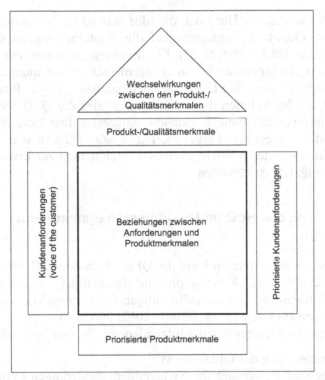

Abb. 13-1. Vereinfachte Darstellung des House of Quality

Im Zentrum des HoQ steht eine Matrix, in der die Kundenanforderungen mit den Produktmerkmalen in Beziehung gesetzt werden. Damit wird dargestellt, ob und wie stark die einzelnen Produktmerkmale zur Erfüllung der

Kundenanforderungen beitragen. Daraus lässt sich die Priorisierung der Produktmerkmale durch die erfasste Wichtigkeit erstellen.

QFD wird als universell einsetzbares Analyse-, Planungs- und Kommunikationsinstrument angesehen. Es gewährleistet u. a. eine

- durchgängige Kundenorientierung durch Berücksichtigung der Kundenanforderungen und der Wettbewerbsinformationen,
- intensive Zusammenarbeit und Kommunikation aller Beteiligten durch die abteilungsübergreifende Zusammensetzung des QFD-Teams,
- umfassende Dokumentation, so dass Entscheidungen auf der Basis vielfältiger qualitativer Daten getroffen werden können.

13.3.2 Einsatz des HoQ im Qualitätsmanagement von Weiterbildung

Bereits 1993 wurde von Heeg u.a. die Idee entwickelt, Methoden aus dem industriellen Qualitätsmanagement auf die Weiterbildung zu übertragen (Vgl. Heeg u.a. 1993; 1994, S. 27). Flachsenberg greift den Vorschlag auf und integriert die Methoden in ein „Instrumentarium zur qualitätsfördernden Konzeption von Weiterbildungsmaßnahmen" (Vgl. Flachsenberg 1998, S. 93ff). Im Rahmen dieses Konzeptes wird die QFD-Methode bei der Planung einer Schulungsmaßnahme eingesetzt. Das HoQ dient dabei dazu Qualifizierungsziele, Lernziele, Lerninhalte Medien und Methoden zu ermitteln sowie deren Wichtigkeit und Geeignetheit zur Erreichung der Qualifizierungziele zu bewerten.

13.3.3 Einsatz des HoQ im Qualitätsmanagement von E-Learning

Auch im E-Learning-Bereich kann die QFD-Methode vielfältig zur Unterstützung der Planung, Konzeption und Evaluation von spezieller E-Learning-Software bis hin zu vollständigen E-Learning-Maßnahmen eingesetzt werden (vgl. Kiedrowski 2001, 2002, 2002a, 2003). Der zu durchlaufende Prozess kann grob in die folgenden vier Phasen unterteilt werden:

1. Zusammensetzung des QFD-Teams
2. Erhebung und Bewertung der Stakeholderanforderungen (Voice of the Customer Analysis)
3. Erhebung der Produkt- bzw. Qualitätsmerkmale (Voice of the Engineer Analysis)
4. Bildung der HoQ-Matrix.

Zusammensetzung des QFD-Teams
Um die Stärke des QFD, nämlich die durchgängige Kundenorientierung durch Berücksichtigung der Kundenanforderungen zu realisieren, ist es erforderlich, alle relevanten „Kunden" im Sinne der QFD-Methodik in den Prozess einzubeziehen. Es ist an dieser Stelle zu betonen, dass im Rahmen von QFD von einem weiten Kundenbegriff ausgegangen wird. Als Kunden werden nicht nur die externen Abnehmer von Leistungen des Unternehmens betrachtet. Auch alle weiteren Personen, die unmittelbar und mittelbar an der Produkterstellung beteiligt oder von der Produkteinführung betroffen sind, werden als Kunden angesehen. Um Missverständnisse hinsichtlich Verwendung des Kundenbegriffs zu vermeiden, werden im Folgenden die Beteiligten und Betroffenen (abweichend vom originären QFD-Ansatz) als Stakeholder bezeichnet. Diese werden idealerweise im Rahmen einer Stakeholder-Analyse ermittelt und hinsichtlich ihrer Wichtigkeit bewertet (vgl. Wilbers 2004). Die Wichtigkeit der Stakeholder kann im weiteren Prozess z.B. bei der Bewertung der Stakeholderanforderungen berücksichtigt werden.

Bei E-Learning-Maßnahmen sind neben den zu qualifizierenden Mitarbeitern (als unmittelbaren „Kunden" der Weiterbildungsmaßnahme), den Trainern und Bildungsverantwortlichen auch noch weitere Stakeholder, wie z.B. IT-Verantwortliche zu berücksichtigen. Aufgrund der unterschiedlichen Erfahrungs- und Erwartungshintergründe sind deren Qualitätsmodelle jedoch sehr unterschiedlich. Das heißt, dass beispielsweise die Mitarbeiter der IT-Abteilung den Erfolg eines E-Learning-Projektes anhand anderer Kriterien bewerten als die Trainer, die eine E-Learning-Software zur Durchführung von Maßnahmen einsetzen oder Mitarbeiter, die sich im Rahmen einer E-Learning-Maßnahme qualifizieren sollen. Während für die Mitarbeiter der IT-Abteilung möglicherweise die technische Stabilität ein wichtiges Erfolgskriterium ist, werden Trainer besonderen Wert auf die Unterstützung von Betreuungsprozessen legen und für die Teilnehmer von Qualifizierungsmaßnahmen wird nicht die technische Lösung im Mittelpunkt stehen, sondern der praktische Nutzen des Gelernten.

Außerdem ist die Beteiligung von Führungskräften von großer Bedeutung, um die Anforderungen des Unternehmens zu berücksichtigen. Idealerweise sollte jede relevante Stakeholdergruppe mit mindestens einem Vertreter beteiligt sein, um die verschiedenen Interessen umfassend zu berücksichtigen.

Erhebung und Bewertung der Stakeholderanforderungen
Im zweiten Schritt wird mit der Erhebung und Bewertung der Stakeholderanforderungen die Grundlage für eine kundenorientierte Betrachtung der Produkt- bzw. Qualitätsmerkmale der E-Learning-Maßnahme geschaffen.

Dabei werden mit den Beteiligten die unterschiedlichen Wünsche und Erwartungen an die E-Learning-Maßnahme diskutiert und in einem Anforderungskatalog dokumentiert. Mögliche Anforderungen an eine E-Learning-Maßnahme, die hierbei erhoben werden könnten, wären z.B.:

- Lernen am Arbeitsplatz
- Lernen in der Freizeit
- Transfer des Gelernten in den Arbeitsprozess
- Standort übergreifender Erfahrungsaustausch
- Attraktivität des Weiterbildungsangebots
- Effizienz des Learning Managements, etc.

Die aus der Sicht des Unternehmens von den beteiligten Führungskräften eingebrachten Anforderungen werden direkt aus der Unternehmensstrategie abgeleitet. Auf diese Weise kann ein starker Bezug zu den Geschäftsbedürfnissen hergestellt werden.

Die Anforderungen werden anschließend von allen Beteiligten hinsichtlich ihrer Wichtigkeit bewertet. Anhand der Bewertungsergebnisse wird eine Rangfolge hinsichtlich der Wichtigkeit gebildet. Bei einer späteren Evaluation werden diejenigen Qualitätsmerkmale besonders hervorgehoben, die mit den wichtigsten Anforderungen korrelieren.

Ein positiver Nebeneffekt dieses Vorgehens ist, dass im Rahmen der Diskussion zur Ermittlung der Anforderungen den Beteiligten vielfältige konzeptionelle Fragen des E-Learning-Einsatzes näher gebracht werden. Dieser Diskussionsprozess ist außerdem sehr wichtig, um eine gemeinsame und von allen Beteiligten akzeptierte Ausgangsposition (Commitment) für den weiteren Prozess zu erzeugen.

Erhebung der Produkt- bzw. Qualitätsmerkmale
In diesem dritten Schritt werden die Produkt- bzw. Qualitätsmerkmale erhoben, die die E-Learning-Maßnahme erfüllen soll, um die Anforderungen zu erfüllen. Solche Merkmale können sein, z.B.

- Zugang über Intra- und Internet
- Bereitstellung von Lerninseln
- Virtuelles Coaching
- Vereinbarung von Lernzeiten
- Selbstanmeldung über Intranet-Portal
- Einsatz von interaktiven Fallstudien
- Learning Communities, etc.

Bildung der HoQ-Matrix
Im vierten Schritt, bei der Bildung der House of Quality Matrix werden die Anforderungen mit den Produkt- bzw. Qualitätsmerkmalen in Beziehung gesetzt. Jedes Merkmal wird gemeinsam mit allen Beteiligten darauf hin überprüft, ob und in welchem Maße seine Erfüllung zur Erhöhung der Zufriedenheit bezüglich der Stakeholderanforderungen beitragen kann. Im angeführten Beispiel könnte die HoQ-Matrix wie folgt aussehen:

	Relative Anford.-wichtigkeit	Zugang über Intra- und Internet	Bereitstellung von Lerninseln	Virtuelles Coaching	Vereinbarungen über Lernzeiten	Selbstanmeldung über Intranet-Portal	Einsatz von interaktiven Fallstudien	Learning Communities
Lernen am Arbeitsplatz	5 %	9	9	3	9	1	1	3
Lernen in der Freizeit	3 %	9	0	1	9	0	0	3
Transfer des Gelernten in den Arbeitsprozess	18 %	0	0	9	1	0	9	1
Standort übergreifender Erfahrungsaustausch	33 %	9	3	0	0	0	0	9
Attraktivität des Weiterbildungsangebotes	16 %	0	9	1	9	3	3	1
Effizienz des Learning Managements	25 %	1	0	0	1	9	0	0
Absolute Merkmalswichtigkeit		394	288	196	259	278	215	355
Relative Merkmalswichtigkeit (in %)		19,85	14,51	9,87	13,05	14,01	10,83	17,88
Zielwert		5	8	4	9	5	9	5
Zufriedenheitsindex		99,2	116,0	39,6	117,4	70,0	97,5	89,4

Abb. 13-2. HoQ-Matrix für eine geplante E-Learning-Maßnahme

Die gemeinsame Einschätzung wird durch die Festlegung einer Korrelation im HoQ dokumentiert. Für die Einschätzung der Wirkung der Erfüllung eines Produktmerkmals auf die Stakeholderzufriedenheit wird im Allgemeinen eine vierstufige Skala mit den Werten 0 (keine/neutrale), 1 (schwache/mögliche „es kommt darauf an"), 3 (mittlere/mäßige „abgeleitete Zusammenhänge") und 9 (starke) vereinbart (vgl. Herzwurm, Schockert und Mellis 1997, S. 115).

Auf der Grundlage der Korrelationen wird anschließend die Wichtigkeit der Produktmerkmale hinsichtlich der Erfüllung der Stakeholderanforderungen ermittelt. Durch Multiplikation der relativen Merkmalswichtigkeit mit dem Zielwert (hier die erwartete Güte der Produktmerkmale) wird der Zufriedenheitsindex ermittelt (auf die notwendigen Operationen bei der Erstellung der HoQ-Matrix wird hier nicht im Detail eingegangen (vgl. hierzu Kiedrowski 2001, S. 252ff)). Eine Normierung der Werte des Zufriedenheitsindex ergibt für die Zielwerte einen maximalen Grad der Zufriedenheit von 100 %. Abweichungen von den Zielwerten, die im Rahmen einer Evaluation festgestellt werden, führen unmittelbar zu einer Erhöhung bzw. Verringerung des Zufriedenheitswertes und geben so Auskunft über den Erfolg der E-Learning-Maßnahme.

Anhand der HoQ-Matrix lassen sich noch weitere Analysen vornehmen. So wird durch die wenigen Korrelationswerte in den Zeilen zum „Standort übergreifenden Erfahrungsaustauschs" und „Effizienz des Learning Managements" erkennbar, dass gemessen an deren Wichtigkeit zu wenige Produktmerkmale zur Realisierung dieser Anforderungen beitragen. Es wäre in diesem Fall zu überlegen, ob noch weitere Produktmerkmale konzipiert werden können, die dieses Defizit ausgleichen.

Weiterhin kann man anhand der einzelnen Zufriedenheitswerte erkennen, dass bei den gewählten Zielwerten, die Produktmerkmale „Bereitstellung von Lerninseln" und „Vereinbarungen über Lernzeiten" einen relativ hohen Zufriedenheitswert erzeugen. Diese Produktmerkmale sind kritisch für den Erfolg der E-Learning-Maßnahme, da sich eine Abweichung vom Zielwert relativ stark auf den Zufriedenheitsindex auswirken wird.

13.4 Fazit

Die HoQ-Matrix ist ein Qualitätsmanagement-Tool, mit dem sich die Wirkungsbeziehungen zwischen E-Learning-Maßnahmen und Unternehmensanforderungen transparent darstellen und überprüfen lassen. Es lässt sich flexibel um weitere Anforderungen oder neue Produktmerkmale erweitern und kann im Zeitablauf auch an veränderte Prioritäten hinsichtlich der Anforderungen an E-Learning-Maßnahmen angepasst werden.

Seine Stärke ist die Einbeziehung aller relevanten Stakeholder, mit denen der Anforderungskatalog gemeinsam in einem konsensorientierten Diskussionsprozess erstellt wird. Dieses Vorgehen schafft ein Commitment über die Evaluationsgrundlage und trägt so zur späteren Akzeptanz von Evaluationsergebnissen bei.

Als Nachteil sind der erforderliche hohe Aufwand und die hohe Komplexität in der Durchführung der QFD-Methode zu sehen. Zieht man die Wichtigkeit erfolgreichen E-Learnings für die Unternehmensentwicklung und die mit E-Learning verbundenen erheblichen Kosten in Betracht, ist das jedoch in jedem Falle ein Aufwand der sich lohnt.

14. Qualitätsmanagement und Bildungscontrolling

Jan M. Pawlowski und Sinje J. Teschler

Sinkende Mittel für Personalaus- und Personalweiterbildungsmaßnahmen bei einer gleichzeitigen Forderung nach einer höheren Qualität erzwingen den Einsatz effizienter und effektiver Qualitätskonzepte und Instrumente des Bildungscontrollings. Die Vielzahl an Qualitätsmanagementansätzen, kombiniert mit speziellen Konzepten und Instrumenten des Bildungscontrollings entlang eines Bildungsprozesses, erfordert eine Unterstützung des Auswahlprozesses, um eine bestmögliche Qualität unter Kontrolle der Kosten zu ermöglichen. Im vorliegenden Artikel zeigen wir, wie die Auswahl entsprechender Instrumente für die Belange einer Organisation erfolgen sollte.

14.1 Kosten der Qualität – eine Einführung

Lohnt sich der Einsatz von Qualitätsmanagement in Bildungsprozessen? Welche Instrumente des Bildungscontrollings sind geeignet, um Kosten und Nutzen von Bildungsprozessen auf die Unternehmensziele abzustimmen? Dies sind die maßgeblichen Fragen, die zurzeit Bildungseinrichtungen, Unternehmen und Institutionen stellen, um E-Learning erfolgreicher und wirtschaftlicher zu gestalten. Im Folgenden werden wir zeigen, wie geeignete Ansätze des Qualitätsmanagements und des Bildungscontrollings ausgewählt werden sollten, um ein umfassendes System in einer Organisation zu etablieren.

Im Zuge der Wettbewerbsfähigkeit hat sich die betriebliche Weiterbildung zu einem wichtigen Wettbewerbsfaktor entwickelt. Steigende Anforderungen an die Effizienz gehen mit erhöhten Anforderungen an das Tätigkeitsspektrum von Führungskräften und Mitarbeitern einher. Dies impliziert wiederum einen zunehmenden Bedarf an Qualifikationen. Zeitgleich gehen den ansteigenden Anforderungen bestenfalls konstante monetäre Mittel für Weiterbildungsmaßnahmen zur Verfügung (Beicht und Krekel 2001). An diesem Punkt setzen Qualitätsmanagement wie Bildungscontrolling an: Wie können Investitionen in die Bildung, insbesondere in E-Learning bzw. Blended Learning-Maßnahmen, so abgesichert werden, dass die Zielsetzungen erreicht werden?

14.2 Begriffsabgrenzung

Die Vielfalt der Begrifflichkeiten im Umfeld des Qualitätsmanagements erfordert es, kurz unser Begriffsverständnis zu erläutern und die Konzepte miteinander in Beziehung zu setzen.

Qualitätsmanagementansätze zeichnen sich dabei vor allem dadurch aus, dass sie in der Regel nicht von einem produktbezogenen Qualitätsverständnis ausgehen, bei dem es darum geht, bestimmte als qualitativ hochwertig erachtete Merkmale (wie Qualitätskriterien) eines Produktes bei seiner Bereitstellung zu gewährleisten. Viel eher zielen sie auf die Prozesse der Erstellung und Durchführung bzw. Erbringung ab. Diesem Verständnis nach wird versucht, die Prozesse, die in einer Organisation für die Planung, Durchführung und Bereitstellung eines Produktes (etwa eines Bildungsproduktes in Form eines E-Learning-Kurses) notwendig sind, optimal auf die Bedürfnisse und Wünsche des potenziellen Kunden oder – im Falle von Bildungsangeboten – des Lerners auszurichten. Aufgrund ihrer generischen Konzeption sind diese Ansätze also auf unterschiedliche Bereiche übertragbar. Für den Bildungsbereich gibt es bislang keine allgemein anerkannten Qualitätsmanagementansätze. Jedoch entwickeln sich vermehrt Konzepte, die auf einer generischen Prozessorientierung aufbauen und spezielle Adaptationen für den Bildungsbereich oder für E-Learning darstellen.

Evaluationsverfahren werden für die Beurteilung von Lernsituationen verwendet, in denen E-Learning eingesetzt wird. Nicht das Produkt alleine steht hier zur Disposition, sondern der Lernprozess und damit der Lerner. Streng genommen gilt die Bewertung von Bildungsangeboten mit Hilfe von Qualitätskriterienkatalogen auch als eine Form der Qualitätsevaluation, z.B. als Expertenbeurteilung oder Produktevaluation. Da sie sich aber im konzeptuellen Ansatz und der Durchführung deutlich von eher prozessbezogenen Evaluationsansätzen unterscheidet, können beide Arten gesondert voneinander betrachtet werden (Tergan 2000).

Wie bereits das traditionelle Controlling nicht klar abzugrenzen ist, so existiert diese Vielfältigkeit auch im Bereich des *Bildungscontrollings*. Oft wird Bildungscontrolling synonym zu Evaluation, Erfolgscontrolling oder Kosten-Nutzen-Controlling in der Weiterbildung verwendet. Hier wird Bildungscontrolling als ein dem Qualitätsmanagement untergeordnetes Konzept zur kurz-, mittel- und langfristigen Informationsstreuung in, sowie Planung und Steuerung von Bildungsprozessen verstanden. Ziel ist es, durch eine bestmögliche Ressourcenallokation strategische Wettbewerbsvorteile und eine unternehmensadäquate Personalqualifikation zu erlangen. Das sowohl die monetäre als auch die pädagogische Perspektive berücksichtigende Bildungscontrolling bedient sich dabei verschiedener Instrumente. Evaluation kann in diesem Zusammenhang als ein Instrument mit eher kurz- oder mittelfristiger Perspektive angesehen werden, welches insbesondere auf nicht-monetäre Schwerpunkte ausgerichtet ist.

Es lässt sich zusammenfassen, dass Qualitätsmanagement als das umfassendste Konzept anzusehen ist. Evaluations- und Controllinginstrumente können dann genutzt werden, um einzelne Aspekte des QM zu unterstützen. Es stellt sich nun die Frage, wie die geeigneten Instrumente ausgewählt werden können.

14.3 Vorgehen bei der Auswahl von Qualitätsansätzen

Im Folgenden wird gezeigt, wie die Auswahl von Qualitätsansätzen und den damit verbundenen Instrumente aus dem Bildungscontrolling erfolgen kann und welche Werkzeuge dabei Unterstützungsarbeit leisten können.

Die Vielfalt von Instrumenten und Qualitätsansätzen im Bildungscontrolling führen zu Auswahlproblemen bei Entscheidern und Nutzern in der Aus- und Weiterbildung. Ein Modell zur Unterstützung des Entscheidungsprozesses zur Auswahl von Qualitätsansätzen ist der EQO (European Quality Observatory) Decision Cycle (Ehlers und Pawlowski 2003) (Abb.14-1). Die Abb. 14-1 zeigt einen idealtypischen Entscheidungsprozess in Organisationen zur Auswahl und Implementierung von Qualitätsansätzen. Dabei zeigt sich zumeist, dass nicht ein einzelner Qualitätsansatz etabliert ist und nur noch implementiert werden muss, sondern dass eine Vielzahl an Ansätzen untersucht und auf ihre Angemessenheit für eine spezifische Organisation und den Kontext geprüft werden muss. Hierbei werden vier Phasen unterschieden, die für die Auswahl geeigneter Instrumente des Bildungscontrollings wie folgt aussehen:

1. Während der *Anforderungsermittlung* wird der Kontext und die verfügbaren Instrumente und Qualitätsansätze untersucht. Dabei werden die Anforderungen an ein organisationsspezifisches Qualitätsprofil ermit-

telt. Dies umfasst auch spezifische Zielsetzungen, die zu Maßnahmen des Bildungscontrollings führen.

2. In der *Analysephase* werden die Qualitätsansätze auf der Basis der Anforderungsermittlung analysiert und untersucht. In dieser Phase kommt ein Analysemodell, wie zum Beispiel das EQO Modell zum Einsatz. Dieses Modell stellt die Anforderungen den Eigenschaften und Anwendungsgebieten eines Qualitätsmodells gegenüber (Ehlers, Hildebrandt, Teschler u.a. 2004).

3. Auf Basis der Analyse wird dann eine *Entscheidung* für einen oder mehrere spezifische Ansätze getroffen.

4. Darauf folgt die *Anpassung* aufgrund der Anforderungen einer Organisation. Dieses Entscheidungsmodell geht nicht davon aus, dass ein generisches Modell in jedem Kontext eingesetzt werden kann, vielmehr müssen kulturelle, organisationsspezifische und weitere Anpassungen vorgenommen werden. An dieser Stelle erfolgt auch die Auswahl und Implementierung konkreter Maßnahmen der Evaluation und des Bildungscontrollings.

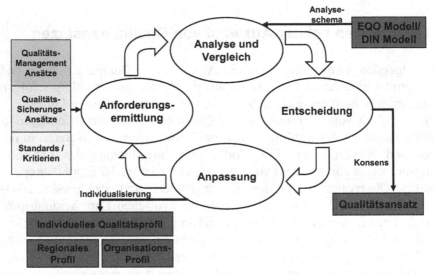

Abb. 14-1. Zyklisches Entscheidungsmodell zur Auswahl von Qualitätsansätzen (Ehlers, Hildebrandt, Teschler u.a. 2004)

In diesem Artikel wird vorausgesetzt, dass ein Qualitätsmanagementansatz ausgewählt wurde. Dieser wird dann um konkrete Controlling- bzw. Evaluationsinstrumente erweitert.

14.4 Kostenarten im Bildungscontrolling

Die besondere Herausforderung für das Bildungscontrolling ist die Steuerung und Optimierung von Bildungs- und Qualifizierungsprozessen. Die maßgebliche Fragestellung ist jedoch die Perspektive bzw. die Zielsetzung des Bildungsprozesses. Einerseits lassen sich Faktoren untersuchen, die eher aus pädagogischer Sichtweise betrachtet werden (vornehmlich durch Evaluation) – also der individuelle und unternehmerische Nutzen bzw. die Effektivität einer Bildungsmaßnahme (z.B. das Anwenden des Gelernten oder die vertikale und horizontale Mobilität des Mitarbeiters im Unternehmen). Andererseits müssen Prozesse auf ökonomische Zielperspektiven ausgerichtet werden. Einen Überblick über anfallende allgemeine und spezielle Kostenarten der betrieblichen Weiterbildung aus ökonomischer Perspektive gibt die nachstehende Tab. 14-1. Dabei werden zwischen extern oder intern durchgeführten betrieblichen Bildungsmaßnahmen unterschieden.

Tabelle 14-1. Kostenarten in der Weiterbildung, in Anlehnung an (Bott, Hoppe und Breitner 2004; Gerlich 1999)

Interne Maßnahmen	Externe Maßnahmen
Allgemeine Kosten	
Planung und Organisation	
Ausfallzeit	
Opportunitätskosten für Teilnehmer/innen und Bildungsreferenten	
Evaluation	
Trainer / Couch	
Anteilige Verwaltungskosten	
Trainingsraum	
Spezielle Kosten	
Begleitmaterial (Lehr- und Lernmittel)	Seminargebühren
Honorare / Spesen externer Referenten	Reisespesen
Anteilige Gehälter / Gehaltsfortzahlung interner Referenten	Unterkunfts- und Verpflegungskosten
Gehaltsfortzahlung der Teilnehmer/innen	Beratungskosten
	Gehaltsfortzahlung der Teilnehmer/innen
	Prüfungsgebühr

Jedoch sind auch die Kosten nicht isoliert zu betrachten. Es ist vielmehr wichtig unter der Berücksichtigung von Kosten und Zeit, die richtigen Voraussetzungen für die Qualität und den Nutzen von Weiterbildungsmaßnahmen zu schaffen. Kann ein Qualifizierungsdefizit zeit- und ortsnah durch eine qualitativ hochwertige Weiterbildungsmaßnahme beseitigt werden, können Kosten gespart werden (Oesterle 1995). Dies impliziert die Beherrschung eines qualitativ gesicherten Bildungsprozesses. Die Qualitätssicherung eines Prozesses erfordert einerseits den Einsatz von Qualitätsansätzen im Allgemeinen sowie die Verwendung von Instrumenten und Methoden insbesondere für die Belange des Bildungscontrollings im Speziellen. Bildungscontrolling leistet neben der Rechenschaftslegung, der Systembeeinflussung sowie dem Systemvergleich auch einen Beitrag zur Qualitätsverbesserung.

Mit der richtigen Wahl der Instrumente entlang des Bildungsprozesses kann langfristig gesehen eine Steigerung der Qualität, die wiederum die Wettbewerbsfähigkeit fördert, zu Gunsten einer Kostenreduzierung einhergehen.

14.5 Komponenten im Bildungsprozess

Nachfolgend wird gezeigt, welche Komponenten des Bildungscontrollings im Bildungsprozesses relevant sind, um einerseits die Komplexität darzustellen und andererseits die Bereiche aufzuzeigen, für die einzelne Instrumente auszuwählen sind. Analog zur Wertschöpfungskette betrieblicher Produktionsprozesse lassen sich auch die Bildungsprozesse im Bildungscontrolling modellieren (vgl. Abb. 14-2).

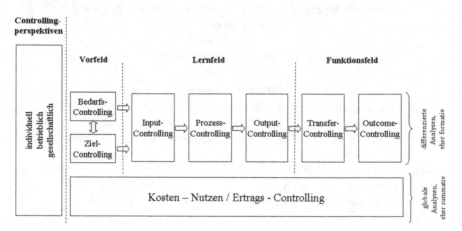

Abb. 14-2. Controllingkomponenten nach (Seeber 2000)

Zu den Phasen und Komponenten eines solchen Bildungsproduktionsmodells zählt im Vorfeld das Bedarfs- bzw. Zielcontrolling. Im Lernfeld lassen sich die Komponenten Input-, Prozess- und Output-Controlling differenzieren. Zum Funktionsfeld gehören das Transfer- und das Outcome-Controlling. Alle drei Felder unterliegen dem Kosten-Nutzen-Controlling zur Überprüfung und Optimierung der Ressourcenallokation des Gesamtprozesses (Seeber 2000, S. 35 ff). Die jeweiligen Phasen lassen sich dabei nicht nur aus einer einzigen Perspektive betrachten, sondern ermöglichen einen Blick auf die Ressourcen aus individueller, aus betrieblicher und aus gesellschaftlicher Sichtweise.

Im Vorfeld eines Bildungsprozesses greift das *Bedarfs- und Ziel-Controlling*. Wichtigster Bestandteil ist die Bedarfsanalyse, in der der aktuelle mit dem benötigten bzw. zukünftigen Bildungsstand verglichen wird, um Bedarfe und Defizite aufzudecken. Dazu sind in dieser Phase nicht nur einzelne Ziele festzulegen, sondern gesamte Zielsysteme permanent zu überprüfen, unternehmerische Zielobjekte daran auszurichten und bei Bedarf neu zu formulieren. Das Lernfeld integriert die Hauptphasen des Bildungsprozesses. Der Fokus des *Input-Controlling* liegt auf der Analyse des Inputs von Bildungsprozessen und zwar sowohl auf materieller als auch auf immaterieller Basis. Dadurch müssen sowohl kennzahlengestützte ökonomische als auch pädagogische Wirksamkeitsstudien durchgeführt werden. Wie die zur Verfügung stehenden Ressourcen eingesetzt werden bzw. die Evaluation der Bildungsprozesse durchgeführt wird, ist Aufgabe des *Prozess-Controlling*, wohingegen eine Messung und Dokumentation des Lernerfolgs im *Output-Controlling* erfolgt. Abschließende und in der Praxis oft vernachlässigte Phase bildet die Funktionsfeldphase, in der zum einen das Anwenden des Gelernten im Funktionsfeld festgestellt wird (*Transfer-Controlling*) und zum anderen indirekte Wirkungen ermittelt werden (*Outcome-Controlling*) wie beispielsweise die vertikale und horizontale Mobilität des Mitarbeiters im Unternehmen.

Dem *Kosten-Nutzen-Controlling* kommt insofern eine Sonderstellung zu, als dass es zur Überprüfung der Wirtschaftlichkeit der Ressourcenallokation in allen drei zuvor benannten Phasen wirksam wird. Ziel ist es, eine fundierte Aussage über Nutzen und Effizienz zu erhalten sowie die Transparenz der eingesetzten Mittel herzustellen.

14.6 Instrumente

Im Folgenden wird beschrieben, welche Instrumente für welche Zielsetzungen und für welche Prozesse Instrumente des Bildungscontrollings geeignet sind. Die Auswahl und Implementierung der Ansätze führt dann zu einer strukturierten, wohl geplanten Steuerung und Optimierung der Prozesse und den damit verbundenen Kosten.

Es existiert eine Vielzahl an Instrumenten und Methoden im Bildungs-controlling, die eine systematische Auswahl zur Optimierung und qualita-tiven Sicherung des Bildungsprozesses erfordern.

Die Vielfältigkeit der Methoden und Instrumente des traditionellen Un-ternehmens- und Personalcontrolling spiegelt sich auch im Bildungscont-rolling wieder. Zu diesen Methoden und Instrumenten zählen beispielswei-se Return on Investment, Cash Flow Return on Investment (CFROI), Ausfallkostensatz, Kennzahlen-, Qualifikationsbedarfs- und Kostenanaly-sen, Bildungsrendite, Lerntransfersicherung oder Implementierung eines Bildungsinformationssystems (Hummel 1999, Weber 2002), um nur einige an dieser Stelle anzuführen.

Mit Hilfe des *Ausfallkostensatzes* lassen sich beispielsweise Arbeitsaus-fallkosten ermitteln, die durch die Teilnahme an einer Fortbildungsmaß-nahme entstehen. Der Ausfallkostensatz je Stunde lässt sich berechnen, in-dem die Summe aus Jahresentgelt und Sozialkosten durch das Produkt aus den durchschnittlichen Jahresarbeitstagen und der täglichen Arbeitszeit di-vidiert wird.

Die *Bildungsrendite* hingegen ermöglicht die Berechnung einer Bil-dungsinvestition. Dazu werden theoretisch die durch die Bildung erzielten Deckungsbeiträge durch das eingesetzte Kapital in Form von Kosten der Bildungsinvestition dividiert und mit 100 (%) multipliziert. Praktisch lässt sich die Bildungsrendite jedoch eher nicht berechnen, da der durch die Bildung erzielte Deckungsbeitrag kaum monetär festzuhalten ist. Dazu müssten weiterhin Opportunitätskosten mit berücksichtigt werden.

Kennzahlen dienen im Allgemeinen dazu, quantitative Zielsetzungen, die mittel- oder langfristig anzustreben sind, in Form von rechnerischen Größen zu formulieren (Meyer, Liessmann und Freidank 1999). Bildungs-relevante Kennzahlen bezüglich der Wirtschaftlichkeit oder der Struktur eines Bildungsangebots, die Aussagen über die ökonomische Planung und Steuerung sowie Kontrolle liefern, bilden dabei ganze Kennzahlensysteme. Kennzahlen im Bildungsbereich sind z.B.: Herkunftstruktur der Teilneh-mer nach Funktionsbereichen, Anteil aktiver bzw. passiver Lehrmethoden, Anteil einzelner Kostenarten, jährliche Weiterbildungszeit pro Mitarbeiter, etc.

Eines der wichtigsten Instrumente, um sowohl Teilprozesse als auch komplexe Prozesse und Ergebnisse dauerhaft zu testen und zu optimieren, ist die Evaluation. Der besondere Vorteil liegt darin, Daten insbesondere in nicht leicht zugänglichen Bereichen wie Weiterbildung und Kompetenz-entwicklung zu erheben und auszuwerten. Evaluation ist wie der Bil-dungsprozess im Bildungscontrolling selbst in die Wertschöpfungskette des Unternehmens integriert und ermöglicht eine sehr genaue Gliederung der Qualitätsstufen betrieblicher Bildungsarbeit (Beywl 2000). Das Modell der Programmkosten/-nutzen gesteuerten Evaluation zielt beispielsweise insbesondere darauf ab, die Kosten und Nutzen eines Programms gegenüber zu stellen und transparent zu machen (Beywl, Speer und Kehr 2004).

1.	Welches sind meine Qualitätsziele (z.B. Verbesserung der Wirtschaftlichkeit, Verbesserung der Lernergebnisse, Erhöhung des Marktanteils, Flexibilisierung, etc)
2.	In welchem Bildungsbereich/ Kontext will ich Qualität entwickeln? (Schule, Hochschule, Weiterbildung privat, Weiterbildung betrieblich, weitere)
3.	Wird ein Qualitätsansatz für ein bestimmtes Thema (bspw. Biologieunterricht, Automobilindustrie) benötigt?
4.	Soll Qualität eines (End)Produktes bewertet / überprüft werden (Produktorientierung) oder die Qualität im Erstellungs- bzw. Erbringungsprozess verbessert werden (Prozessorientierung)?
5.	Wer ist verantwortlich für bzw. eingebunden in den Qualitätsentwicklungsprozess?
6.	Welche Verfahren können/ sollen eingesetzt werden?
	a. Bildungscontrolling (Bedarfsanalyse, Zielsysteme, Bildungsinformationssysteme, Kostenanalyse, Kennzahlen (-systeme), Lerntransfersicherung, Return on Investment / Cash Flow ROI, Wirksamkeitsanalyse, Soll-Ist-Vergleich, Bildungsrendite)
	b. Evaluation (Narratives Interview/ Leitfaden-Interview, Mündlich-standardisiertes Interview, Schriftliches Interview (Paper/Pencil), Telefonisches Interview, Schriftliches Interview (Online), Focus-Groups/Diskussionsgruppen (qualitativ), Online-Forum (synchron und asynchron), Tracking/Logfiles, „Desktop-Research", Beobachtung, Inhaltsanalyse)
	c. Management-Ansätze
	d. Kriterienkataloge, Guidelines
	e. Lerntechnologiestandards
	f. Zertifizierung
	g. Akkreditierung
	h. Qualitätsstrategie
7.	Was für Qualität möchte ich entwickeln?
	a. Technologische Qualität
	b. Pädagogische Qualität
	c. Ökonomische Qualität (ROI, Erstellungsprozesse verbessern)
8.	Für welche(n) Prozess(e) im E-Learning-Lifecycle soll Qualität entwickelt werden?
	a. Organisatorische Vorplanungsphase, Marktsondierung und Ressourcenplanung
	b. E-Learning-Programmplanung (technologisch)
	c. E-Learning-Programmplanung (pädagogisch-didaktisch)
	d. Kursentwicklung (technologisch)
	e. Kursentwicklung (pädagogisch-didaktisch)
	f. Lernprozess
	g. Lernersupport
	h. Lehrendensupport
	i. Evaluation

Abb. 14-3. Leitfragen zur Auswahl eines Qualitätsansatzes

Neben verschiedenen Modellen der Evaluation sind dem übergeordnet Ansätze aus dem Qualitätsmanagement eine weitere Möglichkeit, die Qualität eines Bildungsproduktes oder Bildungsprozesses zu gewährleisten und zu optimieren. Solche Ansätze basieren in der Regel nicht auf einem produktbezogenen Qualitätsverständnis, sondern zielen auf die Prozesse der Erstellung und Durchführung ab. Diesem Verständnis nach wird versucht, die Prozesse, die in einer Organisation für die Planung, Durchführung und Bereitstellung eines Produktes wie beispielsweise einer betrieblichen Weiterbildungsmaßnahme notwendig sind, optimal auf die Qualifikationsbedürfnisse der Mitarbeiter auszurichten. Aufgrund ihrer generischen Konzeption sind diese Ansätze also auf unterschiedliche Bereiche übertragbar und somit auch im Bildungscontrolling anwendbar.

Zu den bekanntesten Qualitätsansätzen gehören die DIN ISO 9000:2000 (DIN: Deutsches Institut für Normung / ISO: International Organization for Standardization). oder das Modell der European Foundation for Quality Management (EFQM-Modell). Auf Basis der Zielsetzungen muss nun die Auswahl und Anpassung erfolgen.

14.7 Fragenkatalog zur Auswahl

Das Entscheidungsmodell lässt sich in einem Fragenkatalog in Anlehnung an (vgl. Ehlers, Goertz und Pawlowski 2003) abbilden, der den Entscheidungsprozess vereinfacht widerspiegelt. Daraus lassen sich dann entsprechend die geeigneten Instrumente auswählen, die die organisationsspezifische Anpassung darstellen.

Dabei ist die Auswahl insbesondere von den Leitfragen 1 und 6 abhängig. Die Abstimmung der Zielsetzung und der Instrumente entscheidet über den Erfolg der Maßnahmen. Eine Übersicht über die Zielsetzung und die Instrumente bietet Tab. 14-2. Die Abstimmung der Zielsetzung und den einzusetzenden Instrumenten muss organisationsspezifisch erfolgen – daher wurde ein Bezugsrahmen inklusive weiterer Randedingungen entwickelt, mit dem die Auswahl erfolgen kann. Am Ende dieser Phase sollte dann ein vollständiges Konzept sowie Instrumente des Qualitätsmanagements, des Bildungscontrollings und der Evaluation vorliegen.

14.8 Fazit

In diesem Artikel wurde gezeigt, dass die Notwendigkeit eines qualitativ hochwertigen Bildungscontrollings im Rahmen des Qualitätsmanagements zur Sicherung der Wettbewerbsfähigkeit in Unternehmen durch eine effiziente Kostenkontrolle entlang des Bildungsprozesses besteht.

Zur Verbesserung der Qualität der Prozesse stehen dabei nicht nur generische Ansätze des übergeordneten Qualitätsmanagements zur Verfügung, sondern insbesondere auch eine große Anzahl von speziell auf das Bildungscontrolling ausgerichteten Methoden und Instrumenten.

Tabelle 14-2. Instrumente und ihre Zielsetzung

Instrument	Ziel
Bedarfs- und Ziel-Controlling / Vorfeld	
Bedarfsanalyse / Qualifikationsbedarfsanalyse	Ermittlung auftretender Soll-Ist-Differenzen
Formulierung von Zielsystemen	Zielgerichtete Steuerung von Bildungsprozessen
Bildungsinformationssystem	Information über Bildungsmöglichkeiten und Weiterbildungsmaßnahmen
Input-, Prozess-, Output-Controlling / Lernfeld	
Kennzahlen (-systeme), die zeit-, volumen- und kostenbezogen sind	Erreichung des Gesamtziels des Leitbildes
Kostenanalyse	Transparente Darstellung und Identifizierung von Kosten
Pädagogische Wirksamkeitsanalysen	Nicht monetäre Analyse der Wirkung einer Bildungsmaßnahme
Evaluation	Messung / Soll-Ist-Vergleich der Prozessqualität
Soll-Ist-Vergleich	Messung des zuvor festgelegten Zielerreichungsgrades
Ausfallkostensatz	Ermittlung der Ausfallkosten am Arbeitsplatz
Transfer-, Outcome-Controlling / Funktionsfeld	
Evaluation (Tests, Fragebögen, Beobachtungen, Interviews, Logfiles)	Überprüfung des Gelernten vom Lern- in das Funktionsfeld anhand von vorher festgelegten Kriterien
Vorher-Nachher-Messungen	Identifizieren von Differenzen aus Arbeitsproben
Lerntransfersicherung	Messung indirekter Wirkungen des Qualifikationserwerbs am Arbeitsplatz
Kosten-Nutzen-Controlling	
Return on Investment, Cash Flow Return on Investment	Ermittlung des monetären Vorteils durch Einsatz von Bildungsmaßnahmen
Kostenanalyse	Aussage über Nutzen und Effizienz
Bildungsrendite	Ermittlung der Effizienz einer Bildungsinvestition
Evaluation	Gegenüberstellung von Kosten und Nutzen eines Programms

Es wurde weiterhin gezeigt, wie das damit einhergehende Entscheidungsproblem bei Entscheidern und Nutzern – die Auswahl von geeigneten Qualitätsansätzen entlang des Bildungsprozesses – mit Hilfe des EQO Entscheidungsmodells unter Berücksichtigung der organisationsspezifischen Voraussetzungen gelöst werden kann. Dieses Modell ist dabei in Form eines Fragenkataloges vereinfacht abgebildet worden, um einen Leitfaden zur Auswahl bereitzustellen.

15. Edu-Action statt Education? – Vom Bildungscontrolling zur Entwicklung von Bildungsqualität

Dieter Euler und Sabine Seufert

In diesem Beitrag werden die Verbindungslinien zwischen dem Bildungscontrolling und der Entwicklung von Bildungsqualität aufgezeigt. Dabei wird herausgearbeitet, dass Ansätze des Bildungscontrolling für Bildungsgestalter in Unternehmen zwar interessante Anknüpfungspunkte bieten, jedoch konzeptionell und praktisch häufig zu kurz ansetzen. Insbesondere bleiben die normativen Grundlagen oft unhinterfragt und begrenzen sich die praktischen Aktivitäten auf solche Bereiche, die einer schnellen Messbarkeit zugänglich sind. In Ansätzen zur Entwicklung von Bildungsqualität, die am Beispiel der „Certification of E-Learning (CEL)" illustriert werden, bestehen potenzialreiche Erweiterungen, die für die (Weiter-)Entwicklung des Bildungsmanagement in Wissenschaft und Praxis nutzbar gemacht werden können.

13.1 Ausgangspunkte und Problemstellung

Betriebliche Bildung steht in dem Verdacht unproduktiv und (zu) teuer zu sein. Vielerorts kursiert die These, die Hälfte der Bildungsaufwendungen bliebe ohne Wirkung – leider wisse man nicht, welche Hälfte! Andererseits wird in den Unternehmen unverändert postuliert, die Kompetenz des Personals sei die wichtigste Ressource für Innovation und ökonomische Leistungsfähigkeit und es gelte daher, die Qualität der Bildungsmaßnahmen zu steigern. Gleichzeitig werden häufig die Aufwendungen und Kapazitäten für Personalentwicklung und Bildung reduziert. Qualität trotz reduzierter Aufwendungen? Ein Widerspruch, oder die zwangsläufige Folge von betrieblichen Bildungskonzepten, deren Qualität in der Vergangenheit nicht angemessen kontrolliert worden ist? Es herrscht eine ambivalente Einstellung gegenüber Bildung, man ist sympathisch gegen sie gestimmt!

Damit ist der Bogen gespannt für eine Kontroverse, die über die beiden Kategorien „Bildungscontrolling" und „Bildungsqualität" markiert werden kann. Pointiert gegenübergestellt treffen Überlegungen des ökonomisch motivierten Controlling auf solche der pädagogisch motivierten Qualitätsentwicklung. Rhetorisch ließen sich solche Gegensätze schnell glätten – etwa durch den Hinweis, dass auch das Controlling auf pädagogische Qualitätskriterien verpflichtet werden könne bzw. in der Pädagogik Lernerfolge kontrolliert würden. Solche vermeintlichen Konsenspunkte sind durchaus bedeutsam, denn sie bieten Ansätze für eine Diskussion. Dennoch bleiben potenzielle Konfliktpunkte, die daraus resultieren, dass jeweils eigene Handlungsgewohnheiten durch neue Prämissen, Denkweisen und Werthaltungen herausgefordert werden:

- Für Bildungsgestalter geht es nicht nur noch um die Überprüfung von Zufriedenheits- und Lernerfolg einer Bildungsmaßnahme, sondern darüber hinaus um die Überprüfung der bedarfsgerechten Entwicklung, des Transfererfolgs, des Geschäftsnutzens (business impact) und des Wertbeitrags (Return-on-Investment) einer Bildungsmaßnahme.
- Für Bildungscontroller geht es nicht nur um leicht quantifizierbare, monetäre Größen („hard facts"), sondern zudem um die Erfassung und Interpretation von schwer greifbaren, qualitativen Faktoren („soft facts").

Wie so häufig beim Aufeinandertreffen unterschiedlicher Kulturen dominieren zunächst gegenseitige Abgrenzungen und Vorurteile, die sich in subtilen und zuweilen sarkastischen Rhetoriken dokumentieren. So äußern etwa Bildungsgestalter die „Sorge", dass die Aktivitäten des Bildungscontrolling mit einem hohen Aufwand zu einem Zahlenfriedhof ohne Aussagekraft führe. Die wirklich entscheidenden Faktoren des Bildungsprozesses entzögen sich demgegenüber dem Zugriff der „Zahlenfetischisten" oder seien nur mit einem unvertretbar hohen Aufwand erschließbar. Die „Diktatur des Greifbaren" führe zudem zu einer „ökonomischen Überfremdung der Bildungsarbeit" und „Trockenlegung kreativer Freiräume und Gegenwelten" (Landsberg, 1995, S. 31 und Arnold, 1996). Letztlich ginge es den Bildungscontrollern um bessere Zahlen, nicht um eine bessere Bildung. Diese kontern mit der These, Bildung werde häufig aus dem Stegreif betrieben und die Pädagogen postulierten eine Qualität, ohne sie zu belegen. Viele Bildungsmaßnahmen blieben ohne Wirkung, ohne genau die Gründe dafür bestimmen zu können. Dabei sei Bildung keine Gratifikation, die Mitarbeitern für vergangene Leistungen gewährt werde (Bildung als Wertschätzung), sondern sie sei eine Investition, die zukünftige Leistungen ermöglichen soll (Bildung als Grundlage zur Wertschöpfung). Es brauche daher etwas weniger an pädagogischer Poesie und etwas mehr an ökonomischer Rationalität. Dies erfordere auch eine verstärkte Kontrolle von außen, denn den Pädagogen die Überprüfung ihrer eigenen Leistungen zu überlassen sei so, als solle der Hund auf die Wurst aufpassen.

Dieser Beitrag soll die Verbindungslinien zwischen Bildungscontrolling und Bildungsqualität aufzeigen, er will aber auch die Punkte herausarbeiten, an denen sich die Konzepte scheiden. Dabei wird als Leitidee postuliert, dass beide Konzepte nicht auf Fragen der technischen Durchführung ohne Reflexion der Ziele reduziert werden sollten („Edu-Action"), sondern auf das letztendliche Ziel von Bildungsmaßnahmen, die effektive und effiziente Entwicklung von angestrebten Handlungskompetenzen („Education"), auszurichten sind. In diesem Sinne greift ein auf die Mittelrationalität reduziertes Bildungscontrolling zu kurz, es erfordert eine die Zielebene einschließende Bestimmung und Begründung von Bildungsqualität. Insofern ist das Bildungscontrolling letztlich gebunden an die Kernfrage, welche Ziele ihm zugrunde liegen bzw. welche Ziele im Rahmen einer Entwicklung von Bildungsqualität angestrebt werden. Oder bildhaft ausgedrückt: Interessant ist nicht das Ei, sondern das Huhn!

Die Argumentation wird in drei Schritten aufgebaut: Zunächst werden die Potenziale und Grenzen des Bildungscontrolling diskutiert (Kap. 15.2). Weitergehend werden die Kernideen vorgestellt, die Bemühungen zur Entwicklung von Bildungsqualität zugrunde liegen (Kap. 15.3). Schließlich werden die grundsätzlichen Überlegungen auf den Bereich des E-Learning übertragen und ein Konzept zur Entwicklung von E-Learning-unterstützten Bildungsprogrammen vorgestellt (Kap. 15.4). Abschließend werden in einer zusammenführenden Betrachtung die Argumentationslinien aufgenommen und miteinander verbunden (Kap. 15.5).

15.2 Bildungscontrolling – eine Theorie ohne Praxis?

Bildungscontrolling umfasst die Erfassung und Überprüfung von Bildungsaktivitäten. Die Erfassung resultiert zumeist in Kennzahlen (z.B. Qualifizierungskosten pro Teilnehmertag / Mitarbeiter / relativ zum Umsatz / zu den Personalkosten; Lernzeit pro Mitarbeiter in Präsenz- und virtuellen Veranstaltungen) (Meier, 2004, S. 8), die in Benchmarkanalysen einfließen können. Die Überprüfung geht einen Schritt weiter und beinhaltet eine kriterienorientierte Beurteilung einzelner Bereiche des Bildungsmanagements. Beispielsweise können Aktivitäten wie die Bedarfsanalyse, die Zielbestimmung, die Planung und Durchführung von Präsenz- oder virtuellen Veranstaltungen im Rahmen des Bildungscontrolling analysiert werden. Der Kern des Bildungscontrolling besteht jedoch in der Erfolgskontrolle von Bildungsmaßnahmen, die sich im Einzelnen auf die folgenden Faktoren beziehen kann[1]:

- Zufriedenheit der Lernenden (Zufriedenheitserfolg),
- Lernergebnisse (Lernerfolg),
- Transfer in die Praxis (Transfererfolg),
- Geschäftsergebnisse (Nutzen in der Geschäftspraxis),
- Investition (Wertschöpfung i. S. e. Return-on-Investment).

Die den Faktoren unterlegte Anbindung von primär pädagogischen oder betriebswirtschaftlichen Zielen veranschaulicht die ambivalente Ausrichtung, denen das Bildungscontrolling nutzbar gemacht werden kann. Dabei werden Konzepte und Aktivitäten des Bildungscontrolling insbesondere mit den folgenden Zielen verbunden:

- Schaffung von Transparenz über Aufwand und Erfolg von Bildungsmaßnahmen; Entwicklung eines Kostenbewusstseins.
- Anbindung der Bildungsmaßnahmen an die strategische Unternehmensentwicklung (Bezug: Bedarfsanalyse, Zielsetzung).
- Steuerung der Bildungsaktivitäten; Grundlage für eine Qualitätsentwicklung (Bezug: Faktoren der Erfolgskontrolle).
- Schaffung von kreativer Unruhe.

Das Bildungscontrolling kann die Effektivität einzelner Maßnahmen oder die Effizienz einer Maßnahme im Vergleich zu anderen untersuchen. Grundlegend für jegliches Bildungscontrolling ist die Bestimmung der relevanten Ziele. Prinzipiell ist dabei offen, woher die Zielbezüge geschöpft werden bzw. wer die Ziele setzt. Je nach Art der zugrunde liegenden Ziele folgt das Bildungscontrolling dann stärker ökonomischen oder pädagogischen Interessen. Aus pädagogischer Perspektive zeigt sich erneut eine Ambivalenz: Einerseits kann das Bildungsmanagement durch die Anbindung an die strategische Unternehmensentwicklung eine Aufwertung erfahren[2], andererseits bleibt die Frage, wie neben dem Bedarf der Unternehmung die Bedürfnisse der Mitarbeiter in die Zielbestimmung einfließen.

---

[1] Die ersten vier Faktoren beziehen sich auf das verbreitete Modell von Kirkpatrick, 1994.
[2] Die Verbindung von Unternehmensstrategie und Bildungsmanagement kann beispielsweise über Adaptionen der Balanced Scorecard erfolgen (Meier 2004, S. 12ff.)

Vor diesem Hintergrund ist es nicht erstaunlich, dass sich die Kritik gegenüber dem Bildungscontrolling zum einen auf die (praktisch) verfolgten Zielbezüge, zum anderen auf die als unzulänglich beurteilte Umsetzung beziehen kann. Im ersten Fall wird zwar konzediert, dass die Zielfrage prinzipiell offen sei, die Schwerkraft der ökonomischen Praxis de facto jedoch zu einer Dominanz von ökonomischen Zielbezügen führe. Im zweiten Fall wird primär auf die Grenzen der Messbarkeit von relevanten Zielgrößen im Bildungsbereich abgehoben – dort sei das Messbare nicht immer auch das Angemessene. Im Einzelnen kann die Kritik wie folgt zusammengefasst werden:

- Die Operationalisierung und Erfassung von nicht-monetären Faktoren (z.B. Mitarbeitermotivation, Kundenzufriedenheit, Organisationskultur, emotionales Klima, Vertrauen, Innovationsbereitschaft, Nutzen)[3] erfordert eine hohe Kompetenz. Bildungscontrolling setzt eine Controller-Bildung voraus, und diese ist häufig nicht vorhanden (Weiss, 2000 und Feige, 1993). In diesem Sinne bliebe Bildungscontrolling zumeist eine Theorie ohne Praxis.
- Die Herstellung von Wirkungszusammenhängen bzw. Kausalketten erscheint im Kontext von Bildungsmaßnahmen als äußerst problematisch (Thom und Blunck, 1995, S. 39ff.). So ist nur in Grenzfällen sicher belegbar, dass beispielsweise die Erhöhung von Kundenzufriedenheit, die Verbesserung der Teamarbeit, die Zunahme von Vertragsabschlüssen oder die Reduzierung der Fehlerquote auf eine spezifische Bildungsmaßnahme zurückzuführen ist. Zwischen den betrachteten unabhängigen und abhängigen Variablen können vielmehr Faktoren intervenieren, die nicht berücksichtigt wurden (Euler, 1998). So können beispielsweise Bildungsmaßnahmen durchaus transferwirksam ausgerichtet sein, die bestehenden Bedingungen im Arbeitsumfeld (z.B. mangelnde Unterstützung durch Vorgesetzte oder Kollegen) verhindern jedoch die Umsetzung der erworbenen Kompetenzen und damit einen Transfererfolg.
- Viele Bildungsmaßnahmen wirken erst langfristig. Daraus ergibt sich, dass Veränderungen in der Praxis häufig nur noch spekulativ auf Bildungsmaßnahmen zurückgeführt werden können, die (weit) in der Vergangenheit liegen. Wer kann heute noch sagen, inwieweit sein aktuelles Handeln beispielsweise durch Bildungserfahrungen in der Schule beeinflusst ist?
- Der (durchaus positiv gemeinte) Eigen-Sinn von Mitarbeitern kann dazu führen, dass Bildungsmaßnahmen unterschiedlich verarbeitet werden.

---

[3] Weitere Faktoren finden sich bei Gnahs/Krekel, 1999, S. 30.

Im Extrem mag der eine Mitarbeiter das Gelernte in seinem Arbeitsumfeld einsetzen, während einem anderen in der Maßnahme bewusst
geworden ist, dass er seine Bedürfnisse in dem Unternehmen nicht ausreichend verfolgen kann und daher das Unternehmen verlässt.

- Je aufwändiger bzw. anspruchsvoller die Erhebung relevanter Daten,
desto seltener sind praktische Umsetzungsbeispiele.[4] Während beispielsweise die Messung des Zufriedenheitserfolgs der Teilnehmer einer Bildungsmaßnahme mit Hilfe so genannter „Happiness-Sheets" weit verbreitet ist, gibt es nur wenige überzeugende Beispiele der Messung von
Transfererfolg, Geschäftsnutzen oder Wertschöpfung. Es dominiert die
Messung leicht quantifizierbarer gegenüber schwer greifbaren, qualitativen Faktoren. Das leicht Rechenbare ist jedoch häufig nicht das Ent-
scheidungsrelevante und gibt nur wenige Hinweise für die Entwicklung
von Bildungsqualität.

- Es dominieren kurzfristige Orientierungen, was zu einer Überbewertung
kurzfristiger Erfolge führt.

- Häufig werden (vorgegebene) Zielgrößen nicht kritisch beurteilt, sondern als gegeben aufgenommen. Insofern dominiert die (technologische)
Mittel- gegenüber der Zielbetrachtung.

Die Ausführungen zeigen die Leistungsfähigkeit, aber auch die Grenzen
eines Bildungscontrolling. Die Grenzen sind zu berücksichtigen, sollen
falsche Klarheiten in Form von kontextlosen Zahlen vermieden werden.
Wichtig erscheint die Fähigkeit, die Ergebnisse des Bildungscontrolling in-
terpretieren zu können und dabei ein Bewusstsein über die Voraussetzungen ihrer Entstehung zu wahren.

15.3 Bildungsqualität – eine Praxis ohne Theorie?

Im Gegensatz zum Bildungscontrolling sind Konzepte der Bildungsqualität
(bzw. der Qualitätsentwicklung, Qualitätssicherung oder des Qualitätsmanagement) umfassender angelegt. Sie beinhalten Fragen der Bestimmung,
Begründung, Umsetzung und Überprüfung von Qualitätszielen und verbinden in einem solchen systemischen Rahmen normative und technologische Fragen. Eine Bildungsinstitution kann ein eigenes Qualitätssystem

---

[4] Becker (1995, S. 64ff.) weist als Ergebnis einer empirischen Untersuchung darauf hin, dass der Schwerpunkt des Bildungscontrollings beim Kostencontrolling
liegt. Hingegen überprüfen nur 11,6% der untersuchten Unternehmen den
Transfererfolg (Seusing/Bötel, 1999 und von Landsberg, 1995).

aufbauen oder sich bestehenden Systemen (z.B. EFQM, ISO) anschließen. Die Systeme unterscheiden sich hinsichtlich der Offenheit bzw. Fixiertheit von Zielkriterien.[5] Entsprechend liegt die Definition der Qualitätskriterien in der eigenen Verantwortung oder sie wird als gegeben akzeptiert. Die Anbindung an bestehende Qualitätssysteme ist zumeist mit dem Erwerb einer Zertifizierung oder Akkreditierung verbunden. Bildungsqualität sowie deren Entwicklung und Überprüfung richtet sich auf unterschiedliche Objekte:

- Bildungsinstitution als Analyse- und Gestaltungsobjekt
  Der Fokus liegt primär auf Bildungsträgern und -anbietern, also auf der Ebene der Bildungsinstitution. Ein bedeutender Ansatz in diesem Bereich stammt von der European Foundation for Quality Management (EFQM). Darüber hinaus haben sich in den letzten Jahren eine Vielzahl von Akkreditierungsinstitutionen, wie beispielsweise EFMD[6] und AACSB[7], etabliert, welche die Selbst- und Fremdevaluation in Form von „Peer Reviews" kombinieren. Hierbei wird eine fortlaufende Organisationsentwicklung betont. Ähnliche Ansätze verfolgen die Normenreihe DIN EN 9000-9004, wo eine standardisierte Zertifizierung von Weiterbildungsanbietern durch externe Agenturen ermöglicht werden soll. Diese Verfahren sind teilweise um neue Kriterien erweitert worden, um auf Besonderheiten von Bildungsorganisationen im E-Learning-Bereich eingehen zu können.
- Bildungsprogramm als Analyse- und Gestaltungsobjekt
  Für Programme, d. h. Bildungsangebote wie beispielsweise Studiengänge oder MBA-Programme, existieren verschiedene dedizierte Zertifizierungsprogramme, die die Qualität mit einem eigenen Qualitäts-„Label" attestieren. In der Nische der MBA-Angebote hat sich die Association of MBAs (A-MBA)[8] etabliert. Das von A-MBA eingesetzte Evaluationsverfahren basiert ebenfalls auf einer Kombination von Selbst- und Fremdevaluation durch Experten. Der zugrunde liegende

---

[5] In der Tendenz lässt sich sagen, dass produktorientierte Systeme eine starke Standardisierungstendenz besitzen (z.B. soll sich der Hamburger einer Fast-Food-Kette in New York nicht von dem in Berlin oder Tokio unterscheiden), während prozessorientierte Systeme (z.B. ISO) einen größeren Raum für die Eigendefinition der Anwender lassen.

[6] EFMD steht für European Foundation for Management Development, http://www.efmd.org/.

[7] AACSB steht für „The Association for Advance Collegiate Schools of Business", http://www.aacsb.edu.

[8] http://www.mbaworld.com/.

Kriterienkatalog ist 2002 um einen Anhang für „Open and Distance Learning"-MBAs erweitert worden.

Neben generischen Ansätzen im Bildungsbereich sind spezifische Qualitätsansätze für E-Learning entstanden. Für Distance Education-Programme sind beispielsweise Qualitätskriterien durch das Institute for Higher Education Policy (http://www.ihep.com) entwickelt worden, die für eine Selbstevaluation herangezogen werden können.

- Bildungsmedien als Analyse- und Gestaltungsobjekt
  In einer Welt, in der bereits eine Dosensuppe mit Bezeichnungen wie „gourmet" oder „de luxe" geschmückt wird, stellt sich die Frage nach der Produktqualität im Rahmen des Konsumentenschutzes. Analog zu Produkten wie Autos, Staubsaugern und Fernsehern können auch multimediale Lernangebote nach Anwendungskriterien und Bedienfunktionen beurteilt und geprüft werden, wie dies beispielsweise mit der „E-Learning-Courseware Certification" der American Society for Training & Development (ASTD) geschieht. Im Bildungsbereich erscheint jedoch die kontextlose Beurteilung von Lernmedien als unzulänglich, da erst deren Integration in ein gesamtdidaktisches Design bzw. in umfassende Lernumgebungen Aussagen über erzielbare Wirkungen erlauben (Tergan und Schenkel, 2004).

Qualitätsentwicklungssysteme stützen sich unabhängig von dem Analyse- und Gestaltungsobjekt auf Normen, die nicht auf ihre Wahrheit, sondern nur auf ihre Begründung sowie auf ihre Gültigkeit in einer sozialen Gemeinschaft betrachtet werden können. Daraus ergibt sich, dass Qualität das Ergebnis einer normativen Bestimmungsleistung darstellt. Die Normen dokumentieren sich in Festlegungen von Analysekriterien auf verschiedenen Abstraktionsebenen:

- Das Analyseobjekt (z.B. Bildungsprogramm) kann in Qualitätsfelder unterteilt werden, für die je spezifische Teilziele bzw. *Qualitätskriterien* eingeführt werden. Häufig werden in diesem Zusammenhang Input-, Prozess-, Output- und Outcomekriterien unterschieden. Beispiel: Ein Bildungsprogramm wird in die Qualitätsbereiche Didaktik, Organisation und Technologie unterteilt. Innerhalb der Didaktik wird u. a. das Qualitätskriterium „Ausweisung von Lernzielen" definiert.
- Die Qualitätskriterien werden über *Indikatoren* operationalisiert, d. h in eine beobachtbare Form überführt. Beispiel: Das Lernziel soll in einem Dokument (z.B. Programmbeschreibung für Interessenten) dokumentiert sein.
- Jeder Indikator wird mit einem *Qualitätsstandard* verbunden, der Auskunft darüber gibt, welcher Zustand mindestens erreicht sein muss, um

das Qualitätskriterium als erfüllt anzusehen. Beispiel: Die Dokumentation des Lernziels muss einschlägigen Kriterien der Lernzielformulierung genügen (z.B. Angabe von angestrebtem Verhalten und Inhalt).

Entlang der Qualitätskriterien (ggf. aufgeteilt nach Qualitätsfeldern bzw. -bereichen), Indikatoren und Standards können Systeme für die Analyse und Entwicklung von Bildungsqualität konstruiert werden, die in einer sozialen Gemeinschaft eine mehr oder weniger ausgeprägte Akzeptanz finden. Wesentlich bei der Konstruktion solcher Systeme ist dabei der Nachweis, dass die eingeführten Kategorien und Kriterien einen begründeten Beitrag dazu leisten, die Lernprozesse zum Erwerb von Handlungskompetenzen zu unterstützen.[9] Letztlich muss sich jede Bildungsmaßnahme unter Qualitätsgesichtspunkten daran messen lassen, inwieweit sie das Lernen ihrer Teilnehmer fördert.

Qualitätssysteme gewinnen ihre Überzeugungskraft durch starke Begründungen für die Kriterien und / oder eine breite soziale Akzeptanz. Im Idealfall verbinden sich Begründung und Akzeptanz, aber sie können auch auseinanderfallen. Die Begründung der Qualitätskriterien kann sich auf unterschiedliche Quellen stützen – je mehr und differenzierter diese Quellen aufgenommen werden, desto stärker die Begründungsqualität der Normen:

- Plausibilitätsüberlegungen: Hier wird auf die Evidenz und Selbsterklärungskraft der Kriterien abgehoben, ohne dass weitergehende Argumente angeführt werden. Beispiel: Es erscheint im Hinblick auf E-Learning-unterstützte Bildungsprogramme evident, dass die eingesetzte Technik stabil funktionieren muss.
- Theoretische Begründungen: Hier werden Argumente aufgenommen, die sich aus (wissenschaftlichen) Theorien ableiten lassen. Beispiel:

---

[9] Ehlers (2004b) skizziert Eckpunkte einer Qualitätssicherung, die die Bedürfnisse des Lernenden in den Mittelpunkt stellen. Mit der Ausrichtung von Bildungsmaßnahmen auf den Lernenden wird u. E. ein zentraler Aspekt aufgenommen, der jedoch nicht absolut gesetzt werden kann. So würde die konsequente Umsetzung der Lernerorientierung zu hoch individualisierten Bildungsmaßnahmen führen, die jenseits eines bestimmten Punktes nicht mehr finanzierbar wären. Im betrieblichen Kontext ist zudem auszuloten, inwieweit der betriebliche Bedarf mit den individuellen Bedürfnissen der Mitarbeiter harmoniert. Vor diesem Hintergrund ist hinsichtlich der Lernerorientierung als Qualitätskriterium zu unterscheiden zwischen (a) der Berücksichtigung der Lernbedürfnisse (Lernziele und Lerninhalte) der Lernenden und (b) der lernwirksamen Gestaltung von Bildungsmaßnahmen (unabhängig davon, welche Lernziele verfolgt werden und wie sie zustande gekommen sind).

Lernpsychologische Theorien postulieren, dass die Gestaltung von Lernumgebungen unverzichtbar auf die Lernvoraussetzungen der Lernenden
ausgerichtet werden muss. Dieser theoretische Hintergrund bietet die
Begründung für die Einbeziehung eines entsprechenden Kriteriums in
ein Qualitätssystem.

- Fälle aus einer funktionierenden Praxis („Good-practice-Beispiel"): Hier
  bieten instruktive Beispiele aus der Praxis die Grundlage, erfolgs-
  kritische Faktoren zu isolieren und diese als Qualitätskriterium auszu-
  weisen. Prinzipiell ließen sich auch Negativbeispiele aufnehmen und in
  entsprechende Kriterien transformieren. Beispiel: Formen des selbstgesteuerten Lernens funktionieren in der Praxis zumeist dann, wenn sie
  durch eine lernerangemessene Unterstützung flankiert werden.
- Methodisch angeleitete empirische Befunde: Hier werden nicht nur sin-
  guläre Beispiele oder Einzelfälle einer funktionierenden Praxis aufgenommen, sondern es werden die Ergebnisse von methodisch angeleite-
  ten empirischen Untersuchungen konsultiert. Fallbezogene Erfahrungen
  und methodisch angeleitete Studien unterscheiden sich hinsichtlich des
  Bewährungs- und Generalisierungsgrades der Erkenntnisse.

Insgesamt wird für viele der in der Praxis eingesetzten Qualitätssysteme
eine schwache Begründungsbasis kritisiert.[10] Bei vielen Systemen begrenzen sich die Begründungen auf Plausibilitätsüberlegungen, teilweise fehlen
selbst diese.[11] Die Stützung der Kriterien auf empirische Befunde erfolgt
demgegenüber selten.[12] Insofern ließe sich pointiert feststellen, dass die
Konzepte zur Analyse und Entwicklung von Bildungsqualität weithin eine
Praxis ohne Theorie darstellen.

---

[10] Vereinzelt wird die Anwendung von Qualitätssystemen selbst zum Gegenstand
der Reflexion. So argumentieren Bernatzeder und Bergmann (1997), dass das
ISO-9000ff.-Qualitätssystem in vielen Fällen nicht Qualität fördere, sondern
diese verhindere.

[11] Vor diesem Hintergrund fordert Ditton (2000, S. 75) verstärkt forschungs-
leitende Theorien, aus denen sich ein Rahmen für weitere Forschung herleiten
lässt.

[12] Eine der wenigen Ausnahmen ist die Studie von Ehlers (2004c).

15.4 „Certification of E-Learning (CEL)" –
ein Qualitätssystem zur Zertifizierung von E-Learning-
Programmen

Abschließend wird exemplarisch ein Qualitätssystem skizziert, das die A-nalyse und Entwicklung der Qualität von e-Learning-unterstützten Bil-dungsprogrammen anstrebt. Das System wird unter dem Namen „Certifi-cation of E-Learning (CEL)" von der Akkreditierungsorganisation EFMD (European Foundation for Management Development) in Brüssel lanciert.[13] Das „Swiss Center for Innovations in Learning (SCIL)"[14] als Kooperati-onspartner von EFMD ist verantwortlich für die wissenschaftliche Fundie-rung und Umsetzung des Programms.

Qualitätsobjekt
Gegenstand der Zertifizierung ist ein „E-Learning-gestütztes Bildungs-programm" einer Unternehmung, einer Universität oder eines anderen Bil-dungsdienstleisters. Im Kontext von CEL wird ein Programm folgen-dermaßen definiert: Ein Programm umfasst mindestens 100 *Lern*stunden und schließt mit einer Prüfung oder einem anderen Evaluationsverfahren zur Beurteilung der Lernergebnisse ab. Ferner muss es dauerhaft und auf Nachhaltigkeit hin angelegt sein. Dieser Fall wird angenommen, wenn das Programm bereits mindestens zwei Mal erfolgreich durchgeführt wurde. Ein Programm wird als „e-learning-gestützt" betrachtet, wenn ein *Mini-mum* von 20% der Lernstunden mit dem Einsatz von E-Learning-Methoden durchgeführt wird. Von E-Learning wird gesprochen, wenn mindestens eine der beiden Anforderungen erfüllt ist: (1) Einsatz interakti-ver Medien (eMedien): das Programm verwendet mindestens einen ande-ren Medientyp als gedruckten Text und aufgezeichnetes Vorlesungsmate-rial. (2) Einsatz von eCommunication: Das Programm erfordert den Einsatz von Lernumgebungen, die Interaktivität der Lernenden unterein-ander bzw. mit den eTutoren/ eModeratoren unterstützen. Im Rahmen die-ser Definition würde sich beispielsweise ein Distance Education Kurs, der aus gedruckten Lernmaterialien und audiovisuell aufgezeichneten Vorle-sungen besteht, nicht für CEL qualifizieren, da diesem Kurs sowohl der didaktische Mehrwert des Medieneinsatzes als auch die Netzwerk-Interaktion fehlen.

---

[13] http://www.efmd.be/cel/
[14] http://www.scil.ch

Qualitätsfelder und Qualitätskriterien
Die Qualitätskriterien sind auf der Grundlage von Experteninterviews (25 Experten) und einer Delphi-Studie (37 Experten in zwei Durchgangsrunden) entstanden (Seufert und Euler, 2003 und Seufert und Euler, 2004). Somit stützt sich die Auswahl der Kriterien in hohem Maße auf das Urteil von Experten aus Wissenschaft und Praxis. Die Qualitätskriterien können in Input-, Prozess- und Outputqualitäten unterschieden werden. Sie lassen sich insgesamt fünf Qualitätsfeldern zuordnen: Didaktik, Wirtschaftlichkeit, Organisation, Technologie und Kultur. Die didaktische Perspektive und damit die Gestaltung des Lernprozesses bildet das Zentrum des Systems.

Grundsätzlich stehen dabei jeweils die folgenden Fragen im Zentrum: „What to do?" („Was sind die maßgeblichen Zielgrößen?") und „How to do?" („Was wird unternommen, um die Zielgrößen zu erreichen?"). Damit wird eine besondere Betonung auf die Qualitätsverbesserung und die Auslösung von Entwicklungsmaßnahmen gelegt.

Die Kriterien werden durch die verfügbare Literatur gestützt, wobei mit Blick auf die unterschiedlichen Begründungsquellen möglichst auf theoretische und empirische Quellen zurückgegriffen wird.

Qualitätsindikatoren und -standards
Für jedes der mehr als 40 Kriterien sind Indikatoren und Standards definiert, die die Kriterien konkretisieren und für die Evaluation auf eine operationale Grundlage stellen.

Verfahren der Qualitätsüberprüfung
Das Zertifizierungsverfahren findet in fünf Schritten statt, wie Abb. 15-1 im Überblick aufzeigt:

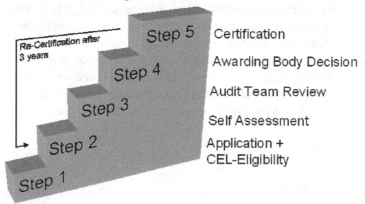

Abb. 15-1. Schritte des Zertifizierungsverfahrens von CEL

- *Application + CEL-Eligibility*: Der erste Schritt des Zertifizierungsverfahrens besteht darin, dass eine interessierte Organisation das Verfahren formal beim SCIL beantragt, indem sie einen Fragebogen einreicht, der bereits eine erste Einschätzung erlaubt, ob das Programm die Voraussetzungen für die CEL-Zertifizierung mit bringt.
- *Self-Assessment*: Die erfolgreiche Eignungsprüfung leitet die zweite Verfahrensstufe, das „Self-Assessment" ein. Diese Selbstbeurteilung findet anhand eines Assessment-Guide statt, in dem die CEL-Qualitätskriterien erläutert sind. Sie führt zu einem teils beschreibenden, teils analysierenden Report, der den CEL-Auditoren zugeführt wird.
- *Audit-Team Review*: In der nächsten Phase führt ein Auditoren-Team vor Ort Interviews sowohl mit Entwicklern als auch Nutzern des Programms durch.
- *Awarding Body Decision*: Der Bericht dieses Auditoren-Teams wird zusammen mit einer Empfehlung an eine Experten-Kommission (CEL-Awarding Body) übermittelt, die über die Vergabe des Zertifikates entscheidet.
- *Certification*: Der letzte Schritt stellt die Zertifizierung dar. Regelmäßig vorgesehen ist eine Re-Zertifizierung nach drei Jahren.

Das System wird derzeit mit zwei renommierten Universitäten und einem multinational tätigen Unternehmen pilotmäßig erprobt und soll ab 2005 in der Breite angeboten werden.

15.5 Zusammenführung und Konklusion

Das Bildungscontrolling beschäftigt sich mit der Erfassung und Überprüfung von Bildungsaktivitäten. Als Grundlage dienen (Qualitäts-)Kriterien, deren Aufnahme bzw. Entwicklung häufig nicht reflektiert und legitimiert werden. Vor diesem Hintergrund liegt eine Gefahr darin, dass in technokratisch verkürzter Weise Zahlen dokumentiert werden, die (a) keine Hinweise auf die (Weiter-)Entwicklung von Bildungsqualität liefern und (b) nicht anschlussfähig sind an das Handeln der Bildungsgestalter. Andererseits sind die Anliegen des Bildungscontrolling bedeutsam, insbesondere die engere Anbindung der Bildungsaktivitäten an die strategische Unternehmensentwicklung. Eine Verzahnung zum Bildungsmanagement liegt insbesondere dann auf der Hand, wenn im Rahmen der strategischen Unternehmensführung auch die Mitarbeiterentwicklung einbezogen ist.

Ein Kerndefizit des Bildungscontrolling besteht zumeist in der Integration einer rationalen Diskussion der Zielfrage. An diesem Punkt setzen Systeme zur Entwicklung von Bildungsqualität ein. Sie zielen auf die Generierung von Normen bzw. Zielen, denen Bildungsinstitutionen, Bildungsprogramme oder Bildungsmedien genügen sollen, wenn sie als „qualitativ hochwertig" beurteilt werden. Normen werden in einem Qualitätssystem schrittweise strukturiert und präzisiert. Dabei werden einzelne Qualitätsfelder abgegrenzt, darauf bezogen Qualitätskriterien definiert und diese über Qualitätsindikatoren und -standards operationalisiert. Normen sind das Ergebnis einer Setzung, die in zwei Richtungen hinterfragt werden kann: (1) Wie werden sie begründet? (2) Wer akzeptiert sie als gültig und handlungsleitend? Entsprechend gibt es Qualitätssysteme mit starken / schwachen Begründungen sowie hoher / geringer Akzeptanz. Viele der in der Praxis verbreiteten Systeme sind nur schwach begründet. Als Beispiel für ein Qualitätssystem im Bereich E-Learning kann das „Certification of E-Learning (CEL)" angeführt werden. Es bietet eine Konkretisierung und Illustration der grundsätzlichen Aussagen.

Als zusammenführende Kernaussage lässt sich festhalten: Die Ansätze des Bildungscontrolling bleiben unzulänglich und können zur (Weiter-)Entwicklung der Bildungspraxis nur einen begrenzten Beitrag leisten. Bildungsgestalter können letztlich nicht zum Erfolg kontrolliert werden. Solange die Zahlen des Bildungscontrolling für sie unzugänglich oder unzulänglich sind, stellen sie aus ihrer Sicht lediglich ein weiteres Beispiel für exakte Irrelevanz dar und bleiben zweifelhafte Antworten auf ungeklärte Fragen. Das Bildungscontrolling bedarf vielmehr der Einbindung in einen Zieldiskurs sowie in ein umfassendes System der Qualitätsentwicklung. Hier setzen die Konzepte zur Entwicklung von Bildungsqualität ein.

Damit ist eine konzeptionelle Idee skizziert, deren Umsetzung weitergehende Arbeiten im Rahmen eines systemischen Bildungsmanagement erfordert – in der Wissenschaft ebenso wie in der Praxis!

16. Transfersicherung und Bildungscontrolling in ganzheitlichen Blended-Learning-Prozessen

Christoph Warnecke

Für den nachhaltigen Erfolg von Qualifizierungs- bzw. Veränderungsprozessen ist es wichtig, den Lernprozess nach der Analyse der Ist- und Zielsituation (inkl. der Rahmenbedingungen und der kritischen Erfolgsfaktoren) durchgängig bis zur Umsetzung in die tägliche Arbeit zu konzipieren, d.h. auch den Transfer in das Tagesgeschäft zu planen und durch bedarfsgerechte Maßnahmen sicherzustellen. Nicht die Höhe der Investitionen sondern der in das Tagesgeschäft verankerte und auf das angestrebte Ergebnis ausgerichtete Lernprozess bringt den Erfolg. Der Beitrag beschreibt, wie durch den Einsatz von E-Learning-Instrumenten und Bildungscontrolling Lernprozesse kostengünstig gestaltet, Lerntransfer und Handlungskompetenz sichergestellt, die Rahmenbedingungen (die vorhandene technische Infrastruktur, das Lern- und Arbeitsumfeld, vorgegebene Lern- und Arbeitspräsenz-Zeiten, etc.) einbezogen bzw. geändert und Entscheidungsträger, Vorgesetzte und Mitarbeiter in die Verantwortung eingebunden werden können.

16.1 Ausgangssituation

Rahmenbedingungen des Marktes
Unternehmen müssen heute in immer schnellerem Maße auf Veränderungen des Marktes reagieren, was sich direkt auf Produkte, Fertigungs- oder Verarbeitungsprozesse und Vertriebsstrategien auswirkt. Die Geschwindigkeit, mit der auf solche Veränderungen reagiert werden kann, wird nicht nur zum Wettbewerbsvorteil sondern zum entscheidenden Kriterium überhaupt, das über die weitere Existenz des Unternehmens entscheiden kann.

Arbeiten und Führen über Distanz werden dabei immer wichtiger. Nicht immer ist die Führungskraft oder der verantwortliche Projektleiter vor Ort. Das Unternehmen muss sich proaktiv mit seiner Aufbau-Organisation und seinen Geschäftsprozessen auf die zukünftige Marktentwicklung vorbereiten. Darüber hinaus ist unser Informationszeitalter geprägt von hohen Änderungsgeschwindigkeiten. Zum einen vollziehen sich die Veränderungen am Markt und die damit verbundenen Veränderungen in den Unternehmen immer dynamischer, zum anderen werden die Zusammenhänge von Entscheidungen und deren Wirkungsketten (Neben-/Rück- und Fernwirkungen) immer komplexer. Dieses Dilemma, das Unternehmen zunehmend beschäftigt, bezeichnet Heijo Rieckmann (2000, S.3) mit dem Kunstwort „Dynaxity".

Veränderungen der innerbetrieblichen Lernkulturen
Die oben beschriebenen Rahmenbedingungen erfordern eine beschleunigte Wissensvermittlung – zur Reduktion von Ausfallzeiten möglichst während des laufenden Arbeitsprozesses - und einen flexibleren Wissenserwerb in räumlicher, zeitlicher und methodischer Hinsicht. Der Lernende, egal ob Mitarbeiter oder Führungskraft, kann selbst entscheiden, wann, wo, wie lange und mit welchen Methoden (Informationsquellen aus dem Inter-/Intranet, Lehrbriefe, Seminare, CBTs, WBTs, etc.) er sich das notwendige Know-how bzw. die erforderlichen Fertigkeiten erwirbt. Dies bedeutet, dass derzeit in den Unternehmen eine starke Veränderung des Lernverhaltens stattfindet, weg von starren, vorgegebenen Qualifizierungsprozessen oder einem breiten Angebot von internen und externen Weiterbildungsmaßnahmen hin zum eigenverantwortlichen, selbstgesteuerten Lernen des Mitarbeiters mit entsprechenden Lernziel-Vereinbarungen. Nicht das Unternehmen übernimmt – wie in der Vergangenheit – die Verantwortung für den Lernerfolg, sondern die Mitarbeiter selbst müssen mit Hilfe der bereitgestellten Lerninstrumente sich zunehmend selbst das fachliche, methodische Wissen bzw. die erforderliche Handlungskompetenz verschaffen und damit ihre Beschäftigungsfähigkeit („Employability") sicherstellen. Ein schönes Beispiel hierfür sind die PC- und Office-Schulungen, für die in der Vergangenheit enorme Summen in den Unternehmen ausgegeben wurden. Heute wird das Vorhandenensein dieses Know-hows bei der Einstellung von Mitarbeitern einfach vorausgesetzt und kann schon zu den kulturellen Grundfertigkeiten wie Rechnen, Lesen und Schreiben gezählt werden, d.h. der Mitarbeiter muss selbst für seine EDV-Basiskenntnisse sorgen.

Einsatz von E-Learning-Instrumenten
Diese Veränderungen der innerbetrieblichen Lernkulturen werden in den Unternehmen durch den Einsatz von E-Learning-Instrumenten wie Computer-Based-Trainings (CBT), Web-Based-Trainings (WBT), Online-

Seminare, Virtuelle Klassenzimmer (Virtual Classrooms, VC), Foren, etc. zusätzlich verstärkt bzw. überhaupt erst ermöglicht. In der Boom-Phase des E-Learnings Ende der 90er Jahre glaubte man, allein durch den Einsatz der „Neuen Medien", Präsenzseminare weitestgehend ersetzen zu können. Seit einigen Jahren hat man aber erkannt, dass E-Learning-Instrumente wichtige Tools in einem ganzheitlichen Bildungsprozess sind, die ergänzend zu den klassischen Bildungsinstrumenten wie Seminare, Workshops, Qualitätszirkel, etc. eingesetzt werden sollten (blended learning).

Wirtschaftliche Rahmenbedingungen in den Unternehmen
Die Zeit der großen Budgets für Qualifizierungsmaßnahmen ist vorbei. Die betriebliche Weiterbildung befindet sich daher in einer Zwickmühle. Auf der einen Seite wächst der Bildungsbedarf kontinuierlich an, auf der anderen Seite sinkt bei den Kostenverantwortlichen die Investitionsbereitschaft.

Da in den Unternehmen der Kostendruck wächst, muss nach günstigeren Schulungsmaßnahmen gesucht werden. Die Besuche von externen Seminaren in guten, oft teuren Hotels oft für eine Woche werden kaum noch gebucht. Die Schulungsvariante mit E-Learning, insbesondere auch in gemischten Lernprozessen (blended learning), ist da erheblich effizienter und bei einer gekonnten Integration in die Lernprozesse auch zunehmend effektiver.

Management und Führungskräfte wollen mittlerweile wissen, ob sich eine Schulungsmaßnahme rechnet. Sie fordern Nachweise der wirksamen Umsetzung des Erlernten in die Praxis und dass sich dadurch eine Rentabilität für das Unternehmen ergibt. Die Wirtschaftlichkeitsrechnung, d.h. der Geschäfts- bzw. Investitionserfolg von Qualifizierungsmaßnahmen (Stufen 4 und 5 des Bildungscontrollings nach Kirkpatrick und Philips) gewinnt zunehmend an Bedeutung (siehe hierzu Kap. 2 und Kap. 3 in diesem Buch).

16.2 Ansätze des Bildungscontrollings

Grundsätzlich sind zwei Formen des Bildungscontrollings zu unterscheiden (vgl. Meier 2004):

1. *Das strategische, maßnahmenübergreifende Bildungscontrolling*
   Ausgehend von der Unternehmensstrategie werden die für die Zielerreichung notwendigen Kompetenzprofile definiert. Diese werden mit den erhobenen Ist-Kompetenzen der Mitarbeiter abgeglichen und die Kompetenzlücke ermittelt. Auf dieser Basis können dann bedarfsgerecht Bildungsangebote konzipiert und im Unternehmen bereitgestellt werden.

Dieses Angebot sollte die angestrebte Qualifikation der Mitarbeiter sicherstellen, eine systematische Personalentwicklung unterstützen, die Bindung erfolgreicher Mitarbeiter gewährleisten und damit einen kurz- und mittelfristigen Beitrag zum Unternehmenserfolg leisten. Ein Bildungscontrolling überprüft in diesem Fall angebots- und maßnahmenübergreifend den Erfolg der innerbetrieblichen Bildungsarbeit, indem durch interne Kennzahlen bzw. Indikatoren und externe Benchmarks der Beitrag der durchgeführten Qualifizierungsmaßnahme zum Unternehmenserfolg gemessen wird.

2. *Das maßnahmenorientierte Bildungscontrolling individueller Qualifizierungsprozesse*

Im Gegensatz zum strategischen Bildungscontrolling orientiert sich das maßnahmenorientierte Bildungscontrolling an dem einzelnen, konkreten Weiterbildungsprozess, der sich aufgrund aktueller Anforderungen, insbesondere im Rahmen von Veränderungsprozessen ergibt. Bei der Anpassung von Aufbau-Strukturen, der Gestaltung neuer Geschäftsprozesse, dem damit meist verbundenen Einsatz neuer Arbeitsmittel, der Einführung neuer Produkte ist es fast immer erforderlich, die für die Erreichung der Zielsituation notwendigen Qualifizierungsmaßnahmen zeitnah und prozessbegleitend durchzuführen. In diesem Fall wird im Bildungscontrolling überprüft, ob der Qualifizierungsprozess den erwarteten Beitrag zum geplanten Projektziel bzw. Unternehmenserfolg (z.B. Kostenreduktion, Beschleunigung der Geschäftsprozesse, höherer Vertriebsumsatz, etc.) geleistet hat.

16.3 Gestaltung von Blended-Learning-Prozessen

Die Idee bzw. Vorstellung, neues Wissen allein durch off-the-job-Maßnahmen erreichen zu können, hat sich überholt. Das liegt zum einen an der wirtschaftlichen Gesamtsituation, zum anderen gibt es zu wenig messbare Erfolge bei der Umsetzung in Handlungskompetenz. Häufig ist es die Flucht vor der eigenen Verantwortung oder das zeitliche / methodische Unvermögen der verantwortlichen Führungskräfte, die neue, erwünschte (Handlungs-) Kompetenz ihrer Mitarbeiter in der Tagesarbeit zu unterstützen. Das alte Lehrmeister-Lehrling-Prinzip „Erklären, Vormachen, Nachmachen, Üben, Qualität durch laufende Adaptionen in der Praxis sicherstellen" wurde zu wenig genutzt. Darüber hinaus ist das Arbeitsumfeld meist nicht auf die Veränderungen vorbereitet. Wer kennt nicht die bekannte Reaktion der Kollegen: „Ach ja, der war auf so einem Seminar. Der wird sich schon wieder beruhigen."

Es ist daher wichtig, den Qualifizierungs- bzw. Veränderungsprozess entsprechend der konkreten Ziele genau zu analysieren, zu prüfen, wo die größten Stellhebel sind, den Prozess über die Phase der reinen Wissensaufnahme bis zu Ende zu konzipieren und bis zur Erreichung der geplanten Ziele den Transfer vor Ort sicherzustellen. Nicht die Höhe der Investitionen sondern der in das Tagesgeschäft verankerte und auf das angestrebte Ergebnis ausgerichtete Lernprozess bringt den Erfolg. Hierbei ist neben dem Einsatz herkömmlicher Lerninstrumente und -Methoden wie Seminare, Lehrbriefe, Workshops, Qualitätszirkel, etc., die Nutzung von E-Learning-Instrumenten wie CBTs, WBTs, Foren, Online-Seminare in virtuelle Klassenräumen (virtual classrooms, VC) sowie die Gestaltung des Lernumfeldes und die Unterstützung aller betroffenen Personen von entscheidender Bedeutung: also weg von Massenveranstaltungen hin zu individuellen, zielgerichteten, transferorientierten und kostengünstigen Maßnahmen. Für den Erfolg von Blended-Learning-Prozessen ist entscheidend, wie Lernprozesse durch den Einsatz von E-Learning-Instrumenten kostengünstig gestaltet werden können, Lerntransfer und Handlungskompetenz sichergestellt werden können, wie die Rahmenbedingungen (die vorhandene technische Infrastruktur, das Lern- und Arbeitsumfeld, vorgegebene Lern- und Arbeitspräsenz-Zeiten, etc.) einbezogen bzw. geändert werden können, wie Entscheidungsträger, Vorgesetzte und Mitarbeiter in die Verantwortung eingebunden werden können.

Abb. 16-1. Bildungscontrolling als ganzheitlicher Prozess

16.4 Vorgehensweise bei der Gestaltung von Blended-Learning-Prozessen

Wie ein solcher Lernprozess idealerweise gestaltet werden sollte, wird im Folgenden anhand eines Vorgehensmodells für maßgeschneiderte Qualifizierungsprozesse im Rahmen von innerbetrieblichen Veränderungen beschrieben.

Zu beachten ist dabei, dass ein wirkungsvolles Bildungscontrolling über alle Prozess-Phasen hinweg läuft, d.h. die Grundlagen / Voraussetzungen für eine substantielle Erfolgsmessung bereits in der Phase der Auftragsklärung mit der Zielbeschreibung und der Festlegung von Messgrößen / Indikatoren gelegt werden (siehe Abb.16-1).

16.4.1 Auftragsklärung und Zielbestimmung

Zunächst ist mit dem Auftraggeber der geplante Qualifizierungsprozess im Detail zu klären. Hierbei sind u.a. folgende Fragestellungen zu berücksichtigen:

- Was sind Ziele und Inhalte des Veränderungs- / Entwicklungsprojektes, für das die Qualifizierungsmaßnahme durchgeführt werden soll?
- Welche Lernziele sollen durch den Qualifizierungsprozess erreicht werden?
- Welche zeitlichen Vorgaben sind einzuhalten?
- Welcher Budgetrahmen steht zur Verfügung?
- Welche sonstigen Rahmenbedingungen sind vorgegeben bzw. zu beachten?
- Wer ist für den Erfolg der Maßnahmen verantwortlich?
- Anhand welcher Messgrößen / Indikatoren kann der Erfolg der Qualifizierungsmaßnahmen überprüft und sichergestellt werden?

Die Ergebnisse dieser Abstimmung sollten sauber dokumentiert und verbindlich vereinbart werden, bevor man die nächsten Projektschritte beginnt. Nur wenn Ziele, Rahmenbedingungen und Zuständigkeiten sauber geklärt sind, kann später eine bedarfsgerechte Konzeption, eine erfolgreiche Durchführung, eine systematische Transferbegleitung / -sicherung und ein seriöses Bildungscontrolling durchgeführt werden.

16.4.2 Bedarfsanalyse

Auch bei Blended-Learning-Prozessen wird wie bei klassischen Bedarfsanalysen zunächst einmal die Ist-Situation analysiert:

- Um welche Zielgruppen handelt es sich?
- Wie sehen die Kompetenzprofile der betroffenen Mitarbeiter derzeit aus?
- Wie ist die Performance der betroffenen Zielgruppe (Performance-Analyse)?
- Wie homogen ist der Kompetenzstand der Zielgruppen zum Startzeitpunkt?
- Wie sehen das Arbeits- und das Lern-Umfeld aus?
- Wie wird die Lernbereitschaft / Anpassungsfähigkeit der Zielgruppen eingeschätzt?
- Welche Einflüsse haben die „Organisationsfamilien" (Führungskräfte, Kollegen, etc.) auf die Lerngruppen insbesondere im Transfer-Prozess?
- Welche Führungs- und Kommunikationskultur findet man vor?

Anschließend werden die Ziel-Situation und das Soll-Kompetenzprofil entsprechend der Projektvorgaben möglichst gemeinsam mit den Auftraggebern erarbeitet, detailliert beschrieben und verbindlich verabschiedet. Typische Fragestellungen sind:

- Über welches Know-how soll die Zielgruppe nach dem Projekt verfügen?
- Welche Fertigkeiten, Handlungskompetenzen sind zukünftig erforderlich?
- Wie sieht das zukünftige Kompetenzmodell aus?
- Welche Ziel-Performance soll erreicht werden?
- Wie sehen die geplanten Strukturen, Geschäftsprozesse, Arbeitsumfelder aus?
- Welche Lernzeiten / Lernräume sind verfügbar, welche Präsenz-Zeiten im täglichen Geschäft erforderlich?
- Welche erfolgskritischen Faktoren gibt es?
- Wie soll die Zielerreichung gemessen werden? z.B. über: Kosteneinsparungen, Umsetzung neuer Geschäftsprozesse (Durchlaufzeiten, MA-Kapazitäten, etc.), Umsatz neu eingeführter Produkte, Vertriebserfolg (Umsatz, Provision, Terminquote, Besuchsquote, etc.), Kundenzufriedenheit, Betriebsklima (Mitarbeiterbefragung, Fluktuation, Krankenstand, etc.), etc.

Aus der Lücke zwischen Soll und Ist (Kompetenz-Gap, Performance-Improvement-Potential) ergibt sich dann klassisch der Bildungsbedarf, d.h. die Anforderungen und Rahmenbedingungen für die Konzeption des Qualifizierungsprozesses.

16.4.3 Konzeption von Blended-Learning-Prozessen

Einsatz von E-Learning-Instrumenten
Der Einsatz von E-Learning-Instrumenten bietet völlig neue Möglichkeiten der Lernprozess-Gestaltung, wie z.B. zeit- und / oder ortsunabhängiges Lernen und Kommunizieren, schnelle, stets aktuelle Informations- und Kommunikationsmöglichkeiten, hohe Reaktionsgeschwindigkeiten, insbesondere bei unvorhersehbaren Entwicklungen, etc. Ein weiterer Vorteil besteht darin, dass diese E-Learning-Bausteine wesentlich stärker das eigenverantwortliche, selbstgesteuerte Lernen unterstützen.

Es ist jedoch sinnvoll, zunächst einmal die bereits im Unternehmen etablierten Instrumente zu nutzen, zum einen um die Kosten zu begrenzen und zusätzliche Investitionen zu vermeiden. Zum anderen erhöht sich durch den gewohnten Umgang mit den Verfahren der Wirkungsgrad des Lernprozesses. Nur wenn sich im Design des Qualifizierungsprozesses herausstellen sollte, dass bestimmte Funktionalitäten, die für den Qualifizierungsprozess unbedingt erforderlich sind, durch die vorhandenen Systeme nicht abgedeckt werden bzw. der Wirkungsgrad neuer Tools die Investitionsaufwände deutlich übertrifft, sollte man sich für neue Instrumente entscheiden.

Bevor man also mit dem Design des Prozesses beginnt, sollte man zunächst die im Unternehmen vorhanden Instrumente sowie deren Einsatzmöglichkeiten und Wirkungsweise eruieren. Hierbei ist es natürlich wichtig, dass die technischen/ infrastrukturellen Voraussetzungen gegeben sind (Mögliche E-Learning-Instrumente können sein: Inter-/Intranet für Informationspakete / Lehrbriefe, Lern-Management-Systeme (LMS) zur Steuerung und Administration der Lernprozesse, Foren, Computer-Based-Trainings (CBT), Web-Based-Trainings (WBT), Lernvideos, Online-Testverfahren, Online-Scorecards, virtuelle Klassenzimmer (virtual classrooms, VC), Online-Lern-Systeme, onlinegestützte Repetitorien, Online-Konferenzen/-Besprechungen, Business-TV, etc.). Diese Tools werden in einem Blended-Learning-Prozess gekoppelt mit klassischen Weiterbildungsinstrumenten (Selbststudium (Lehrbriefe), Präsenz-Seminare, papiergebundene Tests, Workshops, Qualitätszirkel, Lernen am Arbeitsplatz, Projektlernen (action-learning), Lernteams, Coachings, Mentoring, Patenschaften, Feedbackorientiertes Lernen, etc.).

Design der Qualifizierungsphase(n)
Die Effektivität, d.h. die Lerngeschwindigkeit, erhöht sich, die Effizienz, d.h. die Kosten einer Schulung sinken deutlich bei homogenen Lerngruppen. In den Unternehmen wird daher immer häufiger darauf geachtet und durch Eingangstest überprüft, ob die Teilnehmer einer Qualifizierungsmaßnahme über das notwendige Basis-Wissen verfügen. Sollte dies nicht der Fall sein, müssen sie sich dieses über die bereitgestellten Informationsquellen, CBTs, WBTs, etc. aneignen. Idealerweise werden zusätzlich für jeden Lernabschnitt Übungsaufgaben und Zwischentests möglichst über ein Lern-Management-System (LMS) angeboten (siehe hierzu auch die Ausführungen zum selbstgesteuerten, eigenverantwortlichem Lernen in Kap. 16.4.4).

Für den Schulungskernprozess sollten Instrumente ausgewählt und kombiniert werden, die dem nun gestiegenen Anspruch der Teilnehmer sowie den zeitlichen, räumlichen und budgetmäßigen Anforderungen gerecht werden. Insbesondere Präsenz-Schulungen mit Workshop-Charakter und hohen Leistungsanforderungen im Stil eines Experten-Forums eignen sich hier besonders und fördern die Motivation und Leistungsbereitschaft der Teilnehmer. Bei den Instrumenten aus dem E-Learning-Bereich stehen

- das Inter-/Intranet für den Wissenserwerb über abgelegte Informationen und Lehrbriefe
- Lern-Management-Systeme (LMS) für Foren, Tests und Web-Based-Trainings (WBTs)
- Virtuelle Klassenzimmer (Virtual Classrooms, VC) für Online-Konferenzen, Online-Seminare, Onlinc-Repetitorien, Online-Tests

im Vordergrund.

Design der Transferphase(n)
Besonderes Augenmerk ist auf das Design des Transferprozesses zu legen, da hier das in den Schulungen erworbene Wissen in Handlungskompetenz, d.h. in den Geschäftserfolg umgesetzt wird.

Hier geht es darum, die Betroffenen bei der Anwendung Ihres Know-hows und der Einübung neuen Verhaltens effektiv zu unterstützen und Arbeits- und Lernumfelder so zu gestalten, dass die Teilnehmer schnell und effektiv die neuen Kompetenzen in den Geschäftsprozessen umsetzen können. Dabei spielt die Unterstützung durch die Führungskräfte, Kollegen und Mitarbeiter eine besondere Rolle. Lernschleifen, Feedback-Systeme, Erfahrungsaustausch, Ergänzungsschulungen, Coachings sind wichtige Maßnahmen zur Transfersicherung. Das Monitoring des Transferprozesses wird dabei über Bildungscontrolling-Instrumente sichergestellt.

Gestaltung der Rahmenbedingungen
In Unternehmen gibt es unveränderbare oder durch den Auftraggeber vorgegebene Rahmenbedingungen wie Aufbaustrukturen, bewährte Arbeitsabläufe, Büroräume, Arbeitsmittel, Betriebsvereinbarungen, etc., die Grundlage für den Qualifizierungsprozess darstellen, aber auch Einschränkungen und Begrenzungen für die Ausgestaltung bedeuten können.

Anderseits müssen bei der Konzeptentwicklung neue Rahmenbedingungen definiert werden, die erst einen erfolgversprechenden Qualifizierungsprozess ermöglichen. Dazu gehört z.B.:
Lernräume zu schaffen, Führungskräfte und/oder Peergroups in die Maßnahme einzubinden, Lernziele in die Zielvereinbarungen der Führungskräfte und Mitarbeiter zu integrieren, Incentives zu entwickeln, die Betriebsvereinbarungen z.B. im Rahmen der maschinellen Leistungs- und Verhaltenskontrolle für die Durchführung von Online-Test zu erweitern, etc.

Zeit- und Kostenplanung, Wirtschaftlichkeitsrechnung
Für die Freigabeentscheidung der Qualifizierungsmaßnahme sollten nicht nur das komplett bis zum Abschluss der Transferphase durchdesignte Qualifizierungskonzept mit den für die Überprüfung des Projekterfolgs festgelegten Benchmarks, Kennzahlen, Messgrößen und Indikatoren vorliegen, sondern auch der Zeitrahmen, evtl. notwendige Investitionen, die anfallenden Kosten, die quantitativen und qualitativen Nutzenpotentiale sowie die Wirtschaftlichkeit des Vorhabens ermittelt sein. Hierdurch wird die Grundlage für ein fundiertes und erfolgreiches Bildungscontrolling gelegt.

16.4.4 Durchführung

Natürlich besteht die berechtigte Forderung der Auftraggeber und internen Kunden, dass alle Bildungsmaßnahmen im Unternehmen sich am Bedarf orientieren, zeitnah umgesetzt und verlässlich durchgeführt werden und – wie oben bereits beschrieben – wirtschaftlich sind bzw. einen nennenswerten Beitrag zum Unternehmenserfolg leisten. Folgende Aspekte sind jedoch im Zusammenhang mit der Durchführung von Qualifizierungsprozessen besonders hervorzuheben:

Eigenverantwortliches, selbstgesteuertes Lernen
Da – wie bereits beschrieben – die Vermittlung von Wissen und der Erwerb von Handlungskompetenz nicht mehr allein eine Bringschuld der Unternehmen sondern als Grundvoraussetzung für eine Beschäftigungsfähigkeit zunehmend in die Verantwortung der Mitarbeiter gerückt ist, gewinnt

das eigenverantwortliche, selbstgesteuerte Lernen zunehmend an Bedeutung.

Jeder Teilnehmer hat bei diesem Vorgehen die Freiheit, aus den bereitgestellten Lehrmitteln selbst zu wählen, Lern-Dauer, -Zeit und -Ort selbst zu bestimmen, sie mit seiner Tagesarbeit zu harmonisieren oder sie gegebenenfalls in seine Freizeit zu verlegen. Voraussetzung hierfür ist natürlich eine entsprechende technische Infrastruktur und die Zustimmung des Betriebsrates. Im Vergleich zu den bisher in den Unternehmen üblichen Lerngewohnheiten ergibt sich für die Lernenden eine starke Eigenverantwortlichkeit und Selbständigkeit, die in etwa der eines Studenten entspricht. Dies bedeutet für alle Betroffenen eine hohe, für sie bisher ungewohnte Lerndisziplin. Um den Lernprozess zu unterstützen und den Lernfortschritt gleichzeitig überprüfen zu können, ist daher der Einsatz von online-gestützten Lernkarten (mit Ampelsystem) oder (Kurs-) Scorecards zu empfehlen, in denen Lern-Termine mit den dazugehörigen Lehrmaterialien, Lerninhalten, Übungen und Zwischentests enthalten sind. In einem onlinegestützten Verfahren werden nach erfolgreichem Abschluss eines Test, der Lernabschnitt, Termin sowie die erreichten Lernpunkte je Teilnehmer oder statistisch je Lerngruppe angezeigt. So kann trotz des eigenverantwortlichen Lernverhaltens jedes einzelnen Teilnehmers der Qualifizierungsgesamtprozess durch den Verantwortlichen gesteuert werden.

Lernprozess-, Praxis- und Transfer-Orientierung
Die wichtigsten Faktoren eines erfolgreichen Bildungsprozesses sind die starke Praxisorientierung, ein dynamisch gestalteter Lernprozess sowie die auf den Lerntransfer ausgerichtete Schulungsmaßnahme.

Durch eine auf das Unternehmen ausgerichtete Praxisorientierung ist gewährleistet, dass die Teilnehmer einen hohen Wiedererkennungswert haben, die Transferleistung dadurch verbessert wird und die gewollte, unternehmensspezifische Umsetzung gewährleistet ist.

Dabei ist der (gruppen-)dynamisch an den Lernprozess der jeweiligen Gruppe situativ angepasste Schulungsablauf von besonderer Bedeutung. Übungen, Rollenspiele, Lern- und Feedback-Schleifen sind nur einige der Faktoren, die eine moderne und erfolgreiche Schulung ausmachen.

Ziel und Ergebnis der gesamten Qualifizierung muss es sein, den Transfer des Erlernten schnell, unaufwändig und wirkungsvoll zu gewährleisten. Insofern müssen Arbeitsmaterialien, Übungen und „Hausaufgaben" unmittelbar der Umsetzung in die Arbeitsleben dienen.

16.4.5 Transfer-Begleitung und Transfer-Sicherung

Die Begleitung der Anwendungs- und Übungsphase des Erlernten ist für den Erfolg des Qualifizierungsprozesses ganz entscheidend. Hierbei spielen E-Learning-Tools eine zunehmend wichtigere Rolle, weil sie – die technische Infrastruktur vorausgesetzt – schnell, situativ und kostenunaufwändig eingesetzt und die Teilnehmer des Prozesses vor Ort erreicht und vernetzt werden können, ohne hohe Reisekosten, Spesen und Ausfallzeiten zu verursachen.

Durch Lernwiederholungen, Vertiefungs- und Ergänzungsschulungen, Online-Repetitorien, Collaborative Learnings, Bildung von Lernteams, Projekt-Lernen durch Patenschaften, Mentoring und Coachings oder durch den zeitnahen, bedarfs- und situationsgerechten Austausch von Best-Practice-Fällen, Lesson-Learned-Erlebnissen unter den Teilnehmern (z.B. auch in Foren oder virtuellen Klassenräumen, in Online- oder Telefon-Konferenzen) kann der Lernerfolg nachhaltig sichergestellt werden.

Wichtig ist dabei die Vereinbarung von Lernzielen. Diese sollten zusätzlich incentiviert werden, indem sie in die Zielvereinbarungen der Führungskräfte und der Lernenden selbst aufgenommen und durch variable Vergütungen honoriert werden. Hierdurch wird den Lernenden die Bedeutung der Investition in sie als Mitarbeiter, die Ernsthaftigkeit des gewünschten Lernerfolges und damit dessen Umsetzung in Handlungskompetenz und Geschäftserfolg nachhaltig bewusst gemacht.

Darüber hinaus sollten die Betroffenen durch eine gemeinsam mit dem Vorgesetzten ausgearbeitete Maßnahmenplanung unterstützt und geleitet werden. Wichtig ist, dass die Führungskraft aktiv an dem Transfer-Prozess beteiligt wird, in Problemfällen als Ansprechpartner – vielleicht auch als Coach – zur Verfügung steht und den Erfolg des Lerntransfers in das Tagespraxis mit verantwortlich ist, d.h. diesen überwacht und steuert.

16.4.6 Überprüfung des Bildungserfolges

Wie bereits beschrieben, darf der Erfolg einer Qualifizierungsmaßnahme nicht erst ex post nach Abschluss des Projektes in Form von Transfer-, Geschäfts- oder Investitionserfolgsmessungen /-rechnungen überprüft werden – dann also, wenn das Kind sozusagen schon in den Brunnen gefallen ist. Vielmehr muss das Bildungscontrolling bereits bei der Freigabeentscheidung in Form einer Ex-ante-Modell-Rechnung beginnen, in Zielvereinbarungen verankert sein und im laufenden Prozess, insbesondere in der Transferphase, durchgeführt werden, um möglichen Fehlentwicklungen durch Interventionen begegnen und den geplanten Geschäftserfolg sicherstellen zu können. Es geht also nicht darum, Ergebnisse einfach nur zu messen, sondern in den verschiedenen Phasen des laufenden Prozesses immer wieder den Lern- und Transfer-Erfolg zu überprüfen (Monitoring). Hierzu sollten u.a. die in der Projektbeauftragung vereinbarten Messgrößen, Indikatoren, Kennzahlen, Benchmarks aus dem Markt herangezogen werden. Nur so kann der geplante Geschäftserfolg und der erwartete Return-on-Investment (ROI) der Qualifizierungsmaßnahme tatsächlich erreicht werden. (Die in diesem Zusammenhang gängigen und erfolgreich praktizierten Messverfahren/ -methoden und Modelle des Bildungscontrollings (z.B. die von Kirkpatrick und Philips), werden in diversen Beiträgen dieses Buches ausführlich dargelegt und müssen daher hier nicht näher beschrieben werden.)

16.5 Zusammenfassung

Bildungsprozess-Management
Durch den Einsatz von E-Learning-Instrumenten kann sichergestellt werden, dass ein durchgängiger, kostengünstiger Lernprozess gestaltet wird, der den Lernenden auch in der Umsetzung des neuen Wissens in seine tägliche Arbeit begleitet und damit die Handlungskompetenz der Betroffenen sowie den gewünschten Geschäftserfolg der investierenden Unternehmen sicherstellt. Entscheidend ist also, Mitarbeiter nicht einfach zu einem Seminar zu schicken oder unkommentiert CBTs / WBTs zur Verfügung zu stellen, sondern die Voraussetzungen für ein erfolgreiches Lernen zu analysieren und den gesamten Lern-Prozess zu gestalten, zu begleiten und bei Bedarf zu incentivieren.

Nutzung von Standards
Um mehr Effektivität und Effizienz beim Lernen mit E-Learning-Tools zu erreichen, sollte immer mehr auf Standards bei der Gestaltung von Bildungsprozessen und der Auswahl von E-Learning-Instrumenten und Lernportalen zurückgegriffen werden. Dies hilft nicht nur Kosten zu senken, Entwicklungszeiten zu reduzieren, sondern auch Einheitlichkeit und Vergleichbarkeit herzustellen.

Systematischer Einsatz eines Bildungscontrollings
Für die erfolgreiche Implementierung eines durchgängigen Blended-Learning-Prozesses ist es von Bedeutung, von der Gesamtkonzeption und einer Bedarfsanalyse ausgehend, prozessorientiert eine passgenaue Einfüh-

rungs- und Umsetzungsstrategie mit einen konsequenten Bildungscontrolling zu entwickeln.

Um dies sicherzustellen, ist es erforderlich, ein durchgängiges und nachhaltiges Bildungscontrolling – möglichst durch Messung des Investitionserfolges – durchzuführen. Insofern ist unter Bildungscontrolling nicht nur die Planung und das nachträgliche Messen des Bildungserfolgs zu verstehen, sondern bedeutet im ursprünglichen Sinne des Wortes „Controlling" die laufende Überprüfung des individuellen Lernfortschritts, das permanente Monitoring der Lern- und Transferprozesse und das Steuern, Unterstützen und Intervenieren mit geeigneten Instrumenten in einem Regelkreis. Nur so kann der wirtschaftliche Erfolg i.S. von Handlungskompetenz und Geschäftserfolg einer Qualifizierungsmaßnahme erreicht werden. Die erfolgreiche Umsetzung des Vorgehensmodells des in diesem Beitrag beschriebenen Vorgehens wird in Kap. 22 geschildert.

Teil B
Neue Werkzeuge für Bildungscontrolling im E-Learning: Analytics- & Skill Assessment Module

In diesem Abschnitt stehen Instrumente, Konzeptionen und Erfahrungen aus dem Bereich des Skill-Assessments und Skill-Managements im Mittelpunkt. Innovative Tools zum Skill-Assessment werden beschrieben und der gesamte Bereich der Analytics-Modules aufgearbeitet. Zusätzlich führt ein analytisch-kritischer Beitrag in die Grundlagen der Kompetenzforschung, deren Möglichkeiten und Grenzen ein.

17. Kompetenzmessung als Bildungscontrolling im E-Learning?

John Erpenbeck

Kompetenz hat sich vom Verlegenheitsschlagwort zu einem Kerngegenstand moderner Bildungs- und Weiterbildungsbemühungen und damit auch eines modernen Bildungs- und Weiterbildungscontrolling gemausert. Damit Kompetenzen erfolgreich sein können, müssen sie von einem theoretisch gut begründeten Verständnis ausgehen. Auf dieser Basis lässt sich dann die Frage beantworten, wie man interessierende Kompetenzen messen und vergleichen kann. In Bezug auf E-Learning setzt das allerdings voraus, dass man mit seiner Hilfe überhaupt Kompetenzen entwickeln kann und weiß, wo dies besser und wo dies schlechter gelingt. Das hängt primär davon ab, ob die entsprechenden E-Learning – Verfahren konfliktinduzierend und emotional labilisierend sind und damit die Interiorisation von Regeln, Werten und Normen erlauben. Das zu ermitteln erweist sich als eine wichtige Aufgabe modernen Bildungs- und Weiterbildungscontrollings.

17.1 Kompetenzen?

Seit vor etwa zehn Jahren lauthals der Schritt „von der Qualifikation zur Kompetenz" verkündet wurde, (Grootings 1994) hat sich unser Verständnis der immer wichtiger werdenden menschlichen Kompetenzen beträchtlich verändert und erweitert. Konnte man damals den Begriff nur unscharf fassen und beklagten die meisten Autoren, ehe sie munter die neue Worthülse benutzten, dass ihr etwas Modisches, ja Willkürliches anhafte, hat sich heute die Situation deutlich verändert. Dies vor allem in zweierlei Hinsicht.

Erstens konvergieren die vielfältigen, aus pragmatischer Sicht oft sehr unterschiedlich formulierten Kompetenzdefinitionen in einer fast durchgängigen Auffassung. Der Kompetenzbegriff wird deutlich vom Qualifikationsbegriff abgehoben. Dabei ist klar, dass beide, wo sie sich auf Individuen beziehen, deren Handlungsfähigkeiten thematisieren. Qualifikationen erfassen jedoch die Fähigkeiten, vorgegebene, fremdorganisierte Handlungsziele und Zwecke – meist aufgrund von konkreten Nachfragen und Anforderungen entstanden – mit Hilfe bestimmter, von aktuellen Tätigkeiten abhebbaren, direkt lernbaren Verfahren und Prozeduren zu erreichen. Das Gelernte kann rechtsförmig zertifiziert werden. Kompetenzen erfassen hingegen prinzipiell unbegrenzte dispositionelle Fähigkeiten, selbstorganisiert in eine zieloffene, komplexe, unbestimmte Zukunft hinein erfolgreich zu handeln. (Arnold 2000) Kompetenzen sind Selbstorganisationsdispositionen. (Erpenbeck, Heyse 1998) Kompetenzen machen Qualifikationen nicht überflüssig erschöpfen sich aber auch nicht in ihnen. Es kann keine Kompetenzen ohne Qualifikationen, wohl aber Qualifikationen ohne Kompetenzen geben. Kompetenzen sind nicht in abhebbaren Verfahren und Prozeduren, sondern in möglichst tätigkeitsnahen Trainingssituationen zu vermitteln. Als Dispositionen lassen sie sich nur aus den resultierenden Performanzen erschließen. Deshalb ist eine rechtsförmige Zertifizierung komplizierter. Eine qualifikationsanaloge Zertifizierung von Kompetenzen steht noch aus. Große Hoffnungen sind in verschiedene Versuche zu setzen, Kompetenzbilanzierungen voran zu treiben. (Gnahs, Neß, Schrader 2003; CeKom® 2004)

Die Grundanschauung von Kompetenzen als Selbstorganisationsdispositionen hat neuerdings eine doppelte Aufweitung erfahren. Zum einen eine *zeitlich – evolutionäre.* Benutzt man anstatt eines selbstorganisationstheoretischen Zugangs einen aus der Komplexitäts- und allgemeinen Evolutionstheorie stammenden, so treten zum aktuell – selbstorganisatorischen Charakter von Kompetenzen, der dort ebenfalls betont wird, wichtige Aspekte hinzu. Die individual- und aktualgenetische Gewordenheit der Kompetenzen rückt ins Blickfeld und wird mit thematisiert. Zugleich wird die Zukunftsoffenheit kompetenten Handelns anders akzentuiert. Anstatt diese allgemein zu betonen wird festgestellt, dass nicht jede zukünftige Handlungsmöglichkeit gleichermaßen offen steht, vielmehr können nur bestimmte Entwicklungspfade eingeschlagen werden. Die sind allerdings ihrerseits so weit, komplex und offen, dass sie ein selbstorganisiertes Handeln und damit individuelle Selbstorganisationsdispositionen zwingend zu erfordern. Eine entsprechend erweiterte Kompetenzdefinition lautet dann:

Kompetenzen sind evolutionär entstandene, generalisierte Dispositionen komplexer, adaptiver Systeme – insbesondere menschlicher Individuen – zu reflexivem, kreativem Problemlösunghandeln in Hinblick auf allgemeine Klassen von komplexen, selektiv bedeutsamen Situationen (Pfade). (vgl. Kappelhoff 2004)

Eine solche Definition verweist zum anderen auf eine *strukturell-aktuelle* Aufweitung der Kompetenzanschauung. Es ist sofort klar, sie gilt auch für andere komplexe adaptive Systeme, neben

a. Individuen für
b. Teams und Gruppen,
c. Unternehmen und Organisationen,
d. Märkte und Regionen.

Zwischen diesen *akteursbezogenen* komplexen Systemen gibt es wiederum komplexe Wechselwirkungen und Vernetzungen. Sie werden von modernen Untersuchungen zur Kompetenzentwicklung in Netzwerken untersucht. Eine weitere strukturell-aktuelle Multilayer-Architektonik ergibt sich, (Erpenbeck 2004, S.29-32) wenn man Kompetenztypen *kontextbezogen* ordnet:

1. Eine Basisschicht bilden Metakompetenzen als Selbstorganisationsdispositionen eines „Beobachters 2. Ordnung" (das ist nach Luhmann der Beobachter, der einen Beobachter beobachtet, der die Einheit, an der er selbst teilnimmt, zu beobachten versucht). (Bergmann, Daub, Meurer 2003) Diese sind weitgehend kontextfrei und umfassen beispielsweise Selbsterkenntnisvermögen, Selbstdistanz, Wertrelativismus, Empathie, Situations- und Kontextidentifikationsfähigkeit, Interventions- und Lösungsfähigkeit.
2. Die Grund- oder *Basiskompetenzen* (key competences; Rychen, Salganik 2001) personale-, aktivitätsbezogene-, fachlich-methodische- und sozial-kommunikative Kompetenz (Erpenbeck, Heyse, Max 1999, Erpenbeck, von Rosenstiel 2003) sind in sehr allgemeiner Weise auf gegenständliches und kommunikatives Handeln bezogen und insofern kontextabhängig. Misst man sie wie reine Persönlichkeitseigenschaften, führt dies in die Irre.
3. Detailliertere *abgeleitete Kompetenzen*, wie sie im Unternehmensalltag umfangreich (Assessments, Stellenbeschreibungen usw.) benutzt werden. Sie sind in ihrem Kontextbezug noch stärker, unmittelbarer, meist auf betriebliche oder umfassendere Problemsituationen bezogen. Das KODE®X-Verfahren versucht, die Fülle von hunderten „herumgeisternden" abgeleiteten Kompetenzbegriffen auf ein überschaubares Tableau von 64 zu reduzieren. (Erpenbeck, Heyse, Max 2001, Heyse, Erpenbeck 2004)
4. Wesentlich vom Kontext her determiniert sind schließlich *Querschnittskompetenzen*, wie interkulturelle Kompetenz, Führungskompetenz, Medienkompetenz.

Beide Dimensionen – die akteursbezogene und die kontextbezogene – spannen eine 16 Felder Matrix auf, die ein breites Untersuchungsfeld künftiger Forschung darbietet.

Zweitens – und das ist für das Bildungscontrolling entscheidend – haben sich inzwischen vernünftige, erprobte, bewährte Messverfahren für Kompetenzen herausgebildet, die eine operationalisierte Fassung des einst kaum Erfassbaren erlauben. Diese Messverfahren lassen sich ihrerseits vergleichen, ordnen, entsprechend unterschiedlichen Arbeitszwecken gegeneinander abwägen und instrumentell benutzen. Sie spielen für das Personalmanagement eine schnell zunehmende Rolle. Dabei ist nicht nur die richtige Personalrekrutierung von Bedeutung, die immer öfter von kompetenzbasierten Assessments oder einzelnen Kompetenzchecks begleitet wird.

Mindestens ebenso wichtig ist, dass individuelle Kompetenzen für die Bestimmung globaler Unternehmens- oder Netzwerkparameter an Bedeutung zunehmen. Verlässt ein kompetenter Chefprogrammierer das Unternehmen Microsoft, so macht dessen Börsennotierung einen deutlichen Sprung nach unten. Die Kompetenzen zumindest der kreativen, der maßgeblichen Mitarbeiter eines Unternehmens konstituieren einen wesentlichen Teil seines Humankapitals. Die Bestimmung des *Kompetenzkapitals* wird immer wichtiger – und ab 2005 für börsennotierte Unternehmen sogar verpflichtend gefordert. (Erpenbeck, Hasebrook 2004) Die Mitarbeiterkompetenzen sind für die *Nichtimitierbarkeit* eines modernen Unternehmens entscheidend, nicht in erster Linie die meist kurzfristig imitierbare Technologie. Das Verständnis des *Zusammenhangs* von individuellen- und kollektiven Kompetenzen eines Unternehmens entscheidet zunehmend über dessen Erfolg oder Misserfolg. Der wichtigste, nationale wie europäische Dimensionen tragende Zusammenhang ist jedoch der zwischen *Innovationen* und Kompetenzen. Innovationen werden von kompetenten, kreativen Individuen eingeleitet und hervorgebracht. Innovationen erfordern zwingend solche kompetenten, kreativen Individuen. *Am Kompetenzgewinn oder Kompetenzverlust entscheidet sich das zukünftige Schicksal des Landes.*

17.2 Kompetenzmessung?

Es ist eine zentrale Problematik des E-Learning: Fachwissen lässt sich leicht und effektiv mit dem neuen Medium transportieren. Fach- und Methodenkompetenzen sind schon viel schwerer vermittelbar. Alles was zum Bereich der Erfahrung, der Expertise gehört, kann man nur im eigenen

Handeln, im selbständigen Problemlösen erwerben. Dazu kann natürlich auch das Handeln an und mit dem Computer gehören – aber reicht das aus? Noch problematischer wird es bei der Frage, ob personale oder sozial-kommunikative Kompetenzen via E-Learning vermittelbar sind. Sie enthalten immer auch wertende und lernkulturell eingebettete Bestandteile. Werte werden nicht im Wissenssinne gelernt sondern über psychische Dissonanz- und Labilisierungsprozesse angeeignet. (Erpenbeck, Weinberg 1993) Die Schlussfolgerung für die Kompetenzmessung im Zusammenhang mit dem E-Learning ist zunächst, dass Wissenstests und Qualifikationsnachweise für die Beurteilung der E-Learning – Ergebnisse, überhaupt für die Beurteilung von Lernergebnissen nicht ausreichen. Lernende wie Arbeitgeber sind ja daran interessiert, dass das Gelernte im Handeln wirksam wird, dass es die Flexibility, Employability und Entrepreneurship des Arbeitenden steigert. Erst der Nachweis der Handlungswirksamkeit (Performanz) lässt den Schluss zu, dass der Lernende Dispositionen erworben hat, in einer neuen Situation, angesichts offener Zielpfade selbstorganisiert und kreativ zu handeln. Erst wenn das nachgewiesen ist sagen wir, dass sich seine Kompetenzen erhöht haben.

Eine vernünftige Kompetenzmessung im Sinne eines Bildungscontrolling muss deshalb *erstens* die Unterschied zwischen Qualifikation und Kompetenz erfassen können. Sie muss *zweitens* in der Lage sein, Kompetenzen zu beurteilen, unabhängig davon, ob sie in traditionellen Lernprozessen formell (Aus- und Weiterbildung, Informationsveranstaltungen, Schulungen, Workshops, Seminare, Trainings…) oder informell erworben wurden (Projektmitwirkung, Lernmediennutzung, Selbststudium, Erfahrungsaustausch, Learning by Doing…), also ohne Ansehen des vorangegangenen Erwerbswegs. Eine *dritte* Frage ist, was sich überhaupt via E-Learning vermitteln lässt, was eher auf traditionelle Lehr- und Trainingsverfahren rückführbar ist, wobei E-Learning nicht viel mehr als eine effiziente Form der Wissensweitergabe darstellt und inwieweit sich durch die Mixtur von E-Learning und traditionelleren Lehr-Lernformen im Sinne eines Blended Learning (Sauter, Sauter 2002) tatsächlich qualitativ neue Formen des Kompetenzerwerbs ergeben. *Viertens* lässt sich fragen, inwieweit Menschen, die im IT- und Multimediasektor arbeiten, ihrerseits informell und selbstorganisiert lernen und Kompetenzen – als Lernresultate – benötigen. IT- und Multimediawissen lässt sich ja sehr stark formalisieren und algorithmisieren, ist also einem instruktionistischen Vorgehen durchaus nahe und ließe sich damit hervorragend auf elektronischem Wege weitergeben. Problemlösungen lassen sich oft deduktiv ableiten, benötigen dann auch keine Kompetenzen sondern die Fähigkeit, Schritt für Schritt das Resultat zu entdecken was ebenfalls im Rahmen herkömmlichen E-Learnings gut bewältigt werden kann. Eingehende Befragungen in IT- und

Multimediaunternehmen ergeben jedoch ein ganz anderes Bild. In diesen Branchen wird sehr stark selbstorganisiert und überwiegend informell gelernt. (Kompetenzprofiling (Heyse, Erpenbeck, Michel 2002)

Offensichtlich sind Kompetenzen nur anhand der tatsächlichen Performanz – der Anwendung und des Gebrauchs von Kompetenz – aufzuklären. Das gilt jedoch für die meisten Attributions - Konstrukte wie Begabung, Intelligenz, Kognition, Motivation usw. Auch Kompetenz ist, wenn auch keine Persönlichkeitseigenschaft, so doch stets eine Form von Zuschreibung auf Grund des Urteils eines Beobachters. Da man die Dispositionen einer Person nicht unmittelbar beobachten kann, *muss* man Kompetenz als einen theoretischen Terminus im Rahmen einer spezifischen Theorie über Kompetenz behandeln. Eine solche selbstorganisatorisch zentrierte Theorie wurde oben angedeutet. Sie wurde dem ersten deutschen Handbuch für Kompetenzmessung (Erpenbeck, von Rosenstiel 2003) zugrunde gelegt. Aus ihr wurde auch die Systematik abgeleitet, nach der Kompetenzmessverfahren eingeordnet werden können. Jedes im Bereich des E-Learning eingesetzte Verfahren kann und sollte diesem Raster eingeordnet werden, weil nur so seine spezifischen Möglichkeiten und Grenzen deutlich werden. Das Raster differenziert Kompetenztypen, Kompetenzklassen, Kompetenzgruppen, Kompetenzentwicklungs-, Kompetenzbeobachtungs-, Kompetenzmessverfahrensaspekte:

Kompetenztypen: Entsprechend dem Einsatz von Selbststeuerungs- oder Selbstorganisationsstrategien lassen sich zunächst zwei Kompetenztypen unterscheiden: Kompetenzen I, die für Selbststeuerungsstrategien (Gradientenstrategien) unter – möglicherweise unscharfer – Zielkenntnis, und Kompetenzen II, die für Selbstorganisationsstrategien im engeren Sinne (Evolutionsstrategien) unter pfadbestimmter Zieloffenheit notwendig sind. Bei ersteren dominieren die fachlich-methodischen Kompetenzen, bei letzteren stehen personale, sozial-kommunikative und aktivitätsorientierte Kompetenzen im Vordergrund.

Kompetenzklassen: Als grundlegende Kompetenzklassen (oft auch als Schlüsselkompetenzen bezeichnet) lassen sich (P) personale, (A) aktivitäts- und umsetzungsorientierte, (F) fachlich-methodische und (S) sozialkommunikative Kompetenzen differenzieren und der Messung zugänglich machen.

Kompetenzgruppen: Diese grundlegenden Klassifizierungen lassen sich um methodologische erweitern. Persönlichkeitseigenschaften, Tätigkeitscharakteristika, Qualifikationen, soziokulturelle Kommunikationsvoraussetzungen können als Kompetenzen gesehen und gemessen werden, wenn sie Aussagen zu den Dispositionen selbstorganisierten Handelns machen. Damit sind das methodologische und messtheoretische Wissen der Motivations- und Persönlichkeitspsychologie, der Tätigkeits-(Handlungs-) und

Arbeitspsychologie, der kognitiven Psychologie und der Pädagogik, sowie der Sozial- und Kommunikationspsychologie für die Kompetenzmessung nutzbar zu machen. (Lang-von Wins 2003). Darauf basierend sind grundlegende Kompetenzgruppen (korrespondierend mit den Kompetenzklassen) auszumachen: (p) Kompetenzen als Persönlichkeitseigenschaften (im Zentrum: personale Kompetenzen; methodologische Basis: Motivations- und Persönlichkeitspsychologie), (a) Kompetenzen als Arbeits- und Tätigkeitsdispositionen (im Zentrum: aktivitäts- und umsetzungsorientierte Kompetenzen; methodologische Basis: Tätigkeitspsychologie, Arbeitspsychologie), (f) Kompetenzen als fachbetonte Allgemeinqualifikationen (im Zentrum: fachlich-methodische Kompetenzen; methodologische Basis: kognitive Psychologie, pädagogische Qualifikationsvermittlung und Zertifizierung) und (s) Kompetenzen als soziale Kommunikationsvoraussetzungen (im Zentrum: sozial-kommunikative Kompetenzen; methodologische Basis: Sozial- und Kommunikationspsychologie)

Kompetenzentwicklungsaspekte: Zusätzlich ist es stets möglich, einen Augenblicksstatus aufzunehmen – also die jeweils analysierten Kompetenzen zu einem bestimmten Zeitpunkt zu betrachten – oder ihre zeitliche Entwicklung in Form von Zeitreihen zu analysieren. Die Zeitspannen können dabei sehr unterschiedlich sein und Tages- oder Wochenspannen, mittel- (Monats- bis Jahresspannen) und langfristigen (Jahres- oder Mehrjahres- bis biographische Lebensspannen umfassenden) Charakter haben. Die Kompetenzentwicklung kann je nach Aufgabenstellung entweder vernachlässigt oder durch Zeitreihenmessungen bzw. durch qualitative Methoden erfasst werden und eine mehr oder weniger ausgeprägte Entwicklungsdynamik aufweisen.

Kompetenzbeobachtungsaspekte: Wie in allen Human- und Sozialwissenschaften spielt das Beobachtungs- (Beobachter-) Problem eine entscheidende Rolle für das Kompetenzverständnis und die Kompetenzmessung. Am einen Pol steht die Bestrebung Kompetenzen wie naturwissenschaftliche Größen definieren und messen zu können. (Kompetenzerklärung), Am anderen die Überzeugung, dass eine solche Objektivität für human- und sozialwissenschaftliche Variable prinzipiell nicht zu erreichen sei, was ein anderes Vorgehen erzwinge. (Kompetenzverstehen). Kompetenzbeobachtung kann demnach als objektives Messverfahren wie als subjektives Einschätzungsverfahren gestaltet werden.

Kompetenzforschungsaspekte: Objektive Messungen wie auch subjektive Einschätzungen können quantitativ oder qualitativ ausgewertet werden. Das gilt letztlich für alle Verfahren, die Zuschreibungen auf ein Individuum zu erfassen suchen. Entsprechende Verfahren werden vor allem von der (Persönlichkeits-) Psychologie und anderen psychologischen Disziplinen, gelegentlich aber auch von Erziehungswissenschaft, Pädagogik, So-

ziologie, Kulturwissenschaft, Linguistik, Medizin u.a. entwickelt. Sie erfassen Indikatoren auf den Ebenen der (Selbst-)Aussagen, der Verhaltens-
weisen, der Physiologie oder der neuronalen Prozesse sowie der Verhal-
tensergebnisse. Von diesen Indikatoren wird dann auf ein Indiziertes, ein
Konstrukt in der Person, geschlossen. Alle diese Verfahren können keineswegs nur nach dem Inhalt des Konstrukts – z.B. Intelligenz, Interesse,
Fertigkeit – voneinander abgehoben werden, sondern auch nach einer
Vielzahl anderer Kriterien (Schuler 2000; Sarges, Wottawa 2001). Zudem
können Verfahren nicht nur objektiv oder subjektiv sein, sondern hoch-
strukturiert oder unstrukturiert, standardisiert, halbstandardisiert oder un-
standardisiert, kulturgebunden oder kulturfrei, statistisch oder hermeneu-
tisch interpretierbar sein. (Lienert, Raatz 1994). Insbesondere Tests, also
standardisierte, objektive Verfahren, die nach statistisch begründeten Regeln ausgewertet werden, beurteilt man nach bestimmten Suchkriterien:
Nämlich nach ihrer Objektivität auf den Ebenen der Datengewinnung,
-auswertung und -interpretation, nach ihrer Reliabilität, die entweder als
interne Konsistenz oder als Stabilität bestimmt wird, nach ihrer Validität in
ihren Formen als Augenschein-, Kriterien- oder Konstruktvalidität, nach
ihrer Akzeptanz bzw. Akzeptabilität im Sinne sozialer Validität und nach
ihrer Ökonomie. Man hat entsprechend zwischen quantitativer Kompetenzforschung und qualitativer Kompetenzforschung zu unterscheiden.

Kompetenzmessverfahrensaspekte: Kompetenzmessverfahren werden
demnach als Resultat der Grundauffassung von Kompetenz und des entsprechenden Kompetenztyps aufgefasst. Aus dieser Auffassung folgt der
Blickwinkel auf die unterschiedlichen Kompetenzklassen und Kompetenzgruppen. Er bestimmt wiederum entscheidend die Sicht auf Kompetenzentwicklung, die Neigung zu einer eher objektiven oder subjektiven Kompetenzbeobachtung   und   die   Bevorzugung   eher   quantitativer   oder
quantitativer Methoden der Kompetenzforschung. Erst aus der Gesamtheit
dieser Auffassungen resultiert das spezifische Set an Kompetenzmessme-
thoden, das bei einem konkreten Kompetenzmessverfahren zum Einsatz
kommt. Kompetenzmessung muss also in einem weiten Sinne verstanden
werden. Wo wir Kompetenzen nicht ausmessen können, sind wir doch oft
gezwungen, Handlungen und Handelnden Kompetenzen zuzumessen.
Deshalb sind sehr unterschiedliche Verfahren als Kompetenzmessverfahren zu betrachten, nämlich alle solche, die Kompetenzen *quantitativ* messen (z.B. Tests), *qualitativ* charakterisieren (z.B. Begriffsanalysen), *kom-
parativ* beschreiben (z.B. Kompetenzbiographien). Nicht die exaktesten,
sondern die angemessensten, in kurzer Zeit bestmögliche Entscheidungs-
hilfen liefernde Kompetenzmessverfahren haben sich in der betrieblichen
und pädagogischen Praxis durchgesetzt.

In Deutschland werden in Assessments, Eignungs- und Einstellungsprüfungen, Karriereberatungen, Personaluntersuchungen usw. eine Vielzahl internationaler (insbesondere aus den USA bezogener) sowie im deutschsprachigen Raum entwickelter Kompetenzmessverfahren eingesetzt (Erpenbeck, von Rosenstiel 2003). Grob gerastert lassen sich solche abheben die

1. Einzelkompetenzen, insbesondere die Basiskompetenzen, oder Kompetenzkombinationen aus ihnen auf methodologisch unterschiedlichem Wege erfassen
2. Kompetenzen eher global und qualitativ in Kompetenzbilanzen widerspiegeln
3. übergreifende Kompetenzgitter etablieren, oder
4. die Kompetenzerfassung zu kommerziellen Instrumenten auf- und ausgebaut haben.

Natürlich gibt es Überlappungen zwischen diesen Gruppen, insbesondere der 4. Gruppe und den anderen. Beispiele sind:

- In der 1. Gruppe der TOP-Test, das Leistungsmotivationsinventar (LMI), das Lernpotential-Assessment-Center (LP-AC), der Founders-Check, das Kompetenzrad und das Kasseler-Kompetenz-Raster (KKK).
- In der 2. Gruppe liegen wenige elaborierte Kompetenzbilanzansätze mit der Kompetenzbilanz des DJI, dem Qualipass und neuerdings dem Profilpass vor. Über weitere Möglichkeiten der Kompetenzbilanzierung wird intensiv nachgedacht.
- In der 3. Gruppe liefern das KODE®-KODE®X-System, der Kompetenz-Kompass®, der nextexpertizer® und nextcoach®, das Entwicklungsorientierte Scanning (EOS) und die ELIGO®- und PERLS®-tools gute Beispiele.
- In der 4. Gruppe haben sich kommerziell beispielsweise das OPUS®-System, der WM-Kompetenz-Check, die DISG®-Ansätze und verschiedene INSIGHT®-Verfahren durchgesetzt.

Von international bekannten Verfahren sind als viel adoptiere Beispiele die französische Bilan de compétences, das Schweizerische Qualifikationshandbuch und das englische NVQ-System, insbesondere in der Developing a Curriculum (DACUM)-Version zu nennen.

Ausnahmslos alle Kompetenzmessverfahren lassen sich auch im Bildungs- und Weiterbildungscontrolling im E-Learning einsetzen. Es liegt allerdings nahe, mit Blick auf das E-Learning besonders jene Kompetenzmessverfahren zu erwähnen, die multimedial oder online eingesetzt werden können und zu fragen, ob damit ein Weiterbildungscontrolling von Kompetenz und Kompetenzgewinn via Netz zu realisieren ist.

Ridder, Bruns, Brünn (2004) haben in einer neuen Arbeit eine Vielzahl von Verfahren zusammengetragen, die bereits online eingesetzt wurden und werden. Dabei handelt es sich zu einem Teil um online-Umsetzungen der bereits erwähnten Kompetenzmessverfahren, zum Teil aber spezifisch für diesen Zweck entwickelte. So führen sie in Bezug auf ein internet basiertes Personalrecruiting an: die Software BewerbIS, das Recruitment-Management-System, das Applicant Tracking System, den Bewerber-Service@PERBITviews, PeopleSoft ePersonalbeschaffung/ Manager Desktop, den Online Application Manager, das HR4YOU-Talent Relationship Management, den HR4YOUeCruiter, das mySAP HR E-Recruiting, die Recruitment Factory, das MrTed TalentLink Candidate Supply Chain Management, eine Eignungstest-Berufswahl, den Myers-Briggs-Typenindikator, die Infosense Plattform, das DISGPersönlichkeitsprofil, die INSIGHTS Potentialanalyse, das KODE$^®$- KODE$^®$X-System, das ISIS System, das ELIGO Testsystem, der PERSprofiler, das DNLA Instrument, das ProCaptain Assessment, die Online-Tests/Access AG, das PERLS/EPERLS Komplettsystem, das Online-Spiel Hotstaff, das Instrument Recruitainer, die Recruiting – Initiative Challenge Unlimited, das Online-Spiel Cyquest.

Diese Aufzählung – die konkreten Einzelheiten zu jedem Verfahren sind in der angegebenen Literatur nachzuschlagen – untermauert die Feststellung: Kompetenzen lassen sich wissenschaftlich begründet und praktisch erfolgreich messen und zertifizieren. Kompetenzentwicklungen sind verfolgbar und darstellbar. Moderne Kompetenzmessungen sind traditionellen Qualifikationsbeurteilungen methodisch ebenbürtig und inhaltlich immer dann überlegen, wenn es um Fähigkeiten geht in entscheidungs- und handlungsoffenen Situationen zu agieren, und zudem „demokratischer" insofern, als sie nicht nach der sozialen Herkunft, sondern nach der sozialen Wirksamkeit, der realen employability individuellen Handlungsvermögens fragen. Kompetenzen lassen sich nicht nur zufrieden stellend messen und zertifizieren, es lässt sich dafür auch ein umfangreiches Arsenal von Online-Methoden einsetzen, die dem Anliegen eines E-Learning oftmals adäquater sind als langwierige face to face Kompetenzmessungen und -assessments. Allerdings sind dann viele Probleme zu bedenken, die auch das E-Learning selbst betreffen, vor allem, inwieweit es durch die distanzgeprägte und anonyme Messsituation zu systematischen Fehlern oder sogar unbrauchbaren Messergebnissen kommt. Dies spricht jedoch keinesfalls generell gegen die Online-Messung von Kompetenzen.

17.3 Kompetenzentwicklung durch E-Learning?

Alles Kompetenzmessen wäre natürlich im hier behandelten Zusammenhang ganz unsinnig, würden durch E-Learning keine Kompetenzen vermittelt und entwickelt. Dahinter aber verbirgt sich ein nicht gering zu schätzendes Problem.

Während E-Learning problemlos bei der Vermittlung von Informationen eingesetzt werden kann, steht es bei der Vermittlung von werthaltigem Wissen, besonders bei der Wert- und Erfahrungsvermittlung vor großen Schwierigkeiten die nur zu lösen sind, wenn es sich der *Interiorisationsproblematik* bewusst ist und diese unmittelbar oder vermittelt zu beherrschen sucht. Darauf wird im Folgenden eingegangen. Bei gelingender Regel-, Wert- und Normeninteriorisation sind dem E-Learning nicht nur Domänen der Kompetenzvermittlung, sondern auch der Vermittlung von Erfahrung, situierter Einsicht und Expertise erschlossen. Es lässt sich dann auch in die perspektivreichen Formen des Kompetenztrainings einbeziehen. Dabei muss man sich jedoch einen *Grundwiderspruch* allen E-Learnings vor Augen halten:

Einerseits ist die immer umfangreichere Benutzung von Bildungs- und Informationstechnologien des E-Learning ein irreversibler Prozess. Andererseits ist auch der Übergang von der – traditionellen – beruflichen Weiterbildung zur beruflichen Kompetenzentwicklung ein irreversibler Prozess. Die Leistungsfähigkeit gegenwärtiger Bildungs- und Informationstechnologien des E-Learning deckt aber gerade nicht die Leistungsanforderungen moderner beruflicher Kompetenzentwicklung ab:

- Ihre Stärken liegen in der Förderung von Informationsaufnahme, Rechen- und Programmierfertigkeiten, Fach- und Methodenkenntnissen und Qualifikationen.
- Die moderne berufliche Kompetenzentwicklung ist aber neben Fach- und Methodenkompetenzen vor allem auf personale, aktivitätsbezogene und sozial-kommunikative Kompetenzen gerichtet, die ihrerseits regel-, werte- und normenbasiert sind. Diese sind mit einem E-Learning selbst schwer oder gar nicht zu vermitteln.

Dies ist in Zeiten eines rasch um sich greifenden Wissens- und Kompetenzmanagements ein fundamentales Problem. Dass die modernen Informationstechnologien zur Kenntnisvermittlung taugen, ist unbestritten und unbestreitbar. Ob und inwieweit sie für die Entwicklung von Kompetenzen einsetzbar sind, ist hingegen im Sinne des umrissenen Grundwiderspruchs ganz offen und wird kontrovers diskutiert (dazu schon früh Hasebrook 1995) Wie weit lässt sich Kompetenzentwicklung mit Hilfe von E-

Learning selbst erreichen? Wann und wo muss man andere pädagogische Formen im Sinne eines „Blended Learning" hinzunehmen? Wo liegen die Grenzen des E-Learning bei der Kompetenzvermittlung? Auf solche Fragen muss man im Vorfeld jedes Bildungs- und Weiterbildungscontrolling im E-Learning Auskunft geben.

Um Kompetenzen auf der Ebene des Individuums zu managen, um in der beruflichen und betrieblichen Weiterbildung benötigte Kompetenzen zu entwickeln, braucht man in der Tat Controlling-Instrumente und Methoden die es gestatten, Kompetenzen im gleichen Sinne wie Wissen im engeren Sinne zu managen. Sie begleiten das gesamte Kompetenzmanagement, also Kompetenzidentifikation, Kompetenzerwerb, Kompetenzentwicklung, Kompetenzverteilung, Kompetenznutzung, Kompetenzbewahrung, Kompetenzzielerarbeitung und Kompetenzbewertung.

Regeln, Werte und Normen, die entscheidenden Kompetenzkerne, bleiben unwirksam, wenn sie nicht durch den oder die Handelnden angeeignet wurden. Motivationspsychologen bezeichnen den dafür erforderlichen Verankerungsprozess als Interiorisation oder Internalisation. Interiorisation meint die über individuelle Labilisierungs- und Entscheidungssituationen vermittelte Aneignung von Regeln, Werten und Normen in Form von individuellen Emotionen und Motivationen. Sie stellt die Achillesverse jedes gelingenden Kompetenzlernens, jedes erfolgreichen Kompetenzmanagements dar. Sie bildet damit auch die Basis jedes erfolgreichen E-Learnings von Kompetenzen. Um diesen Vorgang zu beschreiben ist es notwendig, den Interiorisationsprozess von Werten zu modellieren. (Erpenbeck, Weinberg 1993). Ein solches Interiorisationsmodell untersucht, wie Regeln, Werte und Normen ins Innere der Psyche gelangen, um dort, als Emotionen und Motivationen, entscheidungs- und handlungsleitend zu werden. Die Interiorisation verläuft grob skizziert über die Stufen individuelle Entscheidungssituationen unter Freiheit und Selbstverantwortung → kognitive Dissonanz, Labilisierung, Instabilität des inneren Zustandes, innerer Widerspruch durch Ungewissheit → ausgelöster emotionaler Spannungszustand → Probehandlung unter Zuhilfenahme „bloß gelernter" oder neuer, individuell vorgeschlagener Regeln, Werte und Normen → bei Handlungserfolg tief greifende Verankerung der Regeln, Werte und Normen im emotionalen Grund aufgrund der vorangegangenen Dissonanz und Labilisierung. (vgl. auch Ciompi 1982) Die interiorisierten Regeln, Werte und Normen werden wiederum sozial kommuniziert - bis hin zur Entstehung sozialer Ordnersysteme in Form von Regel-, Werte und Normensystemen, deren Durchsetzung mit Hilfe von Sanktionen und Institutionen befördert wird und die damit auf weitere Interiorisationsprozesse rückwirken.

Während Sach- und Methodenlernen ein weitgehend von außen determinierbarer Prozess ist, stellt Regel-, Werte- und Normenlernen stets einen von außen nur angestoßener und „kanalisierter" individueller Selbstorganisationsprozess dar; eben deshalb sind die Ergebnisse so wenig sicher. Im gleichen Maße ist dann das Kompetenzlernen unsicher – aber auch: unvermeidlich.

Die Folgerungen für ein sinnvolles Weiterbildungscontrolling im E-Learning sind klar und gravierend: Da zur Ausbildung von Kompetenzen die Interiorisation von Regeln, Werten und Normen erforderlich wird, ist jedes E-Learning-Verfahren auf seine Potenzen zu Labilisierung, Irritation, Dissonanzerzeugung usw. abzuklopfen. Es ist also immer zu fragen: wie und in welchem Maße können bildungs- und informationstechnologische Methoden wie das E-Learning generell zur Regel-, Werte- und Normeninteriorisation und damit insbesondere zur Entwicklung von Kompetenzen beitragen?

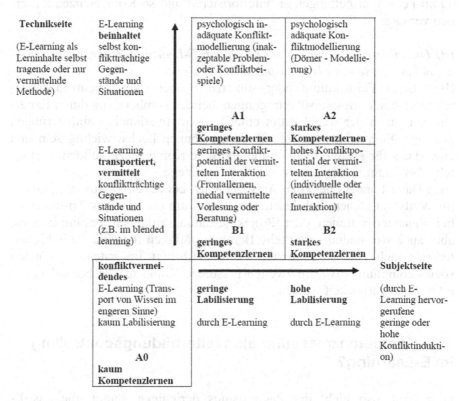

Abb. 17-1. Kompetenzvermittlung im E-Learning

E-Learning kann nun in Bezug auf die Kompetenzvermittlung in zweifacher Form eingesetzt werden. Das veranschaulicht Abb. 17-1.

(A) Entweder E-Learning Programme tragen selbst den Lerninhalt.
(A0) Dies ist bei der Vermittlung rein fachlich-methodischer Inhalte die Regel. Es wird zu einer nur geringen oder zu gar keiner emotionalen Labilisierung des Nutzers und damit kaum zu einer Kompetenzvermittlung führen.
(A1) Oder sie bemühen sich zwar um eine problem- und konfliktinduzierende (DRASCHOFF 2000) und damit labilisierende Gestaltung, die aber dem Nutzer emotional- motivational wenig zugänglich ist. Damit bleiben die Labilisierungs- und folglich die Kompetenzlerneffekte ebenfalls gering.
(A2) Oder die angebotenen E-Learning Programme sind so gestaltet, dass sie Problemsituationen und Konflikte für den Nutzer derart aufreißen, dass es zu kognitiven Dissonanzen führt, dass er emotional labilisiert wird und damit neue Werthaltungen zu interiorisieren und so Kompetenzen zu lernen vermag.

(B) Die andere hier betrachtete Form von E-Learning Programmen ist jene, bei der diese nur als Transportmedium dienen.
(B1) Beim Fernstudium oder -unterricht übers Netz, beim distance-learning, bei Vorlesungsübertragungen, bei der Fernberatung durch Experten werden in der Regel kaum emotional- motivationale Labilisierungen erzeugt. Die vermittelten Informationen können höchst wichtig sein und eine Basis für spätere fachlich-methodische Kompetenzen bilden, vermitteln aber kaum Kompetenzen auf direktem Wege.
(B2) Das ist anders bei allen Arrangements, bei denen Teams miteinander im Wettstreit stehen, bei denen gemeinsam um ein besseres Abschneiden bei Finanzoperationen oder Projektgestaltungsaufgaben gekämpft wird, aber auch wo medial vermittelte Beratungstätigkeit individuelle Fähigkeiten wie auch Versäumnisse zum Vorschein bringt. Im ersten Fall können sozial-kommunikative, im zweiten personale Kompetenzen besonders gut erlernt und entwickelt werden.

17.4 Kompetenzmessung als Weiterbildungscontrolling im E-Learning?

Hier wird also nicht der Pessimismus derjenigen geteilt, die das E-Learning von Kompetenzen für einen Mythos halten und meinen, technik-gestütztes Lernen sei per se nur auf Informationsvermittlung konzentriert. Wohl aber wird die Ansicht geteilt, dass entsprechende Bildungstechnologien nur einen bescheidenen Part bei der wirklichen Kompetenzentwicklung spielen werden – in einer Gesellschaft, die nicht nur Wissens- sondern vor allem Kompetenzgesellschaft ist (Mittelstrass 1999). Wo jedoch solche Technologien entwickelt und eingesetzt werden, ist ein entsprechendes Bildungs- und Weiterbildungscontrolling unumgänglich. Personalverantwortliche, Erwachsenenbildner, Psychologen, Lehrer werden zunehmend mit der Aufgabe konfrontiert, Kompetenzen quantitativ zu messen, qualitativ zu charakterisieren und vergleichend zu beurteilen.

Eine gezielte Kompetenzentwicklung bis hin zum Kompetenztraining unter Einsatz von E-Learning findet sich heute in vielen Unternehmensbereichen, in der beruflich- betrieblichen Bildung und Weiterbildung, im universitären und im schulischen Bereich, beim gezielten Training von Einzelkompetenzen, bei der Forcierung von Erfahrungslernen, situiertem Lernen und Expertisegewinn (Heyse, Erpenbeck 2004). Zusammenfassend ist also festzustellen:

1. Sofern E-Learning nicht auf eine bloße Weitergabe von faktischen oder methodischen Informationen oder von Rechen- und Programmierfertigkeiten gerichtet ist, wird ein Bildungscontrolling des Lerneffekts im Sinne einer *Kompetenzmessung* unerlässlich.
2. Das betrifft zunächst vor allem *fachlich-methodische* Kompetenzen, die in Form von zieloffenen, Erfahrung und Expertise benötigenden Probehandelns – im Netz oder außerhalb – beurteilt werden können.
3. Die vermittelten Kompetenzen können im Bildungscontrolling mit geeigneten oben angeführten Kompetenzmessformen offline oder online *ermittelt* werden.
4. *Personale, sozial-kommunikative und aktivitätsbezogene Kompetenzen* können nur schwer in Form von E-Learning *vermittelt* werden. Damit ist ein Grundwiderspruch gegeben, der die ganze bisherige Geschichte des E-Learning durchzieht: Obwohl das E-Learning aufgrund des technologischen Fortschritts auch in Zukunft unaufhaltsam wächst, kann es gerade die zukünftig notwendigsten Kompetenzen kaum „lehren".
5. Kompetenzmessung im Sinne eines *Wirksamkeitsnachweises* von E-Learning kann also im Rahmen eine wohl verstandenen Bildungscontrolling nur in Form einer *Differenzmessung* verstanden und durchgeführt werden: Es müssen E-Learning – unabhängige Methoden der Kompetenzvermittlung inhaltlich entsprechenden gegenübergestellt werden, an denen E-Learning in irgendeiner Form beteiligt ist; erst der *zusätzliche* Kompetenzgewinn kann dann als ein solcher interpretiert werden, der den Einsatz der modernen Medien rechtfertigt.

18. Bildungscontrolling und Skill-Management mit BE-Certified

Günther Hilger

In diesem Kapitel wird die Standard-Software BE-Certified vorgestellt und damit die Brücke hin zu einer realen Lösung geschlagen. BE-Certified erweitert Bildungscontrolling um die Komponente *Softskillcontrolling* und berücksichtigt darüber hinaus auch die kognitiven Eigenschaften der Probanden. Es wird so eine umfassende Skill-Management Lösung mit konkreten Anwendungen vorgestellt. Ein wichtiges Feature ist die empirische Motivation der Probanden, die bei BE-Certified mit anschaulichen empirischen Auswertungen gefördert wird. Es wird aufgezeigt, wie aus den Vorgaben der Benchmarks und den Ergebnissen der Assessments konkrete Lernpfad-Empfehlungen generiert und die entsprechenden Lerninhalte oder Personalentwicklungsmaßnahmen zugeordnet werden.

18.1 Bildungscontrolling oder Skill-Management?

Für eine Unternehmenskultur mit selbstkritischen Mitarbeitern sind transparente Skill-Vorgaben ein wichtiger Baustein. Dies gilt besonders für unternehmenskritische Schlüsselrollen, wie Vertrieb, Management oder technisches Personal. Ein Skill-Management Ansatz, der dies berücksichtigt, sollte für möglichst viele Branchen und Berufsbilder gleichermaßen anwendbar sein. Eine Herausforderung, wenn man bedenkt, wie unterschiedlich die Rollen der Mitarbeiter in Unternehmen oder Organisationen sein können. Einige Beispiele: Beim Vertriebsmitarbeiter wird man Wert auf ein profundes Produktwissen und persönliche Eigenschaften legen. Um erfolgreich zu sein, sind Softskills wie Verhandlungsgeschick, Einfühlungsvermögen, Selbstsicherheit oder Konfliktfähigkeit wichtig. Beim Management wird der Focus vermutlich bei anderen persönlichen Eigenschaften liegen. Selbstsicherheit, kooperativer Führungsstil, Gewissenhaftigkeit oder unternehmerisches Handeln und Denken etc. sind neben der Methoden-Kompetenz und dem Zeitmanagement wichtige Faktoren. Beim technischen Personal wird dagegen Wissen und Intelligenz im Mittelpunkt stehen. Ingenieure werden häufig mit komplexen Innovationen konfrontiert, die ein hohes Maß an Intelligenz voraussetzen. Beschreiben kann man Vorgaben in Balanced Scorecards oder Benchmarks.

> Benchmarks bestehen in der Regel aus einer Summe unterschiedlicher Skill-Vorgaben und verschiedenen diagnostischen Bereichen, dem Skill-Set.

Vorgaben sind eine Sache, eine andere ist es, diese zu erfüllen. Mitarbeiter wollen wissen, ob sie im „grünen Bereich" liegen. Dabei eignen sich Computer gestützte Assessments aufgrund ihrer intersubjektiven Vergleichbarkeit sehr gut. Verfahren, die nur auf der Selbsteinschätzungen der Mitarbeiter beruhen sind für einen solchen Vergleich wenig geeignet.

Abb. 18-1 zeigt ein Beispiel für die Evaluationsergebnisse unterschiedlicher Kompetenzbereiche Ist die Software in der Lage die verschiedenen Kompetenzbereiche gleichzeitig zu evaluieren, kann das Ergebnis mit den Benchmark Vorgaben in einem Soll- / Ist-Vergleich gegenübergestellt werden. Im Beispiel der Abbildung werden die analysierten Ergebnisse der linken Kurve mit den Benchmark Vorgaben der rechten Kurve verglichen.

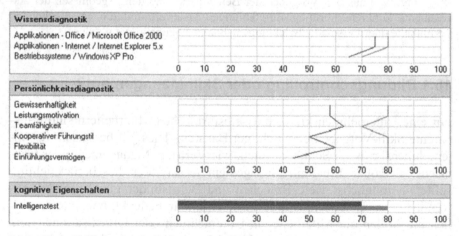

Abb. 18-1. Skill-Set im Soll- / Ist-Vergleich

Skill-Management und Bildungscontrolling liegen nah beieinander. Der Übergang ist fließend. Bildungscontrolling wird mit der kontrollierten und ökonomischen Verteilung von Lerneinheiten verbunden. Evaluiert man zusätzlich Softskills und vermittelt dafür ebenfalls nach ökonomischen Gesichtspunkten Coachings (Personal-Entwicklungsmaßnahmen), ist man bereits beim Skill-Management.

> Oft werden Bildungscontrolling Anwendungen auch als Skill-Management bezeichnet ohne jedoch Softskills oder gar die menschliche Intelligenz zu berücksichtigen.

Insgesamt ist es für Skill-Management wichtig, eine umfassende Betrachtungsweise einzunehmen, also die Berücksichtigung sowohl von Hard- als auch von Softskills. Denn selbst, wenn beispielsweise ein Verkäufer über die profundesten Produktkenntnisse verfügt, benötigt er, um erfolgreich zu sein, immer noch wichtige persönliche Eigenschaften. Im Gegensatz zum fachlichen Wissen kann man diese aber nicht so einfach erlernen. Denn: Softskills sind persönliche Gegebenheiten, meistens geprägt durch die Entwicklung eines Menschen. Sie sind relativ statisch und entwickeln sich nur langsam. Werden Defizite analysiert, kann einem Mitarbeiter durch gezieltes Coaching geholfen werden, sie zumindest zu kompensieren. Überwinden kann er sie, wenn überhaupt, nur langsam. Dabei ist es zusätzlich wichtig, dass beteiligte Mitarbeiter sensibilisiert werden, auch an ihren mentalen „Schwächen" zu arbeiten. Denn erst die Einheit von Wissen und persönlicher Kompetenz macht Mitarbeiter erfolgreich.[1]

18.2 Der Skill-Controlling Prozess

Nachdem bisher wichtige Voraussetzungen für das Skill-Management behandelt wurden, komme ich jetzt zum eigentlichen Controlling. Dazu möchte ich zunächst einmal den Controlling-Prozess darstellen, wie er in BE-Certified realisiert wurde (siehe Abb. 18-2). Zur Betrachtung beginnen Sie bitte bei „Start". Abb. 18-2 zeigt den Ablauf des Skill-Controllings. Er zerfällt in eine Vorbereitungsphase und eine Durchführungsphase:

Vorbereitung im Unternehmen oder der Organisation
1. Vorgabe der Benchmark

---

[1] Eine weitere wichtige Komponente ist die menschliche Intelligenz, die mit BE-Certified ebenfalls evaluiert werden kann. In diese Buchbeitrag bleibt sie jedoch weitgehend unberücksichtigt, weil sie statisch- und bei einem erwachsenen Menschen kaum veränderbar ist. Es macht keinen Sinn dafür Lerninhalte zu vermitteln. Im Benchmarking kann sie dennoch ein wichtiger Indikator für die Leistungsfähigkeit eines Menschen und die Zumutbarkeit von Lerninhalten sein.

2. Hinterlegung der Testinhalte, abhängig von der Benchmark
3. Verknüpfung / Synchronisation der Testinhalte mit den Lern- / Coaching-Inhalten von Drittanbietern

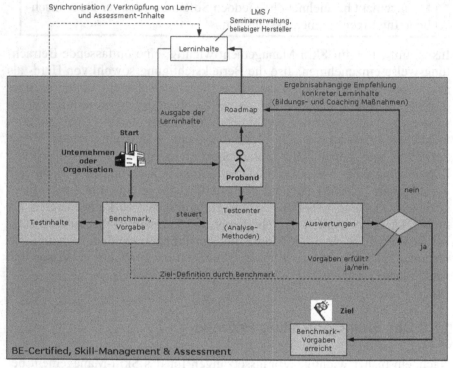

Abb. 18-2. Prozess-Schema Skill-Controlling

Durchführung mit dem Mitarbeiter/ Proband
1. Eingangsanalyse Testcenter
2. Auswertung
3. Erfüllt der Proband die Benchmark-Vorgaben?
   – Wenn ja: Er wird aus dem Controlling-Zyklus entlassen
   – Wenn nein: BE-Certified führt eine Lernpfad- / Coaching-Analyse durch und gibt eine Empfehlung aus
4. In der Roadmap findet der Proband ggf. Benchmark Defizite, eine Auflistung der Skill Prioritäten und den direkten Zugriff auf die verknüpften Maßnahmen (e-Learning, Präsenz-Seminare, mentales Coaching)
5. Durchführung der Maßnahmen
6. Ausgangsanalyse, weiter bei Meilenstein 2, Anzahl der Durchläufe ist vom Erreichen der Benchmark abhängig

Eine wesentliche Komponente in diesem Skill-Controlling Ablauf ist die Roadmap (siehe Abb. 18-3). Dort bekommt der Proband zielgenau die Lerneinheiten oder die Coachings empfohlen, die zuvor als Defizite analysiert wurden. Er erreicht so auf dem schnellsten Weg die Skill-Vorgaben der Benchmark. Mit ihnen kann er direkt das empfohlene Seminar abrufen oder das vorgesehene Coaching buchen. Hat er dieses „abgearbeitet", wird ein Post-Assessment durchgeführt und bei erneut vorhandenen Lücken eine weitere angepasste Roadmap berechnet.

LMS - Lerneinheit:	Anforderung (%):	Letztes Ergebnis (%)	GAP	Priority	Status:	Maßnahme:
Excel Essentials	80,00 %	75,83 %	-4,17 %	muss	gelegentlich lernen	Excel Grundkurs
Excel Data Analysis	70,00 %	95,00 %	15,00 %	wichtig	ausreichend	-
analytisches Denkvermögen	80,00 %	77,78 %	-2,22 %	wichtig	ausreichend	-
Gewissenhaftigkeit/Sorgfältigkeit	70,00 %	66,67 %	-3,33 %	wichtig	ausreichend	-
Lernfähigkeit	70,00 %	88,89 %	18,89 %	wichtig	ausreichend	-
Verantwortungsbewusstsein	70,00 %	77,78 %	7,78 %	wichtig	ausreichend	-
Eigeninitiative/Kreativität	70,00 %	55,56 %	-14,44 %	wichtig	umgehend PE	PE Maßnahme
Belastbarkeit	70,00 %	66,67 %	-3,33 %	wichtig	ausreichend	-

Abb. 18-3. Roadmap / Empfehlung der Maßnahmen

Die „Berechnung" der Roadmap beruht auf unterschiedlichen diagnostischen Konzepten. Je nach Art des diagnostischen Konzeptes werden unterschiedliche Kompetenz/ Leistungsbereiche fokussiert. Dabei gibt es unterschiedliche Bedingungen nach denen eine Benchmark als erreicht gilt (Tab. 18-1).

Tabelle 18-1. Erreichen der Benchmark

Diagnostisches Verfahren	Erreichen der Benchmark
Wissensdiagnostik	Skill-Vorgaben sind erreicht, wenn die Wissenslücke geschlossen ist und dies durch eine GAP-Analyse / Ausgangsanalyse belegt wurde.
Persönlichkeitsdiagnostik	Einmalig absolviertes Coaching / PE-Maßnahme*, keine GAP-Messung als Ausgangsanalyse
Leistungsdiagnostik	Keine

* Personal-Entwicklungsmaßnahme

Darüber hinaus sind auch die verwendeten Analysemethoden, mit denen die einzelnen diagnostischen Bereiche untersucht werden, von zentraler Bedeutung. Um ganzheitliche Soll-/Ist-Vergleiche anstellen zu können, muss ein Analyse-Instrument in der Lage sein, die wichtigsten Analyse-Methoden zur Verfügung zu stellen (siehe Tab. 18-2).

Alle Testinhalte, die zur Analyse verwendet werden, müssen, unabhängig von der Analyse-Methode, leicht integrier- und beliebig erweiterbar sein. Verfügt das Analyse-Instrument über diese Merkmale, ist der nächste

Schritt die Einbeziehung einer Benchmark als eine Art „Assessment Schablone" nur konsequent. Dies bedeutet, es wird genau das Skill-Set e-valuiert, das zur optimalen Ausübung einer bestimmten Tätigkeit benötigt wird, nicht mehr und nicht weniger. Eine Skill-Management-Tool muss dabei in der Lage sein, Assessments mit verschiedenen Analysemethoden und heterogenen Inhalten nach Benchmarks zusammenzustellen. Dabei können Analyse-Verfahren und Analyse-Inhalte stark variieren.[2]

Tabelle 18-2. Analyse Methoden

Analyse Methode	Anwendung
Persönlichkeitsdiagnostik	Zum Messen der emotionalen Eigen-schaften (Softskills)
Leistungsdiagnostik	Zum Messen der Intelligenz
Wissensdiagnostik	Zum Messen der Fach- oder Metho-den Kompetenz

18.3 Empirische Motivation durch detaillierte Auswertungen

Eine nicht unerhebliche Komponente für das Bildungscontrolling sind mo-tivierende Auswertungen. Denn schließlich ist die Eigeninitiative der Mit-arbeiter gefragt, wenn es darum geht GAPs (Lücken) zu schließen.

> Es genügt nicht allein ein umfassendes Lern-Angebot zur Verfügung zu stellen, es muss auch angenommen werden.

Sagt ein Testergebnis aus, dass ein Proband in bestimmten Bereichen De-fizite hat, kann er das glauben oder auch nicht, denn diese Einschätzung ist eine subjektive Aussage. Er weiß nicht, wie viele Probanden genauso gut oder schlechter waren als er. Sind es viele, relativiert sich diese negative Aussage. Hat er ein positives Eigenbild, wird er dazu neigen das Bildungs-angebot nur rudimentär anzunehmen. Vergleicht man ihn aber innerhalb einer Referenzgruppe und sagt man ihm, welchen Platz er darin belegt, ist die Aussage relativ und objektiv. Probanden müssen wissen, wie sie im

---

[2] Die GECO AG besitzt für dieses Verfahren das europäische Patent (EP 1 227 454 A 1). Die GECO Systems GmbH (http://www.geco-systems.de), ein Unter-nehmen der GECO-Gruppe (http://www.geco-group.com), ist Lizenznehmer und setzt dieses Verfahren bei ihren Lösungen ein.

Verhältnis zu anderen stehen. Das ist ein wichtiger Punkt zur Förderung der Eigeninitiative.

> Relative Auswertungen sind das ideale Werkzeug um sog. „empirische Motivation" zu erzeugen.

Der Einzelne wird durch den Vergleich zu den anderen motiviert. Motto, wer ist der Beste? Dem Probanden kann man diesen Vergleich mit durchdachten Auswertungen gut vor Augen führen. Am Besten eignet sich dafür der Kurvenvergleich und das „Ranking", also die Platzierung des Probanden innerhalb eines Probandenkreises.

Relative Auswertung von Assessments
Wie bereits erwähnt, bestehen Benchmarks in der Regel aus einem Set von Skills mit unterschiedlichen Wertigkeiten. Listet man das Skill-Set in der Y-Achse untereinander auf und trägt in der horizontalen jeweils die prozentualen Vorgaben ein, kann man die Benchmark in einer Kurve darstellen (siehe auch Abb. 18-3). Wie bereits erwähnt, ist die einheitliche Dimensionierung der Ergebnisse aus den verschiedenen Analyse-Verfahren dafür wichtig. Trägt man in das gleiche Raster das analysierte Ergebnis ein, bekommt man einen anschaulichen Vergleich zwischen den Benchmark-Vorgaben und dem Assessment-Ergebnis. Zum umfassenden Bild benötigt man jetzt noch das durchschnittliche Ergebnis der Referenzgruppe. Der Proband kann sich jetzt nach allen Seiten orientieren. Er sieht, wie er sich im Verhältnis zu den Vorgaben und zu den „anderen" darstellt.

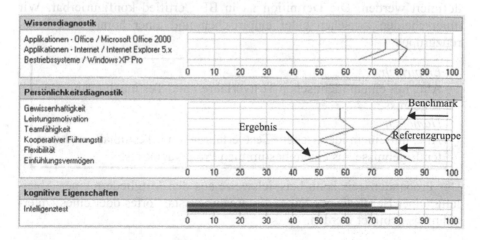

Abb.18-3. Benchmark Auswertung

Relative Auswertung einzelner Skills
Wählt der Proband in seiner Benchmark-Analyse einen der evaluierten Skills, so wertet BE-Certified das entsprechende Ergebnis detailliert aus. Man bekommt die durchschnittliche Verteilung der Probanden-Ergebnisse für diesen Skill angezeigt, ähnlich einer Gaußschen Glocke. Dabei beschreibt die X-Achse das absolute Testergebnis und die Y-Achse die Anzahl der Probanden. Die Spitze zeigt das Testergebnis an, das die höchste Anzahl der Probanden erreicht hat. Erreicht die Mehrheit der Probanden ein Test-Ergebnis von ca. 50%, war der Testinhalt für die Probandengruppe optimal ausgelegt. Zusätzlich wird zur Orientierung das Ergebnis des Probanden und der Benchmark-Vorgabe eingeblendet.

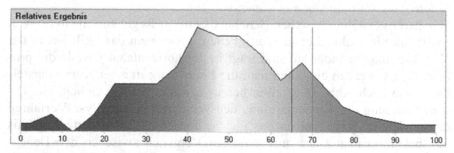

Abb. 18-4. Empirische Verteilung einzelner Skill-Bereiche

Bildung von Referenzgruppen
Referenzgruppen, mit denen der Einzelne verglichen wird, können beliebig definiert werden. Die Definition ist in BE-Certified konfigurierbar. Wir unterscheiden zwischen einer empirischen und einer homogenen Referenzgruppe.

Empirisch
Alle, mit einem identischen Testverfahren und Testinhalt evaluierten Ergebnisse
Homogen
Alle, mit einem identischen Testverfahren und Testinhalt evaluierten Ergebnisse aus einem bestimmten Probandenkreis.

Der Probandenkreis kann beispielsweise aus den Mitgliedern einer Abteilung, einer Berufsgruppe, eines Unternehmensstandortes oder eines Unternehmens gebildet werden.

18.4 Sinnvolles Bildungs- und Skill-Controlling

Wie Eingangs beschrieben, ist ganzheitlicher Ansatz, also die Einbeziehung von Wissen, Persönlichkeit und Intelligenz, wichtig. Die persönlichen Eigenschaften eines Menschen sind, wie bereits beschrieben, relativ statisch. Werden hier Schwächen bescheinigt, kann man dem Probanden helfen sie durch Coachings zu kompensieren. Beispielsweise mit einem Verkaufsseminar für die Softskill-Skala „Verhandlungsgeschick". Überwinden kann er sie, wenn überhaupt, nur langsam im Verlauf seiner Entwicklung. Es macht also keinen Sinn durch eine persönlichkeitsdiagnostische Ausgangsanalyse zu messen, ob die Softskill Lücke geschlossen wurde. Sie gilt als geschlossen, wenn das dafür vorgesehene Coaching besucht und der Proband für die mentale Schwäche sensibilisiert wurde. Auch menschliche Intelligenz kann bei einem erwachsenen Menschen kaum beeinflusst werden. Kognitive Eigenschaften sind statisch. Wozu also die Berücksichtigung beim Bildungscontrolling? Die Leistungsdiagnostik ist ein Indikator. Er liefert dem Probanden Informationen über seine kognitive Leistungsfähigkeit hat aber keinen Einfluss auf seine Roadmap. Das Bildungscontrolling ist ein opportunes Mittel um die optimale Leistungsfähigkeit von Mitarbeitern sicherzustellen.

> Je häufiger Mitarbeiter Veränderungen unterworfen sind und je größer ein Unternehmen oder eine Organisation ist, um so wichtiger wird das Bildungscontrolling.

Einige Branchen Beispiele dazu sind: Vertriebsorganisationen, Beratungsunternehmen, Automotiv, Informationstechnologie, Behörden, z.B. Steuerrecht, Luftfahrt, usw. Beim Bildungscontrolling gilt: Je kleiner das Unternehmen oder die Organisation, um so negativer wird das Verhältnis zwischen Aufwand und Nutzen. Für Tätigkeiten mit nur sehr geringer Anforderung ist das Bildungscontrolling nicht zu empfehlen.

18.5 Zwei Beispiele aus der Praxis

Beispiel 1: Internationale Unternehmensberatung
Die Berater einer weltweit tätigen Unternehmensberatung erstellen ihre Business-Cases mit Hilfe einer Tabellenkalkulation. Wegen der Komplexität ihrer Modelle müssen sie die Software bis in die Tiefe routiniert beherrschen. Das Unternehmen möchte vermeiden, dass durch umständliche Bedienung dem Kunden unnötige Beratungsleistungen in Rechnung gestellt werden. Da die Berater zu einer Elite-Gruppe gehören und eine kritische

Selbstreflektion nur durch klare Fakten erreicht werden kann, wurde das Bildungsangebot in der Vergangenheit schlecht angenommen.

Das Kursangebot für die Tabellenkalkulation ist für die relevanten Bereiche modular vorhanden. Das Bildungscontrolling soll von den Beratern wegen der hohen Arbeitslast auf freiwilliger Basis durchgeführt werden.

Als Lösung wurde zunächst für jedes Modul ein Fragenpool von 12 Testfragen analog zu den Kursinhalten entwickelt. Die geringe Fragenanzahl wurde absichtlich gewählt um die Analysen kurz zu halten. Es empfiehlt sich für diese Referenzgruppe eine maximale Testzeit von insgesamt 15 Minuten. Es wurden alle Module in einer Benchmark aufgenommen, damit alle Testfragen in einem Assessment ausgegeben werden. In der Vorbereitungsphase wurde für jedes Modul das zu erreichende Testergebnis mit Hilfe von Referenz-Test-Probanden pragmatisch ermittelt und mit einem Testergebnis von ca. 80% vorgegeben. Die entsprechenden Fragepools wurden mit der vorhandenen Lerneinheit verknüpft. Je nach GAP, kann so eine individuelle Roadmap errechnet werden. Bei Lücken wird ein Link eingefügt, mit dem der Berater das entsprechende Live Virtual Classroom Seminar buchen kann. Die Berater verbleiben so lange im Controlling-Zyklus, bis die Benchmark erreicht ist.

Im Ergebnis zeigt sich, dass die Anzahl der Seminarteilnehmer deutlich gestiegen ist. Die Erwartung des Unternehmens bezüglich der Tabellenkalkulation wurde in der Benchmark klar definiert, die Seminarauswahl durch die eingefügten Links automatisiert. Der wichtigste Faktor war aber die empirische Motivation, die durch die objektive individuelle Platzierung innerhalb der Referenzgruppe deutlich angeregt wurde.

Es zeigt sich, dass für diese hochqualifizierte Referenzgruppe ein Bildungscontrolling auf freiwilliger Basis ohne empirische Motivation nicht ausreichen würde.

Beispiel 2: IT Systemhaus

Ein IT Systemhaus betreibt in einem großen Unternehmen den IT User-Support (Floor-Service). Immer wieder gab es globale Beschwerden bezüglich der Eignung der rund 60 Mitarbeiter. Die Kundenbeziehung drohte zu scheitern. Da es sich um allgemein gehaltene Beschwerden handelte, konnte nicht zielgenau reagiert, konkrete Maßnahmen durch das Systemhaus nicht nachgewiesen werden. Die Objektivität der Beschwerden war in Frage gestellt.

Eine Benchmark für die Support-Mitarbeiter fehlte. Die Assessments sollten von zu Hause über das Internet durchgeführt werden.

Als Lösung wurde zunächst in einem gemeinsamen Gespräch mit dem Kunden das für diese Tätigkeit optimale Skill-Set definiert. Es bestand aus persönlichen Eigenschaften wie „Einfühlungsvermögen" und „Kommunikation" sowie aus IT Wissensbereichen. Die Benchmark wurde von GECO System im Auftrag des Kunden entwickelt und die Assessment-Inhalte auf der BE-Certified ASP Plattform zur Verfügung gestellt. Die Benchmark-Vorgaben wurden durch die vom Kunden benannten Referenz-Probanden in einem Assessment Prototypen ermittelt. Alle Mitglieder des Support-teams führten das Assessment durch.

Im Ergebnis zeigt sich, dass das IT Wissen bis auf wenige Ausnahmen ü-ber den Benchmark-Vorgaben lag. Allerdings gab es Defizite bei den Softskills „Einfühlungsvermögen" und „Kommunikation", was offensicht-lich zu undifferenzierten Beschwerden führte. Das fehlende Wissen konn-ten sich die Probanden mit einem Standard Kursangebot aneignen und durch Erreichen der Benchmark nachweisen. Für die Softskills „Kommu-nikation" und „Einfühlungsvermögen" wurden Personal Entwicklungs-maßnahmen durchgeführt.

Im Fazit wird deutlich, dass je nach Anwendung ein ganzheitliches Skill-Controlling wichtig ist. Der Kunde wurde in den Prozess einbezogen, so eine gemeinsame Basis gefunden. „Weiche Faktoren" wurden greifbar, die Probanden durch das Coaching sensibilisiert.

18.6 Zusammenfassung

Die von uns gemachten Erfahrungen zeigen, dass es hilft, Erwartungen an die Mitarbeiter klar zu definieren. Das viel zitierte, „lebenslange Lernen" wird dadurch *berechenbar* – sowohl für das Management als auch für die Mitarbeiter eines Unternehmens. Durch den relativen Vergleich mit einer anonymen Referenzgruppe wird die persönliche Motivation gefördert. Skill-Controlling hat viele Facetten. Es ist nicht nur im Kontext von E-Learning zu finden.[3]

---

[3] Die hier vorgestellte Lösung wird als Standardsoftware oder als ASP Lösung von der GECO Systems GmbH in Hamburg angeboten. (www.geco-systems.de)

19. Die nächste Generation des E-Learning und der Weg zum Human Capital Development und Management

Michael Hack

Learning Management und die daraus resultierenden Learning Management Systems (LMS) sind heute bei unterschiedlichsten Unternehmen im Einsatz und haben sich als ein Instrument der Unternehmenssteuerung, insbesondere im Hinblick auf den heute so wichtigen „Produktionsfaktor" Human Capital etabliert. Daraus resultiert, dass die heutige Herausforderung nicht mehr darin besteht, „Learning" möglichst barrierefrei im Unternehmen und über das Unternehmen hinaus bereitzustellen, sonder Sicherzustellen, dass die „richtigen" Fähigkeiten und Kompetenzen an den entscheidenden Stellen in den unterschiedlichen Unternehmensprozessen zur Verfügung stehen. Hieraus hat sich eine neue Generation des e-Learnings entwickelt, das Performancemanagement; oder als Überbegriff Human Capital Development und Management (HCDM) oder auch nur Human Capital Management. In folgendem Kapitel wird darauf eingegangen welche Tools und Möglichkeiten sich hier bieten.

19.1 E-Learning: Erfolg, Herausforderung und Misserfolg

Bevor auf die einzelnen Tools eingegangen wird, möchte ich einen kurzen Rückblick auf die Entstehung oder der Bedarf dieser Tools geben. E-Learning ist nicht alt und kann trotzdem auf eine turbulente Zeit zurückblicken. Stand am Anfang der „E-Learning-Hype" bei dem E-Learning Anbieter wie Pilze aus dem Boden geschossen sind erfolgte bald darauf die Ernüchterung und der Hype verwandelte sich sehr bald in einen Katzenjammer. E-Learning Anbieter, die am Markt entstanden sind, verschwanden genauso schnell wieder. Woran liegt das?

Der Erfolg von E-Learning begann als bedingt durch Globalisierung und Deregulierung die Anforderung an Wissen und Fähigkeiten (Skills) der Mitarbeiter zunahm. Sehr schnell begannen die Unternehmen zu realisieren, dass sie auf der einen Seite mit den klassischen trainergestützten und off-site Trainings sehr schnell am Limit wahren, die noch dazu teuer und oftmals auch inkonsistent und ineffektiv wahren, auf der anderen Seite stieg das Bewusstsein der Wichtigkeit des informellen Lernens und der Zusammenarbeit. Zusammengefasst lässt sich sagen, dass Lernen strategischer, gleichzeitig aber auch komplexer und teurer wurde. Es lag also auf der Hand, dass führende Unternehmen im Rahmen des Internetzeitalters begannen, dieses auch für das Lernen zu nutzen.

E-Learning war geboren und versprach eine Menge attraktive neue Möglichkeiten: anytime und anywhere Zugang zu Wissen; Wahl des Mediums und der Wissensvermittlung für den Lernenden, über Zeit- und Raumgrenzen hinweg; Ersatz für kostenintensive Seminare, inklusive der darin enthaltenen Reisekosten und Ausfallkosten; die Möglichkeit „economies of scale" zu erreichen, durch Content der häufig wieder verwendet werden kann und der einfach zu verteilen ist etc.

Die Gründe für einen E-Learning-Hype waren also gegeben, warum also dann diese schnellen Probleme?

Grundsätzlich können zwei Problemfelder unterschieden werden, die bei vielen Unternehmen zu einem Misserfolg geführt haben:

Falsche Investitionen

Viele Unternehmen haben „blind" in die E-Learning Technologie investiert, weil sie sich große Kosteneinsparungen erhofft haben. Dies aber getan, ohne Bezug auf die tatsächlichen Business Needs. Schnell stellte sich heraus, dass die Fokussierung auf Einsparungen bei den Reisekosten und den Trainingskosten nicht das gewünschte Einsparungspotenzial lieferte. Im Gegenteil, die Kosten, die mit der Einführung von E-Learning verbunden sind, oftmals dieses Einsparungspotenzial überstiegen hat. So kann z.B. die Bereitstellung eines Online-Contents über das Web, wenn die Nutzergruppe nicht groß genug ist, leicht das Vielfache an Kosten verursachen was ein normales trainergestütztes Seminar kosten würde.

Um den Nutzen von E-Learning besser auszuschöpfen, waren also zwei Dinge notwendig. Zum einen musste die Nutzendefinition erweitert werden (siehe hierzu auch den nachfolgenden Abschnitt „Learning erfordert ein substanzielles finanzielles Engagement", zum anderen musste sichergestellt werden, dass die Investition in E-Learning auch den entsprechenden Business Needs entspricht.

Das konnte nur erreicht werden, wenn Unternehmen in der Lage waren auf eine sehr gute Datenbasis zurückzugreifen um diese entsprechenden

Analysen machen zu können. Hier stellte sich nun für die Unternehmen das nächste Problem, bei den meisten Unternehmen gab es solches Datenmaterial nicht das für diese Analysen genutzt hätte werden können. Im Bereich Vertrieb oder Controlling haben sie perfekte Analysen beim Thema Learning jedoch ein allgemeines Novum.

Aus dieser Anforderung heraus wurden daher die *Analyse* oder *Analytic-Tools* entwickelt, die Unternehmen heute in die Lage versetzten E-Learning zielgerichtet einzusetzen.

Fehlende Personalisierung
Zweites großes Problem war die fehlende Personalisierung des bereitgestellten Contents und damit die fehlende Akzeptanz bei den entsprechenden Nutzern. Nun bietet das Internet vielfältigste Möglichkeiten der Personalisierung insbesondere im Hinblick auf E-Learning. Den erst das individuelle Lernen über das Internet eröffnete die Möglichkeit der Personalisierung. In der Realität stellte sich dies aber, als wesentlich schwieriger dar als das ursprünglich angenommen wurde. Es ist schon richtig, dass die Technologie die Möglichkeiten der Personalisierung bietet aber die Technologie selber ist nicht für die Umsetzung verantwortlich.

Eine sinnvolle Personalisierung erfordert ein tiefes Verständnis von Lernzielen und die Verknüpfung der entsprechenden Inhalte und dieser Lernziele mit den Unternehmenszielen – also auch eine bessere Verknüpfung mit den entsprechenden Jobprofilen oder noch besser den entsprechenden Rollen im Unternehmen. Gleichzeitig gilt diese Verknüpfung natürlich auch für die andere Richtung, d.h., es muss ein Feedback der persönlichen Verbesserung gegenüber den Unternehmenszielen erfolgen.

Zusammenfassend lässt sich also sagen, dass diese Personalisierung im Kontext der unterschiedlichen Rollen und Unternehmensziele im Vorfeld erfolgen muss, bevor die Technologie dies entsprechend liefern kann. Um diese Personalisierung erreichen zu können, ist es daher notwenig entsprechende Fähigkeitsprofile oder auch Skills zu definieren, die dann wieder den entsprechenden Rollen oder Inhalten zugewiesen werden, dem sog. *Skills- und Competency Management.*

19.2 E-Learning erfordert ein substanzielles finanzielles Engagement

Wenden wir uns zuerst der Frage zu, warum Unternehmen überhaupt in Learning investieren? In einer heute extrem vertikalisierten und spezialisierten Welt sind der Transfer und das Sammeln von Fähigkeiten und

Kompetenzen einer der wenigen wirklichen horizontalen Anforderungen. Motivation hierzu können folgende Beispiele für Unternehmen sein:

- Wie kann ich sicherstellen, dass meine Vertriebsmannschaft flexibel genug ist neue Produktlinien besser zu verkaufen als meine Konkurrenz
- Wie kann ich sicherstellen, dass mein Unternehmen sämtliche gesetzlichen Anforderungen erfüllt? Wie kann ich sicherstellen, dass meine Kunden – und meine zukünftigen Kunden – Zugang zu genügend Informationen haben um meine Produkte von denen der Mitbewerber zu differenzieren?
- Wie kann ich die sicherstellen, dass meine Mitarbeiter die richtigen Fähigkeiten und Kompetenzen haben um die Erreichung der Unternehmensziele sicherzustellen?
- Wie kann ich sicherstellen, dass meine Partner das richtige Verständnis von Qualität gegenüber Kunden haben, um so Schaden von meiner Marke und meiner Position im Markt abzuwenden?

Aus den oben angeführten Fragen lassen sich daher folgende Segmente für Lerninitiativen und Investition in Learning ableiten:

1. *Sales & Channel Readiness:*
   Fokus auf die Steuerung und Ausbildung der direkten und indirekten Vertriebskanäle um dadurch einen strategischen Wettbewerbsvorteil gegenüber Mitbewerbern zu haben um z.B. „Time-to-Market" Vorteile besser nutzen zu können
2. *Channel Certification:*
   Fokus auf den serviceorientierten Bereich von Partnerunternehmen um z.B. einen gleich bleibenden Qualitätsstandard auch über Partnerunternehmen hinweg zu garantieren und damit die Kundenzufriedenheit zu erhöhen.
3. *Regulatory Compliance:*
   Sicherstellung, dass das Unternehmen gesetzliche und/oder Normen und Vorschriften erfüllt und einhält, um so Strafzahlungen oder ein negatives Image in der Öffentlichkeit zu vermeiden, z.B. im sicherheitstechnischen Bereich.
4. *Customer Education:*
   Ausbildung von Kunden an den eigenen Produkten im profit und nonprofit Bereich, um so sicherzustellen, dass der Kunde mit den Produkten entsprechend umgehen kann. Kunden die Produkte besser beherrschen können z.B. die Servicequote beim Unternehmen senken oder die Wiederkaufquote erhöhen.

5. *Corporate University:*
   Hier steht klar der eigene Mitarbeiter im Vordergrund, der durch eine bessere Ausbildung mehr und stärker zum Unternehmenserfolg beitragen soll

Interessant ist in diesem Zusammenhang, dass die Corporate University, die hauptsächlich im Zusammenhang mit E-Learning in der Vergangenheit angeführt wurde beim Thema Bildungscontrolling und ROI nur eine Teilrolle, vielleicht sogar nur eine kleine Rolle spielt. Dies liegt im Wesentlichen daran, dass bei der ROI-Betrachtung der Corporate University meistens das Thema Kosteneinsparung (Reisekosten, Fehlzeiten am Arbeitsplatz etc.) im Vordergrund steht, während bei den anderen Bereichen das Thema Performancegewinn im Vordergrund steht. Ich möchte dies hier einmal am Vertriebs-Bereich kurz erläutern. Wie kann hier mit dem Einsatz von E-Learning einen messbaren ROI erreichen? Nun nehmen wir z.B. einmal die Steigerung der Effektivität des einzelnen Sales Mitarbeiters. Wenn wir davon ausgehen, dass ein Unternehmen bei 100 Sales Mitarbeitern, einem Zielumsatz von 1,5 Mio. Euro und einer durchschnittlichen Zielerreichung von 85% bei einer Steigerung der Produktivität von „nur" 0,5% einen zusätzlichen Umsatz von rund 640.000 Euro erwirtschaften kann, dann wird deutlich, dass alleine diese Betrachtung oftmals das Einsparungspotenzial durch verminderte Reisekosten bei weitem übersteigt. Und nun machen Sie diese Rechnung einmal mit 1.000 oder vielleicht sogar 10.000 Mitarbeitern!

19.3 Warum Bildungscontrolling

Wie bereits erwähnt spielt Learning in Unternehmen heute eine immer größere Rolle, daher ist es auch nachvollziehbar, dass Unternehmen den unternehmerischen Wert dieses Learning genauso messen wollen, wie sie dies mit anderen kritischen Unternehmensfaktoren tun, uns so auch einen ROI ihrer Lerninitiativen bekommen. Unbestritten ist heute, dass ein hohes Maß an Investition und der Fokus auf die Unternehmensressource „Humankapital" einen direkten Einfluss auf die Unternehmensergebnisse und damit auf die Performance des Unternehmens und die öffentliche Wahrnehmung.

Entsprechende Passagen finden sich daher heute in jeder Bilanz oder jedem Geschäftsbericht. Für die Unternehmen wird daher die Möglichkeit entsprechend detaillierte Reports zur Verfügung zu stellen immer wichtiger um nicht zu sagen verpflichtend, zumindest aus der Sicht der Anteilseigner und Aktionäre.

Prinzipiell kommen heute zwei verschiedene Tools für das Bildungscontrolling beim Unternehmen zum Einsatz. So genannte Report- und Analyse-Tools. Wodurch unterschieden sich diese?

1. Reports werden genutzt um häufig wiederkehrende, gleich bleibende Abfragen über bestimmte Kennzahlen (z.B. Auslastungsgrad von Seminaren, Stornierungsquote etc.) zu erhalten. Sie sind vordefiniert und werden im Wesentlichen zur besseren Planung von Bildungsmaßnahmen eingesetzt
2. Mit Analysen werden die Auswirkungen von Learning auf Geschäftsprozess oder wichtige Unternehmenskennzahlen gemessen (z.B. Veränderung des Umsatzes durch verstärkten Einsatz von Training), d.h., die Investition in Learning wird in Korrelation mit den Unternehmensergebnissen gebracht.

Die folgende Tabelle zeigt die prinzipiellen Unterschiede zwischen Reporting und Analyse Tools.

Tabelle 19-1. Unterschiede zwischen Reporting und Analytics Tools

Saba Reporting	Saba Analytics
Eine Sicht und eine vorgegebene Darstellung der Daten (z.B. „nur" Balkendiagramm)	Der Nutzer kann unterschiedliche Daten, aus unterschiedlichen Sichten, mit unterschiedlichem Detaillierungs-grad und in unterschiedlichen Darstellungen anzeigen lassen
Die Erstellung neuer Reports dauert Tage, teilweise Wochen für entsprechende Report-Entwickler	Der End-Nutzer kann eigenständig, sehr einfach und schnell neue Analysen erstellen
Reports sind nicht dynamisch erstellt, sie werden einmal erstellt und sind dann auch nur für diesen Zweck nutzbar	Die Möglichkeit von ad-hoc Analysen, über mehrere Dimensionen und Achsen hinweg
Reports beeinträchtigen die Performance der Systeme	Analysen werden außerhalb des LMS generiert

Für ein wirkliches Bildungscontrolling sind Reports weniger geeignet, im Folgenden wird daher nur auf Saba Analytics eingegangen. Für Reports nutzt Saba Crystal Reports.

19.4 Saba Analytics

Saba Analytics stellt eine vollständige business intelligence Lösung dar um die Auswirkungen von Entwicklungsmaßnahmen von Mitarbeitern und Kollegen messbar zu machen und analysieren zu können.

Dabei erhalten Unternehmen und Organisationen Saba Analytics einen detaillierten Überblick, wie die eingesetzten Learning-Ressourcen zu den jeweiligen Geschäftszielen beitragen. Dabei stellt die umfangreiche Analysefunktionalität des Saba-Tools (Zahlreiche drill down-, drill up-, Filter-, Chart- und Gruppierungs-Features) die entsprechenden Parameter (z.B. verkaufte Produkte) in Relation zur aufgewandten Zeit für Training-Programme und ermittelt aus diesen Angaben die Effizienz im betreffenden Bereich. Die wesentlichen Vorteile von Saba Analytics sind dabei in folgenden Punkten zu sehen:

- Messung der Auswirkungen von Fortbildungsmaßnahmen
- Verdeutlichung der Verbindung zwischen Investitionen im Bereich Weiterbildung und dem unternehmerischen Erfolg
- Einbindung von Geschäftsbereich-Managern in die Verwaltung von unternehmerischem Erfolg
- Schnelle Übersicht über den Erfolg von Fortbildungsmaßnahmen
- Trendanalysen

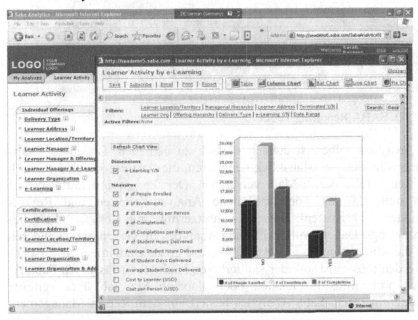

Abb. 19-1. SABA Analytics Tool

Saba Analytics hilft dabei folgende wichtige Informationen zu sammeln:

- Welche Ressourcen sind in welchem Maße beansprucht bzw. werden genutzt?
- Werden die Ziele von betrieblichen Fortbildungsmaßnahmen erreicht?
- Wie hoch sind die wahren Kosten der betrieblichen Fortbildungsmaß-nahmen?
- In welchem Zusammenhang stehen unternehmerischer Erfolg und be-triebliche Fortbildungsmaßnahmen?

Auf diese Weise kann das Management leicht feststellen, wo die Stärken und Defizite liegen und die passenden Maßnahmen einleiten. Dazu gehö-ren auch das Ermitteln wenig genutzter Learning-Ressourcen und die Iden-tifizierung potenzieller Schwachstellen, die das ineinander Greifen der Learning-Systeme beeinflussen.

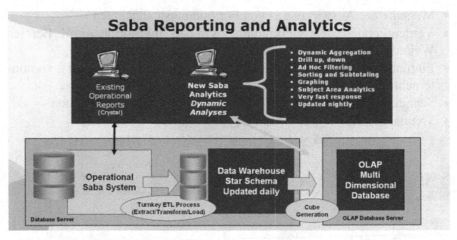

Abb. 19-2. SABA Reporting Tool

Saba Analytics selber ist äußerst einfach zu bedienen. Beliebige Chart-Typen lassen sich per Mausklick generieren, die Analyse-Ergebnisse nach Bereichen direkt per E-Mail versenden. Der Programmieraufwand ist gleich null, da das Tool zahlreiche Analyse-Kriterien und Report-Funktionen (z.B. Kosten-, Nutzen-, Umsatzermittlung, Kompatibilität) be-reits mitbringt. Daher ermöglicht Saba Analytics im Gegensatz zu anderen Tools die Auswertung in Echtzeit, ohne dass große Datenmengen verscho-ben werden müssen. Dank der skalierbaren Architektur lässt sich Saba A-nalytics problemlos im lokalen oder globalen Maßstab über verteilte Standorte einsetzen. Saba Analytics basiert auf dem Report Management

System Cognos. Die Architektur von Saba Analytics wird in Abb. 19-1 und Abb. 19-2 verdeutlicht.

19.5 Saba Skills und Competency: Fähigkeiten, Kompetenzen, Kenntnisse, Rollen, Jobs – eine Übersicht

In unserer Saba Lösung kommt ein dreistufiges Kompetenzmodell zur Anwendung. In diesem Modell ergänzen sich Fähigkeiten zu Job-Rollen und Job-Rollen zu Job-Typen. Das Alleinstellungsmerkmal von Saba besteht darin kein Modell zu sein, welches Rollen Eins-zu-Eins verschiedenen Individuen zuordnet. Vielmehr können Rollen flexibel mehreren Personen zugeordnet werden. Es besteht darüber hinaus keine Veranlassung individuelle Profile für jeden einzelnen Nutzer des Systems aufzubauen.

Kompetenzen – Eine Definition
Eine Kompetenz ist ein Cluster von miteinander in Verbindung stehendem Wissen, Fähigkeiten und Eigenschaften welche: Einen wesentlichen Bereich des Berufes oder auch der Rolle einer Person beeinflusst, in Zusammenhang mit der persönlichen Performance eines Einzelnen steht, mit allgemein gebräuchlichen Standards gemessen werden kann, durch Training oder auch persönliches Engagement erlangt und verbessert werden kann

---

Abbildung 19-3 zeigt den schematischen Aufbau des Saba Kompetenz Modells.

Fähigkeitsprofile und Lückenanalysen
Ein Nutzer innerhalb des Saba Systems hat bei Einsatz eines Skills- und Competency-Ansatzes ein individuelles Fähigkeitsprofil. Die darin enthaltenen Fähigkeiten hat der Nutzer entweder bereits besessen als er seine Stelle im Unternehmen antrat oder er hat sie während seiner Tätigkeit erlangt. Dieses Profil wird während der gesamten Karriere des Nutzers innerhalb des Unternehmens ständig aktualisiert.

Das Fähigkeitsprofil dient darüber hinaus als Basis für die Suche nach geeigneten Personen für offene Stellen oder Beförderungen. Anhand des Profils können Personen ausfindig gemacht werden, welche bereits die nötigen Fähigkeiten besitzen um eine Stelle erfolgreich zu besetzen. Die Fähigkeitsanalyse bzw. die Lückenanalyse bezieht sich auf diejenigen Kompetenzen und Fähigkeiten, welche ein Mitarbeiter benötigt, um in seinem Beruf erfolgreich tätig sein zu können. Eine Auflistung aller benötigten Fähigkeiten zeigt dabei nicht nur das aktuelle Niveau bzw. das gehaltene

Level sondern auch die Zieleinstufung, die bzgl. dieser Fähigkeit erlangt werden soll.

Das System Saba Enterprise Learning kann auf Basis dieser Lückenanalyse dem Nutzer Vorschläge unterbreiten, mit welchen Lerninhalten er das gewünschte Niveau erhalten kann. Abb. 19-4 zeigt den Aufbau einer Fähigkeitsanalyse.

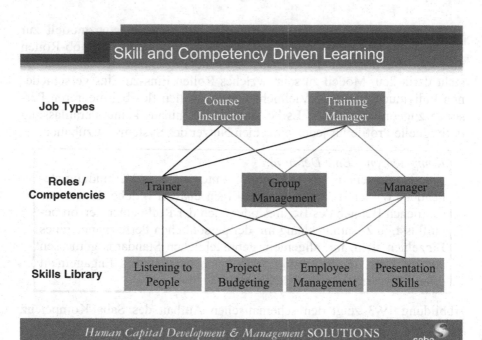

Abb. 19-3. Das SABA Kompetenz Model

Einstufungen von Kenntnissen

Die Kenntnisse eines Lerners innerhalb von Saba Enterprise Learning können mit einer Einstufung versehen werden, sobald sie einem bestimmten Job-Profil zugeordnet worden sind. Zum Beispiel könnte die Rolle eines Abteilungsleiters Kenntnisse in Budgetierung erfordern. Diese Kenntnisse in Budgetierung sollten zu einem Level von 5 (entspricht einem „Sehr Gut") vorhanden sein bzw. vorliegen. In Saba Enterprise Learning kommt eine solche Einstufung für alle Kenntnisse und Fähigkeiten zur Anwendung.

Interne Rollen

Mit Saba Enterprise Learning kann ein Unternehmen unbegrenzt interne Rollen definieren. Interne Rollen sind wieder verwendbar und können einem oder mehreren Job-Typen zugeordnet werden. Beispielsweise könnte die interne Rolle eines Abteilungsleiters mit den damit in Verbindung stehenden Kenntnissen und Fähigkeiten sowohl einem Abteilungsleiter aus dem Bereich HR als auch einem Abteilungsleiter aus dem Bereich Vertrieb zugeordnet werden. Interne Rollen können neu angelegt oder aus anderen Systemen wie z.B. HR-Systemen übernommen werden.

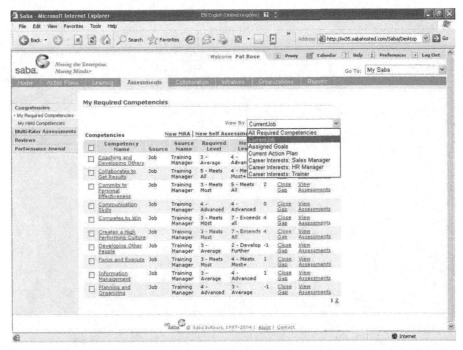

Abb. 19-4. SABA Fähigkeitsanalyse

Job-Typen

Ein Unternehmen kann unbegrenzt Job-Typen definieren. Wenn ein neuer Job-Typ angelegt wird, kann dieser sofort einer bereits bestehenden Rolle zugeordnet werden. Die Zuordnung von Fähigkeiten zu Rollen und zu Job-Typen bietet größtmögliche Flexibilität im Umgang und beim Einsatz eines sog. Skills und Competencies Modells.

Die Verbindung von Lückenanalyse und Lernvorschlägen
Um die Lösung Saba Enterprise Learning zu komplettieren können aufgrund einer durchgeführten Fähigkeitsanalyse und der Zuordnung von Fähigkeiten zu Rollen einem Lerner Vorschläge für Lerninhalte unterbreitet werden, mit denen er am effektivsten eine möglicherweise bestehende Lücke in seinem Fähigkeitsprofil schließen kann.

Der mit einem Lerninhalt in Verbindung stehende Einstufungsgrad einer Fähigkeit wird von unserem System Saba Enterprise Learning genutzt um das Profil eines Lerners zu vervollständigen.

20. Skill Assessment-Tools/Analytics Tools: Die time2know® Performance Solution der IBT® SERVER-Produktfamilie

Beate Bruns und Susann Smith

Die time2know® Performance Solution bildet alle Teilaspekte des softwarege-stützten Bildungscontrolling ab. Mit den Software-Applikationen IBT® Assessment, IBT® Skill Management und IBT® Skill Gap Analysis sind von der Kompetenzmessung über die Kompetenzsteigerung bis hin zum Kompetenzcontrolling alle benötigten Komponenten online und standortübergreifend verfügbar. Damit wird auf der Grundlage eines schlüssigen Gesamtkonzepts effizientes Bildungscontrolling möglich.

20.1 Assessment-Werkzeuge und Bildungscontrolling aus Sicht des Software-Herstellers

Bildungscontrolling ist eines der derzeit meist diskutierten Themen der Akteure des Bildungswesens. Die Diskussion wird heute auch nicht zum ersten Mal geführt – Anfang der 90er Jahre des 20. Jahrhunderts fand beispielsweise in Deutschland ebenfalls eine intensive Auseinandersetzung mit der Thematik statt. Und auch diese Auseinandersetzung war in ihrer Intensität und ihrem Umfang mit beeinflusst von schwierigen wirtschaftlichen Rahmenbedingungen.

Inzwischen sind jedoch mit der zunehmenden Nutzung elektronischer Medien und software-gestützter Methoden in der Aus- und Weiterbildung die Voraussetzungen ganz andere geworden. Mit dem Instrumentarium der Balanced Scorecard und dem Einsatz software-basierter Methoden wie im Kompetenz- und Lernmanagement (Learning Management Systeme) oder auch Informationsmanagement haben sich neue Wege eröffnet. Diese Wege machen effizientes Bildungscontrolling in einem umfassenden Sinne erst möglich.

Der Markt verfügt heute über Werkzeuge, mit deren Hilfe sich der gesamte Regelkreis des Bildungscontrolling abbilden lässt. Darüber hinaus – und das ist unseres Erachtens der entscheidende Punkt – sind zunehmend weite Bereiche der Bildungsaktivitäten in den Organisationen tatsächlich auch elektronisch gesteuert, sodass die für das softwaregestützte Controlling notwendigen Eingabe-Daten verfügbar sind.

Die Software-Werkzeuge bilden die zentralen Aspekte des Regelkreises Bildungscontrolling ab:

- die Messung der individuellen Kompetenz und daraus abgeleitet Aussagen über die organisationsweit vorhandene Kompetenz
- die Definition von Sollprofilen mit quantitativen Maßzahlen und qualitativen Kriterien sowie die Systematisierung der Bildungsangebote
- die Bereitstellung von Daten zum individuellen Qualifizierungsstand (besuchte Seminare/Kurse, absolvierte Tests, aktuelle Lernstände in computergestützten Lernprozessen, qualitative Beurteilungen u.a.)
- der automatisierte Vergleich zwischen Soll- und Istprofilen und damit die Feststellung der Ausprägung des jeweiligen Profils, der Kompetenzspitzen und -lücken, der Bildungsbedarfe und konkreten Angaben zur Effektivität von Bildungsprozessen.

In den folgenden drei Abschnitten stellen wir drei Software-Applikationen aus dem Anwendungsbereich Competence der IBT® SERVER-Produktfamilie in ihrem Leistungsumfang vor dem Hintergrund der oben genannten Ziele und Anforderungen vor. Im letzten Abschnitt betrachten wir das Zusammenspiel der Applikationen im Regelkreis des Bildungscontrolling.

20.2 Assessments, Umfragen, Tests via IBT® Assessment

„Das Ziel des kompetenzbasierten Qualifizierungsmanagements muss es sein, nicht nur Maßnahmen allgemeiner Art zur Verfügung zu stellen, sondern diese exakt einzupassen in gemessene Kompetenzlücken." (Kuth 2003, S. 6).

IBT® Assessment ist eine webbasierte Autoren- und Laufzeitumgebung, die zahlreiche Assessment- und Test-Formen zur Messung individueller Kompetenz(lücken) bereitstellt. Zur Erstellung der Übungen und Tests sind keine HTML-, XML- oder Programmier-Kenntnisse notwendig. Der Ersteller der Tests- und Übungsformen nutzt browserbasierte Eingabemasken, die leicht zu bedienen und online zu pflegen sind. So lässt sich selbst die Ablaufsteuerung großer und komplexer Testszenarien einfach umsetzen.

Ein Beispiel für die in ein Gesamtbildungskonzept integrierte Kompetenzmessung mit IBT® Assessment ist die Lernstandskontrolle des Kurses „Fokus Jugend" aus dem Bildungsangebot „bibweb – Lernforum für Bibliotheken" (Abb. 20-1). Die richtige Lösung aller Aufgaben der Lernstandskontrolle ist Voraussetzung für die Zulassung zum Abschlusstest, der wiederum Voraussetzung für die Erlangung des Weiterbildungs-Zertifikats ist.

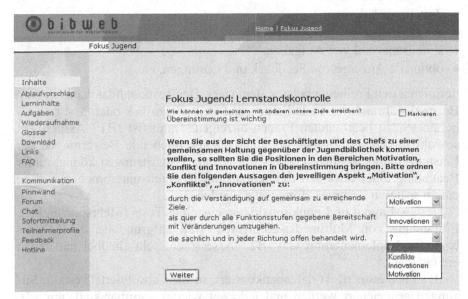

Abb. 20-1. Lernstandskontrolle mit IBT® Assessment: Beispiel einer Aufgabe aus dem mit dem eureleA[1] 2004 ausgezeichneten Weiterbildungskurs „Fokus Jugend" aus dem „bibweb – Lernforum für Bibliotheken" (www.bibweb.de). Das „bibweb – Lernforum für Bibliotheken" ist ein Projekt der Bertelsmann Stiftung in Kooperation mit der ekz.bibliotheksservice GmbH (Projektleitung: Michaela Hertel).

Vielfältige Aufgabentypen erlauben abwechslungsreiche und aussagekräftige Tests. Dazu gehören: Ja/Nein, Single bzw. Multiple Choice, Freitextaufgaben (mit und ohne Selbstbewertung), Lückentextaufgaben, Zuordnung und Sortieren. Jeder Aufgabentyp ist mit detaillierten Feedbackfunktionen versehen. Ergebnisse der einzelnen Aufgaben bzw. des Gesamttests werden sofort ausgewertet und je nach Modus angezeigt,

---

[1] Europäischer E-Learning-Award 2004

so dass der Lerner ein direktes Feedback seiner Leistung im Test erhält. Hierfür stehen verschiedene regelbasierte Bewertungsmodi zur Verfügung. Die Auswertung des Tests stellt die erreichte Punktzahl im Verhältnis zur Gesamtpunktzahl für den Test als Ganzes und getrennt nach Fragegruppen grafisch dar. Im Zusammenspiel mit IBT® Skill Management und IBT® Skill Gap Analysis werden basierend auf der erreichten Punktzahl SCORM-Lernstände bzw. Qualifikationen vergeben. Verschiedene Test-Modi wie

- Navigation durch Tests
- Zeiteinschränkung
- Wiederholbarkeit von Aufgaben
- Zufallsauswahl von Aufgaben
- optionale Anzeige von Feedback und Lösungen, etc.

definieren den Freiheitsgrad des Benutzers. Der Testkandidat markiert zum Beispiel während des Tests Fragen und stellt sie zurück oder lässt sich Übersichten zu bearbeiteten Fragen anzeigen. Damit ist IBT® Assessment sowohl für Übungszwecke als auch für abschließende Bewertungen der Leistungsfähigkeit eines Lerners einsetzbar. Testssitzungen können unter Beachtung einer etwaigen Zeitbegrenzung jederzeit unterbrochen und zu einem späteren Zeitpunkt fortgesetzt werden.

Design, Layout und Funktionalitäten einzelner Tests (Mehrsprachigkeit, Einbindung von Multimedia-Elementen) sind aufgrund der XML/XSL-basierten Implementation von IBT® Assessment sehr flexibel und leicht erweiterbar.

IBT® Assessment ist datenbankbasiert, so dass absolvierte Tests in Sitzungen gespeichert werden und jederzeit wieder abrufbar sind, um z.B. den Lernerfolg einer Bildungsmaßnahme zu kontrollieren (Eingangs- und Abschlusstests). Die Ergebnisse der Tests stehen im System sofort zur Verfügung, um z.B. weitere Bildungsmaßnahmen freizuschalten oder einen erreichten Qualifikationsstand an den Bildungsplaner rückzumelden.

20.3 Standardisierte Lerninhalte auf der Basis von IBT® Skill Management

Während IBT® Assessment die Grundlagen für die Messung von Kompetenz(lücken) bereit stellt, deckt das Kursangebot mit IBT® Skill Management den entstehenden Weiterbildungsbedarf. Aufbauend auf dem

AICC/SCORM-Standard[2] können einzelne Lerneinheiten individuell kombiniert werden, um das Bildungsangebot optimal dem Lernstand der einzelnen Lerner anzupassen. Verschiedene Lernszenarien und Bildungsprofile greifen so auf dieselben Lerninhalte und deren Bausteine zu.

IBT® Skill Management beinhaltet zum einen die AICC-/SCORM-Laufzeitumgebung für die Integration AICC-/SCORM-kompatibler Lernobjekte. Zum anderen erlaubt IBT® Skill Management, vorhandene AICC-/SCORM-Lernapplikationen an die individuellen Bedürfnisse anzupassen und eigene AICC-/SCORM-kompatible Lernprozesse zu definieren. Über die Metadaten von Lernobjekten ist eine detaillierte Ablaufsteuerung im Sinne einer hierarchischen Strukturierung von Lerneinheiten und der Verwaltung von Zugangsberechtigungen (Sequencing) möglich.

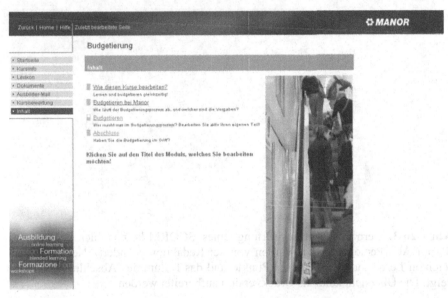

Abb. 20-2. Kapitelnavigation und Lernstandsanzeige in einem SCORM-kompatiblen Kurs der Manor AG, erstellt auf der Basis von IBT® Skill Management in Verbindung mit dem Autorenwerkzeug IBT® Web Authoring. In diesem Fall wird der individuelle Lernstand rein grafisch vor dem Titel eines Kapitels angezeigt. Zusätzliche Lernstandsinformationen, wie sie der SCORM-Standard via IBT® Skill Management liefern, wurden an dieser Stelle bewusst ausgeblendet.

---

[2] Die Standards des Aviation Industry CBT Committee (AICC) und das Sharable Content Object Reference Model (SCORM) sind zwei der am weitesten verbreiteten Modelle zur Standardisierung von Online-Lerninhalten. Sie legen fest, wie Lerninhalte und Metadaten aufgebaut sein müssen, um wiederwendbar und auf verschiedenen Learning Management-Systemen abspielbar zu sein.

Der individuelle Lernstand (Lernzeit, Punktanzahl, Kapitelstatus) wird für den Benutzer bereits zur Lernzeit übersichtlich dargestellt. Berechtigte Tutoren können ihn für einzelne Lerner oder Lernergruppen einsehen. Eigene Leistungen können im Sinne eines Benchmarkings mit den Leistungen anderer Teilnehmer verglichen werden. Das Design und Layout der Lernstandsübersichten ist dabei individuell anpassbar (Bilder für Lernstände, Anzeige von Punktzahlen, Lernzeiten etc.).

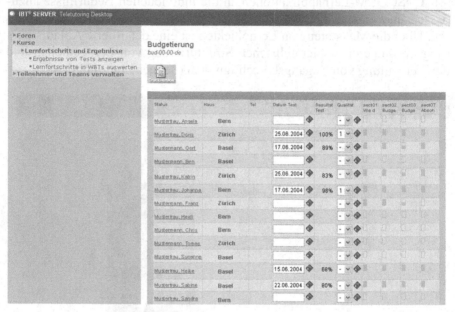

Abb. 20-3. Lernfortschrittsauswertung eines SCORM-kompatiblen Kurses der Manor AG (Personennamen wurden von der Redaktion geändert). Neben den erreichten Lernständen werden die Punkte und das Datum des Abschlusstest angezeigt. Die Übersicht kann als Druckversion aufbereitet werden.

Die erreichten Lernstände stehen systemweit zur Verfügung, um zum Beispiel in Verbindung mit IBT® Skill Gap Analysis persönliche Kompetenzprofile regelbasiert zu aktualisieren. Auch der Profilvergleich der empfohlenen Teilnahmevoraussetzungen einzelner Kurse oder Lerneinheiten mit den aktuellen Kompetenzprofilen potenzieller Teilnehmer ist möglich. Dabei bietet IBT® Skill Management Tutoren und Controllern eine Reihe verschiedener Berichtsarten an (Skill Status-Report, Learning Object Status Report). Diese Berichte liefern im Hinblick auf die Evaluation der Akzeptanz und Wirksamkeit von Lernmaßnahmen detaillierte Informationen.

Auch nicht AICC/SCORM-kompatible Kurse können über die CMI Authoring-Komponente von IBT® Skill Management nachträglich mit

AICC-/SCORM-Regeln zur Ablaufsteuerung gemäß den erreichten Lernzielen erweitert werden. Abb. 20-2 zeigt, wie die Lernstände und Ablaufsteuerung eines mit IBT® Skill Management erstellten SCORM-kompatiblen Kurses aus Sicht des Teilnehmers in einer unternehmensspezifischen Lernumgebung aussehen. Abb. 20-3 ist gibt einen Einblick in die Lernfortschrittskontrolle eines SCORM-kompatiblen WBTs mittels des IBT® Teletutoring Desktops.

20.4 Kompetenzmanagement mit IBT® Skill Gap Analysis

IBT® Skill Gap Analysis integriert die Ergebnisse aus IBT® Assessment und IBT® Skill Management oder anderen Instrumenten. Das Tool spannt damit den Rahmen für eine professionelle Mitarbeiterentwicklung und Karriereplanung auf. Das Werkzeug zum webbasierten Kompetenzmanagement ist intuitiv zu bedienen und standortübergreifend zu nutzen.

Personalplaner und -entwickler erstellen unternehmensspezifische Anforderungsprofile mit den jobspezifischen Eigenschaften und Anforderungen in einer Profildatenbank. Sie ordnen diese Profile den entsprechenden Qualifizierungsbausteinen zu. Qualifizierungsbausteine sind zum Beispiel Präsenz- und Online-Seminare, Tests, Übungen oder WBTs.

Abhängig davon, welche Bausteine der Mitarbeiter oder Schulungsteilnehmer bereits abgeschlossen hat, erfüllt er die Anforderungen des Profils. Planer und Personalentwickler sehen auf einen Blick, welche Kompetenzen innerhalb der Organisation verfügbar sind. Die Entwicklung von Anforderungsprofilen für einzelne Personen kann zeitlich geplant werden und die persönliche Historie dieser Entwicklung jederzeit nachvollzogen werden. Damit stellt IBT® Skill Gap Analysis eine optimale Planungsgrundlage für die Weiterentwicklung vorhandener Fähigkeiten und Kompetenzen zur Verfügung.

Über umfangreiche Berichte und Auswertungen wird der Nutzen und die Qualität des aktuellen Weiterbildungsangebots ständig überprüft und verbessert. Der Personal- bzw. Bildungsplaner entdeckt vorhandene Lücken in der Mitarbeiterqualifizierung frühzeitig und kann entsprechende Maßnahmen zur Schließung dieser Lücken planen. Differenzierte quantitative Maßzahlen für die Qualität der Profilübereinstimmung (Einstiegs-/Leistungsstufe; prozentuale/gewichtete Übereinstimmung) als auch grafisch-quantitative Darstellungen (z.B. Balkendiagramme, Vergleichstabellen sowie farbliche Hervorhebung von Qualitätsstufen) unterstützen die Planer bei der Beurteilung und Planung.

Neben dem grafischen Überblick über bestehende Fähigkeiten in der Einstiegs- und Leistungsstufe werden die einzelnen Fähigkeiten in ihren Ausprägung aufgelistet. Eindeutige Farbwerte („Ampeleffekt") und Kennzahlen zeigen die Profilausprägung in den einzelnen Kompetenzen des Profils und weisen so auf bestehende Stärken und Schwächen hin.

Bericht

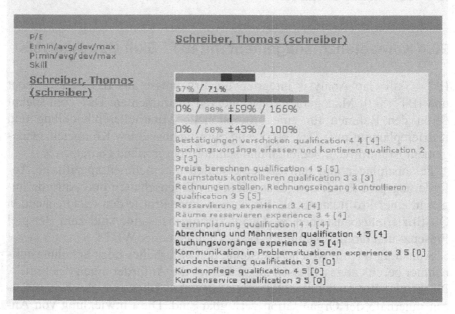

Abb. 20-4. Detailbericht eines persönlichen Qualifikationsstandes: Die Balkendiagramme stellen farblich abgehoben dar, wieviel Prozent der erforderlichen Fähigkeiten in der Leistungsstufe, in der Eignungsstufe bzw. noch gar nicht vorliegen. Zusätzlich zur farblichen Differenzierung (der oben erwähnte „Ampeleffekt") spiegeln die Zahlen neben den Fähigkeiten die jeweiligen Fähigkeitsausprägungen wider. Falls der Qualifizierungsstand des Mitarbeiters (in Klammern dargestellt) unter der geforderten Fähigkeitsausprägung für das Job-Profil liegt, besteht noch Qualifizierungsbedarf. Die Zahl 0 in Klammern bedeutet, dass diese Fähigkeit noch nicht vorliegt. Hier sollte eine weiterführende Qualifizierung abhängig von der Bedeutung der jeweiligen Kompetenz für das Gesamtprofil als erstes ansetzen.

Da die Kompetenzen individuellen Personen zugeordnet sind bzw. sein können, lässt sich auch feststellen, für welche weiteren Profile eine Person oder Personengruppe (bei kumulierter Auswertung) geeignet wäre. Dies ist insbesondere im Personalmanagement und bei der Zusammenstellung abteilungsübergreifender Projekt- und Kompetenzteams in größeren, verteilt arbeitenden Organisationen ein wertvoller Aspekt. IBT® Skill Gap Analysis ist über offene Schnittstellen sehr gut an andere HR-Systeme anzubinden. Über ein detailliertes Rechtesystem sind die Zugriffsrechte auf Mitarbeiterdaten differenziert einstellbar. Weitere IBT®-Applikationen (IBT® Skill Management, IBT® Assessment und IBT® Resource Management) werden bei Bedarf vollständig integriert.

Abbildung 20-4 zeigt einen Detailbericht des persönlichen Qualifikationsstandes eines Mitarbeiters. Auf Grundlage dieser Daten und der angestrebten Karriereentwicklung wählt der Personalentwickler und/oder der Mitarbeiter nun geeignete Qualifizierungsmaßnahmen aus, um die Kompetenzlücken (den „skill gap") zu schließen. Zusätzlich zur grafisch-quantitativen Darstellung werden die einzelnen Fähigkeiten farblich nach Eignungs- bzw. Leistungsstufe getrennt aufgelistet. Für Fähigkeiten in der Ausprägung Leistungsstufe ist das Leistungsoptimum bereits erreicht. Fähigkeiten in der Ausprägung Eignungsstufe genügen, um die Grundanforderungen des Job-Profils zu erfüllen, es besteht jedoch noch Optimierungspotenzial.

20.5 Bildungscontrolling auf der Grundlage der time2know® Performance Solution

„Die Ressource Kompetenz, sei es auf individueller Ebene eines Mitarbeiters oder struktureller Ebene eines Unternehmens oder sogar eines ganzen Kooperationsnetzwerks, ist ebenfalls wie alle anderen Ressourcen zu planen, zu gestalten und zu steuern bzw. zu managen." (Arbeitskreis Kompetenzmanagement 01/2004, S.1) Die time2know® Performance Solution mit den Software-Applikationen IBT® Assessment, IBT® Skill Management und IBT® Skill Gap Analysis bietet hierfür optimale Voraussetzungen. Abbildung 5 verdeutlicht, wie die drei Applikationen ineinander greifen und sich gegenseitig ergänzen.

Abb. 20-5. Die time2know® Performance Solution mit den Software-Applikationen IBT® Assessment, IBT® Skill Management und IBT® Skill Gap Analysis

Bei aller Begeisterung für softwaregestützte Instrumente des Bildungscontrolling ist klar, dass für einen sinnvollen Einsatz einige Voraussetzungen unabdingbar sind:

1. Es existieren operationalisierbare Ziele für die Personalentwicklung und Weiterbildung. Ohne Ziele kein Controlling!
2. Umfang und Art der Maßnahmen des Bildungscontrolling sind sorgfältig geplant und abgestimmt.
3. Qualitative Aussagen zur Güte und zum Erfolg von Bildungsmaßnahmen werden weiter entwickelt und angewendet.
4. Es existiert ein im Sinne der Organisation und Nutzer schlüssiges Gesamtkonzept, das neben quantitativen Aspekten auch qualitative Faktoren umfasst.

Die beschriebenen Assessment-/Analytics-Tools sind sowohl in einem Teilbereich des Bildungscontrolling als auch im Zusammenspiel des gesamten Regelkreises einsetzbar. So ist ein schrittweiser Aufbau des software-gestützten Bildungscontrolling möglich. Nach dem Motto „Start small – think big!"

Teil C
Good Practices, Fallbeispiele & Erfahrungen

Das Kapitel hat das Ziel, praktische Beispiele und Erfahrungen zu vermitteln. Aufgegriffen werden daher Fallbeispiele, welche die zuvor vorgestellten Methoden und Konzepte im Einsatz bewerten und weiterführende Anregungen und Tipps enthalten.

21. Der lange Weg zum Bildungscontrolling

Sabine Erkens

Bildungscontrolling soll helfen, die Effektivität und Effizienz der Personalentwicklungsmaßnahmen nachzuweisen. Dabei spielen Fragen eine Rolle wie: Rechnen sich unsere Personalentwicklungsmaßnahmen für das Unternehmen? Sind sie effektiv und effizient? u.a. Die am einfachsten zu realisierende Form des Bildungscontrollings ist immer noch die Lernerbefragung. Man kann schnell und realistisch Zufriedenheitserfolg, Lernerfolg und Transfererfolg ermitteln. Viele Bildungsmaßnahmen in unserem Hause enden mit einer Zertifizierung. Mit der Entwicklung und Implementierung von E-Learning-Elementen in unserem Hause konnte auch das Bildungscontrolling auf eine neue Ebene gebracht werden. Die firmeninterne Lernplattform räumt Möglichkeiten für das Bildungscontrolling ein. Statistische Auswertungen zu Zielgruppenabfragen nach der Nutzung der Lernplattform und einzelner Programme sind möglich. Diese Auswertungen werden immer mit dem Betriebsrat vereinbart.

21.1 Einleitung

Bei der Einführung von E-Learning-Elementen in die Aus- und Weiterbildung der VICTORIA erhielt auch das Bildungscontrolling eine neue Dimension: Die Einführung von E-Learning hat dem Bildungscontrolling viele Impulse gegeben: Business Case mit ROI-Berechnungen, Evaluationsbefragungen zur Lernerakzeptanz, Lernerzufriedenheit und Lern-, bzw. Transferergebnissen finden vermehrt statt.
In diesem Beitrag sollen einige Bausteine dieses Bildungscontrollings näher beschrieben werden.

21.2 Theoretische Ansätze als Grundlage des Bildungscontrollings

Derzeit existieren unterschiedliche Ansätze für Bildungscontrolling, die im Rahmen dieses Buches bereits theoretisch erläutert wurden. Bei der VICTORIA basiert Bildungscontrolling auf unterschiedlichen theoretischen Grundlagen.

Maßnahme-Orientiertes Controlling wird bei uns von Maßnahme-Übergreifendem (siehe auch Kap. 4 in diesem Buch, Beitrag von Christoph Meier). begleitet. Entscheidend sind die zu betrachtenden Aspekte und Blickwinkel. Ein LMS und die Installation eines Online-Seminar- und Besprechungstools ist nur im maßnahmeübergreifenden Blick interessant.

Bildungscontrolling wird in den meisten Fällen maßnahmeorientiert durchgeführt. Der strategische Ansatz erfasst die abgehaltenen Trainingsmaßnahmen und die Teilnehmer- und Trainerauslastung. Hier werden die Daten aus dem SAP Veranstaltungsmanagement gezogen und ausgewertet. Das Modell von Kirkpatrick (siehe auch Kap. 3, Beitrag von Christoph Meier) spielt eine Rolle für die Controlling-Maßnahmen für Personalentwicklung und Bildung. Es ist praktikabel und lässt sich gut für die neuen Bedingungen der Bildungsarbeit in Verbindung mit E-Learning nutzen.

Während das Messen auf der ersten, zweiten und dritten Stufe (Zufriedenheit, Lernerfolg, Transfererfolg) recht einfach zu realisieren ist, sind der Geschäftserfolg und der Investitionserfolg etwas schwieriger und meist auch aufwändiger zu erfassen. Daher belassen wir es meist bei der ersten bis dritten Stufe nach Kirkpatrick und ergänzen diese Methode mit weiteren Ansätzen.

Darüber hinaus wird bei der VICTORIA seit einigen Jahren mit Balanced Scorecard als einem strategischen Führungselement gearbeitet. Für die Bildungs- und Personalentwicklungsarbeit steht die Bedarfsorientierung im Mittelpunkt. Bei der Festlegung geeigneter Kennzahlen sammeln wir derzeit Erfahrungen.

21.3 Unsere mit Bildungscontrolling verbundenen Ziele

Bildungsarbeit muss abrechenbar sein! So in etwa lautete die Forderung aus der Vorstandsebene. Soll heißen: Zeigt her, was ihr macht, warum ihr es macht und mit welchen Ergebnissen. Diese klare Forderung führte zur weiteren Intensivierung von Bildungscontrolling-Maßnahmen im Unternehmen. Grundsätzlich sind die Fragen zu klären: Rechnen sich unsere Personalentwicklungsmaßnahmen für das Unternehmen? Sind sie effektiv und effizient? Werden die richtigen Themen behandelt? Die Ansätze des Bildungscontrollings in unserem Unternehmen dienen der Klärung dieser Fragen.

21.4 Der Business Case als Basis aller neuen Konzeptionen

Jede neue Konzeption von Aus- und Weiterbildungsmaßnahmen erfordert bei uns einen Business Case. Es wird geprüft, was erreicht werden soll, was das Ganze kostet und welchen Nutzen die Maßnahme bringen soll. Ein Business Case für Bildungsmaßnahmen ist bei uns wie folgt aufgebaut:

- Zieldefinition
- Abgrenzung des Projektumfangs
- Aufnahmen des Ist-Zustandes
- Identifikation der Optionen
- Kostenszenarios
- Definition und Analyse des Nutzens
- Risiken
- Analysen und Auswahl der Optionen

Mit diesem Business Case ist eine Kostenrechnung verbunden, die jeweils die Kosten für die herkömmliche Maßnahme der neuen gegenüberstellt. Dabei enthalten neue Konzeptionen bei uns meist E-Learning-Elemente wie

- ein gekauftes oder selbst produziertes Lernprogramm,
- Online-Seminare statt Präsenzseminaren mit Reisewegen zu den Hotels
- Online-Tests zur Lernergebnismessung.

Eine positive Kostenrechnung kann aufzeigen, dass sich die Investitionskosten und die laufenden Kosten für die neue Maßnahme gegenüber der herkömmlichen Maßnahme rechnen.

Soll heißen: Wer im ersten Jahr der Einführung von E-Learning-Maßnahmen einen ROI erwartet, wird sicher enttäuscht werden. Es sei denn, er geht sofort in die Vollen und rollt mit einem Blended-Learning-Konzept eine firmenweit genutzte neue Software aus. So etwas kann erfolgreich sein, muss aber nicht! Kostenrechnungen für blended learning-Konzepte gehen meist positiv aus, wenn man:

- statt eines/mehrerer Präsenzseminars/e mit voller Bewirtung (Übernachtung etc.) Lernprogramme kauft und nutzt und sie mit einem verkürzten Präsenzseminar kombiniert.
- für Zielgruppen ab 1000 Nutzer firmeninterne Inhalte selbst in Lernprogrammen darstellt und dafür Präsenzseminare einspart (Aber nicht alle!)
- diese Lernprogramme mit eigenen Bordmitteln produziert:
  - eine Lizenz eines einfach zu handhabenden Autorentools für den Fachautor
  - eine coachende Begleitung durch einen Experten
  - ein Fachautor, der sich mit dem Autorentool auseinandersetzt und damit selbständig ein Lernprogramm produziert
  - ersparen hohe externe Produktionskosten und verkürzen die Produktionsdauer.
- für dezentrale Zielgruppen mit wiederkehrendem Bildungsbedarf Online-Seminare statt Präsenzseminaren mit hohen Reisekosten etabliert und damit die verkürzte Anzahl von Präsenzseminaren ergänzt.
- statt Unterlagen in Print- oder CD-ROM-Form eine Lernplattform für viele Nutzer mit vielen Lernprogrammen, Dokumenten in der Bibliothek, Onlinetests einsetzt und damit Stand-alone-Lern-PCs abgeschafft werden können.

Kostenrechnungen für blended learning-Konzepte sind unwahrscheinlich spannend, weil jeder Kostenfaktor genau betrachtet werden kann. Dabei erkennt man die Kostenfresser und die Einsparpotentiale und erhält die richtigen Relationen und zuweilen Argumente in der Verhandlung mit externen und internen Kostenträgern. Eine positive Kostenrechnung zugunsten der neuen Blended learning-Maßnahme ist die Voraussetzung für das Go dieser Maßnahme.

21.5 Die Lernerbefragung als probates Mittel für viele Zwecke

Die am einfachsten zu realisierende Form des Bildungscontrollings ist immer noch die Lernerbefragung. Man kann schnell und realistisch Zufriedenheitserfolg, Lernerfolg und Transfererfolg ermitteln. Lernerbefragungen werden in unserem Unternehmen schon lange durchgeführt:

- Die Teilnehmer werden am Ende jedes Seminars zu ihrer Meinung befragt: Fragen zum Seminar, zu den Rahmenbedingungen, zu den eigenen Lernergebnissen. Die Trainer liefern jeweils einen Seminarbericht.

- Bei der Ausbildung zum Versicherungsfachmann[1] wird am Anfang und Ende jedes Seminars jeweils ein Test durchgeführt. Damit wird der Lernerfolg in der Selbstlernphase mit dem CBT/WBT und im Seminar festgehalten. In Auswertung dieser Tests finden Gespräche mit den Teilnehmern und deren Coaches statt. Die Ergebnisse werden kommentiert und Impulse zur weiteren Arbeit werden gegeben.
- Jede Seminargruppe wird von einem verantwortlichen Trainer von Anfang der Ausbildung bis zur Abschlussprüfung begleitet. Er behält den Überblick über die einzelnen Teilnehmer und führt regelmäßig Gespräche mit ihnen. Darüber bleiben Trainer und Coaches im Gespräch.
- Bei der systematischen Softwareausbildung der Versicherungskaufleute bearbeiten die Azubis innerhalb der Selbstlernphase nach der Arbeit am Lernprogramm an praxisorientierten Fallbeispielen zum jeweiligen ECDL-Modul (z.B. Textverarbeitung).[2] Danach führen sie einen Online-Test durch, bei dem theoretische und praktische Fragen (Simulationen) zu dem jeweiligen ECDL-Modul zu beantworten sind. Nach dem Präsenzworkshop von vier Stunden führen sie einen Abschluss-Online-Test durch. Ist er bestanden, gilt der Lernerfolg bestätigt.
- Bei der Ausbildung zum Versicherungsfachmann wird im Prüfungsvorbereitungskurs durch einen Eingangstest gemessen, welche Transfererfolge der Lerner über das eine Jahr der gesamten Ausbildung mitgebracht hat. Darüber hinaus zählen für uns die Prüfungsergebnisse des Versicherungsfachmanns als ein wesentliches Messinstrument für den Transfererfolg. Wie er sein Wissen in der direkten Praxis anwendet, kann an seinen Umsatzzahlen gemessen werden. Allerdings spielen hier viele andere Faktoren eine Rolle. Die Arbeit eines Versicherungsfachmanns ist ein komplexer Job, dessen Erfolg nicht nur davon abhängt, ob er die Grundlagen des Versicherungsgeschäfts in der Ausbildung gut gelernt hat. Hier spielt neben den betriebswirtschaftlichen Aspekten u.a. das Verhalten, die Motivation eine große Rolle.

---

[1] Die Ausbildung zum Versicherungsfachmann ist eine firmenübergreifende Ausbildung des Quereinsteigers in der Versicherungsbranche. Sie endet mit einer Prüfung durch das BWV (Berufsbildungswerk der Versicherungswirtschaft)

[2] Der ECDL ist der Europäische Computerführerschein. Er besteht aus 7 Modulen, die die Office-Produkte sowie die Kenntnisse zu den Betriebssystemen umfassen. Zum Wissenstest nutzen wir einen Online-Test von Enlight-Teststation.

21.6 Zertifizierungen als ein probates Mittel

Viele Bildungsmaßnahmen in unserem Hause enden mit einer Zertifizierung. Sei es der Europäische Computerführerschein oder der Europäische Wirtschaftsführerschein: Es ist wichtig, zum Abschluss der Maßnahme ein anerkanntes Zertifikat zu erhalten. Und nicht nur für den Teilnehmer. Jedes Zertifikat belegt, dass der Ausbildungsstandard eingehalten wurde und der Teilnehmer über das erforderliche Wissen verfügt. Eine Lernerfolgsmessung also, die für auch für das Bildungscontrolling eine große Rolle spielt.

21.7 Online-Testverfahren zur Evaluation von Lernerfolgen

Mit der Entwicklung und Implementierung von E-Learning-Elementen in unserem Hause konnte auch das Bildungscontrolling auf eine neue Ebene gebracht werden. Nun sind vielfältige Möglichkeiten vorhanden, mit denen das Bildungscontrolling effizienter realisiert werden kann. Folgende Online-Tools werden bei uns genutzt:

- Wir implementieren zurzeit ein Tool, mit dem man die Teilnehmermeinungen zum Seminar und die Rahmenbedingungen anonym online abfragen kann sowie das Trainerfeedback.
- Mit der Einführung der Online-Tests haben wir einen großen Schritt in die Richtung gemacht, Lernerfolgskontrollen demnächst ohne Papier und nur noch online durchzuführen. Ein Problem dabei ist nach wie vor: Ein Teilnehmer setzt sich vor einen PC und legt einen Test ohne Beaufsichtigung ab. Wer kann dann dafür garantieren, dass alles legal abläuft? Wir sind hier noch in einem Klärungsprozess, bei dem wir auf die Grenzen der derzeitigen Technik stoßen. So werden die Seminartests noch eine Weile genutzt werden, obwohl die Technik schon Alternativen bietet.
- Die Online-Tests werden innerhalb unserer Lernplattform VIVERSA durchgeführt. Daraus entwickelt die Lernplattform für den Lerner eine Lernwegsempfehlung. Sie bildet die Grundlage für die Gespräche mit den Coaches und dem Trainer.
- Darüber hinaus kann man in Online-Seminaren die Teilnehmer vor Ort zeitgleich testen. Sie erhalten Fragen innerhalb des Seminars zugesandt und müssen ad hoc die richtigen Antworten geben (Multiple, Single Choice und Ja/Nein-Fragen) und bei Bedarf mündlich begründen. Da-

durch wird die Treffsicherheit erhöht. Das Seminartool bietet eine effiziente Auswertung der Testdaten in Form einer Excel-Tabelle.

- Auch der Transfererfolg kann teilweise mit Online-Tests gemessen werden, wenn man das nach sechs Wochen noch vorhandene Wissen prüft. Eine Wiederholung der Tests mit neuen und bekannten Fragen kann also einen guten Überblick geben über den erfolgten Transfer.

- In Vorbereitung auf die Prüfung zum Service-Fachmann[3] werden den Mitarbeitern ständig Online-Tests angeboten, um ihr Wissen zu testen und den Transfer zu gewährleisten. Hier werden die Online-Tests als Transfermöglichkeit und als Messmöglichkeit des Lerntransfers zugleich eingesetzt.

21.8 Ein Learningmanagement-System, das Bildungscontrolling unterstützt

Bei der VICTORIA gibt es seit einigen Jahren eine Lernplattform, die sich zu einem qualifizierten Learningmanagement-System entwickelt. Das heißt, neben der Bereitstellung von Lernprogrammen, einer umfangreichen Bibliothek, Foren und anderen Funktionen sind für das Bildungscontrolling Möglichkeiten eingeräumt.[4] So können wir

- in Online-Tests genaue statistische Auswertungen zu einzelnen Fragen, einzelnen Zielgruppen oder speziellen Lernern vornehmen. Wir nutzen diese Tests für die Ermittlung des Lernerfolgs und des Transfererfolgs.[5]

- zielgruppenweise abfragen, wie viele Lerner in der VIVERSA gearbeitet haben. So kann man ziemlich schnell ergründen, ob ein produziertes oder gekauftes Lernprogramm genügend Aufmerksamkeit bei den Lernern findet. Hier werden Argumente für die Bestätigung der Kostenrechnungen nach der Maßnahme geliefert. E-Learning-Maßnahmen sind nur effektiv, wenn die Lerner sie auch nutzen. Die Zahl der Lernerstun-

---

[3] Die Ausbildung zum Service-Fachmann ist eine firmenübergreifende Zusatzausbildung für die Mitarbeiter in den Servicecentern.

[4] Es versteht sich von selbst, dass solche Maßnahmen mit dem Betriebsrat abgesprochen werden. Bei uns erfolgt generell eine anonyme Auswertung von allen Ergebnissen in Gruppen ab 5 Personen.

[5] Hierzu gibt es Betriebratsabsprachen für konkrete Zielgruppen, bei denen die Papiertests nun durch Online-Tests abgelöst werden.

den unserer Mitarbeiter mit Lernprogrammen und Online-Maßnahmen
steigt bei uns stetig.[6]
- sehen, wann welche Lerner/Zielgruppen online sind.[7]

21.9 Einige Gedanken zum Ausblick

Bildungscontrolling ist wohl die schwerste Aufgabe innerhalb der Bildungsarbeit, und es wird immer wichtiger. So macht es Sinn, Bildungsmaßnahmen genau zu prüfen, ob man wirklich die richtigen Dinge tut und
die nun auch noch richtig. Gute Controlling-Maßnahmen können uns helfen,

- uns mit dem Bisherigen selbstkritisch auseinander zu setzen und für die
  folgenden Bildungsmaßnahmen Schlussfolgerungen zu ziehen.
- neue Maßnahmen möglichst kostengünstig und effizient zu konzipieren
- bedarfsorientiert Bildungsarbeit zu betreiben.

Bis Bildungscontrolling selbstverständlich alle wichtigen Aspekte abde-
cken kann, ist es ein langer Weg. Er führt uns den Berg hinauf: Dort haben
wir den Überblick, was wir mit unserer Bildungsarbeit wirklich tun.

---

[6] Diese Daten werden anonym erfasst.
[7] Die Spitzenlernzeiten liegen bei uns zwischen 10.00 und 11.00 Uhr. Aber auch
an Sonn- und Feiertragen gibt es Zugriffe auf die Lernplattform. Das lässt
Schlüsse darauf zu, wann Lerner für sich das Lernen in den Alltag einplanen

22. Bildungscontrolling am Praxisbeispiel des prozessorientierten Qualifizierungskonzeptes für Vertriebsexperten „Lebensversicherung" des Gerling-Konzerns

Volker Lengemann

Die im folgenden dargestellten Erfahrungen beschreiben den Ansatz für Bildungscontrolling im Gerling-Konzern auf Basis des Performance-Improvement-Konzeptes. Dieser führt dazu, dass die betriebswirtschaftlichen Effekte des Lernprozesses früher eintreten, da die Qualifizierung mit der Tagesarbeit optimal synchronisiert werden kann. Zudem gelingt hierdurch die gewünschte Vernetzung von Personal- und Organisationsentwicklung. Insgesamt bewerten unsere Auftraggeber und wir die Erfahrungen als überaus positiv und führen den Ansatz auch in neue Qualifizierungsmaßnahmen weiter.

22.1 Bildungscontrolling bei Gerling: Hintergrund und Ziele

Unser Informationszeitalter ist geprägt von einer enorm hohen Änderungsgeschwindigkeit. Für die Unternehmenspraxis bedeutet dies, dass sich die Anforderungen an die Mitarbeiter fortlaufend verändern und ebenso die hierfür erforderlichen Kompetenzen. Die betriebliche Weiterbildung befindet sich daher seit einiger Zeit in einer unangenehmen Zwickmühle. Auf der einen Seite wächst der Bildungsbedarf kontinuierlich von Jahr zu Jahr rasant an, auf der anderen Seite sinkt bei den Kostenverantwortlichen die Investitionsbereitschaft.

Innerhalb des Gerling-Konzerns wurde diese Entwicklung noch dadurch verschärft, dass sich das Unternehmen 2 Jahre lang in einer schwierigen wirtschaftlichen Situation befand, die einen umfangreichen Reorganisationsprozess auslöste. Der Umbau des Gerling-Konzerns zu einem Erstversicherer wurde in verschiedenen Teilprojekten mit Hochdruck vorangetrieben. Durch diesen Reorganisationsprozess und dem damit verbundenen Kosten- und Effizienzdruck im gesamten Unternehmen wurde unser Verständnis von Bildungscontrolling nachhaltig geprägt. Bildungsinvestitionen unterliegen danach wie andere Investitionen auch der unternehmerischen Erwartungshaltung, dass die kurzfristig anfallenden Ausgaben sich so bald wie möglich auszahlen und mittel- und langfristig zu einem Mehrertrag führen. Daher standen bezüglich des Bildungscontrolling für uns immer zwei Ausgangsfragen im Zentrum der Betrachtung:

Wie muss ein Qualifizierungskonzept aufgebaut sein, damit die erforderlichen Kompetenzen mit niedrigem Kostenaufwand aufgebaut werden und dennoch eine hohe Effizienz erzielt wird?

Welcher Mehrertrag muss innerhalb eines Jahres erzielt werden, damit die Durchführung des Projektes als „erfolgreich umgesetzt" bewertet wird?

Zusammenfassend lässt sich unser Verständnis von Bildungscontrolling als eine Reihe von Teilprozessen definieren, die gleichzeitig auch die Wertschöpfungskette beschreiben:

- Analyse und Fokussierung auf die Unternehmensziele und aktuellen Herausforderungen
- Ableitung der benötigten Kompetenzen
- Erhebung der Ist-Kompetenzprofile
- Definition der Soll-Qualifizierung und Ermittlung der Lücke
- Entwicklung eines prozess- und transferorientierten Lernprozesses
- Umsetzung der Maßnahmen unter ständiger Überprüfung des Lernfortschritts
- Begleitung der transferfördernden Maßnahmen
- Kostencontrolling

Der erste Teil dieses Prozessablaufs spiegelt sich auch in der jährlichen Qualifizierungsplanung wieder und ist im Rahmen des regelmäßig wiederkehrenden Kompetenzmanagement-Prozess fest implantiert.

22.2 Praxisbeispiel für die Umsetzung von Bildungscontrolling

Im Folgenden wird am Beispiel der prozessorientierten Qualifizierungsmaßnahme für Vertriebsexperten beschrieben, wie die Abteilung PE-Qualifizierung dieses Verständnis von Bildungscontrolling in der Praxis konkret umsetzte und wie man den innerbetrieblichen Veränderungsprozess hierdurch wirkungsvoll unterstützen konnte. Ein strategisches Ziel aus Sicht der Abteilung PE-Qualifizierung war hierbei die Weiterentwicklung der innerbetrieblichen Lernkultur in Richtung einer verstärkten Eigenverantwortung des Lernenden. Das bedeutet zum einen, dass der Zugriff auf Know-how-Quellen verstärkt eigeninitiativ erfolgen muss, zum anderen, dass der Lernende selber entscheidet, wann, wo und wie lange er lernt.

22.2.1 Bedarfs- und Ziel-Controlling

Seit vielen Jahren ist Gerling im Markt als Spezialist für die betriebliche Altersversorgung bekannt und anerkannt. Ein Unternehmensziel bestand darin diese Marktposition weiter auszubauen und die vorhandenen lukrativen Vertriebspotenziale effizient zu erschließen. Dieses Ziel war Inhalt eines innerbetriebliches Umstrukturierungsprojekt, auf das wir uns fokussierten. In diesem Projekt kam dem Einsatz der Vertriebsexperten Leben ein besondere Bedeutung zu, da sie im Unternehmen als Know-how-Träger anerkannt sind. Eine Teilaufgabe dieses Projektes war die neue Zuordnung der Vertriebsexperten Leben in den neuorganisierten Vertriebsniederlassungen. Insgesamt gibt es in der Ausschließlichkeitsorganisation bundesweit sechs Vertriebsniederlassungen, davon drei im Zielgruppengeschäft (Firmengeschäft) und drei im Breiten- und Belegschaftsgeschäft (Privatgeschäft). Jede Vertriebsniederlassung teilt ihr Vertriebsgebiet in ca. 10-15 Gebietsdirektionen auf.

Die Vertriebsexperten Leben waren bis zu diesem Zeitpunkt alle in der Fachabteilung Leben in den einzelnen Vertriebsniederlassungen angebunden. Jeder Experte betreute mehrere Gebietsdirektionen. Zukünftig sollte im Zielgruppengeschäft (Firmengeschäft) jede Gebietsdirektion mit einem eigenen Vertriebsexperten Leben bestückt werden. Ziel war es durch eine ständige Präsenz eines Experten auf der Gebietsdirektion die Chancen insbesondere in der betrieblichen Altersversorgung im gewerblichen Geschäft effizienter zu nutzen.

Für das Breitengeschäft (Privatgeschäft) sollte jede der drei Vertriebsniederlassungen über einen reduzierten Pool von Experten verfügen, von denen jeder Experte einen besonderen Themenschwerpunkt haben sollte.

Diese Expertencrew von ca. 70 Personen sollte nun in die Lage versetzt werden, in ihrem neuen Tätigkeitsfeld und der neuen Organisationsstruktur schnell zu „funktionieren".

Zu Beginn war die Frage zu klären, welche Kompetenzen der Vertriebs-experte für seine neue Aufgabe benötigt (Soll-Qualifizierung) und welche Kompetenzen bereits vorhanden sind (Ist-Qualifizierung). Hierzu wurde mit Personalreferenten, Fachleuten aus dem Fachbereich, Vertretern der Vertriebssteuerung und ausgewählten Vertriebsführungskräften ein neues Anforderungsprofil erstellt.

Unmittelbar danach wurde das neue Anforderungsprofil als Ver-gleichsmaßstab eingesetzt, um bei den Vertriebsexperten das Delta zu er-mitteln, was sich zu den bereits vorhandenen Kompetenzen ergibt, und dann Gegenstand der neuen Qualifizierungsmaßnahme sein sollte.

22.2.2 Strategische Veränderungen

Bei vergleichbaren Ausgangssituationen wurde bisher eine Bausteinreihe von mehreren Präsenzveranstaltungen organisiert (ca. 6–8 Bausteine, Dau-er jeweils 4–5 Tage), die in der Regel sehr fachlich ausgerichtet waren. Al-le Teilnehmer besuchten grundsätzlich alle angebotenen Bausteine. Die Art der bisherigen Qualifizierungsprogramme kann man bildhaft ver-gleichen mit einem schlüsselfertigem Haus auf hohem Qualitätsniveau. Was aber, wenn man sich das schlüsselfertige Haus nicht mehr leisten kann?

Die Erfahrungen der Bauindustrie der letzten Jahrzehnte zeigen, dass man den Hausbau durch die Einbindung von selbst zu erbringenden Eigen-leistungen wieder bezahlbar und damit auch realisierbar machen konnte, ohne an der Qualität Abstriche machen zu müssen. Insbesondere die Fer-tighausindustrie hat dieses System durch unterschiedlichste Ausbauvarian-ten immer weiter verfeinert. Heute kann fast jeder anhand von laiengerech-ten Plänen und Anleitungen sein „Traumhaus" bauen.

Diese bewährten Erfahrungen und Prinzipien der Bauindustrie ent-schlossen wir uns auf unsere Qualifizierungskonzepte zu übertragen. Da die Vertriebsexperten Leben bereits durchgängig über einen hohen Wis-sensstand verfügten, erschien uns diese Zielgruppe für die „Erbringung von Eigenleistungen" besonders gut geeignet.

Für die Gestaltung eines Lernprozesses für die Vertriebsexperten Leben konnten die Ergebnisse des zu diesem Zeitpunkt gerade abgeschlossenen Projektes „LIMA" (*L*ernen durch *I*ntegration Neuer *M*edien in die *A*us- und Weiterbildung) genutzt werden. Dieses betriebsinterne Projekt hatte den Auftrag den sinnvollen Einsatz neuer Medien für Gerling zu prüfen, um bestehende Bildungsprozesse zu modifizieren und zu erweitern.

Nachdem aus den vielfältigsten Angeboten am Markt (CBTs, WBTs, Virtual Classroom, Web-TV, Foren) die aus unserer Sicht effizientesten Methoden gesichtet und in ausgesuchten Testfeldern evaluiert waren, kamen wir zu dem Ergebnis, dass für uns nur eine integrative Verwendung von e-Learning basierten Lernmethoden Sinn macht. Auch die überbetriebliche Zusammenarbeit und der regelmäßige Erfahrungsaustausch mit der DVA in München bestätigten unsere Ergebnisse vom Projekt „LIMA".

22.2.3 Aufbau eines prozess- und transferorientierten Qualifizierungskonzepts

Das Baukastenprinzip
Für die Gestaltung des Qualifizierungskonzeptes stand für uns folgendes Ziel im Mittelpunkt:

> „Wie können wir mit niedrigem Kostenaufwand so effizient qualifizieren, dass durch den Einsatz eines Vertriebsexperten Leben eine höhere Produktionsleistung zu geringeren Kosten erreicht wird?"

Nach einer ersten gemeinsamen Analyse der Erfolgsfaktoren konnten wir den zuständigen Projektleiter davon überzeugen, dass die Vertriebsexperten für ihre neue Tätigkeit mehr als nur eine Fachschulung benötigten. Schnell war klar, dass man über das übliche Spielfeld von PE Qualifizierungsmaßnahmen weit hinaus gehen musste.

Daher entschieden wir uns bewusst, bei der Erstellung des neuen Konzeptes die Erkenntnisse und Prinzipien des *Performance Improvement* (PIP) zu berücksichtigen, wie sie von Tom Gilbert in seinem Modell Behavior Engineering Model (1978) dargestellt wurden. Instrumente und Methoden wie Lernen am Arbeitsplatz, Projektlernen, Prozessoptimierung, Führen mit Zielen, Feedback, Arbeitshilfen (i. S. von Checklisten und Visualisierungen), Erfahrungsaustausch, Coaching etc. rückten in den Vordergrund und sind daher wesentliche Bestandteile im Konzept geworden. Um das o.g. Ziel zu erreichen wurden zum Aufbau des Lernprozesses folgende Bausteine verwendet:

> Lernpakete zum Selbststudium – Workshops als Präsenzveranstaltung – Ergänzendes Seminarangebot – Online-Seminare – Forum als virtueller „Marktplatz" für Erfahrungsaustausch – Onlinegestützte Lernerfolgskontrollen – Coaching – Mentoring

Am Ende gliederte sich das Qualifizierungskonzept in drei Ebenen, die zeitgleich parallel nebeneinander herlaufen sollten:

1. Aufbau von Expertenwissen
2. Erreichen von Vertriebszielen
3. Gestaltung und Steuerung von Produktions- und Arbeitsprozessen

Aufbau von Expertenwissen bei ständiger Überprüfung des Lernfortschritts (Output-Controlling)
Bei der Ermittlung der bereits vorhandenen Kompetenzen hatten wir bereits im Vorfeld festgestellt, dass die Ist-Qualifizierung bei vielen Experten bezüglich des Fachwissens überdurchschnittlich hoch war. Daher untergliederten wir die erste Ebene Aufbau von Expertenwissen in einen ersten Schritt „Selbsterarbeitung von Grundlagenwissen" und im zweiten Schritt „Vermittlung von Spezialwissen". In den Phasen *Aufbau von Grundlagenwissen* und *Aufbau von Spezialistenwissen* wurden die in Abb. 22-1 dargestellten Bausteine gewählt.

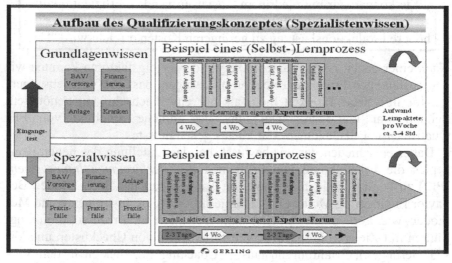

Abb. 22-1. Module für Qualifizierungsphasen

Alle Experten absolvierten zu Beginn einen Eingangstest. Das Ergebnis entschied anschließend, welches zusätzliche Grundlagenwissen sich der einzelne Experte noch selbst aneignen sollte, bevor er sich mit dem darauf aufbauenden Spezialwissen auseinandersetzen kann. Für die Erarbeitung des Grundlagenwissens sollte jeder Experte Eigenleistungen erbringen.

Hierfür erhielten die Experten Lernpakete zum Eigenstudium. Alle Lernpakete wurden in einem speziell für diese Zielgruppe eingerichteten

Forum als Datei zum Download eingestellt. Pro Lernpaket wurden gemäß den Lernzielen ausgewählte Infos zum jeweiligen Thema aus dem großen vorhandenen Fundus an vorhandenen Materialien für das Selbststudium zusammengestellt. Zusätzliche Übungsaufgaben und Hinweise gaben den Experten beim Lernen einen „Roten Faden" und die Möglichkeit ihren Lernfortschritt selbst zu überprüfen. Pro Lernpaket hatte jeder Experte einen Lernzeitraum von 4 Wochen zur Verfügung, um neben der täglichen Arbeit sich weiterzubilden. Parallel dazu konnten sich die Experten im Forum treffen, um aktuelle Fragen und ziel-gruppenspezifische Themen gemeinsam zu diskutieren. Um den Lernfortschritt jedes einzelnen sichtbar zu machen, fand anschließend dann zu dem aktuellen Thema ein onlinegestütztes Repetitorium statt. In einem virtuellen Seminarraum waren drei Gruppen von bis zu 30 Teilnehmern aus unterschiedlichen Vertriebsstandorten in Deutschland „zusammengekommen" und diskutierten gemeinsam mit dem Fachbereich über die bearbeiteten Aufgaben.

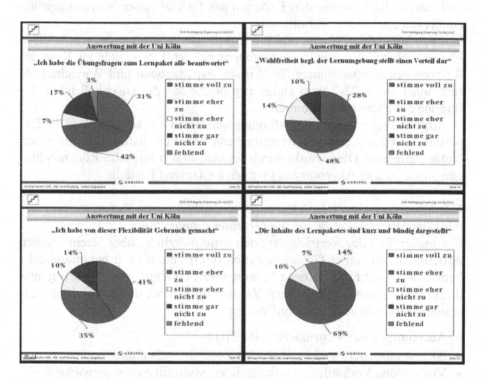

Abb. 22-2. Ergebnisse der Expertenbefragung

Offene Fragen konnten auf diese Weise im gemeinsamen Dialog geklärt werden. Hierdurch wurde ein Wissensaustausch unter den Experten in

Gang gesetzt, der sich über die gemeinsame Seminarzeit im virtuellen Raum auf anderem Wege weiter fortsetzte. Den Abschluss eines Themas bildete dann ein onlinegestützter Abschlusstest, der den für die nächste Stufe erforderlichen Wissensstand abprüfte. In dieser Phase hatte jeder Experte die Freiheit seine eigene Lernzeit selbst zu planen und mit seiner sonstigen Tagesarbeit in Einklang zu bringen. Dies bedeutete eine große Veränderung der bisherigen Lerngewohnheiten und erforderte von allen Beteiligten im Umgang mit der Lernfreiheit eine hohe Disziplin.

Experten, die den für die nächste Stufe erforderlichen Wissensstand im Test nachgewiesen hatten, konnten anschließend zu 2–3-tägigen Workshops eingeladen werden und wurden unter Einbindung des zuständigen Fachbereiches mit der Bearbeitung von konkreten Fallbeispielen konfrontiert. Ziel war es durch die Bearbeitung dieser Fallbeispiele das Lernfeld dem täglichen Arbeitsfeld weitgehend anzugleichen. Hierdurch konnten zum einen Transferbarrieren auf ein Minimum reduziert werden und zum anderen wurde den Experten das Spezialwissen anwendungsorientiert fast „nebenbei" vermittelt.

Um den laufenden Prozess und die Ergebnisse zu evaluieren, wurde diese Phase begleitet von einer Studentengruppe der Universität zu Köln im Rahmen des Hauptseminars für Wirtschaftspädagogen und Wirtschaftsinformatiker. Abb. 22-2 fasst einige Ergebnisse aus der anschließenden Befragung der Experten zusammen.

Aus den Ergebnissen der Befragung konnten wir erkennen, dass die Experten die neue Lernform weitestgehend adaptiert hatten und als einen Nutzen erlebten. Dies wurde durch formale und informelle Rückmeldungen sowie interne Akzeptanzmessungen fortlaufend bestätigt.

Erreichen von Vertriebszielen sowie Gestaltung und Steuerung von Arbeits- und Produktionsprozessen (Transfer-Controlling)
Ein großer Teil der Vertriebsexperten hatte plötzlich „über Nacht" seinen Arbeitsplatz auf einer Gebietsdirektion (GD) zugewiesen bekommen. Er hatte damit nicht nur eine neue Führungskraft erhalten, sondern er trug nun direkt zum Ergebnis dieser einen Vertriebseinheit bei und sah sich mit folgenden Herausforderungen konfrontiert:

- Abstimmung der Vertriebsziele der GD
- Abstimmung der durchzuführenden Vertriebsmaßnahmen
- Vorhandene Verkäufer zu selbständigen Multiplikatoren entwickeln
- Arbeits- und Prozessabläufe neu gestalten

Alle diese Tätigkeiten mussten in enger Abstimmung mit dem jeweiligen Gebietsdirektionsleiter erfolgen. Daher haben wir für diese Ebene folgende Bausteine zur Unterstützung eingesetzt:

- Coachings in Kleingruppen
- Mentoring unter Einbindung der Gebietsdirektionsleiter
- Online-Besprechungen zur Qualitätssicherung von Maßnahmenplanungen
- Präsenzseminare (bei Bedarf)

Diese Ebene war für die erfolgreiche Umsetzung des Konzeptes von aller größter Bedeutung. Denn diese Workflows gab es bisher nicht. Daher ging es in dieser Phase darum, möglichst wenig dem Zufall zu überlassen, sondern eine Unterstützung zu bieten, die als Ergebnis einheitliche Arbeits- und Führungsprozesse generiert und die neuen Schnittstellen in der Zusammenarbeit definiert (Abb. 22-3).

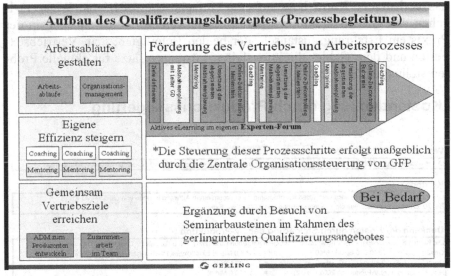

Abb. 22-3. Unterstützung von Arbeitsprozessen durch das Qualifizierungskonzept

Im ersten Schritt erhielten alle Experten die Aufgabe mit dem Gebietsdirektionsleiter eine Geschäftsgrundlage aufzubauen, d.h. durch eine Zielvereinbarung eine klare Ausrichtung zu erhalten. Anschließend wurde durch eine gemeinsame Maßnahmenplanung die Erwartungen an die Arbeitsleistung des Experten noch weiter konkretisiert. Im Folgenden konnten in mehreren Online-Konferenzen die Maßnahmenplanungen zwischen dem Leiter des Bereiches Organisationssteuerung, dem Fachbereich und den Vertriebsexperten diskutiert und qualitätsgesichert werden. Im weiteren Verlauf der Maßnahme wurde der Umsetzungsgrad zu den auf einander folgenden Meilensteinterminen regelmäßig überprüft. Der gemeinsame Erfahrungsaustausch in der Online-Konferenz, im Forum oder in den Workshops unterstützte die Teilnehmer mit einer Vielzahl von Anregungen und Ideen bei der konsequenten Umsetzung der geplanten Maßnahmen.

Um die Experten individuell in ihrer neuen Rolle und bei der Gestaltung der neuen Prozesse zu beraten, wählten wir noch zwei weitere Formen der Unterstützung. Regionale Coachingtage gaben dem Experten in einer Gruppe von ca. 4–5 Personen die Möglichkeit, um für individuelle Problemstellungen den Rat eines neutralen Beraters und auch den Rat der Kollegen aus der Gruppe zu nutzen.

Gleichzeitig erhielten die Experten einen persönlichen Mentor. Als Mentoren fungierten die Gebietsdirektionsleiter. Zwischen den einzelnen Gebietsdirektionen wurden hierzu die Experten getauscht. Somit konnte das vorhandene Know-how auf eine einfache aber effiziente Weise zwischen den Gebietsdirektionen multipliziert werden und es entstand in der Praxis ein Erfahrungsaustausch, der beiden Beteiligten, dem Vertriebsexperten und dem Gebietsdirektionsleiter, Lösungsansätze für aktuelle Problemstellungen lieferte.

Kostendeckung durch Produktionssteigerung

Was soll erreicht werden?

Die Produktivität der ADM/HV und der GD soll durch fachkompetente und vertriebsorinetierte Experten gesteigert werden

Kosten

Die Kosten für die Umsetzung des Qualifizierungsprogrammes erfordern einen Aufwand in Höhe von ca. 340.000 €
Bei 70 Experten bedeutet dies ein Aufwand in Höhe von 4.900 € pro Experte

Deckung der Kosten durch Steigerung der LV-Produktion

Die Kosten für die LV-Experten wurden bisher mit einem anteiligen Kostensatz von 6 %o des LV-Geschäftes abgedeckt
Gesamtkosten von 340.000 € :   6%o   =   56,0 Mio. € zusätzliches LV-Geschäft was erbracht werden muss
Derzeitige LV-Produktion in 2002 (01-10) in der AO   =   702 Mio. €
Hochrechnung der LV-Produktion 2002 (01-12)   =   1.100,0 Mio. €

Fazit

Eine Zusatzproduktion von ca. 3-4 Wochen führen zu einer Deckung der vorläufigen Gesamtkosten

Abb. 22-4. Kostenübersicht Qualifizierung Vertriebsexperten Leben

22.2.4 Kostenplan und Ressourcen (Kosten-/ Nutzen-Controlling)

In Abbildungen Abb. 22-4 und Abb. 22-5 wird dargestellt, welche Kosten für das zuvor beschriebene Projekt insgesamt ermittelt wurden. Diese Summe wurde als Investition genehmigt, obwohl in weiten Teilen des Unternehmens ein „Qualifizierungsstopp" eingetreten war. Die Kostendarstellung des zuvor erläuterten Konzeptes zeigt, dass der übliche Kostenaufwand deutlich unterschritten wird.

Investitionskosten Kostenarten	interne Kosten Euro	externe Kosten Euro	Gesamtkosten Euro
Lernpakete	49.600	4.000	53.600
Workshops	30.000	45.000	75.000
Experten-Forum	14.800	1.500	16.300
Online-Seminare	13.600	13.200	26.800
Zwischensumme (Fachwissen)	**108.000**	**63.700**	**171.700**
Coachings		75.600	75.600
Mentoring	4.000		4.000
Zwischensumme (Prozesse)	**4.000**	**75.600**	**79.600**
Sonstige Seminare		64.700	64.700
Zwischensumme (Vertrieb)	**0**	**64.700**	**64.700**
Projektleitung PE-OE	24.000		24.000
Gesamtsumme	**136.000**	**204.000**	**340.000**

Kosten einer konventionellen Schulungsmaßnahme Konventionelle Fachschulung für 6 Bausteine x 5 Tagen			
Konzeption	24.000		24.000
Durchführung	315.000		315.000
Übernachtungskosten		210.000	210.000
Gesamt (konventionell)	**339.000**	**210.000**	**549.000**

Abb. 22-5. Investitionskosten Qualifizierung Vertriebsexperten Leben

Diese Kostenkalkulation bildet den Maßstab für das fortlaufende Kosten-Controlling. Ein weiteres entscheidendes Argument für die Bewilligung dieser Investition war die Transparenz über den quantitativen Return, der erbracht werden musste, damit die Investitionen wieder durch Mehrproduktion (Erlöse) verdient waren (Abb. 22-6). Gemeinsam wurde beschlossen dass die hierfür erforderliche Mehrproduktion die definierte Messlatte für die spätere Erfolgsmessung sein sollte.

Was bringt die Maßnahme für das LV-Geschäft (ROI)?

Hinweis: Modellrechnung erfolgt am Beispiel einer Gebietsdirektion im Zielgruppengeschäft

Was soll erreicht werden?

Die Produktivität der ADM/HV und der GD soll durch fachkompetente und vertriebsorientierte Experten gesteigert werden

Kosten

Die Kosten für die Umsetzung des Qualifizierungsprogrammes erfordern einen Aufwand in Höhe von ca. 340.000 €
Bei 70 Experten bedeutet dies ein Aufwand in Höhe von 4.900 € pro Experte

	Investition:	4.900 EUR

Steigerung der durchschnittlichen LV-Produktion

Wird die LV-Produktion um durchschnittlich 41.000 € pro ADM/HV gesteigert ergibt sich folgende Mehreinnahme:			
20 ADM/HV	x 41.000 €	=	820.000 € Produktionssteigerung
820.000 € LV-Produktion	x 6 ‰	=	4.920 € Mehr-Provision

	Mehrertrag:	4.920 EUR

$$BCR = \frac{\text{Mehrertrag}}{\text{Kosten}}$$

Benefit Cost Ratio:	1,0

Abb. 22-6. RoI Berechnung für Qualifizierungsmaßnahme

22.3 Erfahrungen und Konsequenzen für die Zukunft (Outcome-Controlling)

1. Akzeptanz der neuen Medien
Die Realisierung des Konzeptes wurde von einer Studentengruppe der U-niversität zu Köln im Rahmen eines Hauptseminars begleitet. Befragungen machten deutlich, dass der Medieneinsatz geübt werden muss, aber akzeptiert wird. Aus heutiger Sicht wäre es sicher deutlich besser gewesen, mit einer Präsenzphase zu beginnen. Dies hätte manchen Widerstand vermindert. Vor allem hätte es die kulturelle Veränderung im Sinne einer Anonymisierung des Lernprozesses abgemildert. Die Foren wurden nicht in dem Maße genutzt, wie es geplant war. Es ist noch nicht gelungen, diese Technik zum wirkungsvollen Erfahrungsaustausch zu nutzen, obwohl der Forenbetreuer eine Reihe unterstützender Aktivitäten entwickelt hatte.

2. Blended Learning
Vor allem der Einsatz von Lernzielkontrollen, online durchgeführt, und Online-Repetitorien ermöglicht den Teilnehmern selektives Lernen: sie konzentrieren sich auf das für sie Neue. Das ermöglicht es ihnen andererseits, mehr Zeit für ihre Kernaufgabe im Vertrieb aufzuwenden.

3. Lernzielkontrollen

Sie erweisen sich neben den Repetitorien als wichtige Tools zum Triggern des Lernprozesses. Bei allem Vertrauen in die Eigensteuerung des Lernens wird es nach unseren Erfahrungen nur dann wirklich ernst genommen, wenn es fixe Zeitpunkte gibt, an denen der Lernerfolg kontrolliert wird. Der Sozialpartner, der dieses Element natürlich kritisch hinterfragt hat, konnte den Einsatz akzeptieren unter der Voraussetzung, dass der einzige Effekt einer nicht bestandenen Lernzielkontrolle darin besteht, dass derjenige „Nachlernen" muss, bis er alle Fragen beantworten kann.

4. Erfolg des kulturellen Change

Selbstverantwortetes Lernen auch im Sinne der Erhaltung der eigenen Employability wird sicherlich in Zukunft immer wichtiger. Es bedeutet jedoch eine längere Umgewöhnungszeit, da die Teilnehmer diese Veränderung als Verlust erleben: Verlust von Kontakten, Verlust von „Qualifizierungsservice" sind hier Schlagworte. Unsere Erfahrungen zeigen jedoch, dass man die Eigenverantwortung einfordern muss, dann wird sie akzeptiert. Dann zu lernen, wenn es ihnen gerade passt haben 75% der Teilnehmer als positiv erlebt und nach eigenen Angaben auch genutzt.

5. Performance Improvement

Die Erfahrungen mit diesem Konzept haben uns gezeigt, dass der erweiterte Ansatz auf der Basis von Performance Improvement sich als hilfreich erweist, und dazu führt, dass die betriebswirtschaftlichen Effekte des Lernprozesses früher eintreten da die Qualifizierung mit der Tagesarbeit besser synchronisiert werden kann. Zudem gelingt hierdurch die gewünschte Vernetzung von PE- und OE-Arbeit. Insgesamt bewerten unsere Auftraggeber und wir die Erfahrungen als überaus positiv. Für das laufende Jahr 2004 haben wir neue Qualifizierungsmaßnahmen geplant, die in leicht modifizierter Form mit vergleichbaren Lernprozessen durchgeführt werden.

23. Rentabilität von E-Learning-Projekten

Thomas Jenewein, Stefan Schüßler, Torsten Leidig

Bildungscontrolling ist ein wesentlicher Bestandteil von e-Learning Programmen in der Praxis der betrieblichen Weiterbildung. Der Fokus liegt bei SAP auf der Ermittlung der Kosten-Nutzen-Effizienz von Trainingsmaßnahmen und auf der kontinuierlichen Optimierung des zyklischen Weiterbildungsprozesse. Um die Vielzahl verschiedener existierender Trainingsmaßnahmen einzubeziehen, wurde ein generisches Vorgehensmodell zur Kosten-Nutzen-Analyse erstellt und auf der Basis von Balanced Score Cards und fallspezifischen Kennzahlen und Indikatoren praktisch angewandt. Die SAP Learning Solution unterstützt die Aufgabe des Bildungscontrollings, indem sie wichtige Kennzahlen für die Kosten-Nutzen-Relation im Web-Cockpit zusammengefasst darstellt.

23.1 Einleitung: E-Learning und Bildungscontrolling bei der SAP AG

Seit der Gründung im Jahr 1972 entwickelte sich SAP (Systeme, Anwendungen, Produkte in der Datenverarbeitung) zum weltweit führenden Anbieter von Standardsoftware für betriebswirtschaftliche Prozesse im Unternehmen und über Unternehmensgrenzen hinweg. Als drittgrößtes unabhängiges Softwarehaus beschäftigt SAP weltweit mehr als 30.000 Menschen in mehr als 50 Ländern. Aus dem dringenden Bedarf nach Weiterbildung der eigenen Mitarbeiter beschäftigt sich SAP schon seit Mitte der neunziger Jahre mit neuen Lerntechnologien für flexiblere Wissenstransferlösungen. Dabei geht es vor allem um den schnellen Wissenstransfer, der durch den stetigen technologischen Fortschritt absolut notwendig ist. Dokumentation und Schulungsunterlagen liegen oft erst mit Fertigstellung des Produktes vor. Die weltweit verteilten Mitarbeiter in Entwicklung, Beratung und Vertrieb benötigen jedoch aktuellstes Wissen. Daher wurde die interne Weiterbildungseinrichtung SAP University geschaffen, die für Bereitstellung einer Lerninfrastruktur, Diensten insbesondere für die Unterstützung des Roll-out SAP-spezifischer Themen verantwortlich ist.

Die SAP University steht vor der herausfordernden Aufgabe, durch eine stetige Überprüfung der Maßnahmen die Verbesserung der Qualität und der Kosten-/Nutzeneffizienz in Übereinstimmung zu den Unternehmenszielen zu erreichen. Die besonderen Schwierigkeiten liegen dabei in der Diversität der unterschiedlichen Maßnahmen, denen oft keine einheitliche Fragestellung, kein einheitliches Modell zugrunde liegt.

23.2 Prozessmodell für E-Learning

Bildungscontrolling im Unternehmen bedeutet Absicherung des Erfolgs betrieblicher Weiterbildung und beinhaltet quantitative als auch pädagogische qualitative Aspekte, die miteinander harmonisiert werden müssen. Das zentrale Problem dabei ist Erhebung bzw. das Messen des Weiterbildungserfolges.

Ökonomisch gesehen steht dem Bildungsertrag, dem Erfolg am Arbeitsplatz und dem Erfolg des Unternehmens, ein nicht unerheblicher Bildungsaufwand gegenüber. Besonders der Bildungsertrag ist in der Praxis schwer zu quantifizieren, daher wird oft nur auf die Kostenseite geachtet. Beim Blick auf den ökonomischen Aspekt sollte jedoch nicht vergessen werden, das qualitative (z.B. pädagogische) Aspekte letztlich zur Sicherstellung des Lernerfolgs beitragen.

Input	Reaktion	Output
Welche Bildungs-maßnehme wurde für wen mit welchen Kosten durchge-führt?	Lernen	Was hat es ge-bracht? Hat sich der Auf-wand gelohnt?
	Verhalten	
Feedback		

Abb. 23-1. Vorgehensmodell für Bildungscontrolling

Bildungscontrolling bei SAP ist eingebettet in einen geschlossenen zyklischer Regelkreis, bestehend aus Planen, Realisieren, Durchführen, Messen, und Bewerten, zu betrachten. In jeder Phase ist eine Evaluierung, gekennzeichnet durch Zielpräzisierung, Operationalisierung der konkreten Ziele im Hinblick auf unmittelbare Trainingsziele (Lernerfolg), Ziel am Arbeitsplatz (Transfer) und Unternehmensziele (Wertschöpfung) vorzunehmen. Dabei kommen z.B. in der Entwicklungsphase formative Evaluierung der Qualität (Inhalt, Didaktik, Medien, etc.) und in der Einsatzphase eher summative Evaluierung von Akzeptanz, Lernerfolg, Transfer und Kosten-Nutzen-Analyse zum Einsatz.

Tabelle 23-1. Input Kennzahlen

Input	Zweck/Interpretation	Datengrundlage
Lernangebot Anzahl Themen Anzahl Lernobjekte Lernzeit	Beschreibung des mengen-mäßigen und zeitlichen Umfangs Ursache der Kostenentstehung Vergleich zwischen geplantem und tatsächlich produziertem Lernangebot	SAPNet E-Learning Bibliothek
Nutzung Anzahl Hits Anzahl Teilnehmer TN pro Zeit TN Struktur	**Erfolgsindikatoren für** Zielgruppenpenetration Bedarfsorientiertes Lernangebot Nutzungsschwerpunkte	SAPNet Statistik
Aufwand Kosten Zeitaufwand	**Erfolgsindikatoren für** Einhaltung des zeitlichen und monetären Budgets, Basis einer ROI Berechnung	Projekt Controlling

Vorgehensmodell
In Anlehnung an Kirckpatrick, Philips und Betz entstand ein übergreifendes Modell für das Bildungscontrolling für alle e-Learning und Trainingsmaßnahmen (Kirkpatrick 1959, Philips 1996, Betz 1999).
Die Konkretisierung des Modells geschieht durch Kennzahlen (siehe Tab. 23-1 bis 23-3), die auf betriebsspezifische Gegebenheiten im Einzelfall zugeschnitten werden und enthält sowohl lern-psychologische als auch ökonomische Erfolgskriterien. Der generelle Fokus liegt dabei auf einer möglichst aussagekräftigen Kosten-Nutzen-Analyse.

Tabelle 23-2. Prozess-Kennzahlen

Process	Zweck/Interpretation	Datengrundlage
Reaktion Gesamtzufriedenheitsindex Teilzufriedenheit: Themenrelevanz Inhalt Didaktik Usability Medienqualität	Gesamtzufriedenheit der Teilnehmer als wichtiger Erfolgsindi- kator für Akzeptanz Teilzufriedenheit als Indikatoren für Hand- lungsbedarf	Elektronische Be- fragung im An- schluss an eine Lernsequenz
Lernen Test/Assessment Ergebnis Lernzuwachs Selbsteinschätzung Lernerfolgsgrad bzgl. Per- sönlicher Lernziele Lernerfolgsgrad bzgl. vor- gegebener Lernziele	**Erfolgsindikatoren** **für** Zielgruppenpenetration Bedarfsorientiertes Lernangebot Nutzungsschwerpunkte	Self-Assessment vor und nach dem Lernen auf Basis von Multiple- Choice-Aufgaben Selbsteinschätzung des Lernerfolgs durch elektr. Fra- gebogen
Verhalten Wert der E-learning Ein- heiten für die tägliche Ar- beit Anforderungsgerechte Anwendung des Gelernten am Arbeitsplatz	**Erfolgsindikatoren** **für** Relevanz Qualität der Maßnah- me auf Transferebene	Messung der Werte durch schriftliche Follow-Up- Befragungen Selbst- oder Fremdeinschätzung durch die Füh- rungskraft

Tabelle 23-3. Output-Kennzahlen

Output	Zweck/Interpretation	Datengrundlage
Ergebnisse **(Nutzen)** • Quantitative Er- gebnisse • Qualitative Er- gebnisse • Kennzahlen sind projektspezifisch festzulegen	**Erfolgsindikatoren für:** • Grad der Projektziel- erreichung • Qualität und Relevanz der Maßnahme auf un- ternehmerischer Ebene	Schriftliche Fixie- rung der überge- ordneten Projekt- ziele, Kontrolle durch Befragung der Nutzer und Fachexperten

23.3 Adaption des Modells in der Praxis

Bei der SAP University stellen sich verschiedene Fragen bezüglich Rentabilität. Die Berechnung des Mehrwertes komplexer E-Learning Projekte, z.B. der Einführung einer Lernplattform, ist eine besondere Herausforderung. Im folgenden werden nun verschiedene Kennzahlen und Einsatzszenarien in der Praxis beleuchtet.

Als Rahmenwerk wird bei der SAP University der Balanced Scorecard Ansatz genutzt, wobei folgende Prämissen gelten: es gibt verschiedenartige Prioritäten und Reichweiten von so genannten Key Performance Indicators (KPI) für jedes Land und verschiedene Stakeholder. Die Kennzahlen sind stark voneinander abhängig und sollten falls möglich in finanzielle Kennwerte herunter gebrochen werden, die Spezifizierung kann jedoch auf verschiedenen Ebenen geschehen. Scorecard KPIs werden hauptsächlich zur Fortschrittskontrolle (Monitoring) benutzt. Die Scorecards sind folgendermaßen aufgeteilt:

- Ziel: Was ist der Kernfokus des Projekts?
- Was sind die Kern-Elemente um diese Ziele zu erreichen? (manchmal kann die Aggregation: „Critical Success Factors" übergeordnet von KPIs benutzt werden)
- Maß: Wie kann der Fortschritt quantifiziert werden?
- Messmethode: Wie können die KPIs genau, kosten effektiv gemessen werden?
- Drill-down: Vergleich (Benchmarking) von heruntergebrochenen Go bieten.

Je nach Projekt werden noch weitere Kriterien wie Base-Line, Zielwert, Maßnahmen bei Zielwertunterschreitung, Zeit zur Werterreichung, benutzt. Bei der Bestimmung der KPIs ist es wichtig, diese sorgsam auszuwählen und zu trennen. In der SAP University wurden dabei folgende Fragen gestellt: Was erzeugt Wertschöpfung? Reduzierter Aufwand, reduzierte Zeit (z.B. time to certification), verbesserte Qualität (z.B. bessere Forecasting Qualität) oder erhöhte Zielgruppenabdeckung?

Bei den Maßen ist es wichtig, neben Input-Maßen, die schnell zu erheben aber unzuverlässig sind, auch Prozess-Maße und vor allem auch Output-Maße zu benutzen. Letztere sind natürlich am schwersten zu erstellen, obwohl auch hier mit indirekten Veränderungsmessungen wie durch Befragungen gearbeitet wird (Anzahl der User die angeben, Zeit zu sparen).

Zu Anfang wurden die Zielgruppen, die einen Mehrwert extrahieren eher im Personalbereich gesehen, dessen Optimierung damit gesteuert wurde. Seit einiger Zeit wird jedoch mehr und mehr darauf bedacht, den extrahierten Mehrwert für die Gesamtfirma (kürzere „time to market") und sogar den Kunden zu berechnen.

23.4 Systemunterstützung durch die SAP Learning Solution

Die einfachste Art des Bildungscontrolling ist die Zufriedensheitsumfrage: Ist eine Bildungsmaßnahme abgeschlossen, füllt der Lerner am Bildschirm einen Fragebogen aus, in dem etwa die Zufriedenheit mit dem Inhalt, der Systemverfügbarkeit und die Relevanz für die berufliche Praxis abgefragt wird. Innerhalb des SAP-Systems werden hierfür Beurteilungsformulare verwendet, wie sie auch bei Mitarbeiterbeurteilungen eingesetzt werden. Beurteiler ist der Lerner, beurteilt wird – je nach Fragebogen – die Schulung, der Referent, der externe Schulungsanbieter etc. In Abhängigkeit der abgefragten Kriterien lässt sich die Akzeptanz des Lernangebots messen. Für weitergehende Auswertungen zum Lernerfolg, der Anwendung des Gelernten etc. bedarf es der Analyse von auswertbaren Daten, die das jeweilige Learning Management System zur Verfügung stellen muss. Hierzu gehören Daten zu Buchungen, Stornierungen, Kosten, Umsätze, Testergebnisse, Lernfortschritte in einem WBT usw. Die SAP Learning Solution, benutzt ein Data Warehouse System, in das die relevanten Daten transferiert werden und dann zur Auswertung zur Verfügung stehen.

Im SAP Business Information Warehouse (SAP BW) fließen Daten aus den verschiedenen Unternehmensbereichen (Personalwirtschaft, Logistik, Finanzen etc) zusammen, werden gruppiert und nach betriebswirtschaftlichen Kriterien miteinander verbunden. Dadurch können z.B. Daten über Umsatzzahlen pro Vertriebsorganisation und Produkt in Relation gebracht werden mit entsprechenden Produktschulungen für eben diese Vertriebsorganisation. Für einen Schulungsleiter verwandeln sich so Daten in wertvolle Informationen: Aussagen über die Effizienz eines Trainings lassen sich beispielsweise durch gestiegenen Umsatz im Produktvertrieb belegen. Zusätzlich bietet das SAP BW die Möglichkeit, detaillierte „drill-down" Analysen durchzuführen. Entlang einer vorgegebenen Struktur (Schulungskosten der Niederlassung, → der Abteilung → des einzelnen Mitarbeiters) kann man durch Organisationen, und Kostenstellenstrukturen navigieren und beispielsweise die Schulungskosten pro Mitarbeiter in Deutschland mit denen in den USA vergleichen.

Des Weiteren können „rote Ampeln" definiert werden. Basis hierfür sind zuvor festgelegte Kennzahlen und Grenzwerte: das Gesamtbudget für die Erstellung von Schulungsmaterialien beträgt € 100.000. Ist dieser Wert

zu 90% ausgeschöpft springt die Ampel auf gelb, sobald das Budget ausgeschöpft ist auf rot. Der Verantwortliche kann genau diese Kennzahl über
einen Monitor beobachten und wird ggf. zusätzlich per e-Mail informiert
wird, wenn kritische Grenzwerte überschritten werden.

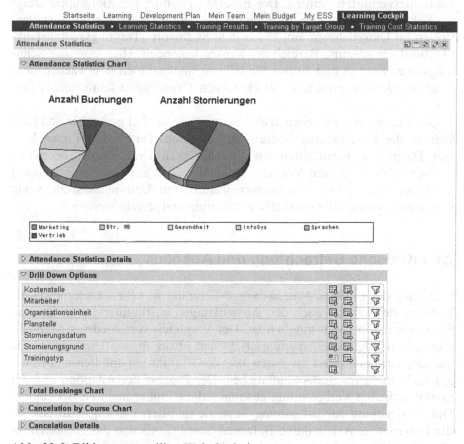

Abb. 23-2. Bildungscontrolling Web Cockpit

Zum Bildungscontrolling werden idealerweise sogenannte Web Cockpits
eingesetzt (siehe Abb. 23-1), in denen bildungsrelevante Daten sinnvoll
gruppiert angezeigt werden. Verschiedene Aspekte des Bildungscontrollings können hier in vorgefertigten Sichten dargestellt werden. Im Bereich
„Teilnehmerstatistik" werden Daten zu Buchungen, Teilnahmen und Stornierungen dargestellt. Hier können Statistiken über die Nutzung von e-
Learning innerhalb einer Organisationseinheit oder über die Anzahl Teilnehmer an einer bestimmten Bildungsmaßnahme erstellt werden. Im Bereich „Lernstatistik" finden sich Daten zum Lernverhalten der Lerner bei
Web-based Trainings wie Anzahl Zugriffe, Durchführungsdauer, erfolg-

reich beendet und ähnliche Daten. Unter „Trainingsergebnisse" werden Daten zu den Trainingsergebnissen abgelegt, insbesondere zu Testergebnissen (Punktzahl, Prozentsatz, bestanden/nicht bestanden). Es lassen sich Statistiken über die Qualifikationen und Lernziele erstellen, die mit einer Schulung vermittelt wurden. Der Bereich „Training per Zielgruppe" zeigt die Schulungsmaßnahmen für Organisationseinheiten, Stellen, Planstellen, Rollen im Unternehmen auf. Unter dem Stichwort „Trainingskostenstatistik" wird der gesamte Bereich der Kosten behandelt. Hier kann der Schulungsleiter Kosten und Erlöse für Bildungsmaßnahmen überwachen oder Kostenvergleiche zwischen verschiedenen Organisationseinheiten anstellen.

Der Aufbau eines solchen Web Cockpits ist variabel gestaltbar und lässt sich an die Unternehmensbedürfnisse anpassen. Durch die Hinzunahme von Daten und Kennzahlen aus verschiedenen Unternehmensbereichen (Umsatzzahlen aus dem Vertrieb, Qualitätszahlen aus der Fertigung etc.) kann der Beitrag von Schulungsmaßnahmen zu Unternehmensziele wie Umsatzsteigerung oder Qualitätsverbesserung dargestellt werden.

23.5 Kritische Betrachtung und Ausblick

Erfassung des direkten Nutzens von e-Learning ist sehr schwierig, da die Isolation der Effekte nach den Auswirkungen bestimmter Methoden und Eingangsgrößen kaum möglich ist. Der Vergleich verschiedener Maßnahmen und der Kosteneinsparungseffekt tritt etwas in den Hintergrund, da die Einsparungen meist im ersten Jahr der Einführung anfallen und später gar nicht mehr im Budget auftauchen. Der Prozess der Adaption und der kontinuierlichen Verbesserung gewinnt jedoch immer mehr an Bedeutung. Die Angleichung der E-Learning-Strategie und deren Erfolgsmaßstäbe an die Unternehmensziele durch Balanced Score Cards und das Herunterbrechen der KPIs auf konkrete und messbare Einzelziele bietet einen praktikablen Weg, die Kosten-Nutzen-Relation von e-Learning Maßnahmen sicher zustellen. Zusätzlich werden in Zukunft ausgefeilte Feedbackmechanismen im gesamten Prozess zu einer dynamischen Anpassung der Trainingsmaßnahmen eine wichtige Rolle einnehmen um die Kosten-Nutzen-Effizienz weiter zu steigern.

24. Lernprozessoptimierung durch den sinnvollen Einsatz von EDV-gesteuerten Testing-Instrumenten: Innovative Fallbeispiele leuchten den Weg

Sue Martin und Lars Satow

Allzu oft werden Online-Testing-Methoden und -Technologien lediglich im Bereich der Zertifizierung gesehen. Die Migration von papierbasierten zu elektronischen Prüfungsmethoden in diesem Bereich ist sicherlich in vielen Fällen sinnvoll, aber die Vorteile der Umstellung auf elektronische Methoden können häufig genauso oder noch mehr in anderen Phasen des Lernprozesses einen erheblichen Beitrag leisten. Im Rahmen der Suche nach „Return on Education", die heutzutage eine immer bedeutsamere Rolle in der betrieblichen Weiterbildung spielt, werden Online-Testing-Methoden immer effektiver eingesetzt um den gesamten Lernprozess zu optimieren. In diesem Kapitel werden Modelle für den Einsatz von modernen EDV-gesteuerten Testingprozessen und -technologien zur Messung des Lernerfolgs mittels aktueller Fallstudien dargestellt.

24.1 Potenzial von Online-Testing-Tools

Der Schlüssel zum Erfolg liegt eindeutig in der Planung von solchen Prozessen und der Fokussierung auf einen transparenten Mehrwert in allen Ebenen des Lernerlebnisses. Die herkömmliche Testingmethoden sind in der Vergangenheit sehr stark auf die Akkreditierung oder Zertifizierung des Wissenstands konzentriert. Bei der weiteren Verbreitung des Online-Testings in anderen Berufsgruppen, z.B. Mediziner oder Handwerker, kann die Einführung von Zertifizierungen ohne eine gängige Testingstrategie, die nicht nur eine Messung darstellt, sondern tatsächlich dem Lernenden eine signifikante Unterstützung anbietet, zu erheblichen Akzeptanzproblemen führen. Diese Akzeptanzprobleme sind auch durchaus kulturell bedingt und unterscheiden sich von Land zu Land sowie unter verschiedenen Bevölkerungsgruppen. Der Lernende und seine Bedürfnisse müssen im Mittelpunkt jeder Testingstrategie stehen. Hierzu bietet das Kirkpatrick-Modell nach wie vor eine ausgezeichnete Grundlage für den Aufbau einer maßgeschneiderten Strategie.

Das Online-Testing Konzept hat seine Ursprünge in der EDV-Branche. Die Einführung von IT-Zertifizierungsprogrammen wie das Novell CNE Programm und das Microsoft MCP Programm am Anfang der neunziger Jahren hat sich sehr schnell als großer Erfolg für die Industrie gezeigt. Die Hardware- und Softwarehersteller haben damit sehr schnell einen Weg entdeckt Kundenloyalität aufzubauen, Service und Support-Kosten zu reduzieren und ein Partnernetzwerk zu binden mit Programmen die schnell, effektiv und weltweit einzusetzen waren. Hierzu wurden globale Test-Center-Netwerke etabliert, wie zum Beispiel Thomson Prometric und Pearson VUE, die möglichst viel Flexibilität – zeitlich sowie geographisch gesehen – dem Lernenden bieten sollten. Die IT-Zertifizierung wurde damit zum marktführenden Angebot des Testingmarktes. Akzeptanz wurde untermauert zum Beispiel durch die jährlichen Gartnerstudien, die anhand von Umfragen die zunehmende Anerkennung der produktspezifischen Zertifizierung innerhalb des Rekrutierungsprozesses oder bei Gehaltsverhandlungen belegen.

Im Laufe der Zeit haben sich aber einige neue Richtungen gezeigt, die auch ganz andere Herausforderungen mit sich bringen. Die Erkennung ist gekommen, dass nicht nur produktspezifische Zertifizierungen, sondern auch generische Standardzertifizierungen nötig sind. Hierzu wurden zum Beispiel die CompTIA-Zertifizierungen und ECDL-Zertifizierungen entwickelt. Darüber hinaus wurden im Laufe der Zeit die Vorteile des Online-Testings in einer zunehmenden Anzahl von Bevölkerungsgruppen entdeckt. Der lästige Verwaltungsaufwand mit papierbasierten Prüfungen, das Bedürfnis Testfragen einer ständigen Evaluierung zu unterziehen und schnelles Feedback in den Qualitätsprozess zu integrieren um zu sichern, dass alle Testteilnehmer ein faires und valides Testerlebnis erhalten, hat zur Einführung von Online-Testing-Methoden in einer diversen Reihe von Szenarien geführt. Desweiteren bietet Online-Testing erheblich mehr Möglichkeiten Testinhalte vor der Öffentlichkeit zu schützen und die Return on Investment in der Erstellung der Inhalte zu sichern. Nun mit der zunehmenden Diversität der Zielsetzung sowie der Zielgruppen spielt die Planung eine immer wichtigere Rolle. Je nach Zielsetzung sind maßgeschneiderte Autorentools zur Notwendigkeit geworden, die für verschiedene „Subject Matter Experts" wie zum Beispiel Ärzte oder Versicherungsexperte einen höheren Grad an Anwenderfreundlichkeit bieten müssen. Integration in bestehenden EDV-Landschaften sowie die Möglichkeit verschiedene Testingziele, wie z.B. Trainingsbedarfsanalyse, Rekrutierung und Selektierung sowie auch Lernhilfen und die endgültige Zertifizierung von einem gemeinsamen Plattform zu steuern ist insbesondere im Betrieb sehr wichtig geworden.

24.2 Zwei Erfahrungsberichte

In diesem Kapitel werden Modelle für den Einsatz von modernen EDV-gesteuerten Testingprozessen und -technologien zur Messung des Lernerfolgs mittels aktueller Fallstudien dargestellt. SAP zählt zu den „Pionieren" der Zertifizierung und hat das Potenzial über viele Jahre genutzt ein zielgruppengerechtes System zu entwickeln, das nicht nur den Zertifizierungswunsch befriedigt, sondern auch den Lernprozess in jeder Hinsicht fördert. Die Zielgruppe der Testkandidaten erlaubt den Einsatz von komplexen und anspruchsvollen Testingmethoden. Das Beispiel der FAS Zertifizierung für das Handwerk zeigt aber auch, dass maßgescheidertes Online-Testing durchaus seine Akzeptanz in handwerklichen Berufsgruppen finden kann. Die phasenweise Planung und strategisch eingeführte Pilotphasen spielen aber eine bedeutsame Rolle in der Verbreitung solcher Online-Testing-Projekte.

24.2.1 Online-Testing bei SAP

Um den Nutzen der SAP-Lösungen zu optimieren, hat SAP ein großes Interesse daran, Wissen möglichst schnell und effektiv an Kunden, Partner und Anwender weiterzugeben. Ausschlaggebend für den Erfolg des Wissenstransfers sind Schnelligkeit, Effektivität und Kosten. Während in einer frühen Phase des Produktzyklus die Schnelligkeit im Vordergrund stehen, gewinnt die Effektivität des Wissenstransfers bei möglichst geringen Kosten zunehmend an Bedeutung: Der Kunde wünscht sich, dass das Wissen ohne Umwege und nachhaltig vermittelt wird und möchte zugleich die direkten und indirekten Trainingskosten so gering wie möglich halten. Die Antwort besteht in kundenspezifischen, flexiblen Lernlösungen, die sich aus Einheiten wie Workshops, e-Learning oder Standardkursen zusammensetzen. Doch auch eine solche Lösung gewährleistet noch keinen effektiven Wissenstransfer. Erst wenn aktuelle Lehrprinzipien umgesetzt werden, wird aus einer Technologie wie e-Learning ein Weg der effektiven Wissensvermittlung. Ganz entscheidend sind objektive, kriteriumsbezogene Tests, die den Lernweg vorgeben und den Lernerfolg messbar machen.

Bei SAP wurde eine Methode entwickelt, die einen effektiven Wissenstransfer sicherstellt und messbar macht. Die Methode beruht auf dem Modell eines idealen Lernprozesses. Daraus kann das optimale Design der
Lerneinheiten abgeleitet werden. Die Methode wird sowohl auf Standardkurse als auch auf e-Learning angewendet. E-Learning an sich ist zunächst
nur einmal eine Technologie. Auch der Mix von traditionellem Unterricht
mit e-Learning führt daher nicht zwangläufig zu einem effektiveren Wissenstransfer. Sondern erst wenn die Trainingselemente optimal aufeinander abgestimmt sind, wird Lernen effektiv. Die Prinzipien einer effektiven
Wissensvermittlung sind:

- Verwendung von realistischen Szenarien und Problemstellungen
- Anpassung an die individuellen Bedürfnisse und Fähigkeiten des Lerners
- Motivierung des Lernern durch sinnhaftes Lernen
- Verknüpfung von bestehendem Wissen mit neuen Inhalten
- Aktives Üben und Anwenden
- Übertragen des neuen Wissens auf andere (echte) Problemstellungen
- Regelmäßiges Feedback durch objektive, kriteriumsbezogene Tests

Tests können nicht nur eingesetzt werden, um dem Lerner wichtige Informationen über seine bisherige Lernleistung zu geben, sondern auch, um
den Erfolg des Trainings an sich messbar zu machen. Tests müssen dazu
objektiv und auf die Lehrziele (Kriterium) bezogen sein. Die Bedeutung
solcher Tests steigt zudem mit ihrer Genauigkeit und der Vorhersagekraft
von anderen leistungsbezogenen Größen, wie zum Beispiel der Leistung
im Job. Nicht zu vergessen sind die Aspekte Datenschutz und Arbeitsrecht.
Personenbezogene Daten müssen mit besonderer Sorgfalt behandelt werden und der Lerner hat ein Recht zu erfahren, welche Daten über ihn gespeichert werden und zu welchem Zweck. Bei SAP werden im wesentlichen drei Test-Szenarien eingesetzt:

1. Selbst-Tests ohne Datenspeicherung, die der Selbsteinschätzung des
   Lerners dienen
2. Pre- und Post-Tests mit Datenspeicherung, die der Personalisierung des
   Lernweges und der Beurteilung des Trainings dienen
3. Zertifizierungs-Tests, um sicherzustellen, dass alle für einen bestimmten
   Job notwendige Qualifikationen vorhandenen sind

Diese Test-Szenarien werden sowohl von SAP Mitarbeitern genutzt als
auch von Kunden und Partnern. So stellt SAP Kunden und Partnern für
neue SAP-Lösungen Learning-Maps während des Ramp Up zur Verfügung. Diese können über das Internet aufgerufen und personalisiert werden, z.B. für eine bestimmte Funktion im Projekt (Berater, Projektleiter

etc.). Über die Learning-Maps greift der Lerner auf Selbstlerneinheiten und auf Tests zu. Die so gesammelten anonymen Test-Daten erlauben es der SAP, die Learning-Maps zu optimieren.

Mit Hilfe von Pre-Tests wird in den Blended Curricula der optimale Lernweg ermittelt. Der Lerner erhält wertvolle Hinweise, ob er nach einer Selbstlerneinheit bereits hinreichend auf den Besuch eines Kurses vorbereitet ist. Die genaue Analyse des Vorwissens führt zu ganz gezielten Vorschlägen und hilft, die Lernzeit zu verkürzen.

Bereits 1995 hat SAP das IT Zertifizierungsprogramm für SAP Berater ins Leben gerufen. Mit der Teilname an diesem Programm, kann ein Berater nachweisen, dass er über das notwendige Wissen verfügt, um SAP-Lösungen erfolgreich beim Kunden einzusetzen. Das Programm orientiert sich an den Profilen der Berater und an den Geschäftsprozessen, die sie beim Kunden umsetzen.

Testdaten werden neben der Befragung von Teilnehmern auch dann herangezogen, um den Gewinn einer Trainingsmaßnahme bzw. Return on Investment (ROI) abzuschätzen. Teilnehmerbefragungen können bereits wichtige Hinweise auf den Nutzen einer Maßnahme liefern, wenn sie richtig gestellt werden. Letztendlich beruhen sie jedoch auf subjektiven Wahrnehmungen. Ihre Aussagekraft kann durch die zusätzliche Befragung der Vorgesetzen erhöht werden. Aber erst mit Testdaten erhält man eine objektive Antwort auf die Frage, wieviel Wissen wirklich vermittelt und behalten wurde. Schwieriger wird es, wenn der Einfluss des Trainings auf die Leistung am Arbeitsplatz und auf Geschäftzahlen nachgewiesen werden soll. Hier bedarf es einer intensiven Vorarbeit und einer Kontrolle anderer Einflussfaktoren. Dies ist auch einer der Gründe, warum nur wenige Untersuchungen auf dieser Ebene durchgeführt werden.

Um ein vollständiges Bild zu erhalten, werden Befragungs- und Testdaten mit Vergleichdaten in Beziehung gesetzt. Diese können vor dem Training gesammelt worden sein oder auch von Teilnehmern eines anderen Trainings stammen. Um die Evaluation kostengünstig durchführen zu können, wird ein KTE-ROI Tool eingesetzt, dass aufgrund weniger Basisdaten eine Abschätzung der Knowledge Transfer Effectiveness (KTE) und des ROI erlaubt. Das Tool zeigt auch auf, welchen Einfluss die Optimierung des Wissenstransfers auf den ROI hat. So kann der Kunde entscheiden, ob es sich lohnt, mehr in ein effektiveres Training zu investieren.

24.2.2 Online-Testing bei FÁS

FÁS ist die nationale Berufsbildungsbehörde Irlands, sowie der drittgrößte Trainingsanbieter mit zahlreichen Ausbildungszentren durch ganz Irland.

Die Gewährleistung konsistenter Qualität von Training- und Assessmentstandards ist eine hohe nationale Priorität sowie eine Anforderung für jeden großen Bildungsinstitut. Die Qualität des Feedbacks sowie die Validität der Prüfungen werden durch den sinnvollen Einsatz von Online-Testing-Programmen wesentlich verbessert: mit Hilfe der Technologie werden Echtzeit-Bewertungen auf Kandidaten-, Fragen- und Testebene zur Realität, die nicht zu einer Reduzierung des Verwaltungsaufwands führen sondern auch zu einem schnelleren Feedbackprozess. FÁS hat in 2003 ein Pilotprojekt eingeführt, das die modulare Einführung einer E-Assessment-Lösung um u.a. die folgenden arbeitsintensiven Prozesse zu reduzieren bzw. eliminieren:

- Prüfungserstellung,
- Prüfungspapierdruck und -verteilung unter strengen Zugriffskontrollen,
- Zentrales Einsammeln zwecks Bewertung
- Mitteilung der Ergebnisse
- Stetige Verbesserung der Qualität und Validität der Prüfungen

Um dem wachsenden Trainingsbedarf gerecht zu werden, hat FÁS Methoden gesucht, die Prozesse verbessern und gleichzeitig die Integrität der Zertifizierungsstandards aufrechterhalten. Mit modernen Technologien Erfolg zu erzielen innerhalb einer grossen und geografisch sehr verteilten Organisation ist eine Herausforderung.

Die Lösung hat diese Herausforderungen adressiert mit einem Projekt für die Erstellung, Verwaltung und Lieferung von Online-Prüfungen für Auszubildenden im Handwerk, mit dem Fokus auf einem beliebig erweiterbaren System mit einem hohen Grad an Anwenderfreundlichkeit, Zuverlässigkeit und Kosteneffizienz.

Das Rollout des E-Assessment-Systems wurde in drei Phasen unternommen. In *Phase 1* fokussierte das System auf die Entwicklung einer möglichst anwenderfreundlichen User-Interface mit einer hohen Akzeptanz bei Handwerkern – manche mit weniger IT-Erfahrung. Ein „Classroom Delivery System" wurde generiert um Klassenanmeldungen und Testlieferung zu vereinfachen. Basiert auf Broadcast-Learning ASP-Technologie, wurde ein Webserver implementiert, damit keine Installationsarbeiten auf Test Centre Ebene nötig sind. Die Ergebnisse werden als Excel-Datei für einfache Integration in das bestehende Berichtssystem generiert. Die Auszubildendengruppen haben ihre Prüfungen in ihrem nächsten FÁS Training and Test Centre mit der Hilfe von sicherer Webbrowsertechnologie. Die Resonanz der Auszubildenden war positiv.

Nach dem Erfolg der ersten Phase, fokussierte *Phase 2* auf höhere Testvolumen mit „high stakes" E-Assessment über den Web. Ein zentrales

System bietet alle Dienstleistungen für Lerner und Trainer über Web-Browser. Die tatsächlichen Prüfungsdatenbanken und Ergebnisse werden zentral mit sehr beschränktem Zugriff verwaltet. In *Phase 3* führt FAS die Anwendung von Broadcast Learning Tools für Testerstellung, Projektmanagement und Life-Cycle-Support ein. Der webbasierte Test Bank Editor ermöglicht es Autoren Frageninhalte zu erstellen und zu verwalten. Eine Reihe von Autorisierungsschritten sind in den Autorenprozessen integriert und von der Technologie unterstützt, damit alle Änderungen des Inhalts kontrolliert werden können.

Die erste Phase des Pilotprojektes wird zum Ende 2004 abgeschlossen. Bereits in den früheren Phasen des Programms wurden die Online-Tests mit Begeisterung unter den Auszubildenden begrüßt. Mehr als zwanzig Prüfungszentren wurden in der Pilotphase mit dem neuen System versehen, wobei mehr als 500 Auszubildenden Klassen die Online-Prüfungen bereits gemacht haben.

25. Internetquellen zum Bildungscontrolling

Marc Olejnik und Ulf-Daniel Ehlers

Auf der Suche nach interessanten Links über die Themen Bildungscontrolling, E-Learning, Qualität oder Assessment stößt man auf eine Vielzahl an existierenden Homepages verschiedenster Anbieter. Die folgenden Links sollen als erste Orientierung im World Wide Web und als Ausgangspunkte für weitere Recherchen dienen. Sie bieten relevante und aktuelle Informationen zu den in diesem Buch behandelten Themen. Links, zum Beispiel auf Artikel, Newsletter, Informationen über aktuelle Themen, sowie Trends und Entwicklungen lassen sich unter der Rubrik Informationsportale finden. Die angegebenen Links zu Assessment-Tools beinhalten u.a. einen ROI-Kalkulator und ein Programm zur automatischen Erstellung von Online-Tests. Abschließend sind Links zu Informationen über Balanced Scorecard, Kongresse und Messen sowie ausgewählte Artikel zu finden.

25.1 Informationsportale

Das Portal „Competence-Site.de" bietet Unterstützung bei der täglichen Arbeit und der beruflichen Weiterbildung. Sie bietet kostenfreie Dokumente, wie z.B. Artikel, Diskussionsbeiträge, Studien, Leitfäden, Fallbeispiele u.v.m.
http://www.competence-site.de

„Checkpoint-Elearning.de" ist ein Wissensportal mit Beiträgen rund um die Themen E-Learning und Bildungscontrolling. Die Inhalte des Portals werden regelmäßig aktualisiert. Der Newsletter erscheint zwei mal monatlich.
http://www.checkpoint-elearning.de

Das Portal „Global-Learning.de" bietet seit 1997 interessante und aktuelle Informationen sowie eine kundenorientierte Präsentation von Produkten und Services rund um E-Learning. Der kostenlose Newsletter informiert

regelmäßig über aktuelle Themen, Trends und Entwicklungen im E-Learning und die Anbieter und Angebote auf dem Global Learning Portal.
http://www.global-learning.de

„Weiterbildungsblog.de" ist ein Wissensportal rund um die Weiterbildung und bietet Informationen zu verschiedenen Themen, angefangen mit Bildungscontrolling, bis zur Zukunft des Internets.
http://www.weiterbildungsblog.de

Der folgende Link enthält eine Vielzahl an Artikeln zum Thema E-Learning, Bücher, Produkte, Services und Best-Practice-Beispielen. Monatlicher Newsletter.
http://www.e-learningcentre.co.uk/index.htm

Die Datenbank von „trainerlink.de" zählt inzwischen mehr als 5.000 Einträge und erhebt bei weitem keinen Anspruch auf Vollständigkeit. Sie bietet eine Vielzahl an interessanten Links zum Thema Weiterbildung.
http://www.trainerlink.de/

Das Wissensportal „Business-Wissen.de" enthält Artikel zu sämtlichen Themen, darunter Qualität, Controlling u.s.w. Darüber hinaus einen kostenlosen Newsletter, der regelmäßig, alle zwei Wochen erscheint.
http://www.business-wissen.de

„Wissensplanet.com" bietet Hinweise rund um E-Learning, von den Grundlagen, Kosten-Nutzen-Analyse, didaktische Gestaltung bis zur Evaluation.
http://www.wissensplanet.com/wissensplanet/channel/500/

Im „Controllingportal" findet man alles, vom Begriff Controlling über die Definition von Kennzahlen, den wichtigsten Controllinginstrumenten, wie das strategische Controllinginstrument Balanced Scorecard (BSC), die neuen Ansätze des Budgeting, der Deckungsbeitragsrechnung, verschiedenste Cash Flow-Berechnungen, bis hin zu Diplomarbeiten mit dem Thema Controlling.
http://www.controllingportal.de/start.php

„wuw-premium.de" enthält Methoden, Checklisten und Organisationshilfen für Training und Personalentwicklung.
http://www.wuw-premium.de

„E-Learningguru" ist ein Informationsportal zum Thema E-Learning, mit zahlreichen Artikeln, White Papers, und Tool zur Berechnung des ROI sowie ein Pilot-Test zur Evaluation. Zusätzlich wird auch hier ein monatlicher Newsletter angeboten.
http://www.e-learningguru.com/index.htm

25.2 Assessment-Tools

Auf der Homepage von „Geolearning" haben sie die Möglichkeit den „Cost Analysis & ROI Calculator" zu nutzen. Dieser ermöglicht die Kalkulation der Kosten und des Return-on-Investment verschiedener Trainingsmaßnahmen.
http://www.geolearning.com/main/downloads/roi/index.cfm

„FidesSoft Inc." ermöglicht mit dem entwickelten Produkt „Testopedia" die Erstellung von Online-Test.
http://www.fidessoft.com

„HD-Control" (Human Development-Control) von der „engram GmbH" ist ein Verfahren zur monetären Bewertung von Qualifizierungsmaßnahmen. Dieses bietet eine Methodik zur monetären Bewertung der Qualifizierungsmaßnahmen, die damit in direkten Zusammenhang mit dem Unternehmenserfolg gebracht werden können.
http://www.engram.de

„EvaSys" ist ein auf hochentwickelten Datenerfassungstechniken sowie Internettechnologien basierendes System, das zu schnell und effektiv durchführbaren Evaluationen von Lehrveranstaltungen im Hochschulkontext wie auch im allgemeinen Bildungssektor befähigt.
http://www.evasys.de/indcx.htm

„informo" ist ein Software-Paket für das gesamte branchenspezifische Aufgabenspektrum und dient der Seminarverwaltung und dem Bildungsmanagement.
http://www.informo.de/index.html

Mit dem „Coster Tool" kann man die Kosten einer Multimedia-Anwendung ermitteln.
http://www.coster.ws/en

Diese Excel-Datei, von „William Horton Consulting, Inc." entwickelt, stellt sich als Rahmenwerk zur Berechnung des Return-on-Investment eines WBT-Programms dar.
www.designingwbt.com/content/elearningworks/WBTROI.xls

Im Evaluationsnetz können Sie die Qualität von E-Learning-Angeboten leicht und wissen- schaftlich fundiert beurteilen
http://www.evaluationsnetz.com

Popollog ist eine Kunstname, der sich aus "public opinion poll" (Meinungsumfrage) und dem im Informatikbereich häufig vorkommenden Begriff "to log" (aufzeichnen, protokollieren) zusammensetzt. Popollog ist ein Werkzeug zur effektiven Fragebogenerstellung, -durchführung und -auswertung.
http://www.popollog.de

25.3 Firmen-Institute-Einrichtungen

Das European Quality Observatory (EQO) ist eine von der EU geförderte Forschungskooperation unter der Leitung der Universität Duisburg-Essen. Es stellt eine internetbasierte Beobachtungsplattform dar, mit der alle relevanten, am Markt verfügbaren Qualitätsansätze in einer Datenbank erfasst, analysiert und miteinander verglichen werden können.
http://www.eqo.info

Die 1997 gegründete „imc AG" entwickelte das Lernmanagement-System CLIX, mit der sämtliche Informations-, Lern- und Wissensprozesse über den Browser abgewickelt werden können. Das System wurde beispielsweise bei den Olympischen Spielen in Athen zur Schulung von 50000 festen und freiwillige Helfern eingesetzt
http://www.im-c.de/homepage/index.htm

Die Firma „HQ Interaktive Mediensysteme GmbH" unterstützt große und mittelständische Unternehmen bei der Wissensvermittlung und Qualifizierung ihrer Mitarbeiter. Auf den Seiten wird die von HQ entwickelte Testumgebung „SkillScape" vorgestellt, eine webbasierte Testumgebung für z.B. Mitarbeiterbefragungen, Berechnung des ROI, die Ermittlung von Kompetenzen oder als Prüfungsvorbereitung.
http://www2.hq.de/homepage/home.htm

„Deutsches Institut für Normung e.V."
http://www.din.de

„American National Standards Institute"
http://www.ansi.org

Das „Bundesinstitut für Berufsbildung" (BIBB) beobachtet und untersucht die Aus- und Weiterbildungspraxis in den Betrieben, erprobt neue Wege in der Aus- und Weiterbildung und modernisiert gemeinsam mit Arbeitgebern und Gewerkschaften die betrieblichen Regelungen für Ausbildung und beruflichen Aufstieg.
http://www.bibb.de/de

Das „Jack Phillips Center for Research" bietet Erfahrungen und Services in Bereich Messung und Evaluation.
http://www.franklincovey.com/jackphillips/about.html

1997 wurde der Forschungsbereich „Learning Center" am Institut für Wirtschaftsinformatik der Universität St. Gallen gegründet. Dieser befasst sich mit Fragestellungen im Bereich E-Learning, wobei dem Corporate E-Learning besondere Aufmerksamkeit gewidmet wird. Es gehört zu den führenden Forschungs- und Beratungseinrichtungen im Bereich E-Learning im deutschsprachigen Raum und bietet einen kostenlosen Newsletter.
http://www.learningcenter.unisg.ch/homepage.htm

Die beiden Anbieter von Lernplattformen „Docent" und „Click2Learn" haben sich zu einem Unternehmen zusammengeschlossen. Eigenen Angaben zufolge ist die dadurch entstandene „SumTotal Systems" der „größte Anbieter von E-Learning- und Business-Performance-Anwendungen und -Produkten in der Branche."
http://www.sumtotalsystems.com

„efiport" ist ein Full-Service-Provider für technologiegestützte Qualifizierung. Efiport unterstützt den Bildungsprozess in seiner ganzen Bandbreite durch ausgereifte und erprobte Systeme, Beratung bei der Konzeption sowie Einführung und Weiterentwicklung von Inhalten für technologiegestützte Qualifizierung.
http://www.efiport.de

„enlight" ist ein Anbieter von Online Test- und Zertifizierungslösungen.
http://www.enlight.net/Web/StartPage.asp

„Dexter" kombiniert Elemente der Personalentwicklung und der Software-technologie zu einem schlüssigen Gesamtkonzept, bietet unter anderem auch Lösungen, die sich für den Einsatz im Bildungscontrolling eignen.
http://www.dexter.de

Die „Deutsche Gesellschaft für Personalführung e.V." bietet Ihnen auf dieser Plattform als Fachorganisation alle Informationen rund um das Thema Personalmanagement.
http://www1.dgfp.com/dgfp/data/index.html

25.4 Bildungscontrolling: Verfahren-Werkzeuge-Ansätze

1988 gründeten 14 führende europäische Unternehmen die „European Foundation for Quality Management" (EFQM) als gemeinnützige Organisation auf Mitgliederbasis. Eine Hauptaufgabe der EFQM ist die Pflege und Weiterentwicklung des EFQM „Excellence Modells".
http://www.efqm.org

Auf der Homepage des „Balanced Scorecard Institutes" erhält man alle nötigen Informationen über die von Kaplan und Norton entwickelten Balanced Scorecard.
http://www.balancedscorecard.org

Auch unter dm folgenden Link findet man Interessante Informationen über die Balanced Scorecard.
http://www.qm-infocenter.de/qm/overview_specialbsc.asp?
xid=4317@FDF9T4Rce62QLPSe2JC60eE7

Auszüge aus dem Buch „Evaluating E-Learning" der Autoren Horton & Horton.
http://www.horton.com/html/whcelearningworkshandouts.htm

Das Portfolio:Medien.Lehrerbildung ist - ähnlich wie eine Künstlermappe - eine Möglichkeit, erworbene medienpädagogische Qualifikationen und Leistungen zu dokumentieren.
http://www.learn-line.nrw.de/angebote/portfoliomedien/

E-Protfolio ist ein projekt des Connecticut Distance Learning Consortium (CTDLC). Es hat zum Ziel, ein E-Protfolio-Analyseframework zu entwickeln und zu implementieren (englisch).
http://www.eportfolio.org

Internetprojekt über E-Portfolios und Einsatzmöglichkeiten der Penn State University, USA (englisch).
http://portfolio.psu.edu/

25.5 Kongresse und Messen

Die „Learntec" ist ein europäischer Kongress für Bildungs- und Informationstechnologie
http://www.learntec.de

Internationale Konferenz für technologisch gestützte Aus- und Weiterbildung
http://www.online-educa.com

Fachmesse für Personalwesen
http://www.zukunft-personal.de/index_ger.html

Fachkongress für Bildungscontrolling
http://www.bildungs-controlling.com

Messe „Personal und Weiterbildung"
http://www1.dgfp.com/dgfp/data/pages/DGFP_mbH/Competence-Center/Messe

Kongress und Fachmesse für neue Lernkonzepte in Schule-, Berufs- und Erwachsenenbildung
http://www.edutrain-karlsruhe.de

25.6 Artikel

„Selecting the Right Blend of Delivery Options" von Bahlis, J.
http://www.bnhexpertsoft.com/english/products/adv35/wpaper.pdf

„How Much Will It Cost? Estimating e-Learning Budgets", von Kruse, K.
http://www.e-learningguru.com/articles/art6_1.htm

„Performance Measurement mit der Balanced Scorecard: Der Hype ist vorbei.", von Schrank, R.
http://www.controllerspielwiese.de/Inhalte/news/aktnews3.htm

„Balanced Scorecard im Bildungswesen", von Feige, W.
http://www.personalcontroller.de/Fachartikel/body_fachartikel.htm

„Beiträge der Balanced Scorecard für ein nachhaltiges E-Learning im Unternehmen", von Leither, B. und Back, A. (kostenfrei auf Anfrage)
http://www.learningcenter.unisg.ch/Learningcenter/LCWeb2.nsf/Arbeitsberichte?OpenForm

Literaturverzeichnis

ADELSBERG, D. van u. TROLLEY, E.A.: Running Training like a Business, Berrett-Koehler, San Francisco 1999.

AKAO, Y.: Eine Einführung in Quality Function Deployment. In: Akao, Y. (Hrsg.): QFD - Quality Function Deployment. Landsberg/Lech 1992, S. 15-34.

AKAO, Y.: History of Quality Function Deployment. In: Zeller, H. J. (Hrsg.): The Best on Quality. Targets, Improvements, Systems. Munich, Vienna, New York 1990, S. 184-196.

ARBEITSKREIS KOMPETENZMANAGEMENT: Kompetenzmanagement - Managementstrategie oder alter Wein in neuen Schläuchen? 01/2004. Online: http://www.competence-site.de/wissensmanagement.nsf/ArtikelView (Abruf am 20.07.2004).

ARNOLD, R.: Qualifikation. In: ARNOLD, R.; NOLDA, S.; NUISSL, E. (Hrsg.): Wörterbuch Erwachsenenpädagogik. Bad Heilbrunn 2000, S.269.

ARNOLD, R.: Von der Erfolgskontrolle zur entwicklungsorientierten Evaluierung. In: Münch, J. (Hrsg.): Ökonomie betrieblicher Bildungsarbeit. Berlin 1996, S. 251-267.

ASI (1990) American Supplier Institute: Quality Function Deployment – Excerpts from the Implementation Manual for Three Day QFD Workshop. Version 3.4. In: QFD-Insitiue (Hrsg.): Transactions from the Second Symposium on Quality Function Deployment. Novi, Michigan 1990, S. 21-85.

BACHMANN, S.: Bildungscontrolling am Beispiel von Grossunternehmen des Informationstechnologie- und Telekommunikationssektors der Schweiz. Allgemeine konzeptionelle Grundlagen – Fallstudien – ausgewählte Gestaltungsempfehlungen. Universität Bern, Bern 2003.

BACK, A.; BENDEL O.; STOLLER-SCHAI, D.: E-Learning im Unternehmen. Grundlagen – Strategien – Methoden – Technologien. Zürich 2001.

BANK, D.: „In Cutthroat Software Industry, Vendors Slash Pricing to Bone" In: Wall Street Journal 21. Juni 2004.

BECK, U.: Risikogesellschaft. Auf dem Weg in eine andere Moderne. Frankfurt/ Main 1986.

BECKER, M.: Aufgaben und Organisation der betrieblichen Weiterbildung. 2. Aufl., München 1999.

BECKER, M.: Bildungscontrolling – Möglichkeiten und Grenzen aus wissenschaftstheoretischer und bildungspraktischer Sicht. In: Von Landsberg, G. u. Weiß, R. (Hrsg.): Bildungs-Controlling. 2. Aufl., Stuttgart 1995, S. 57-79.

BEICHT, U. u. KREKEL, E. M.: Bildungscontrolling in kleineren und mittleren Unternehmen. In: Zeitschrift LIMPACT, (2001), Ausgabe 3, Online:

http://www.bibb.de/dokumente/pdf/a12ptiaw_limpact03_2001.pdf, (Abruf am 20.08.2004).

BELL, D.: Die nachindustrielle Gesellschaft. Campus. Frankfurt/Main 1975, 1985.

BELL, D.: The Coming of Post-Industrial Society. A Venture in Social Forecasting. New York 1973.

BERGMANN, B.: On the Use of QFD in Europe. In: Japanese Union of Scientists and Engineers (JUSE) (Hrsg.): Proceedings of International Symposium on Quality Function Deployment. QFD Toward Development Management. Tokyo 1995, S. 11-18.

BERGMANN, G.; DAUB, J.; MEURER, G.: Die absolute Kompetenz. Von der Kompetenz zur Metakompetenz. Siegen 2003.

BERNATZEDER, P. u. BERGMANN, G.: Qualität in der Weiterbildung sichern – aber wie? In: Harvard Business Manager, (1997), Heft 2, S. 107-117.

BERSIN, J.: Start Measuring your eLearning Programs now. In: Learning in the New Economy e-Magazine (LiNE Zine), 2004. Online: http://www.linezine.com/7.2/articles/jbsmyelpn.htm, (Abruf am 02.08.2004)

BETZ, G.: Bildungscontrolling im Change Management: Die 6 Ebenen des Bildungscontrolling. Kommunikations-Kolleg Beratung & Training, 1999.

BEYWL, W. und SCHOBERT, B.: Evaluation – Controlling – Qualitätsmanagement in der betrieblichen Weiterbildung. 3., aktualisierte und überarbeitete Auflage, Bielefeld 2000.

BEYWL, W.: House of Quality und Balanced Scorecard: Gegenstände und Instrumente der Meta-Evaluation. In: Diensberg, Ch.; Krekel E. M.; Schobert, B. (Hrsg.): Balanced Scorecard und House of Quality. Impulse für die Evaluation in Weiterbildung und Personalentwicklung. Bonn 2001, S. 7-8.

BEYWL, W.: Rechnen Sie mit dem Erfolg. In: managerSeminare 3, (2000), 44.

BEYWL, W.; SPEER, S.; KEHR, J. (Hrsg.): Wirkungsorientierte Evaluation im Rahmen der Armuts- und Reichtumsberichterstattung - Perspektivstudie. Köln 2004. Online: http://www.bmgs.bund.de/download/broschueren/A323.pdf, (Abruf am 15.07.2004).

BODE, A.; DESEL, J.; RATHMAYER; u.a. (Hrsg.): DELFI 2003. Die Erste E-Learning-Fachtagung Informatik, Proceedings. Bonn 2003.

BOSSERT, J. L.: Quality Function Deployment. A Practitioner's Approach. Milwaukee, Wisconsin, New York 1991.

BÖTEL, Ch. u. KREKEL, E. M.: Einleitung. In: Krekel E.M. u. Seusing B. (Hrsg.): Bildungscontrolling – ein Konzept zur Optimierung der betrieblichen Weiterbildung, hrsg. v., Bielefeld 1999, S. 5-11.

BOTT, D.; HOPPE, G.; BREITNER, M. H.: Nutzenanalyse im Rahmen der Evaluation von E-Learning Szenarien. In: Adelsberger, H.; et al. (Hrsg.): Multikonferenz Wirtschaftsinformatik (MKWI) 2004: E-Learning: Modelle, Instrumente und Erfahrungen - Software-Produktlinien - Communities im E-Business. Köln 2004.

BRAUNS, D. u. TESCH, T.: Wertsteigerung im betrieblichen Bildungsmanagement durch evaluative Verfahren – Ein Vergleich der Ansätze Balanced Scorecard und House of Quality auf der Grundlage von Evaluationsstandards. In: Diensberg, Ch.; Krekel E.. M.; Schobert, B. (Hrsg.): Balanced Scorcard und

House of Quality. Impulse für die Evaluation in Weiterbildung und Personalentwicklung. Bonn 2001, S. 85-97.

BRUNNER, F. J.: Produktplanung mit Quality Function Deployment QFD. In: io Management Zeitschrift, (1992), Nr. 6, S. 42-46.

BÜHL, W. L.: Wissenschaft und Technologie. An der Schwelle zur Informationsgesellschaft. Göttingen 1995.

BUMANN, A: Das Vorschlagswesen als Instrument innovationsorientierter Unternehmensführung: Ein integrativer Gestaltungsansatz, dargestellt am Beispiel der Schweizerischen PTT Betriebe. Freiburg 1991.

CENTRUM FÜR KOMPETENZBILLANZIERUNG (CEKOM®) (Hrsg.): Die eingesetzten Verfahren und Instrumente. Online: http://www.cekom-deutschland.de (Abruf am 01.06.2004)

CHOI, A.; u.a.: An integrated cost model for blended learning environments. In: Educational Multimedia and Hypermedia. Lugano, Schweiz 2004.

CIOMPI, L.: Affektlogik. Über die Struktur der Psyche und ihre Entwicklung. Ein Beitrag zur Schizophrenieforschung. Stuttgart 1982.

COENEN, O. u. SEIBT, D.: E-Learning: Hilfen zur Strategie-, Markt- und Technologie-Due Diligence bei Gründungsprojekten. In: Beiträge zur Unternehmensgründung. Festschrift für Norbert Szyperski, Nathusius, K. von; Klandt, H.; Seibt, D. Lohmar Köln 2001, S. 319 – 358.

COENEN, O.: E-Learning-Architektur für universitäre Lehr- und Lernprozesse. Lohmar Köln 2001.

COENEN, O.: E-Learning-Architektur für universitäre Lehr- und Lernprozesse. Lohmar Köln 2001.

COHEN, L.: Quality Function Deployment: How to Make QFD Work for You. Reading, u. a. 1995.

COUNCIL OF COMPETITIVNESS (Hrsg.): Winning the Skills Racc. Washington 1998.

DECKER, F.: Bildungsmanagement für eine neue Praxis. München 1995.

DIENSBERG, Ch.: Balanced Scorecard – kritische Anmerkungen für die Bildungs- und Personalarbeit. In: Diensberg, C.; Krekel, S.; Schobert, B. (Hrsg.): Balanced Scorecard und House of Quality. Impulse für die Evaluation in Weiterbildung und Personalentwicklung. Wissenschaftliche Diskussionspapiere, (2001), Nr. 53, Bundesinstitut für Berufsbildung, Bonn, S. 21-38.

DITTON, H.: Qualitätskontrolle und Qualitätssicherung in Schule und Unterricht: Ein Überblick zum Stand der empirischen Forschung. In Helmke, A.; Hornstein, W.; Terhart, E. (Hrsg.): Zeitschrift für Pädagogik, (2000), Beiheft 41, S. 73–92.

DÖRING-KATERKAMP, U. u. KUTH, Ch.: Wissen mit Gewinn – der Faktor Mensch entscheidet. Institut für angewandtes Wissen e.V., Köln 2004

DRASCHOFF, S.: Lernen am Computer durch Konfliktinduzierung. Münster, New York, München, Berlin 2000.

DRUCKER, P. F.: Post-capitalist society. Basic Books. New York 1993.

DRUCKER, P. F.: The coming of the new organisation, Harvard Business Review on Knowledge Management. Harvard Business School Press. Harvard 1988.

DRUCKER, P.: The Age of Discontinuity. Guidelines to our Changing Society. New York 1996.

DUBS, R.: Qualitätsmanagement für Schulen (Band 13). Institut für Wirtschafts-pädagogik, St. Gallen 2003.

EHLERS, U.-D. u. PAWLOWSKI, J.M.: Qualitätsentwicklung im E-Learning: Ein Entscheidungsmodell für die Auswahl von Qualitätsansätzen in Europa, In: Fietz, G.; Godio, C.; Mason, R. (Hrsg.): eLearning für internationale Märkte. Entwicklung und Einsatz von eLearning in Europa. Bielefeld 2003.

EHLERS, U.-D., HILDEBRANDT, B., PAWLOWSKI, J.M., u.a.: The European Quality Observatory. Enhancing Quality for Tomorrows' Learners. In Proceedings zur 3. EDEN Research Workshop 03/2004, Oldenburg.

EHLERS, U.-D.: Erfolgsfaktoren für E-Learning: Die Sicht der Lernenden und mediendidaktische Konsequenzen. In: Schenkel, P. u. Tergan, S-O.: Erfolgsfaktoren für E-Learning, Heidelberg 2004a.

EHLERS, U.-D.: Neue Qualität für E-Learning? In: Berufsbildung, (2004b), Heft 29, S. 3-17.

EHLERS, U.-D.: Qualität im E-Learning aus Lernersicht. Grundlagen, Empirie und Modellkonzeption subjektiver Qualität. Wiesbaden 2004c.

EHLERS, U.-D.; GOERTZ, L.; PAWLOWSKI, J.M.: Qualität von E-Learning kontrollieren. In: Hohenstein, A. und Wilbers, K. (Hrsg.): Handbuch E-Learning. Köln 2003.

EHLERS, U.-D.; HILDEBRANDT, B.; TESCHLER, S., u.a.: Metadaten zur Analyse und Auswahl von Qualitätsansätzen für Aus- und Weiterbildung. In: Multikonferenz Wirtschaftsinformatik (MKWI), Universität Duisburg-Essen, 9.-11. März 2004. Band 1: E-Lerning: Modelle, Instrumente und Erfahrungen, Software-Produktlinien, Communities in E-Business. Berlin 2004.

ENGOLFF, S. u. FIMMLER, S.: Hauptsache Wertschöpfung! E-Learning ist kein Bazar der Möglichkeiten. In: SCHEFFER, U. u. HESSE, F. W. (Hrsg.): E-Learning. Die Revolution des Lernens gewinnbringend einsetzen. Stuttgart 2002, S. 252-265.

EPPLER, M. u. MICKELER, F.: The Evaluation of New Media in Education: Key Questions of an E-Learning Measurement Strategy. In: SComS: New Media in Education (2003), S. 39-59.

ERPENBECK, J. : Multilayer-Kompetenzarchitekturen. In: WILKENS, U. (Hrsg.) Agenda 2020 der Personal- und Bildungsforschung. Zu 50. Geburtstag von Peter Pawlowsky. Chemnitz 2004.

ERPENBECK, J. u. HASEBROOK, J. (Hrsg.): Kompetenzkapital. Frankfurt am Main 2004 (im Druck).

ERPENBECK, J. u. HEYSE, V.: Die Kompetenzbiographie. Strategien der Kompetenzentwicklung durch selbstorganisiertes Lernen und multimediale Kommunikation. Münster, New York, München, Berlin 1998.

ERPENBECK, J. u. HEYSE, V.: Kompetenzbiographie - Kompetenzmilieu - Kompetenztransfer (62). Berlin, QUEM 1999.

ERPENBECK, J. u. ROSENSTIEL, L. von: Kompetenzmessung - Einführung. 05/2003. http://www.competence-site.de/wissensmanagement.nsf/ArtikelView (Abruf am 20.07.2004).

ERPENBECK, J. u. V. ROSENSTIEL, L.: Handbuch Kompetenzmessung. Erkennen, verstehen und bewerten von Kompetenzen in der betrieblichen, pädagogischen und psychologischen Praxis. Stuttgart 2003.

ERPENBECK, J. u. WEINBERG, J.: Menschenbild und Menschenbildung. Münster, Berlin, New York 1993.

ERPENBECK, J., HEYSE, V., MAX, H.: KODE®. Berlin, Regensburg, Lakeland / Fl. 1999.

ERPENBECK, J., HEYSE, V., MICHEL, L.: Kompetenzprofiling. Münster, New York, München, Berlin 2002.

ERPENBECK, J.: Was bleibt? Kompetenzmessung als Wirksamkeitsnachweis von E-Learning. In: Hohenstein, A. u. Wilbers, K. (Hrsg.) Handbuch E-Learning. Expertenwissen aus Wissenschaft und Praxis. Köln April 2004.

ERPENBECK, J.: Was kommt? Kompetenzentwicklung als Prüfstein von E-Learning. In: Hohenstein, A. u. Wilbers, K. (Hrsg.) Handbuch E-Learning. Expertenwissen aus Wissenschaft und Praxis. Köln August 2004.

EULER, D. u. WILBERS, K.: Selbstlernen mit neuen Medien didaktisch gestalten. Hochschuldidaktische Schriften, Band 1, Hrsg. von EULER, D. und METZGER, C. Universität St.Gallen, 2002.

EULER, D.: Zweifelhafte Antworten auf verzweifelte Fragen? - Möglichkeiten und Grenzen der Evaluation multimedialer und telekommunikativer Lehr-Lernarrangements. In: Schulz, M.; u. a. (Hrsg.): Wege zur Ganzheit, Profilbildung einer Pädagogik für das 21. Jahrhundert. Weinheim 1998, S. 244-258.

FANK, M.: Kompetenzmanagement. 02/2004. Online: http://www.competence-site.de/wissensmanagement.nsf/ArtikelView (Abruf am 20.07.2004).

FEIGE, W.: Bildungscontrolling – Anspruch und Wirklichkeit. In: Personal, (2003), Heft 11, S. 515-519.

FITZENZ, J.: The ROI of human capital: Measuring the economic value of employee performance. New York, NY: Amacom 2000.

FLACHSENBERG, U.: Qualitätsförderndes Weiterbildungskonzept für produktionsnahe technische Führungskräfte im Unternehmensverbund. Aachen 1998.

FRIEDRICH H. F. u. MANDL, H.: Analyse und Förderung selbstgesteuerten Lernens. In: Weinert, F. E. u. Mandl, H. (Hrsg.): Psychologie der Erwachsenenbildung. Göttingen 1997, S. 237-293.

GERLICH, P.: Controlling von Bildung, Evaluation oder Bildungs-Controlling? Überblick, Anwendung und Implikationen einer Aufwand-Nutzen-Betrachtung von Bildung unter besonderer Berücksichtigung wirtschafts- und sozialpsychologischer Aspekte am Beispiel akademischer Nachwuchskräfte in Banken. München 1999.

GERLICH, P.: Controlling von Bildung, Evaluation oder Bildungs-Controlling? München, Mering 1999.

GILBERT, T. F.: Human Competence: Engineering Worthy Performance. New York: McGraw-Hill, 1978 (Tribute edition published by HRD Press and ISPI Publications, Washington, D.C., 1996).

GILLIES, J.-M.: Schwierige Geschäfte. In: McK, Wissen 08 – Menschen 3 (2004), S. 92-97.

GLOWALLA, U. u. HASEBROOK, J.: An evaluation model based on experimental methods applied to the design of hypermedia user interfaces. In: Schuler, W.; Hannemann, J.; Streitz, N.A. (Hrsg.): Hypermedia user interface design. Springer. New York 1995, S. 99-116.

GNAHS, D. u. KREKEL, E. M.: Betriebliches Bildungscontrolling in Theorie und Praxis: Begriffsabgrenzung und Forschungsstand. In: Krekel, E.M. u. Seusing B. (Hrsg.): Bildungscontrolling – ein Konzept zur Optimierung der betrieblichen Weiterbildung, Bielefeld 1999, S. 13-33.

GNAHS, D.; NEß, H.; SCHRADER, J. (Hrsg.): Machbarkeitsstudie im Rahmen des BLK-Verbundprojektes ‚Weiterbildungspass mit Zertifizierung informellen Lernens'. Frankfurt am Main 2003.

GREILING, M.: Die Balanced Scorecard. In: Diensberg, C.; Krekel, E.M.; Schobert, B. (Hrsg.): Balanced Scorecard und House of Quality. Impulse für die Evaluation in Weiterbildung und Personalentwicklung. Wissenschaftliche Diskussionspapiere Nr. 53, Bundesinstitut für Berufsbildung, Bonn, (2001), S. 9-20.

GROOTINGS, P.: Von Qualifikation zu Kompetenz. Wovon reden wir eigentlich? In: Kompetenz: Begriff und Fakten. Europäische Zeitschrift Berufsbildung H.1 1994, S.5 ff.

GUTBROD, M.; JUNG, H. W.; FISCHER, S.: Grundlagen eines Kalkulationsmodells für Blended Learning Kurse. In: Die 1. e-Learning Fachtagung Informatik, (DeLFI 2003), München 2003.

GUTBROD, M.; JUNG, H.W.; FISCHER, S.: Grundlagen eines Kalkulationsmodells für Blended Learning Kurse. In: Bode, A.; Desel, J.; Rathmayer, M.; u.a. (Hrsg.): DELFI 2003, a.a.O., S. 250 – 259.

HAPESLAGH, P.; NADA, T.; BOULOS, F.: Managing for value: It's not just about the numbers. Harvard Business Review, July-August 2001, S. 65-73.

HARTEIS, C.: Beschäftigte im Spannungsfeld ökonomischer und pädagogischer Prinzipien betrieblicher Personal- und Organisationsentwicklung. In: Harteis, C; Heid, H.; Kraft, S. (Hrsg.): Kompendium Weiterbildung. Aspekte und Perspektiven betrieblicher Personal- und Organisationsentwicklung. Leske+Budrich. Opladen 2000, S. 109-118.

HASEBROOK, J. : Multimediapsychologie. Eine neue Perspektive menschlicher Kommunikation. Heidelberg, Berlin, Oxford 1995.

HASEBROOK, J.: Web-based training, performance, and controlling. In: Journal of Network and Computer Applications, Jahrgang 22 (1999), S. 51-64.

HASEBROOK, J.; ZAWACKI-RICHTER, O.; ERPENBECK, J.: Kompetenzkapital. Bankakademie Verlag: Frankfurt/Main 2004.

HASEBROOK, J.P. u. MAURER, H.A.: Learning support systems for organizational learning. World Scientific Publishers. Singapore 2004.

HASENWINKEL, V.; LEMCKE, H.; ZWICKEL, E.: Qualifizierungsinvestitionen durch Bildungscontrolling optimieren. In: Die Bank, (2001), Heft 12.

HEEG, F. J.; ERNST, H.; REUTHER, U., u.a.: Weiterbildung von Multiplikatoren der betrieblichen Personal- und Organisationsentwicklung. Mainz 1994.

HEEG, F. J.; KLEINE, G.; ZEFFERER, U., u.a.: Untersuchung zur Übertragbarkeit von Methoden der industriellen Qualitätssicherung auf Weiterbildungsmaßnahmen. Projektabschlußbericht. Aachen, Köln, Düsseldorf, Schwerin 1993.

HERTIG, P.: Personalentwicklung und Personalerhaltung in der Unternehmungskrise: Effektivität und Effizienz ausgewählter personalwirtschaftlicher Maßnahmen des Krisenmanagements, Bern/Stuttgart/Wien 1996.

HERZWURM, G.; SCHOCKERT, S.; MELLIS, W.: Qualitätssoftware durch Kundenorientierung. Die Methode Quality Function Deployment (QFD): Grundlagen, Praxis und SAP® R/3® Fallbeispiel. Braunschweig, Wiesbaden 1997.

HORVATH, P.: Controlling. 8. Auflage, München 2002.

HÜLSMANN, Th.: The Costs of Open Learning: A Handbook. Oldenburg 2000.

HUMMEL, Th. R.: Erfolgreiches Bildungscontrolling. Zweite Auflage. Sauer, Heidelberg 2001.

HUMMEL, Th.R.: Erfolgreiches Bildungscontrolling – Praxis und Perspektiven. Heidelberg 1999.

ISLAM, K.: A Six Sigma approach to showing the business value of e-learning. In: Hohenstein, A. u. Wilbers, K. (Hrsg): Handbuch E-Learning. Köln 2004, Abschnitt 3.6, S. 1-10.

ISLAM; K.: Is Kirkpatrick Obsolete? Alternatives for Measuring Learning Success. In: Learning & Training Innovations (LTI Magazine). Februar 2004. Online: http://www.ltimagazine.com/ltimagazine/article/articleDetail.jsp?id=85206 (Abruf am 02.08.2004).

JONEN, A.; LINGAU, V.; MÜLLER, J.; u.a.: Balanced IT-Decision-Card – Ein Instrument für das Investitionscontrolling von IT-Projekten. In: Wirtschaftsinformatik, Jg. 46 (2004), Heft 3, S. 196-203.

KAILER, N.: Controlling in der Weiterbildung. In: Münch, J. (Hrsg.): Ökonomie betrieblicher Bildungsarbeit: Qualität – Kosten – Evaluierung – Finanzierung. Berlin 1996, S. 233-250.

KAPLAN, R. S. u. NORTON, D. P. :The Balanced Scorecard - Translating Strategy Into Action. Harvard Business School Press. Harvard MA 1996.

KAPLAN, R. S. u. Norton, D. P.: Balanced scorecard. Boston MA: Harvard Business School Press 1996.

KAPLAN, R. S. u. NORTON, D. P.: Balanced Scorecard. Strategien erfolgreich umsetzen. Stuttgart: Schäffer-Poeschl, 1997.

KAPLAN, R. S. u. NORTON, D. P.: The Balanced Scorecard – Measures that drive performance. In: Harvard Business Review 70 (1992), Jan-Feb, S. 71-79

KAPLAN, R.S. und NORTON, D.P.: Strategy maps: Converting intangible assets into tangible outcomes. Harvard Business School Press. Harvard MA 2004.

KAPPELHOFF, P.: Kompetenzentwicklung in Netzwerken. Die Sicht der Komplexitäts- und allgemeinen Evolutionstheorie. Berlin 2004 .

KELLER, M.: Rechenmodelle für den Mittelstand. Zur Kosten-Nutzen-Analyse von E-Learning. In: Scheffer, U. u. Hesse, F. W. (Hrsg.): E-Learning. Die Revolution des Lernens gewinnbringend einsetzen. Stuttgart 2002, S. 150-163.

KIEDROWSKI, J. v.: Anforderungen an Lehr-/Lernplattformen aus der Sicht von Lehrerinnen und Lehrern. In: Zimmer, G. (Hrsg.): High Tech or High Teach.

Lernen in Netzen zwischen Aktualität und Potenzialität. Dokumentation der Beiträge im Workshop 7 der Hochschultage Berufliche Bildung 2002 an der Universität zu Köln. Bielefeld 2002.

KIEDROWSKI, J. v.: Entwicklung von Kriterien zur Auswahl von virtuellen Lernplattformen mit Methoden des Total Quality Managements. In: Dilger, B.; Kremer, H.-H.; Sloane, P. F. E. (Hrsg.): Wissensmanagement an berufsbildenden Schulen. Paderborn 2003, S.125-137.

KIEDROWSKI, J. v.: Learning-Management-Systeme kundenorientiert auswählen Qualtiy-Function-Deployment in E-Learning-Projekten. In: Pallas Praxisberichte 2002a, S. 24-27. Online: http://www.qualitus.de/Praxisbe-a06.pdf, (Abruf am 02.08.2004).

KIEDROWSKI, J. v.: Lernplattformen für e-Learning-Prozesse beruflicher Weiterbildungsträger. Bewertung und Auswahl mit Methoden des Total Quality Managements. Köln 2001.

KINKEL, S.; LAY, G.; WENGEL, J.: Innovation: Mehr als Forschung und Entwicklung. Wachstumschancen auf anderen Innovationspfaden. Mitteilungen aus der Produktinnovationserhebung. Fraunhoferr Institut für Systemtechnik und Innovationsforschung. Stuttgart 2004.

KIRKPATRICK, D. L.: Evaluating Training Programs. 2nd Edition, San Francisco/CA 1998.

KIRKPATRICK, D. L.: Evaluation training programs: The four levels. 2nd Edition, San Francisco 1998.

KIRKPATRICK, D. L.: Evaluation: The four levels. San Francisco, CA: Berrett-Koehler 1994.

KIRKPATRICK, D.: Evaluating training programs: The four levels. San Francisco: Berrett-Koehler 1996.

KIRKPATRICK, D.: Techniques for evaluating training programs. In: Journal of the American Society of Training Directors, (1959), Nr. 14, S. 13-18.

KIRKPATRICK, D.L.: Evaluating Training Programs: The Four Levels. San Francisco 1994.

KONICKI, S.: The reality of research. Information Week. Sept 10, 2001, S. 31-38.

KONRAD, K., TRAUB, S.: Selbstgesteuertes Lernen in Theorie und Praxis. München 1999.

KRAEMER, W.: Learning Management: Kosten- oder Wertschöpfungsfaktor. Vortrag auf dem 4. Learning Management Kongress der imc-AG. Saarbrücken 2003.

KRECKEL, R.: Politische Soziologie der sozialen Ungleichheit. Frankfurt am Main, New York 1997.

KREDELBACH, T.: Weiterbildungscontrolling in der Kreditwirtschaft. In: Die Bank, Jahrgang 98 (1998), Heft 7, S. 21-27.

KRÖPELIN, Ph. u. SPECHT, M.: Die Zukunft der E-Learning Software. In: Personalwirtschaft, Sonderheft E-Learning, 11/2002, S. 30-33.

KÜPPER, H.-U. u. WEBER, J.: Grundbegriffe des Controlling, Stuttgart 1995.

KUTH, Ch.: Integriertes e-Competence-Management als Bindeglied zwischen Potenzialeinschätzung und Qualifizierung. 08/2003. Online:

http://www.competence-site.de/wissensmanagement.nsf/ArtikelView, (Abruf am 20.07.2004).

LANDSBERG, G. von u. WEISS, R.. (Hrsg.): Bildungs-Controlling. Stuttgart 1992.

LANDSBERG, G. von u. WEISS, R.: Was uns bewegte! In: Landsberg, g. von u. Weiss, R. (Hrsg.): Bildungs-Controlling, Stuttgart 1992, S. 3-4.

LANDSBERG, G. von: Bildungs-Controlling: „What is likely to go wrong?". In: Landsberg, G. von u. Weiß, R. (Hrsg.): Bildungs-Controlling. 2. Aufl., Stuttgart 1995, S. 11-33.

LANDSBERG, G. von: Bildungs-Controlling: „What is likely to go wrong?". In: Landsberg,, G. von u,. Weiss, R. (Hrsg.): Bildungs-Controlling. Stuttgart 1992, S. 11-34.

LANE, R. E.: The decline of politics and ideology in a knowledgeable society. In: American Sociological Review, Jahrgang 31 (1998), S. 649-662.

LANG-, T. von WINS: Die Kompetenzhaltigkeit von Methoden moderner psychologischer Diagnostik-, Personalauswahl- und Arbeitsanalyseverfahren sowie aktueller Management-Diagnostik-Ansätze. In: Erpenbeck, J. u. Rosenstiel, L. von (Hrg.): Handbuch Kompetenzmessung. Stuttgart 2003.

LEHNER, F.; SCHÄFER, K.J.; PROKSCH, M.: Was kostet E-Learning? In: DELFI 2003. Die 1. E-Learning-Fachtagung Informatik, Proceedings, S. 240 – 249.

LEITER, R.; RUNGE, Th.; BURSCHIK, R. u.a.: Der Weiterbildungsbedarf im Unternehmen: Methoden der Ermittlung. In: Jeserich, W.; u.a. (Hrsg.): Handbuch der Weiterbildung für die Praxis in Wirtschaft und Verwaltung. Band 2, München/Wien 1982.

LEITHNER, B. u. BACK, A.: Beiträge der Balanced Scorecard für ein nachhaltiges E-Learning im Unternehmen. Arbeitsberichte des Learning Center der Universität St. Gallen, Nr. 4, 2004.

LEV, B., Intangibles: Management, Measurement, and Reporting. Washington 2001.

LIENERT, G. A. u. RAATZ, V. : Testaufbau und Testanalyse. München 1994.

MEDER, N.: Bildung in Internet. In: Langkau, T.; Schicka, C.; Trampe, W. (Hrsg.): Internet und Bildung – Perspektiven für die Informationsgesellschaft, Veröffentlichung des Instituts für Informations- und Kommunikationsökologie e.V.. Duisburg 1999, S.: 25-35.

MEIER, Ch.: Controlling von Weiterbildung. Fachliches Whitepaper. Saarbrücken 2004.

MEIER, Ch.: Controlling von Weiterbildung: Analyse und Steuerung betrieblicher Weiterbildung auf der Grundlage von Kennzahlen und Management-Cockpit. Saarbrücken, imc Whitepaper, Juni 2004. Online: http://www.im-c.de.

Meier, Ch.: Instrumente und informationstechnische Unterstützung für das betriebliche Controlling von Weiterbildung. Online: http://www.im-c.de, (Abruf am 01.01.2004).

MEIER, H.: Strategische Planung und Personalentwicklung in Banken und Sparkassen. Gabler, Wiesbaden 1995.

MERTENS, Ch.: Bildungscontrolling. Prozeß- und Unternehmensebenen mit Relevanz für Bildungscontrolling. Unveröffentlichtes Konzept für das Bildungscontrolling der Gothaer Versicherungen. Köln 2004.

MERTENS, P.: Zufriedenheit ist die Feindin des Fortschritts – Ein Blick auf das Fach Wirtschaftsinformatik. Arbeitspapier 4/2004 des Bereichs Wirtschaftsinformatik I der Uni Erlangen-Nürnberg. Nürnberg 2004.

METTLER, B. von MEIBORN: Kommunikation in der Mediengesellschaft. Berlin 1994.

MEYER, E.; LIESSMANN, K.; FREIDANK, C.-Ch. (Hrsg.): Controlling-Konzepte: Werkzeuge und Strategien für die Zukunft. Wiesbaden 1999.

MITTELSTRASS, J.: Lernkultur – Kultur des Lernens. In: QUEM-report, 60/1999, S.49-64.

NAGEL, B.: Bildungsfinanzierung in Deutschland. Analyse und Gestaltungsvorschläge. Vortrag anlässlich der Konferenz der GEW Thüringen zur Bildungsfinanzierung am 13.03.2004 in der Fachhochschule Erfurt (vgl. auch Kommission Finanzierung lebenslangen Lernens (2002). Auf dem Weg zur Finanzierung lebenslangen Lernens. Zwischenbericht, Universität Bielefeld). Erfurt 2004.

NORTH, K.; PROBST, G.; ROMHARDT, K.: Wissen messen - Ansätze, Erfahrungen und kritische Fragen. Zeitschrift für Führung + Organisation, Jahrgang 3 (1998), S. 158-166.

OESTERLE, H.: Bildungscontrolling ist Qualitätssicherung. In: Landsberg, G. von u. Weiss, R. (Hrsg.): Bildungscontrolling. Stuttgart 1995.

OSMANOVIC, A.: Kostenmodellierung einer Lehrveranstaltung mit L-K2, Studienarbeit, Institut für Betriebssysteme und Rechnerverbund. TU Braunschweig 2004.

PAUL, S. u. SIEWERT, K.-J.: Bank-Controlling 1: Ertragsmanagement in Kreditinstituten. Bankakademie Verlag. Frankfurt 1996.

PHILLIPS, J. .J.; PHILLIPS, P. P. und ZUNIGA, L.: Evaluating the effectiveness and the return on investment of e-learning. VA: American Society for Training and Development, Alexandria 2000.

PHILLIPS, J. J. (Hrsg.): In action: Measuring return on investment (Vol. 2). VA: American Society for Training and Development, Alexandria 1997.

PHILLIPS, J. J. (Hrsg.): In action: Measuring return on investment (Vol. 1). VA: American Society for Training and Development, Alexandria, 1994.

PHILLIPS, J. J. (Reihen Hrsg.) u. PHILLIPS, P. P. (Hrsg.) : In action: Measuring ROI in the public sector. VA: American Society for Training and Development, Alexandria 2002.

PHILLIPS, J. J. (Reihen Hrsg.); PHILLIPS, P. P. (Hrsg.) : In action: Measuring return on investment (Vol. 3). VA: American Society for Training and Development Alexandria 2000.

PHILLIPS, J. J. : Return on investment in training and performance improvement programs, 2nd edition. Woburn, MA: Butterworth-Heinemann 2003.

PHILLIPS, J. J. : The consultant's scorecard. McGraw-Hill, New York 2000.

PHILLIPS, J. J.: Return on investment in training and performance improvement programs. Houston: Gulf, 1997.

PHILLIPS, J. J.; STONE, R. D.; PHILLIPS, P. P. : The human resources score-card. Woburn, MA: Butterworth-Heinemann 2001.

PHILLIPS, J.: Accountability in Human Resource Management. Houston 1998.

PHILLIPS, P. P. : The Bottomline on ROI. Atlanta, GA: CEP Press 2002.

PHILLIPS, P. P. u. BURKETT, H. : Managing evaluation shortcuts. ASTD Info-Line Series. VA: American Society for Training and Development, Alexandria 2001.

PHILPS, J. J.: How much is the training worth? Training & Development. April 1996.

PICHLER, M.: Der Ertrag der Weiterbildung läßt sich rechnen. Düsseldorf: Handelsblatt v. 23.08.1996.

PREISNER, K.: Bildungscontrolling. Individuumorientierte Konzeption zur verbesserten Koordination des betrieblichen Weiterbildungssystems. Dissertation, Universität der Bundeswehr, München, Fakultät für Wirtschafts- und Organisationswissenschaften, 2003.

PROBST, G. J.; DEUSSEN, A; EPPLER, M., u.a.: Kompetenzmanagement. Wie Individuen und Organisationen Kompetenzen entwickeln. Wiesbaden 2000.

REGLIN, Th. u. SPECK, C.: Zur Kosten-Nutzen-Analyse von eLearning. In: Prechtl, C. (Hrsg.): Leitfaden E-Learning, München 2003. Online: http://www.f-bb.de/f-bbv9/downloads/kosten-nutzen-elearning.pdf, (Abruf am 02.08.2004).

RIDDER, H.-G.; BRUNS, H.-J.; BRÜNN, S.: Online und Multimediainstrumente zur Kompetenzerfassung. Gutachten. Berlin 2003 und QUEM – Report 2004 (im Druck).

RIEKMANN, H.: Managen und Führen am Rande des 3. Jahrtausends, Peter Lang. Frankfurt/Main 2000.

ROST, M.: Die Netzrevolution. Auf dem Weg in die Weltgesellschaft. Frankfurt/ Main 1996.

RUMBLE, G.: The costs and costing of networked learning. In: Journal of Asynchronous Learning Networks, Vol. 5 (2001), Nr. 2, S. 75-96.

RUMBLE, G.: The Costs and Economics of Open and Distance Learning. RoutledgeFalmer, London 2004.

RYCHEN, S. u. SALGANIK, L. (Hrsg.): Defining and selecting key competencies. Seattle, Toronto, Bern, Göttingen 2001.

SARGES, W. u. WOTTAWA, H. (Hrg.): Handbuch wirtschaftspsychologischer Testverfahren. Lengerich 2001.

SARGES, W.: Diagnose von Managementpotential für eine sich immer schneller und unvorhersehbarer ändernde Wirtschaftswelt. In: Rosenstiel, L. von u. Lang, T. von Wins (Hrg.): Perspektiven der Potentialbeurteilung. Göttingen 2000.

SAUTER A. M. u. SAUTER W.: Blended Learning. Effiziente Integration von E-Learning und Präsenztraining. Neuwied 2002.

SCHENKEL, P.: Die Qualität von Lernprogrammen evaluieren. In: BIBB (Hrsg): Ausbilden und Lernen mit Multimedia. Ergebnisse, Veröffentlichungen und Materialien aus dem BIBB. September 2000, S. 131-140. Überarbeitete und gekürzte Fassung eines Beitrags in: Schenkel, P. (Hrsg.): Qualitätsbeurteilung multimedialer Lern- und Informationssysteme. Nürnberg 2000.

SCHENKEL, P.: Ebenen und Prozesse der Evaluation. In: Tergan, S.O.; u.a. (Hrsg.): Qualitätsbeurteilung multimedialer Lern- und Informationssysteme: Evaluationsmethoden auf dem Prüfstand. BW-Verlag, Nürnberg 2000, S. 52-74.

SCHIERENBECK, H.: Grundzüge der Betriebswirtschaftslehre. 12. Auflage, München, Wien 1995.

SCHMIDT, H. u. STARK, G.: Computer Based Training in der betrieblichen Lernkultur – eine Führungsaufgabe. Bielefeld 1996.

SCHOLZ, Ch.: Controlling im Virtuellen Unternehmen. In: Scheer, A.-W. (Hrsg.): Aus Turbulenzen zum gestärkten Konzept? 16. Saarbrücker Arbeitstagung 1995. Rechnungswesen und EDV. Heidelberg (Physica) 1995.

SCHÖNI, W.: Praxishandbuch Personalentwicklung: Strategien, Konzepte und Instrumente. Chur, Zürich 2001.

SCHULER, H.: Psychologische Personalauswahl. Einführung in die Berufseignungsdiagnostik. 3. Aufl., Göttingen 2000.

SCHULTE, Ch.: Kennzahlengestütztes Weiterbildungs-Controlling als Voraussetzung für den Weiterbildungserfolg. In: Landsberg, G. von (Hrsg.): Bildungscontrolling. Schaeffer-Poeschel, Stuttgart 1995, S. 265-281.

SEEBER, S.: Stand und Perspektiven von Bildungscontrolling. In: Seeber, S.; Krekel, E. M.; Buer, J. van (Hrsg.): Bildungscontrolling: Ansätze und kritische Diskussion zur Effizienzsteigerung von Bildungsarbeit. Frankfurt 2000.

SEIBT, D.: Entwicklungskosten und Betriebskosten einer Embedded Learning Solution – Fallbeispiel E-Learning. In: Fachtagung „E-Learning in der Öffentlichen Verwaltung. Chancen und Grenzen". Herne 2004.

SEIBT, D.: Erfahrungen aus Entwicklung und Einsatz von E-Learning-Systemen. Ergebnisse empirischer Untersuchungen des Lerner-Verhaltens. In: Fachtagung „E-Learning in der Öffentlichen Verwaltung. Chancen und Grenzen". Herne 2004.

SEIBT, D.: Kosten und Nutzen des E-Learning bestimmen. In: Hohenstein, Andreas u. Wilbers, Karl (Hrsg): Handbuch E-Learning. Abschnitt 3.3, Köln 2001.

SEIBT, D.: Kosten und Nutzen des E-Learning bestimmen. In: Hohenstein, A von u. Wilbers, K.: Handbuch E-Learning. Expertenwissen aus Wissenschaft und Praxis, Kapitel 3.3, S. 1-34. Köln 2001.

SEIBT, D.; SCHOLL, St.; DEKENA, R. u.a.: Kosten und Nutzen des Computer-unterstützten Unterrichts bei der Deutschen Bundespost. Ergebnisse des Projektes WICUF: Wissenschaftliche Begleitforschung zum CUU-Feldversuch der Deutschen Bundespost. BIFOA-Abschlußbericht. Köln 1989.

SEIBT, D.; SCHOLL, St.; DEKENA, R., u.a.: Kosten und Nutzen des Computer-unterstützten Unterrichts bei der Deutschen Bundespost. Ergebnisse des Projektes WICUF: Wissenschaftliche Begleitforschung zum CUU-Feldversuch der Deutschen Bundespost. BIFOA-Abschlußbericht. Köln 1989.

SEUFERT, S. u. EULER, D.: Nachhaltigkeit von eLearning-Innovationen. Ergebnisse einer Expertenbefragung. Arbeitsbericht 1 des Swiss Center for Innovations in Learning. St. Gallen 2003.

SEUFERT, S. u. EULER, D.: Nachhaltigkeit von eLearning-Innovationen. Ergebnisse einer Delphi-Studie. Arbeitsbericht 2 des Swiss Center for Innovations in Learning. St. Gallen 2004.

SEUSING, B. u. BÖTEL, Ch.: Bildungscontrolling – Umsetzungsbeispiele aus der betrieblichen Praxis. In: Krekel, E. M. u. Seusing, B. (Hrsg.): Bildungscontrolling – ein Konzept zur Optimierung der betrieblichen Weiterbildung. Bielefeld 1999, S. 55-77.

SIBBET, D.: 75 Years of Management Ideas and Practice, 1922-1997. Harvard Business Review, Supplement 1997.

SKYRME, D. J.: From measurement myopia to knowledge leadership. David Skyrme Associates. London 1999.

SPEER, S.: Methoden des Qualitätsmanagements – In welche Richtung steuert die betriebliche Weiterbildung? In: Diensberg, Ch.; Krekel E. M.; Schobert, B. (Hrsg.): Balanced Scorcard und House of Quality. Impulse für die Evaluation in Weiterbildung und Personalentwicklung. Wissenschaftliche Diskussionspapiere, H. 53, Bonn 2001, S. 75- 83.

SPITZER, D. R.: „Embracing Evaluation", In: Training Magazine 06/1999.

SPITZER, D.R. u. CONWAY, M. (2002). Link Training to Your Bottom Line, American Society for Training & Development 2002.

STEHR, N. u. ERICSON, R.V.: The Culture and Power of Knowledge. Inquiries into Contemporary Societies. Berlin/ New York 1992.

STEHR, N.: Arbeit, Eigentum und Wissen. Zur Theorie von Wissensgesellschaften. Frankfurt/Main 1994.

TEECE, D.: Managing Intellectual Capital. New York 2000.

TERGAN, S.-O. u. SCHENKEL, P.: Lernpotenzial von eLearning erfassen - was macht Lernen erfolgreich? In: Hohenstein, A. u. Wilbers, K. (Hrsg.): Handbuch E-Learning. Köln 2004, Erg. Lfg. 4.20.

TERGAN, S.-O.: Hypertext und Hypermedia: Konzeptionen, Lernmöglichkeiten, Lernprobleme. In: Issing, L. u. Klimsa, P. (Hrsg.): Information und Lernen mit Multimedia. Weinheim 2000.

THOM, N. u. BLUNCK, T.: Strategisches Weiterbildungs-Controlling. In: Landsberg, G. von u. Weiß, R. (Hrsg.): Bildungs-Controlling. 2. Aufl.. Stuttgart 1995, S. 35-46.

THOM, N. u. ZAUGG, R.: Nachhaltige Personalentwicklung durch ein umfassendes Controlling der Aus- und Weiterbildung. In: Horvath, F. u. Weber, K. (Hrsg.): Mit Weiterbildung zu neuen Ufern: 10 Jahre Koordinationsstelle für Weiterbildung an der Universität Bern. Bern, Stuttgart, Wien 2000, S. 33-39.

TOBIN, D. R.: The Fallacy of ROI Calculations. 1998. Online: http://www.tobincls.com/fallacy.htm, (Abruf am 02.08.2004).

TUOMI, I.: Corporate knowledge: Theory and practice of intelligent organizations. Oxford University Press. Oxford 1999.

ULRICH; HUSELID; BECKER: The HR Scorecard: Linking People, Strategy, and Performance. HBS-Press 2001.

UNICMIND (Hrsg.): Die Nutzung von eLearning-Content in den Top350-Unternehmen der deutschen Wirtschaft. Göttingen 2002. Online: http://www.unicmind.com/unicmindstudie2002.pdf, (Abruf am 17.08.2004).

WANG, E.: ROI-Diskussionen haben nur Alibifunktion. Global Learning Interview mit Dr. Reinhold Weiß vom 28.11.2003. Online: http://www.global-learning.de/g-learn/cgi-bin/gl_userpage.cgi?StructuredContent=m060817, (Abruf am 02.08.2004).

WEBB, G.: The economics of online delivery. In: NET* Working Conference. Melbourne, Australia. September 1999.

WEBER, H.K.: Kosten und Erlöse. In: HWR Handwörterbuch des Rechnungswesens. 3. Aufl. Stuttgart 1993, Sp. 1264 ff.

WEBER, J.: Einführung in das Controlling. Stuttgart 1988

WEBER, J.: Einführung in das Controlling. Stuttgart 2002.

WEIß, R.: Ansätze und Schwierigkeiten einer Nutzenmessung in Betrieben. In: Bötel, C. u. Krekel, E. (Hrsg.): Bedarfsanalyse, Nutzenbewertung und Benchmarking: Zentrale Elemente des Bildungscontrollings. Bielefeld 2000, S. 81-98.

WEISS, R.: Arten, Strukturen und Entwicklungen der Weiterbildungskosten. In: Münch, J. von (Hrsg.): Ökonomie betrieblicher Bildungsarbeit: Qualität – Kosten – Evaluierung – Finanzierung. Berlin 1996, S. 138-158.

WILBERS, K.: Stolpersteine des Corporate meistern: Stakeholdermanagement, Management von E-Learning-Wissen und Evaluation gestalten. Eine systematisierende Zusammenfassung. In: Wilbers, Karl (Hrsg.): Stolpersteine beim Corporate E-Learning. Stakeholdermanagement, Management von E-Learning-Wissen, Evaluation. München (Oldenbourgh) 2004, S. 159-186 (im Druck).

WITTKUHN, K. u. BARTSCHER, T.: Improving Performance. Leistungspotenziale in Organisationen entfalten. Luchterhand. Neuwied 2001.

WOLL, H.: Wirtschaftspädagogik und ökonomische Vernunft. In Zeitschrift für Berufs- und Wirtschaftspädagogik, Jahrgang (2002), S. 373-382.

Stichwortverzeichnis

Herausgeber- und Autorenverzeichnis

Herausgeberverzeichnis

Dr. Ulf-Daniel Ehlers
Jahrgang 1971, Studium der Sozialwissenschaften, Anglistik und Erziehungswissenschaften an der Universität Bielefeld, Promotion im Bereich der Qualitätsforschung im E-Learning zur Entwicklung eines Qualitätsmodells aus Lernersicht auf Basis empirischer Ergebnisse aus der bislang größten Studie zum Thema. Herr Ehlers ist Gründungsmitglied des Zentrums für Qualität im Bildungs- und Sozialbereich der Universität Bielefeld und derzeit an der Universität Duisburg-Essen tätig, wo er ein europäisches Forschungskonsortium zur Qualitätsforschung im E-Learning leitet. Als Dozent lehrt er seit 1999 an der Universität Bielefeld, Magdeburg und Duisburg-Essen. Herr Ehlers vertritt seine Forschungsergebnisse auf nationalen und internationalen Konferenzen und in zahlreichen Publikationen.
E-Mail: ulf.ehlers@icb.uni-essen.de

Dr. Peter Schenkel
Diplomkaufmann, Diplom Handelslehrer. Projektleiter im Bundesinstitut für Berufsbildung seit 1977 mit den Arbeitsgebieten: Kaufmännische Erstausbildung, Weiterbildung, Stabsleiter der Pilotprojekte des BMBF „Nutzung des weltweit verfügbaren Wissens für Aus- und Weiterbildung und Innovationsprozesse", Früherkennung von Qualifikationen zum E-Learning, wissenschaftliche Begleitung von Modellversuchen, Vorbereitung von Kongressen und Workshops. Mitglied der Task Force „Multimedia Educational Software" der EU, Evaluator von Projekten in verschiedenen EU Programmen wie Socrates, Leonardo, Telematics Application, Mitherausgeber der Reihe „Multimediales Lernen in

der Berufsbildung", Herausgeber und Verfasser von Büchern zur Evaluation und zum Design von E-Learning. Zuletzt erschienen, „Was macht Lernen erfolgreich?", Heidelberg und New York 2004. Seit 2004 Geschäftsführer von „Interconsulting – Beratung und Projekte GmbH, Lychen.
E-Mail: Peter.Schenkel@t-online.de

Autorenverzeichnis

Prof. Dr. Andrea Back
Professorin für Betriebswirtschaftslehre, Schwerpunkt Wirtschaftsinformatik Universität St. Gallen, Direktorin des Instituts für Wirtschaftsinformatik IWI-HSG. Sie ist Leiterin des bereits 1997 gegründeten Forschungsbereichs Learning Center am IWI-HSG zum Thema E-Learning und Mitbegründerin der KnowledgeSource zum Thema Wissensnetzwerke. Darüber hinaus liegen Arbeitsfelder in Lehre und Forschung auf den Gebieten Knowledge Management und Computer Supported Cooperative Work. Aktuelle Arbeitsschwerpunkte sind neben (E-)Learning und Knowledge Management betriebliche Themenstellungen im Bereich E-Workplace und Information Work Productivity.
E-Mail: Andrea.Back@unisg.ch

Beate Bruns, M.A.
Jahrgang 1964, studierte Philosophie, Physik und Mathematik in München und Karlsruhe. Nach beruflichen Stationen in Training, Personalentwicklung und Management einer Bildungseinrichtung gründete sie 1999 in Karlsruhe zusammen mit Dipl.-Inform. Sven Dörr das Unternehmen time4you GmbH communication & learning. Beate Bruns berät und begleitet Unternehmen und öffentliche Einrichtungen bei der Einführung und Integration technologiegestützter Personal- und Trainingslösungen.
E-Mail: bruns@time4you.de

Dr. Sabine Erkens
Jahrgang 1959, Studium der Diplompädagogik für Deutsch und Geschichte, Promotion zu den Methodiken des Deutschunterrichts, Assistenz an der PH Leipzig, seit 1991 Trainer bei der VICTORIA, seit 1994 verantwortlich für E-Learning-Prozesse im Unternehmen. In der Firma werden seit 1994 CBTs in der Aus- und Weiterbildung eingesetzt. Zahlreiche Erfahrungen bei der Implementierung von E-Learning-Elementen wie CBT-/WBT-Produktion und Implementierung, Online- Seminare, Lernplattformen und natürlich Bildungscontrolling. Mitglied im E-Learning-

Expertenkreis der Deutschen Versicherungsakademie.
E-Mail: Sabine.Erkens@victoria.de

Prof. Dr. John Erpenbeck
Jahrgang 1942 in Ufa/Baschkirien, promovierte 1968 mit der experimentellen biophysikalischen Arbeit *Pulsationsdiffusion bei Gegenstrom und Zirkulationsvervielfachung* und habilitierte sich 1978 mit der Schrift *Erkenntnistheorie und Psychophysik kognitiver Prozesse*. 1984 wurde er zum Professor ernannt; 1993 – 1994 war er Research Professor am Center for Philosophy of Science, Pittsburgh. Seit 1998 ist er Bereichsleiter Grundlagenforschung der QUEM (Qualifikations-Entwicklungs-Management) im Projekt *Lernkultur Kompetenzentwicklung*. Erpenbeck ist Mitglied der Arbeitsgemeinschaft berufliche Weiterbildungsforschung (ABWF) und der Leibniz-Sozietät.
E-Mail: john.erpenbeck@gmx.de

Prof. Dr. Dieter Euler
Wissenschaftlicher Leiter des Swiss Centre for Innovations in Learning (SCIL) am Institut für Wirtschaftspädagogik an der Universität Gallen. Das Swiss Centre for Innovations in Learning (SCIL) wurde März 2003 gegründet. Initiiert und unterstützt wird es von der Gebert Rüf Stiftung für fünf Jahre. Das Kompetenzzentrum bietet Beratung, Coaching, Seminare und Forschung an, um Innovationen in der Aus- und Weiterbildung zu begleiten und deren Qualität in der Weiterentwicklung zu fördern. Herr Euler ist weiterhin Direktor des Instituts für Wirtschaftspädagogik (IWP) an der Universität St. Gallen
E-Mail: dieter.euler@unisg.ch.

Prof. Dr. Stefan Fischer
Nach Studium der Wirtschaftsinformatik und Promotion in Mannheim, Forschungsaufenthalte in Kanada. 1998 Professor für Informationstechnologie an der International University in Germany, Bruchsal und seit 2001 Professor und Lehrstuhlinhaber für Informatik an der TU Braunschweig. Zusammen mit Helmut W. Jung und Martin Gutbrod führt er das Institut für Angewandte LernTechnologien (IJALT), verantwortlich für Forschung.
E-Mail: fischer@ibr.cs.tu-bs.de

Martin Gutbrod
Forscht seit Anfang 2002 an der TU Braunschweig über E-Learning-Abrechnungssysteme in Kooperation mit der SAP AG. Nach dem Maschinenbaustudium gründete er ein eigenes Ingenieurbüro in Tübingen. Parallel machte er den Master of Business Administration an der Reutlingen University und der Tongji Universität in Shanghai. 1996 erfolgte der

Aufbau der Firmen Internet&Wissen GmbH und 1997 der Cobis GmbH mit der privatwirtschaftlichen M&A Transaktionsplattform www.unternehmensmarkt.de. Zusammen mit Stefan Fischer und Helmut W. Jung führt er das Institut für Angewandte LernTechnologien, IfALT. E-Mail: gutbrod@ifalt.de

Michael Hack
Director Sales EMEA Central, Michael Hack bringt die Erfahrung der Anforderungen großer, global agierender Unternehmen mit zu Saba. Mit dieser Erfahrung half er als einer der Gründungsmitarbeiter Saba Deutschland am Markt zu etablieren. Bevor Michael Hack zu Saba kam, war er Leiter des SAP Competence Centers, bei IXOS, dem führendem Anbieter von R/3-Archiven. Davor war er u.a. bei GE Compunet und im Vertrieb der SAP AG tätig. Michael Hack hat Betriebswirtschaft studiert und ist Diplom-Kaufmann
E-Mail: MHack@saba.com

Prof. Dr. Joachim Hasebrook
Dipl.-Psych., International School of New Media (ISNM) gGmbH an der Universität zu Lübeck, studierte Psychologie und Informatik an der Universität Marburg, Promotion an der Universität Gießen, Habilitation an der TU Graz; Projektleiter für elektronische Medien in süddeutschem Verlags- und Softwarehaus, Referent für Neue Medien und Leiter Konzeption/Programmentwicklung bei der Bankakademie e.V. in Frankfurt/Main, zeitweise Geschäftsführer der Knowbotic Systems GmbH, bis 2004 Mitglied des Vorstands der E-Learning-Tochter der Bankakademie, efiport AG, und seit April 2004 Professor für E-Learning und Work Design sowie Director Executive Education an der ISNM der Universität zu Lübeck.
E-Mail: Hasebrook@Isnm. De

Günther Hilger
Jahrgang 1957 in Rosenheim, war zunächst viele Jahre als freier Konstrukteur im Chemie-Anlagenbau tätig. Mit den damals neuen computergestützten Technologien CAD und CAM wechselte er in die IT Branche und gründete 1997 ein Expert-Leasing Unternehmen für High Potential IT Consultants. Das rasante Wachstum erforderte eine Evaluierungssoftware zur automatisierten Qualitätssicherung der Projektmitarbeiter. Eine derartige Anwendung war zu dieser Zeit nicht erhältlich. Also entwickelte er selbst eine patentierte Skill-Management Software, die bereits 2001 im eigenen Unternehmen eingeführt und später als BE-Certified vermarktet wurde.
E-Mail: Guenter.Hilger@geco-group.com

Thomas Jenewein
Thomas Jenewein arbeitet bei der SAP AG im Bereich der SAP Universität. Schwerpunkte sind dabei folgende Projekte: a) Global Project Lead: Implementation der SAP Learning Solution weltweit bei SAP selbst sowie University Account Manager for Sales, b) University Account Manager for Service and Support, c) Learning and Development Consultant. Thomas Jenewein war darüber hinaus im Qualitätsmanagement der SAP University beschäftigt, wo Standardprozesse für die eigenen Qualifizierungsprozesse definiert wurden.
E-Mail: thomas.jenewein@sap.com

Helmut W. Jung
Studium der Nachrichtentechnik an der Hochschule für Technik und Wirtschaft in Saarbrücken (1989). Nach einem Post-Graduate-Program zum Master of Business Administration (1994 – 1997) entwickelte er die internationale Konzernsstrategie, Region Asien für den Vorstand der Deutsche Telekom AG bis zum Sommer 2000. Seitdem erforscht er mit einem interdisziplinären Team Geschäftsmodelle, Prozesse und Abrechnungssysteme für Internet-unterstütztes Lernen. Zusammen mit Stefan Fischer und Martin Gutbrod führt er das Institut für Angewandte LernTechnologien, IfALT, wo sie innovative Ansätze zur umfassenden Behandlung intergrierter E-Learning-Services entwickeln.
E-Mail: jung@ifalt.de

Dr. Joachim von Kiedrowski
Studium der Wirtschaftspädagogik an der Universität zu Köln als Diplom-Handelslehrer und Diplom-Kaufmann mit Abschluss. Von 1997 bis 2000 war er als wissenschaftlicher Mitarbeiter in E-Learning-Projekten an der Universität zu Köln tätig, mit den Schwerpunkten Mediendidaktik, Lernplattformen, Schulung von Teledozenten sowie Fragen zur Architektur virtueller Akademien. Anfang 2001 promovierte Joachim von Kiedrowski mit einer Dissertation über „Lernplattformen für e-Learning-Prozesse beruflicher Weiterbildungsträger". Seit 2000 ist er geschäftsführender Gesellschafter der QUALITUS GmbH, einer Unternehmensberatung für E-Learning und Weiterbildungsmanagement.
E-Mail: kiedrowski@qualitus.de

Dr. Wolfgang Kraemer,
Jahrgang 1962. Mitbegründer und Vorstandssprecher der imc AG. Dr. Wolfgang Kraemer studierte Wirtschaftsingenieurwesen an der Universität Karlsruhe und promovierte 1992 bei Prof. Dr. Dr. h.c. mult. August-Wilhelm Scheer, Universität des Saarlandes. Von 1992 bis 1994 Bereichs-

leiter "Consulting Kostenmanagement und Produktentwicklung Controlling-Leitstand" bei der IDS Prof. Scheer GmbH (heute IDS Scheer AG). Von 1994 bis 1995 verantwortete er bei der ivl GmbH als Mitglied der Geschäftsleitung die Produktentwicklung und SAP-Beratung. Rückkehr ans Institut für Wirtschaftsinformatik der Universität des Saarlandes und Fokus auf Konzeption und Realisierung von virtuellen Universitäten. 1997 Gründung der imc information multimedia communication GmbH. Interessensschwerpunkte sind die Themen Bildungs-Controlling, Lernprozessmanagement, Corporate Universities und Hochschulentwicklung durch neue Medien. Autor und Mitherausgeber von Büchern sowie Verfasser von über 100 Zeitschriftenbeiträgen.

Dr. Torsten Leidig
Jahrgang 1961, Diplom-Informatiker. Studium der Informatik an der Universität Karlsruhe. Wissenschaftlicher Mitarbeiter der Arbeitsgruppe Telematik der Universität Kaiserslautern. Promotion zum Dr. Ing. im Bereich Entwicklungsunterstützung für kooperative Systeme in 1993. Seit 1995 Mitarbeiter des CEC Karlsruhe in Projekten aus den Bereichen multimediale Dienste und verteiltes Lehren und Lernen. Technischer Projektleiter im Projekt L³.
E-Mail: torsten.leidig@sap.com

Volker Lengemann
Seit 1998 im Gerling-Konzern, Köln, als Abteilungsleiter Qualifizierung und Prokurist tätig, Verantwortung für die fachliche und vertriebliche Qualifizierung. Herr Lengemann hat Erfahrungen als Trainer im den Bereichen der Durchführung, Konzeption und Betreuung von Fach- und Vertriebstrainings im Privat- und Firmengeschäft, für Produktmanager für Qualifizierungsmaßnahmen zur betriebliche Altersversorgung und als Projektleiter für diverse Qualifizierungsprogramme.
E-Mail: volker.lengemann@gerling.de

Sue Martin
Seit dem Anfang der neunziger Jahren für die Einführung und Betreuung zahlreicher Online-Testing-Programmen in Europa zuständig. Sie war Regional Manager für Central and Eastern Europe bei dem weltweit ersten Testanbieter, Drake Training & Technologies (mittlerweile Thompson Prometric), und war Manager of Business Development EMEA für Pearson Testing & Assessment Division sowie auch Director of International Operations für Promissor. Sue Martin berät europäische Organisationen im Bereich des elektronischen Testings.
E-Mail: sue.martin@t-online.de

Dr. Christoph Meier
Jahrgang 1963, Ausbildung als Ethnologe und längere Forschungsaufenthalte in der Republik Sudan. Auslandsjahr an der University of California, Los Angeles. 1996 Promotion zum Dr. rer. soc. am Institut für Soziologie der Universität Giessen mit einer Studie zur Interaktionsdynamik in Arbeitsbesprechungen. 1996 bis 1998 wissenschaftlicher Mitarbeiter im Rahmen des DFG-Projekts „Telekooperation", Studien zur Interaktionsdynamik in Videokonferenzen. Von 1999 bis 2004 wiss. Mitarbeiter und Projektleiter am Fraunhofer-Institut für Arbeitswirtschaft und Organisation, Schwerpunkt Kooperation und Lernen mit Neuen Medien. Seit 2004 Tätigkeit als Senior Consultant und Innovationsbeauftragter für die imc AG.
E-Mail: christoph.meier@im-c.de

Dr. Jan M. Pawlowski
Wissenschaftlicher Assistent im Fachgebiet Wirtschaftsinformatik der Produktionsunternehmen der Universität Duisburg-Essen und Leiter der Arbeitsgruppe E-Learning des Fachgebietes. 2001 promovierte er über das „Essener-Lern-Modell", ein Vorgehensmodells zur Entwicklung computerunterstützter Lernumgebungen. Er ist Herausgeber des „International Handbook on Information Systems for Education and Training" und engagiert sich in nationalen und internationalen Gremien. Seine Forschungsaktivitäten umfassen E-Learning, Modellierung von Lernprozessen, Vorgehensmodelle, Standardisierung von Lerntechnologien, Qualitätsmanagement in der Bildung sowie mobiles Lernen.
E-Mail: jan.pawlowski@icb.uni-essen.de

Dr. Jack Phillips
Phillips ist ein weltweit anerkannter Experte im Bereich ROI. Er betreute für über 500 Unternehmen Projekte in diesem Bereich und veranstaltete zahlreiche Workshops zum Thema. Jack Phillips ist Autor von über 40 Büchern, 12 davon alleine zum Thema Evaluation und Leistungsmessung, und verfasste 150 Artikel. Seine Expertise im Bereich von Evaluation und Messprozessen basiert auf einer 27 jährigen Erfahrung in fünf Industriebranchen (Aerospace, Textilien, Metal, Konstruktion und Banken). Phillips war selbst als Training- and Development Manager in zwei Top-500 Unternehmen tätig, Senior HR Consultant für zwei Unternehmen, President einer regionalen *Federal Savings Bank*, und Professor für Management an einer großen State Universität in den USA.
E-Mail: info@roiinstitute.net

Volker Pohl
Seniorconsultant bei HQ Interaktive Mediensysteme GmbH in Wiesbaden. Studium der Wirtschaftspädagogik an der Johannes-Gutenberg Universität

in Mainz. Praktikum in der Personalentwicklung der BfG Bank AG (heute SEB), erste Projekten mit HQ, Abschluss des Referendariats an berufsbildenden Schulen, 1999 Wechsel zu HQ. Er blickt auf umfangreiche Erfahrungen in der Konzeption, Beratung und Projektleitung im E-Learning zurück. Schwerpunktthemen: E-Learning und Blended Learning Konzepte, Gestaltung von lernerzentrierten und praxisrelevanten Lernumgebungen, Bildungscontrolling, IT-Training, Finanz-Themen, Vertriebstrainings.
E-Mail: vp@hq.de

Dr. Lars Satow
Herr Dr. Satow ist bei SAP verantwortlich für effektiven Wissenstransfer und das weltweite Zertifizierungsprogramm. Er studierte Psychologie und Informatik und promovierte an der Freien Universität Berlin über Lernerfolgsmessung.
E-Mail: lars_satow@hotmail.com

Prof. Dr. Dietrich Seibt
Leiter der Forschungsgruppe „Informationssysteme und Lernprozesse" an der Universität zu Köln; Professor Emeritus; bis incl. Sommersemester 2003 Direktor des Lehrstuhls für Wirtschaftsinformatik und Informationsmanagement an der Universität zu Köln. 1986-1996 Direktor des BIFOA Betriebswirtschaftliches Institut für Organisation und Automation an der Universität zu Köln. Seit 1983 viele nationale und internationale Projekte in den Bereichen CBT, WBT, E-Learning, Blended Learning, Higher Education mit Partnern aus Wirtschaft und Wissenschaft.
E-Mail: dietrich.seibt@uni-koeln.de

Dr. Sabine Seufert
Geschäftsführerin des Swiss Centre for Innovations in Learning (SCIL). Das Swiss Centre for Innovations in Learning (SCIL) wurde März 2003 gegründet. Initiiert und unterstützt wird es von der Gebert Rüf Stiftung für fünf Jahre. Das Kompetenzzentrum bietet Beratung, Coaching, Seminare und Forschung an, um Innovationen in der Aus- und Weiterbildung zu begleiten und deren Qualität in der Weiterentwicklung zu fördern. Es ist am Institut (IWP) für Wirtschaftspädagogik an der Universität St. Gallen angesiedelt.
E-Mail: Sabine.Seufert@unisg.ch.

Susann Smith
Dipl.-Psych., geboren 1975 in Karl-Marx-Stadt, studierte Psychologie und Sprecherziehung in Regensburg und Boulder, CO, USA. Sie ist seit 2001 für die time4you GmbH im Bereich Professional Services tätig. Mit den Schwerpunkten Contententwicklung, Assessment und Weiterbildung begleitet sie Autoren und Tutoren verschiedener Unternehmen bei der Pla-

nung und Entwicklung von Online-Assessments und Online-Weiterbild-
ungsmaßnahmen.
E-Mail: smith@time4you.de

Dr. Dean Spitzer
Berater und Innovator im Bereich von Leistungsverbesserungen, hoch-
wirksamen Trainings, Lerneffektivitätsmessungen und Change Management. 25 jährige Erfahrung in Coaching und Beratung Einzelner und von
Organisationen, arbeitet derzeit mit IBM Almaden Services Research zusammen, bislang bereits über 100 erfolgreiche Projekte im Bereich von
Training und Performanceverbesserungen bei IBM und Kundenorganisationen in der ganzen Welt durchgeführt. Dr. Spitzer entwickelte die Methode der Lerneffektivitätsmessung, die organisationsweit bei IBM und bei
Kundenorganisationen eingesetzt wird.
E-Mail: spitzer@us.ibm.com

Stefan Schüßler
Jahrgang 1965 in Saarbrücken, Studium der Informationswissenschaft und
Germanistik an der Universität des Saarlandes (M.A. 1994). Arbeitet seit
1995 bei SAP AG im Bereich Produktentwicklung Personalwirtschaft.
Seit 2001 Produktmanager für die Themenbereiche Personalentwicklung
und Trainingsmanagement. Beteiligt an Konzeption, Entwicklung und
Markteinführung der SAP Learning Solution, mit Schwerpunkt Prozessin-
tegration Aus- und Weiterbildung und Personalentwicklung.
E-Mail: stefan.schuessler@sap.com

Sinje J. Teschler
Jahrgang 1976, studierte Betriebswirtschaftslehre an der Universität Essen
und schloss ihr Studium im Dezember 2002 als Diplom-Kauffrau ab. Sie
arbeitet seit 2003 im Fachgebiet Wirtschaftsinformatik der Produktionsunternehmen als wissenschaftliche Mitarbeiterin im Projekt European Quality Observatory (EQO) sowie im BMBF Projekt Mikrosystemtechnik (in
Kooperation mit dem Berufsförderungszentrum Essen e.V.). Zu ihren For-
schungsbereichen gehören insbesondere Evaluation sowie Qualitätsmanagement und -sicherung in der Aus- und Weiterbildung.
E-Mail: Sinje.Teschler@icb.uni-essen.de

Christoph Warnecke
Jahrgang 1956, Diplom Kaufmann, 21 Jahre Berufserfahrung in einem
großen Versicherungskonzern, davon 12 Jahre als leitender Angestellter,
zuletzt als Hauptabteilungsleiter für Personal- und Organisationsentwicklung mit der Konzern-Verantwortung für Aus- und Weiterbildung, Personalentwicklung (inkl. Coaching), Organisationsentwicklung, Changema-
nagement (inkl. cultural change), E-Learning, Business TV. Seit Januar

2003 ist er als selbständiger Unternehmensberater tätig, mit den Schwerpunkten: Coaching, Personalentwicklungssysteme, Personalauswahl / Potentialanalyse, Organisationsentwicklung, (cultural) Change, Corporate Learning, Blended Learning, E-Learning, Wissensmanagement.
E-Mail: warnecke@c-cw.de

Dagmar Woyde-Köhler
Mitbegründerin und Geschäftsführerin der EnBWAkademie, Gesellschaft für Personal- und Managementwicklung mbH. Sie ist damit verantwortlich für den gesamten Bereich der Weiterbildung, für die konzerninterne Organisations- und Projektberatung sowie für alle Managemement- und Leadership-Programme im EnBW-Konzern.
E-Mail: d.woyde-koehler@enbw.com